中国社会科学院创新工程学术出版资助项目

# 文本中的语境与文本研究的方法论

## 《马克思恩格斯全集》（MEGA²）视野下的文本、思想与现实

魏小萍　主编

李涛　欧阳英　贺翠香　毕芙蓉　著

中国社会科学出版社

图书在版编目(CIP)数据

文本中的语境与文本研究的方法论:《马克思恩格斯全集》(MEGA$^2$)视野下的文本、思想与现实/魏小萍主编;李涛等著.—北京:中国社会科学出版社,2020.12
ISBN 978-7-5203-7528-3

Ⅰ.①文… Ⅱ.①魏…②李… Ⅲ.①马恩著作研究 Ⅳ.①A811

中国版本图书馆 CIP 数据核字(2020)第 237816 号

| 出 版 人 | 赵剑英 |
|---|---|
| 责任编辑 | 杨晓芳 |
| 责任校对 | 刘思纯 |
| 责任印制 | 王 超 |

| 出　　版 | 中国社会科学出版社 |
|---|---|
| 社　　址 | 北京鼓楼西大街甲 158 号 |
| 邮　　编 | 100720 |
| 网　　址 | http://www.csspw.cn |
| 发 行 部 | 010-84083685 |
| 门 市 部 | 010-84029450 |
| 经　　销 | 新华书店及其他书店 |

| 印刷装订 | 三河弘翰印务有限公司 |
|---|---|
| 版　　次 | 2020 年 12 月第 1 版 |
| 印　　次 | 2020 年 12 月第 1 次印刷 |

| 开　　本 | 710×1000　1/16 |
|---|---|
| 印　　张 | 22 |
| 字　　数 | 330 千字 |
| 定　　价 | 119.00 元 |

凡购买中国社会科学出版社图书,如有质量问题请与本社营销中心联系调换
电话:010-84083683
版权所有　侵权必究

# 目　　录

**前　言** ………………………………………………………… (1)

**第一章　《马克思恩格斯全集》MEGA 版基础信息与
　　　　　研究方法** ……………………………………………… (1)
　第一节　《马克思恩格斯全集》(Die Marx-Engels-Gesamtausgabe
　　　　　"MEGA")的研究、编辑与出版 ……………………… (2)
　第二节　马克思和恩格斯原始文本的研读与探讨 ……………… (7)
　第三节　MEGA² 阅读和研究中遇到的词汇理解问题 ………… (16)
　第四节　中国化语境下的 MEGA² 研究 ………………………… (26)

**第二章　走向实践**
　　　　　——《黑格尔法哲学批判》的文本解读 ……………… (30)
　第一节　关于《〈黑格尔法哲学批判〉导言》的文本解读 …… (32)
　第二节　关于《黑格尔法哲学批判》的文本解读 ……………… (50)
　第三节　思想的多重面向与实践的张力 ………………………… (83)

**第三章　从文本研究看马克思的国家学说** …………………… (104)
　第一节　人与社会 ………………………………………………… (105)
　第二节　社会与国家 ……………………………………………… (111)
　第三节　阶级与国家 ……………………………………………… (118)
　第四节　国家消亡与和谐社会 …………………………………… (122)

## 第四章 马克思《1844年经济学哲学手稿》中的劳动概念探微 …………………………………………………（129）
  第一节 西方学者对马克思劳动概念的批判和质疑………（130）
  第二节 MEGA² 中的《1844年经济学哲学手稿》…………（136）
  第三节 简要的总结与分析 ………………………………（158）

## 第五章 马克思《1844年经济学哲学手稿》中的异化劳动理论 …………………………………………………（164）
  第一节 私有财产与异化的关系 …………………………（164）
  第二节 外化、异化与私有财产的关系 …………………（171）
  第三节 异化劳动与私有财产、分工与私有制：非同质的问题 ……………………………………………………（181）

## 第六章 恩格斯晚年的社会主义观研究 ………………………（196）
  第一节 如何界定"恩格斯晚年的社会主义观" …………（200）
  第二节 1883年之前马克思和恩格斯关于社会主义的基本思想 ………………………………………………（202）
  第三节 1883年之后恩格斯的政治经济学和哲学研究与社会主义观 …………………………………………（222）
  第四节 1883年之后恩格斯对社会主义革命理论的发展 ………………………………………………………（235）

## 第七章 恩格斯1895年《〈法兰西阶级斗争〉导言》以及相关理论问题研究 ……………………………………（253）
  第一节 社会主义革命的策略问题
    ——恩格斯的《〈法兰西阶级斗争〉导言》………（253）
  第二节 1883年之后恩格斯对机会主义的批判 …………（261）
  第三节 恩格斯晚年的社会主义观与民主社会主义的本质区别 ……………………………………………（266）

## 第八章 马克思文本研究的方法论思考 ……………………（274）
第一节 中国马克思文本研究四个前提性问题 …………（275）
第二节 马克思文本研究三条重要路径 …………………（297）
第三节 马克思文本研究三阶段刍议 ……………………（316）

## 后 记 ………………………………………………………（336）

# 前　　言

《马克思恩格斯全集》历史考证版第二版（MEGA²）自20世纪70年代启动以来，以其所提供文本、文献资料的完整性、真实性、客观性和过程性而受到国内外学界的普遍重视。虽然至目前为止，该版本已出版的卷次与计划出版的卷次（114卷）比较起来刚刚过半，但是这些出版了的卷次和正在编辑出版的卷次，已经在国内外马克思主义学界引起了巨大反响，并且对马克思恩格斯思想研究产生了深远的影响，这一影响首先发端于对马克思主义哲学发展史从源头上所进行的重新解读和重新认识。

20世纪末，MEGA²通过两个途径进入我国学者的视野：其一是随着MEGA²的陆续出版，我国中央编译局根据已经出版的MEGA²版本提供的文本、文献资料和未出版的文献资料重新校订、编辑出版了《马克思恩格斯选集》第二版，陆续编辑出版了《马克思恩格斯全集》第二版、《马克思恩格斯文集》十卷本。虽然截至目前为止，《马克思恩格斯全集》第二版的部分卷次仍在编辑出版的过程中，这些最新版本向读者呈现的信息，对中国读者的影响面是非常广泛的。其二是来自MEGA²的编辑出版工作、已经编辑出版的卷次、手稿文献和国外相应研究成果的直接影响。随着近几年国内外学术交流的不断增强，一方面是国外专家学者的来访、我国学者的走出去，另一方面是大量国外文献资料被翻译进来，使得我国马克思主义哲学界对MEGA²的最新编辑动态、国外研究最新进展有着较为直接的了解并且做出了迅速的反应。

苏联解体、东欧剧变的发生，使得苏联模式的马克思主义哲学，及其对马克思主义的块状分割，以其僵化和教条的特征受到人们的普遍质疑，而且，由于马克思文本文献编辑出版的相对滞后，苏联教科书体系的马克思主义哲学主要经恩格斯、列宁的著作得到解读、传播，这样的马克思主义哲学解读模式不仅在西方世界的学界中具有一定的影响，在西方世界的共产党那里同样具有相当的权威地位。

20世纪早、中期就已经在西方学界出现了不同于苏联解读模式的"马克思学"和"马克思主义之前的马克思"研究态势，形成了西方马克思主义思潮与流派。20世纪末，随着苏联解体、东欧剧变，西方学界再次发出了"回到马克思"的呼声，并且在一定范围内形成了"马克思主义之后的马克思"研究趋势，这一趋势伴随着MEGA$^2$的编辑出版，体现了人们以马克思和恩格斯文本为基础对其思想进行有机、统一的再认识的迫切要求，这在西方世界的马克思主义研究中形成了科学、客观、真实的呼声，这一呼声也在国内学界引起了巨大的反响。

"回到马克思"从学术研究的角度来看，体现了两个方面的内容，而这两个方面又是一种递进关系，其一是从苏联教科书模式向马克思、恩格斯文本的回归，这体现在人们重读经典著作的热情之中；其二是伴随着MEGA$^2$的编辑出版，从翻译版本向原文本及其辅助材料的深入，这体现在人们对《马克思恩格斯全集》历史考证版的追捧热情之中。

人们的这一追捧热情是由很多因素促成的：其一，奠基马克思主义新历史观的文本《德意志意识形态》是马克思和恩格斯（等）合作的产物，只有历史考证版提供的原文献，才能在一定程度上向人们展现这一合作过程。这对于理解马克思的研究思路进展，以及马克思和恩格斯的合作关系来说具有无可替代的文本研究价值，而且马克思倾其一生的主要研究成果《资本论》第二卷、第三卷都是恩格斯在马克思手稿的基础上编辑而成的，也只有MEGA$^2$提供的著作版、马克思手稿版和恩格斯编辑版才能够向人们呈现马克思的写作与恩格斯编辑版本之间的关系。其二，呈现在MEGA²第Ⅳ部分的马克思和恩格斯的阅读笔记、摘要等，对于从思想来源的角度研究马克思和恩格斯思想的发展、变化进程提供了宝贵的文献资源。其三，基本思想的解读往往有赖于基本概念，而对基本而又重要的概念和术语，一词多译、多词同译的情况无论对于哪种语言的翻译来说，都是避免不了的，因此对于一些核心概念和术语的理解和翻译选择权，只有通过对原文本的阅读才能掌握在读者自己手中。

在这些因素的影响下，MEGA²所提供的原始文本、文献资料引起了国内马克思主义尤其是马克思主义哲学学界的极大兴趣，依据可靠的文本、文献资料，准确、客观、科学地理解和把握马克思和恩格斯的思想成为我们这个时代马克思主义研究强有力的呼声。南京大学的张一兵教授率先在国内打出了"回到马克思"的旗号，并且尝试着进行MEGA²文献、文本的研究，尽管由于种种客观条件的限制，这一工作没有在原文本的角度上继续深入下去。

正是在这样的氛围中，2002年中国社会科学院重大课题A类"马克思主义与时俱进源头——《马克思恩格斯全集》历史考证版MEGA²研究"作为国内第一个以《马克思恩格斯全集》历史考证版为研究对象的研究课题，在诸多学者们的期盼中产生了。

我们的课题自2002年6月立项至2011年12月结项，历经了10年的过程（同班研究人员在这期间还进行了其他几个课题的研究工作），2009年以后，我们的研究团队又增加了一些新生力量。作为国内第一个以历史考证版为研究对象的课题，我们的经历颇有点类似于第一个吃螃蟹的人，对历史考证版从零开始的探索过程，再加上语言的掣肘，我们这10年走得很辛苦。

根据研究团队的具体情况，我们的研究大体上分为三个部分来进行：

第一部分是《马克思恩格斯全集》历史考证版（MEGA）的形

成和发展史，马克思恩格斯著作直至 MEGA² 版在中国的传播史。从 MEGA 形成和发展史的角度来看，这部分内容包括对 MEGA¹ 和 MEGA² 的编辑史、MEGA² 的基本情况及编辑准则的介绍，尤其是对 MEGA² 第Ⅲ部分收录的绝大部分为首次出版的他人写给马克思和恩格斯的书信以及对第Ⅳ部分收录的马克思和恩格斯的笔记和摘录目录的说明。我们认为，第Ⅲ部分的内容对于马克思和恩格斯的传记学研究、思想史研究具有独一无二的价值，第Ⅳ部分的内容对于理解和认识马克思和恩格斯的阅读、研究经历与其思想发展源泉之间的关系是非常重要的，而关于 MEGA² 基本情况的介绍则有助于马克思主义学界对历史考证版有基本的了解。我们刚刚获悉，中央编译局将要对 MEGA² 第Ⅳ部分的内容进行 10 卷本的编辑出版，我们期待着这一珍贵史料的面世。

从马克思和恩格斯的著作在中国传播历程的角度来看，这部分内容对马克思和恩格斯的文献、文本、经典著作在中国自 20 世纪初至 21 世纪初这百年的传播情况进行了比较系统的梳理，包括最早的片段介绍、翻译，一些经典著作在不同时期的翻译，经典著作的"选集""文集""全集"的进展，并且借助于 MEGA² 提供的基础性资料，对一些重要概念、术语在不同时期、不同版本中的变更和进展情况进行了梳理和研究。

第二部分主要以新出版的《马克思恩格斯全集》《马克思恩格斯选集》中文第二版为研究对象，同时参考 MEGA² 资料，对马克思和恩格斯思想发展史上重要的哲学思想及其文本进行专题性研究。这部分包括从几个重要文本来理解马克思人类解放思想发展的历程、马克思的政治哲学思想、马克思的国家观、恩格斯晚年的社会主义观、对马克思和恩格斯所使用的一些重要概念在时代境遇下的辨析，以及结合近几年中国文本研究现状对文本研究的方法论本身进行反思等内容。《共产党宣言》是这一部分所重点研究的马克思和恩格斯经典著作，该研究从《共产党宣言》与其早先几种相关文本的关系中来分析《共产党宣言》的创作历程。由于 MEGA² 中收录《共产党宣言》的卷次至今没有出版，该部分对一些核心概念的研究是以德文版为基础进行的。

第三部分以 MEGA² 第Ⅱ部分为阅读对象，同时参考《马克思恩格斯全集》中文第 2 版。这一部分的研究对象主要为马克思 19 世纪 60 年代以前对资本主义的批判思路由哲学向政治经济学转变的过程，关注在这一转变过程中，马克思的批判和研究思路中一些基本概念的产生、变化，以及在此基础上核心研究思路的形成及其发展线索，诸多政治经济学研究资料、笔记充分体现出马克思的研究思路是围绕着他所关注的核心问题域而展开的。

围绕着这三个部分，我们就某一个方面、某一个内容、某一个专题相继发表了数十篇论文，引发了人们的关注和讨论。在适当的时候，我们或许会将这些讨论集册出版。

近 20 年了，我们的研究历程伴随着国内对历史考证版关注度的提高，同时我们的研究及其成果也已经开始为国外同行所重视、所关注。国内外 MEGA² 研究在一定程度上形成了互动局面。国内研究成果主要借助于英文渠道向外介绍；这与国外大量的资料、信息、研究成果向国内输入的状况仍然存在着差距。这种不对等的局面，除了我们的研究力量非常薄弱之外，在一定程度上同国外学者的中文水平与中国学者的外文水平不相称有一定的关系，这种不相称的情况是如此严重，以至于国外学者的研究成果经中国学者的翻译而被引入中国，中国学者的研究成果还得经中国学者的翻译而传到国外。国外学者要达到翻译中国学者研究成果的中文水平，从比较普遍的角度来说，依然路途遥远。尽管如此，我们还是通过自己的努力逐步打开了学术成果双向交流的外流通道。

近 20 年来，国内在历史考证版方面所取得的研究成果已经有一个良好的开端，尊重历史、尊重文本、尊重学术规范、尊重客观事实、尊重科学的精神得到弘扬，这有助于我们进一步从以苏联教科书体系为模板的马克思主义哲学体系，进而在此基础上形成的马克思主义哲学发展史的体系中解脱出来，以更加准确、客观的马克思和恩格斯的文本、文献为依据，对马克思主义哲学的基本内容、精神，进而对马克思主义哲学史的历史发展脉络，从源头上在准确地认识、解读的基础上重新进行梳理，从而发挥其帮助人们理解和认识当今世界所面临的诸多矛盾、困境和危机的功能。从这一意义上来说，$MEGA^2$为我们对马克思主义哲学，进而对马克思主义哲学史的进一步深入研究开辟了一个更加广阔、客观和富有现实感的领域。

国内$MEGA^2$研究正在呈现方兴未艾、日益壮大的局面，而且这一研究还受到我国学术科研机构的大力支持。自2002年我们的课题立项以来，国家社科基金、教育部社科基金先后批准了多项以$MEGA^2$为专题的重点研究项目、一般研究项目和青年研究项目。

一方面，这些新课题的立项预示着研究成果的陆续出现，另一方面，这个日益壮大的学术领域正在吸引着越来越多年轻学者的加入，有一些年轻学者甚至为了将来更好地从事这一研究工作而正在积聚着外语的能量，当这些后继的具有良好的外语条件和马克思主义哲学专业素养的年轻学者能够继续拓展$MEGA^2$的研究工作时，我们相信，这一研究工作将进一步对我国的马克思主义哲学，进而马克思主义哲学史研究产生深远的影响。

与此同时，我们也看到，$MEGA^2$所提供的大量文献资料，以及依据于这些文献资料的研究和解读，对于已经习惯于传统解读模式的人们来说，在思想上会形成一个冲击，由此产生两种具有反差性的心理反应：或者是对$MEGA^2$的研究期望过高，希望$MEGA^2$能够为人们提供一个完全不同的、可以克服苏联解读模式一切弊端的马克思，进而夸大$MEGA^2$的魅力，将其神秘化、神圣化，由此引发对$MEGA^2$的盲目崇拜心理，甚至不切实际地期待$MEGA^2$研究能够提供一个全新的、完美无瑕的、能够抵御一切针对传统马克思主义而提出的种种诘难的马克思；或者是由于习惯了传统的思维定式而为新的研究成果、研究思路、新解读的不确定性、新呈现的文献资料的复杂性所困扰，尤其当$MEGA^2$资料所呈现的马克思在一些方面也会像常人一样，其思想有着客观来源，并且在一些问题上也会困惑、犹豫、反复甚至出错时，尤其是当传统上被视为一体的马克思和恩格斯，在原文本资料中体现出差异时，一些习惯于传统解读模式的人在心理上感到难以接受。

这两种态度与MEGA²研究所追求的客观性、科学性、准确性是不相容的，面对这些林林总总的现象，我们有必要强调，MEGA²的基本特征是呈现原文本、原创作过程，以及马克思和恩格斯的阅读资料、通信等能够收集到的全部信息。尽管部分卷次前面的导言带有编者明显不同的意识形态偏见，但是这一瑕疵不影响文本本身的客观性、真实性。借助于MEGA²提供的文本、文献资料研究马克思和恩格斯的思想，有其独特的理论价值，这点不可无视，但是对MEGA²加以无限拔高或者使其神秘化的做法也是不可取的。MEGA²研究所追求的首先是一种精神，一种客观地、实事求是地、认真地对待人类思想宝库——马克思和恩格斯思想的精神，无论在实际操作中这种精神是否能够或者始终能够得到很好的贯彻，MEGA²所提供给我们的信息，已经在我们的马克思主义哲学和马克思主义哲学发展史的研究工作和研究成果中展现了其独一无二的资源价值、理论视野和现实意义。

然而，我们在这里也有必要强调：首先，历史考证版研究并不是也不可能否定或者取代一百多年以来国内外马克思主义研究取得的丰硕成果，这些成果积淀了一百多年以来实践着的马克思主义学者的心血、智慧，饱含着以马克思主义理论为指导的伟大的社会实践的结晶。人们为这一实践所付出的代价，在这一实践中所取得的成就，这一实践所积累的经验、教训，以及从中增长起来的智慧，其历史意义和理论价值，决不是文本研究本身可以替代的。历史考证版研究的意义只是在于，借助于MEGA²提供的更加客观、准确的文献资料，结合既有的马克思主义理论的发展和实践，对马克思主义哲学及其基本理论在历史、时代的语境下做出更加深入、具体、客观的研究。

其次，阅读和研究马克思和恩格斯的思想并非非 MEGA 不可，对于大多数读者来说，即使从国际范围的角度来说也是这样，本土语言的翻译文本是最便捷、有效率、大众化的研究资源，从而也是最基本的阅读资料。我国中央编译局的《马克思恩格斯全集》版本，无论是第一版还是第二版，都是在译者们精心翻译、审核、遇到难点集体讨论、专家把关等一系列严格程序下完成的，是非常值得信赖的翻译版本。

最后，我们要向在本课题的立项过程中提出创意并给予我们极大支持的李德顺研究员、李鹏程研究员、吴元梁研究员表示最衷心的感谢，没有你们的支持，就没有马克思主义哲学领域这一道充满活力的新的亮丽风景线；向在本课题执行过程中给予我们很大关注和帮助的哲学所李景源研究员、谢地坤研究员等诸位领导、研究人员、图书资料管理员、科研处等有关部门表示最诚挚的谢意，没有你们的支持和帮助，我们难以顺利地走过这艰辛的 10 年；向自始至终给予我们支持和帮助的科研局的韦莉莉老师表达我们真心的感激之情，没有您的支持和宽容，这一切都无从说起；向在课题的结项过程中认真审读我们的资料并对我们提出中肯评价和宝贵建议的李景源研究员、庄福龄教授、梁树发教授、李鹏程教授、王东教授表达我们未尽的谢意，你们的批评、建议会在我们未来的研究工作中继续发挥作用。

我们同样要向中国社会科学院国际合作局欧洲处和远方的荷兰科学院、阿姆斯特丹国际社会历史研究所（IISG）致以谢意，该研究所在数十年的时间中搜集和保存了多达 70% 的马克思和恩格斯手稿原件，《马克思恩格斯全集》历史考证版第一版、第二版，不同语言文字的马克思和恩格斯的《全集》、"文选集""单行本"等，及其完备的研究杂志、史料，为我们的研究工作提供了极大的便利。中国社会科学院和荷兰科学院的协议项目为我们的课题组成员提供了去荷兰阿姆斯特丹国际社会历史研究所进行一段时间的查阅资料、阅读、研究和咨询专家学者的宝贵机遇，向中—荷合作项目的荷兰方负责人、原荷兰阿姆斯特丹大学的米歇尔·克里特克（Michael Kratke）教授表示由衷的谢意，没有您的支持与合作，我们的荷兰之行不可能付诸实施。

我们还要向中国社会科学出版社杨晓芳老师的支持和辛勤付出表达我们的谢意，没有您的努力，我们的成果不可能与读者见面。

读者从我们的致谢中可以看出，我们这一系列研究作品的面世，除了我们自己的努力，在这背后是社会力量，甚至国际社会力量的支撑。

这部书出版以后，我们期待着真诚的学术交流、严肃的学术批评，甚至是苛刻的吹毛求疵，在此基础上开拓繁荣学术研究局面、严谨的思想探讨氛围，共同肩负起马克思主义哲学研究的历史使命，为人类社会的进步提供理论思想资源。

魏小萍
修改于 2020 年 1 月 19 日

# 第一章 《马克思恩格斯全集》MEGA 版基础信息与研究方法

随着20世纪80年代末的苏联解体、东欧剧变，以及马克思列宁主义学院在苏联、民主德国和东欧其他社会主义国家的解体，在西方世界，人们提出了这样的问题：马克思主义还存在吗？人们将如何对待历史发展进程中的马克思主义？这些于70年代中期由苏联和民主德国开始编辑出版的《马克思恩格斯全集》（MEGA）现在该怎么办？这一工作是否还要继续进行下去？由谁继续进行下去？历史的变迁，再一次使《马克思恩格斯全集》的正常出版工作受到了严重威胁。《马克思恩格斯全集》——这一人类历史文明宝贵遗产的出版工作难道要再一次像第二次世界大战那样受到干扰和中断吗？统一后的德国和俄罗斯的科学界、政治界经过长时间的咨询，最终由阿姆斯特丹的国际社会历史研究所、德国柏林的布朗德伯格斯（Brandenburgische）科学院、特利尔的弗里德里希·艾伯特基金会卡尔·马克思故居研究中心，以及莫斯科的俄罗斯社会和政治历史国家档案馆、独立的俄罗斯社会和民族问题研究所共同组成了国际马克思恩格斯基金会（IMES）。以国际马克思恩格斯基金会的名义继续出版《马克思恩格斯全集》（新 MEGA 版），并力图使她成为纯科学的、具有独立性的学术版本。

但是后来编辑工作的实际进展已经告诉我们，在这个地球上，想要拎着自己的耳朵脱离地球的行为并不那么靠谱。时代境遇下意识形态的较量，难以在文本中体现，但在有限的前言中有所体现，一些编者个人的意识形态倾向在具有导读性的前言中表现出来。这给我们提了个醒，即使是面对这样的版本，读者也要保持自己清晰的头脑和独立的判断性。

## 第一节 《马克思恩格斯全集》（Die Marx-Engels-Gesamtausgabe"MEGA"）的研究、编辑与出版

历史进程的变化不可避免地要影响历史的研究，新的历史主旋律会伴随着新的历史进程而出现，在表面的历史现象的变化之下会产生改变了的时代精神。新的出版工作试图体现这种时代精神，即理性的、没有偏见的历史意识。在这种情况下，《马克思恩格斯全集》的编辑和出版工作者将更加客观地面对历史考据、文献资料，以及同样重要的19世纪和20世纪的历史性描述和理解，并将这一工作在新的历史主旋律中坚持下去。自此，新MEGA版的编辑工作尝试向着非政治化、国际化、学术化这样三个维度发展。

**《马克思恩格斯全集》的研究工作：**"全集"的出版工作与研究工作是不可分开的，编辑出版的思路往往是在一定的研究基础上形成的。为此阿姆斯特丹国际马克思恩格斯基金会出版了专门的定期期刊《MEGA研究》。出版工作中遇到的争议性问题和任何重大问题都可以在这一刊物上进行讨论。这一刊物的产生在一定程度上促进了出版工作的科学性和学术性。

**原始资料保存情况：** MEGA版的原始资料在第二次世界大战前夕希特勒法西斯执政后，由于受到希特勒的威胁，不得不向其他国家转移。其中2/3的原始手稿自20世纪30年代以后为阿姆斯特丹的国际社会历史研究所保存。这部分资料1933年辗转于丹麦的哥本哈根、荷兰的阿姆斯特丹、英国的牛津，最后于1936年落户于阿姆斯特丹国际社会历史研究所。其余1/3的原始手稿于1935年至1936年间转移到了莫斯科。目前由俄罗斯国家社会和政治历史国家档案

馆保存。自那以后至1992年，全集的每一卷出版工作都分别是在阿姆斯特丹国际社会历史研究所，莫斯科原苏共中央的马克思恩格斯列宁主义学院，柏林德国社会主义统一党党中央的马克思恩格斯列宁主义学院、科学院和民主德国的一些大学和高等学校进行准备的。作为马克思和恩格斯第一故乡的德国，受第二次世界大战这一历史事件影响，只保存了很少很少一部分马克思和恩格斯的原始手稿。

马克思和恩格斯曾经阅读过并加有评注的书籍目前则分别保存在柏林联邦档案馆民主德国党和群众组织基金会档案部、特利尔的卡尔·马克思故居研究中心、俄罗斯社会和政治历史国家档案馆和阿姆斯特丹国际社会历史研究所。

**第一版的出版历史情况：**第一版马克思恩格斯历史考据全集（MEGA）最初基于大卫·络雅扎罗夫（David Borisovic Rjazanov, 1870—1938）的设想，这个俄罗斯知识分子在20世纪20年代初就在莫斯科社会主义运动史的档案馆开始了他的计划。然后这一计划得到了德国社会民主党和普鲁士档案馆的支持，并得到了一个国际性学术机构的合作。原计划总共出版42卷。1924年着手进行编辑工作，1927年第1卷在美因河畔的法兰克福和柏林出版。第一版分为三个部分：第一部分，著作、文稿；第二部分，《资本论》及其前期工作；第三部分，马克思和恩格斯之间的相互通信。至1941年[①]，共出了16卷（含分卷）。第二次世界大战和30年代斯大林在肃反中所犯的扩大化的错误严重干扰和中断了第一版的编辑和出版工作。斯大林的错误不仅使络雅扎罗夫成为牺牲品（被刺杀），还有更多的俄罗斯和德国的编辑工作者成为这一错误的牺牲品。这使得第一版MEGA中马克思的"1844年经济学哲学手稿"和"德意志意识形态"只是以赤裸裸的躯干的形式出现在世人面前。

---

[①] Carl-Erich Vollgraf, Richard Sperl und Rolf Hecker: Beitraege zur Marx-Engels-Forschung Neue Folge Sonderband 2, Argument 2000, Germany.

**第二版的出版历史情况**：1965年至1975年期间，洛雅扎罗夫的计划随着斯大林去世后苏联政治气氛的解冻，在莫斯科和柏林被人们重新提起。但是这时开始的已经是一个新的MEGA概念了，《马克思恩格斯全集》的出版工作全部重新开始，这就是第二版MEGA。在第二版MEGA中，包含了马克思和恩格斯的全部文献资料。它的基本出版原则就是忠实于原始资料，并加有详尽的注释，注重版本的学术性。在当时的历史条件下，贯彻这一原则并非轻而易举。尤其在60年代，第二版的编辑工作首先是在反对当时党的强烈反对性倾向中产生的。柏林科学院的曼福雷德·罗叶豪斯（Manfred Neuhaus）博士指出[①]，当时的苏共中央非常不愿意将马克思恩格斯的所有文稿公开发表，因为当时苏联的政治权力体制与马克思和恩格斯在有关文章中所批判的沙皇政权体制有相似之处。

自那以后，又吸收了阿姆斯特丹国际社会历史研究所的参与，他们为这一计划提供了资助，自此以后第二版作为历史考据性全集的特征得到了保证。1972年出版了一卷试验版，在试验版的基础上讨论产生新的MEGA版出版方针，并修改出版纲领。这些工作得到了国际学术界的认可。接着，又一次重大的历史事变干扰和中断了连续的出版工作。

**国际马克思恩格斯基金会重新组织MEGA版**：1989年秋季以后，随着苏联解体和东欧剧变，1990年10月阿姆斯特丹国际社会历史研究所和特利尔弗里德里希·艾伯特基金会卡尔·马克思故居研究中心联合起来在阿姆斯特丹创建了国际马克思恩格斯基金会，并获得了《马克思恩格斯全集》的出版权，以国际协作的方式，准备将其作为纯学术性的版本继续出版。

1992年在法国艾克斯（Aix-en）召开的国际出版会议审核和批准了《马克思恩格斯全集》的版权，并将其界定为："完整的、历

---

[①] Hans-Peter Harstick/Manfred Neuhaus: Die Marx-Engels-Gesamtausgabe (MEGA), Sozialwissenschaftliche Informationen 1999.

史考据性的版本,包括已经公开发表的著作、文章,没有发表的手稿,以及马克思和恩格斯之间的通信。"①

**第二版的内容安排和出版进程:**国际马克思恩格斯基金会接手第二版MEGA的出版工作后,将原计划的出版规模由164卷减少为114卷(包含分卷共122卷),分为4个部分:第一部分包括涉及哲学、经济、历史和政治的著作、文章、草稿;

第二部分包括《资本论》及其前期政治经济学手稿,其中包括马克思自己定稿的《资本论》第一卷,恩格斯在马克思手稿基础上编辑出版的第二卷、第三卷;

第三部分包括马克思和恩格斯相互之间的通信,以及其他人有关马克思和恩格斯的通信;

第四部分包括马克思和恩格斯读书的摘要、笔记、注释。

这四个部分齐头并进编辑出版。其中第一部分32卷,至目前已经出版23卷;第二部分15卷(含分卷共18卷),已经于2012年全部出版;第三部分35卷,至目前已经出版15卷;第四部分32卷,至目前已经出版15卷,有18卷以纸质版形式出版,其余部分将以网络电子版的形式出版。其中,1992年以前已经出版40卷(不计分卷)。第1部分第5卷的《德意志意识形态》部分已经于2017年出版,电子版也已经公开上线。

**第二版的工作范围:**由国际马克思恩格斯基金会组织的第二版MEGA出版工作充分体现了广泛性的国际合作规模。版本工作组目前由在莫斯科的独立的俄罗斯社会和民族问题研究所,在法国艾克斯和德国特利尔的德法工作组,日本工作组,以及在俄罗斯、荷兰、丹麦、意大利、德国、法国和美国的更加广泛的工作组和专家共同组成。

**历史变迁后第二版的出版工作:**1992年2月德国科学院与国际

---

① Hans-Peter Harstick/Manfred Neuhaus: Die Marx-Engels-Gesamtausgabe (MEGA), Sozialwissenschaftliche Informationen 1999.

马克思恩格斯基金会就对第二版出版计划和研究工作进行资助签订了一个合作合同，柏林的布朗德伯格斯科学院监管这一出版工作并正式加入国际马克思恩格斯基金会。并且，作为联邦和地方性的科学计划，从德国联邦政府和柏林市政府得到经济资助。1993年10月MEGA版首次在她的历史上由她的祖国——德国的科学院获得了正式出版者的身份。

然后，又经过长时间的交涉，1998年11月，柏林的科学出版社从原MEGA版的出版社卡尔·迪特志的手中接过了出版监管权。经过一番准备，在法兰克福图书博览会上，提出了国际马克思恩格斯基金会的总体出版规划。变更出版社，而且同时将已经出版的MEGA版版本的出版权向学术出版社转让，最终完成了多方面的协作。学术出版社于1998年12月出版的第一卷MEGA是Ⅳ/3。她包含马克思在1844—1847年所作的关于论述费尔巴哈观点的笔记和8本摘要。这些笔记和摘要中的大部分都是第一次完整地出版。

随着出版社的转换和第一卷的出版，这一为国际马克思恩格斯基金会资助的《马克思恩格斯全集》出版计划在更加学术化的基础上重新开始了。

**《马克思恩格斯全集》（MARXENGELS GESAMTAUSGABE—MEGA）与马克思恩格斯著作（MARXENGELS WERKE—MEW）的区别**：我们国内通常所说的《马克思恩格斯全集》在民主德国或者苏联也就是马克思恩格斯著作，即MEW，这还不是真正意义上的全集，因为她只包括已成文的稿子。民主德国从1956年至1983年出版了42卷马克思恩格斯著作，1990年补充出版了第43卷。全集和著作两者之间有着很大的区别，笔者将这些区别分别从以下几个方面进行比较：

第一，从整个内容方面来看，全集（MEGA）包含了马克思和恩格斯的所有文稿、文稿的不同发展阶段、全部通信，以及他们在阅读过的书页上所作的摘要、笔记、批注等。而著作（MEW）则仅仅是成型的文稿和部分通信。

第二，从文字语言上来看，全集展现的是原始语言，即马克思和恩格斯本人在创作时使用的语言，有德语、英语、法语等。而且语法也是当时的语法，有些可能很不规范，甚至存在语法错误，这些都按照原始样式加以展现。而著作（民主德国的版本）使用的仅仅是德语，并且是按照现代标准德语编辑的。

第三，全集忠实地展现文稿原始的发展进程，这些发展进程是用现代方法编排和体现的。例如创作过程中的第一稿、第二稿等，以及修改的过程和痕迹，包括已经被作者自己涂改掉的部分。这些部分在使用现代技术充分辨认后，都基本上按照其自然发展步骤再现出来。这种现代科学的编辑方法力争将马克思和恩格斯本人的创作思路发展进程向世人展现。而著作基本上只是成型的、最后的已定文稿。

第四，全集在文稿前面只是加以必要的、客观的说明和解释，力争避免带有主观的和意识形态色彩的评注。而著作使用的是评注。针对这一点，笔者向罗夫·海克尔（Rolf Hecker）博士询问，马克思主义本身是具有强烈阶级倾向的意识形态，我们如何能在解释的时候避免意识形态的色彩？他笑着解释，这主要体现为遵循当时客观的历史情况。

**原始资料的新发现情况：**近来并没有任何重大的马克思和恩格斯文稿被发现，但是在美国的旧报纸上新发现了一些由马克思和恩格斯撰写的、署了别名的文章。另外，特利尔卡尔·马克思故居研究中心还能够不时地收集到一些马克思和恩格斯零星的信件，这些信件有些由收件人的后代捐献或卖出。

## 第二节　马克思和恩格斯原始文本的研读与探讨

直接而全方位地阅读马克思和恩格斯的原始文本对于研究马克思和恩格斯的哲学思想具有不可替代的意义。首先从直接的意义上来看，哲学不同于其他社会科学学科，由于其自身的特点，其语言与内容之间的内在联系，有时往往很难用另一种语言准确地表达出来。马克思和恩格斯的哲学思想就更是如此，因为他们早期的哲学思想在很大程度上是一种创造性的探索过程，对此，另一种语言的准确阐述，有时只能建立在研究的基础上。其次从全方位的意义上来看，不仅从马克思和恩格斯本人在创作过程中的思路形成、发展、自我修正和相互修正的历程中把握他们思想发展的客观轨迹，而且从马克思和恩格斯与他人之间的相互交往中来分析其思想发展的历程，是全面而深刻地把握其思想的必要前提。更为重要的是直接而全方位的阅读，一方面体现了我们这一时代求是、理性和科学精神的要求；另一方面也体现了人们希望撇开各种因素（例如苏联的影响）、直接面对马克思和恩格斯本人思想的要求。这些要求深深地植根于我们的时代背景：全球化的发展趋势与我国社会主义市场经济体制的结合在某种程度上使我们步入了马克思的话语世界，人们对马克思思想的浓厚兴趣由此而生。

市场经济为经济发展带来了活力和动力，市场经济的发展又不可避免地要带来相应的社会问题，人们一方面为市场所创造的经济效益而振奋，另一方面又为市场经济所引起的一系列社会问题而担忧。市场、资本这样的话语在我国嵌入社会主义经济体制中，发展成为我们这一时代的主题，这就要求我们的阅读不能仅是简单的再读，而是要结合时代的脉搏与特征，从马克思主义思想发展的源头探索其与时俱进的发展规律，为我们正在进行的开创性事业，探索发展马克思主义的新思路。正是基于这样一种时代的呼声，中国社会科学院哲学所开始了《马克思恩格斯全集》历史考证版第二版（MEGA$^2$）[①] 的课题研究。

## 一　MEGA$^2$ 的基本脉络

MEGA$^2$ 是在 MEGA$^1$ 基础上的再尝试，起始于 1924 年的 MEGA$^1$

---

[①] der Marx-Engels-Gesamtausgabe.

夭折于第二次世界大战期间。1975年开始出版的MEGA$^2$于1994年调整为114卷,至今已经出版了46卷52本。它准备在历史考证的基础上将马克思和恩格斯所有书写资料加以出版,不仅使用马克思和恩格斯创作时的原始语言,例如德文、英文、法文等,而且囊括了他们创作的全过程,从第一手稿到最后定稿。人们从中可以看到他们修改自己著作、文章的整个过程,其中很多资料都是第一次公开出版。

MEGA$^2$版分为4个部分:第一部分包括著作、文章、草稿,共32卷;第二部分包括《资本论》以及1857年以后的准备工作,共15卷24分册;第三部分包括马克思和恩格斯相互之间、他们与朋友之间,以及他人相互之间的有关通信,共35卷;第四部分包括读书摘要、笔记和注释,共32卷。

这几个部分对于我们理解马克思和恩格斯的思想起着相辅相成的作用,例如第一部分和第二部分分别为著作、文章及其不同形成阶段,这是我们理解马克思和恩格斯思想的基本文献;第三部分的通信有助于我们从侧面更加真切地了解马克思和恩格斯的真实思想、写作意图和生活背景,因为这些信件向我们提供了非常广阔的历史背景,是一份记载着19世纪后半期欧洲人思想、社会和文化生活的最为真实的历史资料;第四部分的读书摘要、笔记和注释可以帮助我们了解马克思和恩格斯思想的理论渊源。

每一卷由两本书组成,一本是正卷,一本是副卷。副卷包含原文使用的引文出处、文本差异说明、更正说明、大量的解释和分类目录,以帮助人们理解正卷。所谓全方位的阅读,即是同时从这几个部分入手,对马克思和恩格斯的思想过程进行全方位的把握。

在考证基础上产生的MEGA$^2$将成为马克思和恩格斯的各种学术著作、选集、翻译著作的最佳版本基础,更是我们对马克思和恩格斯哲学思想进行研究的文本基础。MEGA$^2$对马克思和恩格斯文本资料的完整展示,其独一无二的学术价值在于它为我们从发生学的意义上追溯马克思和恩格斯哲学思想发展的历史进程提供了真实而客观的依据。

## 二 从原始文本看马克思研究思路的形成

我们现在以马克思早期批判资本主义的思想发展轨迹为例，分析异化概念在其思想由哲学通向经济学过程中的契机作用和含义上的变化，并借此机会说明 MEGA² 的四个部分对于我们理解马克思的思路发展具有怎样的相辅相成作用。

1843—1844 年马克思为《德法年鉴》写了一篇文章《〈黑格尔法哲学批判〉导言》，他计划批判普鲁士的法和国家学说。我们从 MEGA² 第一部分能够读到："费尔巴哈是唯一的对黑格尔辩证法和这一方法所阐述的事实进行严肃批判的人，从而完全超越了旧哲学（直至黑格尔，作者注），费尔巴哈的伟大功绩在于：1〕他证明了哲学像宗教一样是在人们的头脑中产生并经过思想改造的，同样是应该受到批判的；是人的本质异化的另一种形式和存在的方式。……费尔巴哈对黑格尔的解释得出如下的结论：黑格尔以异化（逻辑上是：无限、普遍抽象）为出发点，即所谓主体、绝对和不变的抽象，就像人们通常所说的，他以宗教和神学为出发点。"[①] 这时，马克思对费尔巴哈的分析表示赞同，即把宗教，或者绝对理念都看作是人的本质的异化。

恩格斯在 1843—1844 年为《德法年鉴》撰写的文章是《国民经济学批判大纲》，并从英国的曼切斯特把文章寄给了马克思。我们从 MEGA² 第一部分恩格斯的文章中读到："据经济学家说，一个商品的生产成本包含着三个要素，用于提供原材料所必需的那块土地的地租，资本及其利润，生产和从事加工的劳动工资。……劳动，作为生产的主要因素，是'财富的源泉'和自由的人类活动，被经济学家贬低。正如资本已经与劳动分离，现在劳动将再次发生

---

① 参见 MARX/ENGELS GESAMTAUSGABE, Dietz Verlag Berlin 1982, I/2, 第 277 页, Germany。

分离；劳动产品以工资的形式，与劳动发生分离，工资像以往一样，是通过竞争得到确定的，正如我们所知，工资作为产品中的劳动，并没有固定的衡量尺度。我们只要废除私有财产，这一非自然的分离也将消失，劳动就能在工资中得到体现，已经支付的劳动工资的真正意义在于，劳动对于确定一个物品的生产成本的意义。"①在恩格斯的这一分析中，已经蕴含着对异化劳动的经济学探索。

1844年，在巴黎的马克思读了恩格斯的这篇文章以后决定从经济入手研究和批判资本主义，由此开始了政治经济学作为一门科学的历史。在此期间，马克思手稿的第一分册第5部分已经从经济学角度分析异化的本质，对此，我们在 $MEGA^2$ 的第一部分可以读到："我们现在要弄清楚私有财产、贪婪与劳动、资本和地产之间的分离，交换和竞争，人的价值和贬值，垄断和竞争等等，以及所有这些异化与货币制度之间的本质联系。

我们不是从国民经济学出发，像其所做的那样，用想象中的原始状态来解释。这样的原始状态什么也不能解释。……

我们从当前国民经济的现实出发。

工人生产的财富越多，他的产品力量和数量越增加，他就越穷。工人生产的商品越多，他越成为廉价的商品，随着物质世界的发展，直接导致了人的世界的贬值。"②

马克思对资本主义社会的批判由此开始了由哲学层面向经济学层面的转化，由哲学领域转向经济学领域，寻找人类社会阶级分化的答案，而对异化劳动的研究，正是这样一种转向的契机。

我们可以通过与假设的自然状态下的人类历史进行比较，来理解马克思对资本主义异化劳动的批判，从中不难看出，马克思的批判蕴含了非异化的、本真的人类自然状态，并以其为前提。

---

① MARX/ENGELS GESAMTAUSGABE, Dietz Verlag Berlin 1985, Ⅰ/3, 第478、482页, Germany。

② MARX/ENGELS GESAMTAUSGABE, Dietz Verlag Berlin 1982, Ⅰ/2, 第235页, Germany。

我们首先来看一看人类已经生存了 100 万年这一事实，然后我们假设即使土地，以及其他生产手段的社会私有形式已经存在了 1 万年。那么我们能够从中发现这样的事实，至少在 99% 的时间里人类是在没有阶级社会、没有国家和没有意识形态（系统的阶级意识）的情况下生存和发展的，生产者和他们的劳动产品之间存在着令人满意的、受其支配的关系。然而，在生产手段私人占有的条件下，第一种异化现象就出现了，"工人和他的劳动产品的关系异化了，成为反对他的力量。这样一种关系同样使得他与感性之外的世界、与自然世界都处于敌对的异化关系中"①。

在生产手段社会占有的社会形式中，虽然劳动仍然是艰辛的，生产者在劳动过程中得到满足，在自己的工作完成以后感到充实、喜悦。在生产手段私有制的条件下，则出现了第二种异化现象，"工人与他自己的行为是陌生的、不属于他自己，它成为痛苦的活动、没有力量的苦力、生殖的去势，这成为转过来反对他、独立于他、不属于他的活动"②。

在公共占有财产的社会形式中，单个的人以群的方式、以类的方式在建设和生产中形成了相互帮助和共同劳动的同伴关系。但是在生产手段的私人占有条件下，出现了第三种异化现象。"人的类本质，以及自然、作为他的精神的类本质对他来说成为异化了的本质，成为个体谋生的手段。"③ 个人从整个社会的收益中不能够获得相应的回报——由于竞争的强制性：一部分人不得不被迫在残酷的竞争中为正常的生存而奋斗，另一部分人则从社会获取其没有相应付出的报酬。

在公共占有财产的社会状态下，个人之间形成了正常的生产关

---

① MARX/ENGELS GESAMTAUSGABE, Dietz Verlag Berlin 1982, I/2, 第 239 页, Germany。
② MARX/ENGELS GESAMTAUSGABE, Dietz Verlag Berlin 1982, I/2, 第 239 页, Germany。
③ MARX/ENGELS GESAMTAUSGABE, Dietz Verlag Berlin 1982, I/2, 第 241、242 页, Germany。

系，这并不妨碍不同的人们相互作用的多种可能性，这是公共意识正常发展的条件，而在例外的条件下，即生产手段私人所有的条件下，产生了劳动的第四种异化现象："人同他的劳动产品、他的生命活动、他的类本质相异化，其直接结果就是：人与人相异化。"①

正是鉴于这四种异化形式产生的根源，马克思得出结论："共产主义作为对私有财产，以及人的自我异化的扬弃，从而作为通过人为了人的人性的占有；它完全地、有意识地、内在地继承了至今人类发展所取得的全部财富，实现了人作为社会人、人性的人的复归。"②

我们可以从 MEGA² 第三部分朱里斯·莱斯克和马克思的通信中了解到这样的背景资料，马克思认为应该称他的这篇文章为"政治和国民经济批判"③，其第一分册第一页分为三个部分，这些小标题正是恩格斯所说的"劳动工资、资本利润、地租"④。第一分册的结尾是手稿的第 5 部分，讨论和研究劳动工资与资本利润的关系。这就是我们今天所看到的《1844 年经济学哲学手稿》，这一标题是后来由编辑加上去的。

这样，马克思从经济角度对现实社会的研究和批判，从逻辑上来看，也可以说是继费尔巴哈对宗教、对绝对哲学进行批判的必然结果，是对费尔巴哈的超越。

政治经济学的研究，以及剩余价值的发现，使马克思对资本主义社会的批判不仅发生了语言概念上的转换，而且，使他能够从更加深刻和更加科学的意义上揭示异化现象的本质。自此以后，主要是剥削关系而不是异化关系成为他研究和批判资本主义的主要思

---

① MARX/ENGELS GESAMTAUSGABE, Dietz Verlag Berlin 1982，Ⅰ/2，第 242 页，Germany。
② MARX/ENGELS GESAMTAUSGABE, Dietz Verlag Berlin 1982，Ⅰ/2，第 263 页，Germany。
③ MARX/ENGELS GESAMTAUSGABE, Dietz Verlag Berlin 1975，Ⅲ/1，第 516 页，Germany。和 MEGA2, Dietz Verlag Berlin 1979，Ⅲ/2，第 22 页，Germany。
④ MARX/ENGELS GESAMTAUSGABE, Dietz Verlag Berlin 1982，Ⅰ/2，第 276、277 页，Germany。

路。尽管剥削概念不能取代异化概念的丰富内涵，但是剥削关系能够更加深刻地揭示资本主义经济关系的本质。

我们还可以从 MEGA² 第四部分马克思的阅读资料中发现，1844年以后马克思为了研究这一问题还收集了大量资料，研究了更多的文献，他继续关注其他经济学者对劳动异化问题的研究。例如我们可以从摘要中看到，马克思还收集了詹姆斯·穆勒 1823 年写的《政治经济要义》①，西蒙德·德·西斯蒙第 1838 年写的《政治经济研究》②，以及大量涉及这一问题的其他资料。

### 三　从原始文本看马克思研究思路的发展

我们在此有必要指出的是，尽管 MEGA² 为我们研究马克思和恩格斯思想的变化、发展提供了最为直接、真实和广博的资料，然而，仅仅如此仍然是不够的。我们在这儿仍然以异化概念为例举一个简单的例子。除了恩格斯，黑格尔关于财产异化的概念也启发了马克思，黑格尔把异化看作是一个人对自己财产的放弃，指出只有当一个人在财产中物化了自己的时间、活动、本质时，才能与其财产发生异化。通过异化，一个人将他的存在、他的普遍性活动、他的现实、他的人性变为另一个人的财产。③ 马克思关于商品凝结了人类劳动的这一思想显然是受黑格尔物化概念的启发。然而马克思后来在此基础上论证了异化劳动的剥削含义。在黑格尔那里一个人的本性和意识是不能够异化的，因为它们不是客观物体，只有物化了的东西才能够异化，而马克思在这一意义上进一步发展了类的异化概念，不能物化的东西也被异化了。这个例子说明，研究马克思和恩格斯思想的渊源，更加广博的知识背景仍然是必不可少的。

---

① 参见 MARX/ENGELS GESAMTAUSGABE, Dietz Verlag Berlin 1981，Ⅳ/2，第 428 页，Germany。
② 参见 MARX/ENGELS GESAMTAUSGABE, Academie Verlag 1998，Ⅳ/3，第 175 页，Germany。
③ Hegel, Philosophy of Right, Batoche Books Kitchener 2001，第 54 页，Canada。

黑格尔虽然已经看到了人类经济活动发生异化的可能性，费尔巴哈开始尝试着从世俗社会本身探索宗教异化的根源，而马克思则真正开始从资本主义社会的生产方式入手，批判资本主义的异化现象。马克思此时的批判虽然以人的非异化状态、人的自然生存状况为假设前提，然而从实践上探讨结束异化状态的可能性，则把马克思的思路引向了未来理想社会的前提条件。

在 1845 年、1846 年《德意志意识形态》创作期间，马克思根据马克斯·施蒂纳和卡尔·格蕴斯对异化问题的认识论证了结束异化的现实条件："从哲学意义上理解的异化，只有在两种前提下才能够通过实践来铲除。一方面，它成为一种不堪忍受的力量，即这样一种力量，为了反对它，人们不得不起来革命，因为异化创造了彻底的无产者人群，他们与现有世界的财富和文化是相矛盾的，这两者都是生产力的极大发展即生产力高度发展的结果——另一方面是这一生产力的发展（使得人类的实践已经同时进入了世界历史，而不是区域性的阶段），这是绝对必要的现实前提条件，因为没有这一条件，只会出现普遍的匮乏，而且随着对生活必需品的需要，斗争必将又重新开始。"①

从资本主义经济关系研究异化现象的本质，不仅使马克思自己的批判角度发生了转变，而且促使马克思进一步认识到了费尔巴哈从抽象的异化概念批判资本主义的局限性。我们从 MEGA² 第四部分马克思在 1845 年早期为了写作《德意志意识形态》所作的笔记中读到："费尔巴哈看到了宗教世界的自我异化、宗教世界和世俗世界的分化这一事实。他的解决办法是从世俗世界的基础上铲除宗教世界。但是世俗世界自己向天堂攀升，并且自己在乌云中设立了独立的王国，这只有从世俗世界基础的自我分裂、自相矛盾中得到解释。"②

---

① MARX/ENGELS GESAMTAUSGABE, PROBE-BAND, DIETZ VERLAG BERLIN 1972，第 59、60 页，Germany。

② MARX/ENGELS GESAMTAUSGABE, Academie Verlag 1998，IV/3，第 20 页，Germany。

对政治经济学的研究进一步促使马克思唯物史观的成熟,《资本论》的前期准备工作预示着马克思对资本主义社会的批判由哲学、法学、社会学层面转向了经济学层面。当然,我们不能因此就说马克思至此结束了他对资本主义社会的哲学批判,而是说自此以后,在他批判资本主义的过程中,经济学的分量显然要大于哲学的分量,唯物史观是他的哲学基础,而辩证法是他的研究方法,他的主要研究对象已经转向了经济学。19世纪40年代末由欧洲大陆辗转迁往英国,是促使马克思发生这一思想变化的外在因素。

综上所述,不难看出,对于MEGA$^2$四个部分的综合研读,不仅能够使我们直接面对马克思和恩格斯,而且使我们能够从全方位的角度更加完整、准确地把握马克思和恩格斯思想发展的客观进程,这正是我们这一课题的主要研究方法。我们的研究工具是原始文本,但是它又不同于文本研究(更精确的说是版本研究),后者致力于对马克思和恩格斯的著作在不同历史时期和世界各地的不同文字版本、编辑版本进行对照研究,从中探索具体的历史条件与人们对马克思和恩格斯思想进行选择和解释之间有什么内在的联系。显然,研究文本与文本研究是两个不同的思路,我们侧重于前者,对于后者,我们的研究将只局限于与中国文本有关的范围。

## 第三节 MEGA$^2$阅读和研究中遇到的词汇理解问题

由于中外文非对称的一词多义、多词一义情况的存在,对原文的阅读和研究首先遇到的是词汇理解问题,对于哲学著作来说就更是这样,这是阅读《马克思恩格斯全集》历史考证版第二版(MEGA$^2$)不可避免的问题。上下文的联系有助于我们对词汇含义的理解,但是这样的联系对于哲学著作和文章的阅读来说仍然是不足的,这里,为了达到尽可能准确的理解,不仅哲学背景知识是重要的,而且对事物本质的理解也是重要的,我举三个例子加以扼要说明：

**例1**：马克思和恩格斯在多处提到的消灭私有制，其中"消灭"一词他们使用的德文词汇是"aufheben"，这个词本身有"举起"和"废除"的双重含义。该词在黑格尔那里作为扬弃来使用，即有保留的否定。那么阅读时就有学者对中央编译局的译文"消灭"这个词提出了质疑，认为是不是应该译为"扬弃"私有制。

根据马克思本人的思想，这里译成"消灭"并没有什么问题，然而它又可以成为一个研究的课题，例如马克思说对资本主义私有制的否定，"这是否定的否定。这种否定不是重新建立私有制，而是在资本主义时代的成就的基础上，也就是说，在协作和对土地及靠劳动本身生产的生产资料的共同占有的基础上，重新建立个人所有制"①。"消灭"或者"扬弃"概念在这里引发出了对马克思本人思想和事物本身的理解。

**例2**：恩格斯的《路德维希·费尔巴哈和德国古典哲学的终结》一文，其中的"终结"使用的德文词汇是"ausgang"②，该词的原意又是"出口"和"尽头""终点"这样具有对立性的双重含义。于是有的学者在阅读时就对"终结"的译文提出了异议。其实这是一个非常形象的辩证词汇，任何道路走到头了，当然也就是通向另一条道路的出口，这是德国人的思辨，对于某一端口，从一边来看它是终端，从另一边来看它就成了开端。

那么，我们在这里如何理解德国古典哲学呢？是终结，还是另有出路？仅仅从黑格尔的辩证思维方式作为与分析哲学相对立的哲学，至今仍然活跃在国内外的哲学舞台上这一点来看，我们就可以说，德国古典哲学并没有结束它的使命，而且，恩格斯在该文中的最后一句话也表达了同样的意思："德国的工人运动是德国古典哲

---

① 《马克思恩格斯全集》第23卷，人民出版社1972年版，第832页。
② MARX/ENGELS GESAMTAUSGABE, Academie verlag 2002, Ⅰ/31, 第Ⅵ页, Germany。

学的继承者。"① 我们知道，马克思所批判继承的就是黑格尔的辩证法。那么，这就是说，德国古典哲学在另一种意义上继续着自己新的生命。

该词在中文版被译为"终结"，是因为我们的中文恐怕很难找到这样本身具有辩证含义的词汇，从这一意义上来说，对哲学著作原文的阅读，能够体会到中文字面难以体现的含义。

例3：马克思在《哥达纲领批判》一文中使用的"bürgerliche Recht"②一词，这个词在中文《马克思恩格斯选集》第一版中被译为"资产阶级的法权"，在第二版中被译为"资产阶级权利"。"Recht"被译为法权和权利并不会产生太大的歧义，而"bürgerliche"在两个版本中都被译为"资产阶级"，这恰恰是能够产生歧义和困惑的地方。

"bürgerliche"的德文原意是"公民的"和"市民的"意思，与英文的"citizen"相同。

英文的资产阶级一词是 bourgeoisie，来自法文，德文的相对应词是 bourgeois，加个词尾，即 bourgeoisie，就有着"富裕市民"的含义。

资产阶级由市民阶层发展而来，这并不意味着所有市民都是资产阶级，因为资产阶级又不同于市民阶层，只有能够用某种手段雇佣、占有他人劳动的人是市民中的资产阶级。市民权利因此也不能等同于资产阶级权利。这是市民概念与资产阶级概念的区别。

马克思在《哥达纲领批判》中所说的按劳分配这一"平等的权利按照原则仍然是资产阶级权利……"③"资产阶级"一词在这里应该被翻译并理解为"市民"，这不是咬文嚼字，而是涉及对事物

---

① 《马克思恩格斯选集》第4卷，人民出版社2002年版，第258页。
② MARX/ENGELS GESAMTAUSGABE，Ⅰ/25，Dietz Verlag Berlin 1985，第14页，Germany。
③ 《马克思恩格斯选集》第3卷，人民出版社1995年版，第304页。

本身的理解。

第一，之所以说按劳分配是市民权利而不是资产阶级权利，正因为它是按劳分配，而不是按资分配，在马克思设想的共产主义初级阶段，"除了个人的消费资料，没有任何东西可以成为个人的财产"[①]。凭借着生产手段占有他人劳动的资产阶级权利因此也不再存在。

第二，马克思之所以说按劳分配这一平等的权利按照原则仍然是市民权利，这不是相对于按资分配的资产阶级权利而言，而是相对于按需分配的原则而言。我们又可以从两个方面来分析这一问题：

其一，根据按劳分配的原则，由于个人能力的不同、家庭状况的差异等原因，人们实际上的消费水平是不同的，与按需分配原则相比较，这里存在着原则上的平等与实际上的不平等。

其二，按劳分配将劳动的付出与分配加以联系的是人们的自我利益；这与自由自在的劳动和按需分配之间不再存在着这样的联系显然是有所区别的。

其三，至于说按劳分配带来的差异能够积累成占有他人劳动的生产手段，这已经是另一个层次的问题了。

正因如此，根据马克思自身的思想逻辑，资产阶级权利应该被理解并翻译成"市民权利"。

**例4**：无论是"消灭私有制"还是"重新建立个人所有制"都涉及一个核心概念，即"所有制"概念，在德文中，这个概念使用的是"das Eigentum"。德文的这个概念既可以作"所有制"，又可以作"财产"来理解并翻译。我国的《马克思恩格斯全集》中文版已经对这一问题在翻译的脚注中作过说明。但是在实际的翻译中并没有进行具体的鉴别，基本上一概将"das Eigentum"翻译为"所有制"。

---

① 《马克思恩格斯全集》第19卷，人民出版社1963年版，第21页。

表面上看起来，这仅仅是个一词多义的问题，实际上该词的多义在不同的内涵上涉及不同的事物，正是这种内涵上的差异，给人们的相关认识带来了困惑。我们现在可以通过中文、德文与英文的对比，从词义上对该词及其相关词汇作一个初步理析。

中文的所有制与财产概念，虽然在德文那里是通过一个词即"das Eigentum"来体现的，在英文那里，却有着与中文类似的两个词汇，即"ownership（所有制）"和"property（财产）"。

我们现在就来对这三种文字在词汇本身、内涵和寓意上进行比较，为了便于直观，我们先制作一个表格：

| 中文 | 所有制 | 财产 |
| --- | --- | --- |
| 德文 | das Eigentum | das Eigentum |
| 英文 | Ownership | Property |

从词汇本身来看，中文和英文接近，分别用两个不同的词汇表达两种不同的内涵，即"所有制（ownership）"和"财产（property）"。而德文的情况不一样，它没有相应的不同词汇，只用一个词汇即"das Eigentum"来表达这两种含义。

但是，从词汇的寓意上来看，情况就不同了，德文和英文接近，而中文的情况则另当别论。例如，从"所有者"这个角度来说，德文和英文都将"自己的"这个词根作为"所有"这个概念的基本成分，如德文的"eigen"，英文的"own"，而中文的"所有制"从词型上看不出来归谁所有。从这一意义上来说，我们的象形文字失去了象形特征，而拼音文字反而发挥了象形特征。

且慢，这些在一定程度上体现象形特征的德文、英文词汇，今天并不直接具有它所象形的意义，即并不直接意味着"自己的"所有。在功能上它们完全与中文一样，都表达的是一种一般"所有"。如果要体现归谁所有，这三种词汇前面都要加上限定词，例如"公"（"社会""共"等）或者"私"。为了便于直观，这里再制作一个表格：

| 中文 | 公有制 | 私有制 |
|---|---|---|
| 德文 | gesellschaftliche Eigentum | das Privateigenthum |
| 英文 | Public ownership | private ownership |

现在的问题是，如果"所有制"的概念在德文和英文中同样需要加限定性词汇才能够体现归谁所有，那么，从词汇的构成意义上来说，"自己的"即"eigen"和"own"还有什么意义呢？

这当然不会完全没有意义，我们从词汇的发展史上可以推测，从词汇的发生、构成、起源意义上来看，"所有"的概念或许首先是用来指称自己的东西，然后人们才慢慢将自己的东西和大家共有的东西区别开来，这时才需要另一个限定性词汇，即"公"和"私"，以此来对所有的东西进行界定，以便将不同的"所有"区别开来。

我们现在还是回过头来看看德文中的"das Eigentum"，即"财产"，或"所有制"概念。我们在前面已经说过，中文版提到了它可以翻译为两个不同的中文词汇，但是在翻译上基本上统一于"所有制"一词。在一般情况下，中文将该词翻译为"所有制"，还是翻译为"财产"，或许问题并不是太大，但是"所有制"与"财产"毕竟体现着不同的内涵，因此，在一些情况下，词汇选择的错误，就不仅不能在中文中准确地体现原作者的思想，还会带来理解上的困惑，甚至误解。

例5：自从财产所有权形成以来，个人财产持有的多少就一直是一个困扰着人们的社会、经济和伦理道德问题，用最通俗的话语来说，就是穷人和富人的问题。这一问题随着近代资产阶级所弘扬的自由、平等理念与工业革命所创造的巨大财富以及与此相伴随的财富占有的社会分化这一现实状况的反差而日益彰显其重要性，它不仅因此成为人们纷争不休的话题，也成为哲学家、思想家们关注、思考和研究的对象。在《德意志意识形态》一书中，马克思在对这一问题的认识上与施蒂纳存在着分歧，他虽然没有对施蒂纳的观点进行系统的分析、批判，但是，我们从他对施蒂纳的讽刺性批判中，已经能够清晰地看到马克思与施蒂纳的分歧所在以及两人在这一分歧中所体现出来的对事物本质的认识差异。

个人财产持有的多少，如果从发生学意义上来进行分析，那么它不仅涉及人们对财产的目前持有状况，而且涉及人们对财产的动态持有状况。马克思与施蒂纳的分歧在一定程度上就是围绕着发生学意义上的财富所有与分化而展开的，这一分歧起始于一个德文词汇，施蒂纳在他的《唯一者及其所有物》一书中，使用了一个具有双重含义的德文词汇"Vermögen"（"能力"或"资产"）来阐述穷人和富人的差异。马克思在《德意志意识形态》第一卷第三篇中分析施蒂纳那唯一者的私有财产时，这样阐述了施蒂纳的观点：

> 我们可以在这里"插入"一段桑乔（施蒂纳，笔者注）的伟大发现的"插曲"，他说在"穷人（Armen）"和"富人（Reichen）"之间，除了"Vermögende（有能力、有资产的人）"和"Unvermögende（没有能力、没有资产的人）"之间的区别，不存在"其他差别"[①]。

应该将这里的 Vermögende 理解并翻译为"能力"还是"资产"呢？该词的两种含义实际上预示着对事物的两种理解：

如果将其理解并翻译为"能力"，那么我们就遇到了一种今天并不陌生的解释性理论，即富人之所以是富人，是由于他们的能力、努力，对此，我们很容易发现，施蒂纳对贫富差别原因的理解

---

[①] MARX/ENGELS GESAMTAUSGABE, BAND 5, MARX-ENGELS-VERLAG G. M. B. H. BERLIN 1932, 第347页, Germany。参见[德]麦克斯·施蒂纳《唯一者及其所有物》, 商务印书馆1997年版, 第292页。参见 Max Stirner: "Der Einzige und sein Eigentum", PHILIPP RECLAM JUN. STUTTGART, 第296页, Germany。

与今天自由主义对贫富差别原因的理解是何其相似。撇开偶然巧合这一没有意义的假设，那么，我们如果不将其看作一种承继关系，也应该将其看作对同一种事物用同一种方法所进行的认识。

这种认识在贫富差别与能力大小之间寻找对应的关系，在两者之间画等号，即富人等于有能力的人，穷人等于没有能力的人，进一步说，富人凭借能力获取、治理、增值财产，穷人却没有能力去对付这一切。

如果我们将其理解并翻译为"资产"，那么它似乎适合于我们所熟悉的马克思的理论，即穷人与富人的区别在于有没有资产，这似乎与施蒂纳想要表达的意思有距离。我们还是先来看看英文是如何处理这一问题的。

1976年的英文版将德文词汇Vermögende和Unvermögende翻译为resourceful和resourceless[①]，即"有财产资源的人"和"没有财产资源的人"，该词字面上已经不包含"能力"的意思了，已经不能体现德文词汇所具有的双重含义。根据英文版的翻译，施蒂纳对穷人与富人形成原因的理解似乎是与马克思相接近的。

由于德文词汇Vermögende具有双重含义，即"能力"或"资产"，其否定词是Unvermögende，即"没有能力"或"没有资产"，我们可以因此提出两个问题：对于施蒂纳来说，穷人缺的到底是什么，是"能力"，还是"资产"？只有弄清楚施蒂纳的原意，我们才能够明白马克思的批判意图。

然而对施蒂纳原意的理解取决于对其使用词汇的含义选择，这样的情况同样存在于接下来马克思所引用的施蒂纳关于穷人与货币关系的论述之中。在这一论述中，对施蒂纳原意的理解仍然取决于对Vermögen（能力或资产）这一词汇确切含义的选择，这样的选择存在着几种不同的情况：

---

[①] KARL MARX FREDERICK ENGELS COLLECTED WORKS, Volume 5, LAWRENCE & WISHART LONDON, 1976, 第368页, Germany.

第一,"货币是从哪里来的呢?……人们用以支付的不是货币,因为货币可能会不足,而是自己的 Vermögen,只有借助于这一 Vermögen,**我们**才会有 Vermögen……使你们感到遗憾的不是货币,而是**你们没有** Vermögen 去获得货币"。①

施蒂纳的这段话,由于 Vermögen 所具有的双重含义而令人费解。这里无论将 Vermögen 统一理解为"能力"或"资产",这段文字都是无意义的。如果我们按照下面的方式进行不同含义的选择,整个句子似乎就可以理解了,例如:

第二,"货币是从哪里来的呢?……人们支付(或译'付出')的不是货币,因为货币可能会不足,而是自己的能力(Vermögen),只有借助于这一能力,**我们**才会有资产……使你们感到遗憾的不是货币,而是**你们没有**能力去获得货币"。

可以将施蒂纳的原意理解为将缺乏能力看成是贫穷的原因,但是,我们换一种译法行不行呢?例如:

第三,"货币是从哪里来的呢?……人们支付的不是货币,因为货币可能会不足,而是自己的资产,只有借助于这一资产,**我们**才会有能力……使你们感到遗憾的不是货币,而是**你们没有**资产去获得货币"。

根据这一译法,是否拥有足够的资产便成为决定贫穷和富裕的主要因素?因为只有当货币转化为资产时才会带来更多的货币。

这是同一段文字三种可能的译法,第一种不加入任何个人观点,不作任何主观取舍,显然也就难以被理解,并难以进行翻译;第二种、第三种译法分别作出两种截然相反的取舍:根据第二种译法,是否拥有"能力"成为决定贫富的主要原因;根据第三种译法,是否拥有"资产"成为决定贫富的主要原因。

施蒂纳的原意究竟是什么?马克思是如何理解施蒂纳的原意

---

① MARX/ENGELS GESAMTAUSGABE, BAND 5, MARX-ENGELS-VERLAG G. M. B. H. BERLIN 1932,第 374 页,Germany。

第一章 《马克思恩格斯全集》MEGA 版基础信息与研究方法　　25

的？至少，我们可以看到，马克思是通过揭示施蒂纳所使用概念的不同含义来说明问题的。我们从马克思对施蒂纳进行批判的宗旨来说，第二种译法似乎更能够体现马克思所要批判的施蒂纳的观点，第三种译法所体现出来的观点似乎接近马克思本人的观点，而并非他所要批判的观点。从这一角度来看，1976 年英文版的理解和翻译并没有体现马克思的原意，因为它对该段文字的理解和翻译接近马克思本人的意思①，如果施蒂纳的观点是这样的，马克思显然没有必要与他进行争辩了。

我国"全集"第一版的译法有第一种翻译的影子，又是第二种和第三种翻译的结合，在对 Vermögen 一词不作取舍的情况下，把选择权留给读者，例如：

第四，"货币是从哪里来的呢？……人们用以支付的不是货币——因为可能会发生货币不足的现象——而是自己的 Vermögen（资产，能力），**我们**只是靠 Vermögen 才有能力的……使**你们**受害的不是货币，而是**你们没有能力，是你们无能取得货币**。"②

显然，翻译中词汇的取舍在这里不仅取决于知识背景，也取决于文化生活背景，对这一段文字里面所体现出来的西方观念如果没有了解，对这一段话就难以作出准确的理解。如果读者对文章的理解又有赖于译者的导向性取舍，在这种情况下，可想而知，无论你在阅读过程中作了多少努力、付出多大代价，结果都将是徒劳无功的，你仍然对马克思与施蒂纳发生分歧的要点问题一无所知。

以上几个例子是想说明，我们在直接用原文阅读和研究马克思和恩格斯的文本时，首先遇到的是对词汇的理解、把握和翻译，在这一方面又可能存在着两个方面的问题：一方面是中外语言内涵的差异，尤其对于哲学概念来说，用另一种语言去理解某个哲学概念，有时就像用另一个体系去理解不同体系的哲学概念一样困难，

---

① KARL MARX FREDERICK ENGELS COLLECTED WORKS, Volume 5, LAWRENCE & WISHART LONDON, 1976, 第 396 页，England。
② 《马克思恩格斯全集》第 3 卷，人民出版社 1960 年版，第 461—462 页。

这也正说明阅读原文的重要性;另一方面是对知识背景和事物本质的理解,当然这对于母语的阅读来说也是一个必要的条件。

## 第四节 中国化语境下的 MEGA² 研究

20世纪70年代《马克思恩格斯全集》历史考证版第二版新MEGA（MEGA²）是在第一版（MEGA¹）基础上的重新考证、编辑出版,从源头上为马克思主义史研究提供了更加准确、客观、详尽的文本、文献资料,激发了马克思主义史研究的新活力。20世纪90年代 MEGA² 及围绕着 MEGA² 的文本、文献资料经《马克思恩格斯全集》中文版第二版的编辑出版以及国外研究文献的陆续翻译引入,MEGA² 对中国本土的马克思主义研究以及马克思主义哲学研究,进而马克思主义哲学史研究都带来了很大的影响,这一影响已经促使中国马克思主义研究发生了具有深远意义的变化。我们大致可以从三个方面来概括 MEGA² 的影响及其所带来的变化。

首先,从 MEGA² 的陆续编辑出版效应方面来看:MEGA² 以原手稿为基础所编辑出版的文本与以苏联版为基础的著作形式出现的文本存在着差异,马克思以及马克思和恩格斯的手稿,有相当一部分是其生前没有成型、出版的,例如我们所最为熟知的《德意志意识形态》《1844年经济学哲学手稿》及其巴黎笔记;有些是马克思生前没有出版而由恩格斯编辑出版的,例如《资本论》第二卷、第三卷等。

这些手稿根据其"原貌"的编辑出版,与苏联解体、东欧剧变这一历史性事件一起瓦解了苏联教科书体系下的权威模式,削弱了这一模式所构建起来的那种僵化、教条的解读体系。随着苏联教科书权威的瓦解,人们转向马克思和恩格斯文本的阅读与研究,本土语言的翻译文本仍然是人们阅读和研究的基本资料。我国中央编译局编辑出版的《马克思恩格斯选集》第二版、《马克思恩格斯全集》第二版（未出齐）、《马克思恩格斯文集》十卷本在一定程度

## 第一章 《马克思恩格斯全集》MEGA版基础信息与研究方法

上使用了MEGA$^2$的新资料，成为人们从苏联模式回归马克思和恩格斯文本的基本路径；与此同时，MEGA$^2$的陆续编辑出版以及围绕着编辑出版工作而展开的一系列研究，为人们进一步研究马克思和恩格斯的思想提供了一个更加深入和客观的新路径。

其次，从MEGA$^2$版本与翻译版本的比较方面来看：本土翻译语言的文本、文献可读性强、阅读范围广。但是与翻译版本比较起来，MEGA$^2$版本有着自身不可替代的特点：文献资料的丰富性、直观性，文字、概念的原貌等。文献资料的丰富性自不待言，从直观性这一角度来看，由于文字的差异，本土文字的考证版很难做到与MEGA$^2$在修改文字与被修改段落之间的严格同步，例如日本广松涉的《德意志意识形态》"费尔巴哈章"，广松涉尝试着做一个日本的考证版，但是由于修改文字与原段落之间的不同步，仍然可能带来阅读和理解上的歧义。

从原文字、原概念的翻译角度来看，这种情况就特别复杂。同词不同译、同译不同词的情况在任何不同文字之间的相互翻译中都是难免的现象；而对于哲学概念来说，除了这种两不相同的现象之外，更存在着原文概念本身的同词不同义问题，如何将这些多义以符合原作者的概念准确地表达出来，并非一件易事；而如何判断原作者是在利用这些多义来含糊本来就难以说清的事情，还是本身就没有觉察到这种多义的存在，这对翻译来说，就俨然是一种专业素养的考验了，而当读者又仰赖于译者的选择时，就不可避免地产生了作者意图不能被准确传达的情况，尽管谁也不是有意为之的。这是一种情况。另一种情况是，展现词汇的丰富性是几乎所有作者都会有的偏好，文学作者尤其如此，对于文学作品来说，丰富的词汇会带给人们不一样的愉悦感，对于哲学社会科学作者来说，使用不同的词汇有时有意图，有时并无任何意图，但是不同的词汇往往会引起人们不一样的联想，这不同的词汇是否蕴含着不同的含义、内容？无论对原作者或者译者的阅读来说，由不同词汇而引发的联想有时也能够演绎出一个颇似真实的故事，这种情况尤其容易发生在具有混合文字（文字来源多途径）的原作或者译作中。这从另一个侧面告诉我们，在某些情况下，阅读原文尤其是以手稿为基础编辑的原文是非常必要的。

最后，从文本研究与现实世界的相关性方面来看：一方面，苏东剧变的现实与 MEGA$^2$ 的陆续编辑出版，从某种程度上促使马克思主义研究从教科书体系回归马克思和恩格斯的文本，进而在一定范围内又从马克思和恩格斯的翻译文本进展到以 MEGA$^2$ 为基础的原文本、文献。长期以来为人们所耳熟能详、习以为常的一些解读和概念的理解在新的资料面前被质疑，这在一定程度上促使学者们对马克思和恩格斯思想的再阅读、再思考和再研究；另一方面，自20世纪70年代末开始的中国社会主义经济体制改革进程及其向中国特色社会主义市场经济体制的深化发展，从现实的层面促使人们对马克思主义基本理论进一步深入思考。

从第一个方面来看，随着马克思和恩格斯《德意志意识形态》编辑文本、马克思巴黎手稿，以及 MEGA$^2$ 第二（II）部分马克思政治经济学批判性研究及其手稿的编辑出版而带来的《资本论》等文本、文献的研究和讨论，促使马克思主义研究视域发生了变化，在一定程度上恩格斯的研究视域为马克思的研究视域所取代。19世纪40年代早期马克思受恩格斯的影响转向政治经济学研究，但是由于各种客观原因，在马克思着手进行这一研究之后，恩格斯在商务工作之余开始进行更加广泛的哲学问题研究。恩格斯的哲学研究视域影响了后人对马克思主义哲学的理解，而对马克思主义进行哲学、政治经济学、科学社会主义三大领域划分的苏联模式实际上强化了哲学领域的恩格斯研究视域。围绕着 MEGA$^2$ 文本、文献而展开的对马克思早期哲学思想和《资本论》及其手稿的研究，在一定程度上扭转了马克思主义哲学领域的研究视域。

从第二个方面来看，中国特色社会主义经济体制改革为中国的经济腾飞奠定了基础，30年的改革事业取得了前所未有、举世瞩目的发展成就。然而改革中呈现的某些新问题在某种程度上将人们的关注视野引向马克思的政治经济学批判思路,并且与世界金融危机之后马克思《资本论》热的出现相关联,国内马克思主义学界、马克思主义哲学界开始关注马克思的政治经济学研究和《资本论》。但是,由于长期以来受苏联模式的影响,我国的马克思主义哲学界与马克思的政治经济学批判性研究和《资本论》手稿及其研究都存在着一定距离。这一情况随着 MEGA$^2$ 带来的影响、全球化发展趋势和中国的改革开放新局面而悄然发生着变化。

在这两种因素的影响下,国内的马克思主义研究、马克思主义哲学研究,进而马克思主义哲学史研究都呈现出新的发展态势,历史唯物主义逐渐成为马克思主义哲学的核心领域,与社会现实息息相关的公平与正义、自由与平等也成为马克思主义学者关注的话题,而这些话题促使人们对政治与经济的关系问题从更加深刻的层面进行分析和认识。这一方面体现了马克思主义哲学的现实关怀和实践性,另一方面也体现了马克思主义哲学研究语境与国际接轨,全球化发展趋势所造就的共同语境使国内马克思主义学者面临越来越国际化的理论问题。

新 MEGA 进入中国是马克思主义研究日益国际化且深入发展的要求,它通过翻译和直接阅读两个途径为中国学者所逐渐熟悉,体现了马克思主义中国化的最新发展路径,促进了中国马克思主义理论研究的发展,有助于发挥马克思主义哲学对中国特色社会主义市场经济健康发展的指导作用。

## 第二章　走向实践
——《黑格尔法哲学批判》的文本解读

马克思的思想发展过程中，有一个显明的转向，即由哲学研究转向政治经济学研究。马克思本人曾在《〈政治经济学批判〉序言》中具体解释了他从哲学转向政治经济学研究的动因和过程，他说，"我学的专业本来是法律，但我只是把它排在哲学和历史之次当作辅助学科来研究。1842—1843年间，我作为《莱茵报》的编辑，第一次遇到要对所谓物质利益发表意见的难事。莱茵省议会关于林木盗窃和地产析分的讨论，当时的莱茵省总督冯·沙培尔先生就摩塞尔农民状况同《莱茵报》展开的官方论战，最后，关于自由贸易和保护关税的辩论，是促使我去研究经济问题的最初动因。"① 这就是说，现实政治斗争的需要是马克思研究经济问题的一个原因。然而，马克思并没有直接转入经济学的研究，而是研究或者说批判了黑格尔的法哲学。那么，马克思为什么不直接去研究经济问题，反而转向黑格尔法哲学批判呢？

当时的马克思，深受黑格尔哲学和青年黑格尔派的影响，力图以哲学的力量来改变现实，实现自己的政治抱负。当他所秉持的理论在现实中遇到无法克服的障碍的时候，即他思想中的黑格尔哲学无法面对经济问题做出合理的解释，或者说，他的思想无法为他的现实政治抱负提供支持的时候，马克思返回自己的思想

---

① 《马克思恩格斯选集》第2卷，人民出版社1995年版，第31页。

源头，重新检视并批判了它。马克思不是简单地抛弃自己的思想源头——黑格尔法哲学，而是去批判它，这一做法表明：马克思当时仍然承认哲学对现实所能提供的理论支持力量，他试图在黑格尔法哲学批判中寻找自己的理论重建线索。正是在这一批判中，马克思发现了他的理论新基点——政治经济学，并在此后对他之前的思想渊源——黑格尔、青年黑格尔派、费尔巴哈等的思想进行了彻底的清算。

正如马克思所说，"为了解决使我苦恼的疑问，我写的第一部著作是对黑格尔法哲学的批判性的分析，这部著作的导言曾发表在1844年巴黎出版的《德法年鉴》上。我的研究得出这样一个结果：法的关系正像国家的形式一样，既不能从它们本身来理解，也不能从所谓人类精神的一般发展来理解，相反，它们根源于物质的生活关系，这种物质的生活关系的总和，黑格尔按照18世纪的英国人和法国人的先例，概括为'市民社会'，而**对市民社会的解剖应该到政治经济学中去寻求**。"[①] 根据这一说法，把《黑格尔法哲学批判》看作马克思的一部过渡性著作至少是合乎马克思本人思想发展过程的。作为过渡性著作，《黑格尔法哲学批判》具有明确的思想导向，对黑格尔思辨唯心主义的批判指出了黑格尔法哲学理论方向上的错误，可以说表现出历史唯物主义的萌芽；但这部著作中包含了诸多思想要素，如费尔巴哈人本主义的思想方法、鲍威尔政治思想的影响、黑格尔社会历史分析方法，等等，并没有形成一个完整的思想体系。因此，对于马克思此时的思想究竟处于何种阶段，不必过于拘泥，更重要的是分析各种思想因素在马克思这一著作中发挥的作用以及对马克思此后的思想发展有何影响。

---

① 《马克思恩格斯选集》第2卷，人民出版社1995年版，第32页。

## 第一节 关于《〈黑格尔法哲学批判〉导言》的文本解读

自 1843 年 3 月离开《莱茵报》，从社会舞台退回到书房，到 9 月底这段时间，马克思写出了我们看到的《黑格尔法哲学批判》这一手稿。这是一部未完成稿。1843 年 10 月，马克思在巴黎与法国的民主主义者、社会主义者，以及德国的正义者同盟会员建立了联系，观察了那里的工人运动，研究了当时先进的政治思想，写下了《〈黑格尔法哲学批判〉导言》一文，1844 年 2 月发表于《德法年鉴》。在《导言》中，马克思写道："随导言之后将要作的探讨——这是为这项工作尽的一份力——首先不是联系原本，而是联系副本即联系德国的国家**哲学**和法**哲学**来进行的。"[①] 这里所说"随导言之后将要作的探讨"正是指尚未完成的《黑格尔法哲学批判》。

在文本开始写作之后，马克思写下了导言，同时又在导言中预言了此后的工作，导言与正文之间这种曲折的联系说明了什么？前文提到，正是因为在现实中遇到了理论无法提供合理解释的情况，马克思才开始对自己所接受的黑格尔法哲学这一理论进行重新检视；而在《导言》一文中，马克思则明确提出，此后的探讨（继续对黑格尔法哲学的探讨）是为这项工作尽的一份力，这项工作是什么呢？马克思在《导言》中说："**真理的彼岸世界**消逝以后，**历史的任务**就是确立**此岸世界的真理**。人的自我异化的**神圣形象**被揭穿以后，揭露具有**非神圣形象**的自我异化，就成了为历史服务的**哲学**的迫切任务。于是，对天国的批判变成对尘世的批判，对宗教的批判变成对法的批判，对神学的批判变成对政治的批判。"[②]

---

[①] 《马克思恩格斯全集》第 3 卷，人民出版社 2002 年版，第 200 页。参见 MARX/ENGELS GESAMTAUSGABE, BAND Ⅰ/2, DIETZ VERLAG BERLIN 1982 年，第 171 页。

[②] 《马克思恩格斯全集》第 3 卷，人民出版社 2002 年版，第 200 页。参见 MARX/ENGELS GESAMTAUSGABE, BAND Ⅰ/2, DIETZ VERLAG BERLIN 1982 年，第 171 页。

## 第二章 走向实践

文本开始写作后写下的导言,是观察了工人运动后的政治宣言;而计划中的后续研究仍然要服从于政治批判这一历史任务;这就说明《黑格尔法哲学批判》与现实政治斗争的紧密联系,法哲学批判是作为现实政治斗争的副本出现的。法哲学批判正是现实斗争的哲学前奏。

然而,后续的研究计划并没有完成。马克思在《1844年经济学哲学手稿》序言中说,"我在《德法年鉴》上曾预告要以**黑格尔法哲学批判**的形式对法学和国家学进行批判。在加工整理准备付印的时候发现,把仅仅针对思辨的批判同针对不同材料本身的批判混在一起,十分不妥,这样会妨碍阐述,增加理解的困难。……因此,我打算用不同的、独立的小册子来相继批判法、道德、政治等等,最后再以一本专门的著作来说明整体的联系、各部分的关系以及对这一切材料的思辨加工进行批判。"[①] 马克思在《神圣家族》《德意志意识形态》中完成了对思辨哲学的批判,但他所预告的对法、道德、政治等进行批判的专门小册子一直没有完成。这里的主要原因在于,1844年以后的马克思把主要精力放在了经济学研究上。

我们看到,在预告写作各类批判小册子的《1844年经济学哲学手稿》中,马克思已经开始了政治经济学研究,并且终其一生主要从事这个领域的研究;在《〈黑格尔法哲学批判〉导言》与《1844年经济学哲学手稿》之间再没有重要作品,而《导言》作为《黑格尔法哲学批判》之导言,就在于它与正文之间的思路一致而更具引导性;那么,马克思从政治转向政治经济学,除了其他外在因素的影响之外,其中的理论线索应该就蕴含在《黑格尔法哲学批判》及其导言的思路中。因此,我们首先关注《导言》。

正因为《导言》写在正文之后,才更能说明作者写作正文的意

---

① 《马克思恩格斯全集》第3卷,人民出版社2002年版,第219页。参见 MARX/ENGELS GESAMTAUSGABE, BAND Ⅰ/2, DIETZ VERLAG BERLIN 1982年,第325页。

图。我们在考察正文之前考察《导言》，是为了形成一个更加符合作者原意的考察框架，以便问题更为集中、鲜明。因为《黑格尔法哲学批判》作为批判性考察文本，作者本人以黑格尔的法哲学片段为线索进行批判性分析，往往使得作者自己的意图被遮蔽在批判对象的问题域中，不易分辨。为了避免受到批判对象的局限，我们可以先行把握作者在《导言》中明确表达的意图。我们将通过对《导言》主要内容的把握和相关问题辨析来做到这一点。

### 一　从宗教批判到现实批判

1. 内容概述

《导言》一开篇就提到这个问题。"就德国来说，**对宗教的批判**基本上已经结束；而对宗教的批判是其他一切批判的前提。"为什么说"对宗教的批判是其他一切批判的前提"呢？因为"宗教是这个世界的总理论，是它的包罗万象的纲要，它的具有通俗形式的逻辑，它的唯灵论的荣誉问题【point d'honnerur】，它的狂热，它的道德约束，它的庄严补充，它借以求得慰藉和辩护的总根据"[①]。因为宗教是这个世界的总理论，所以对宗教的批判是一切批判的前提。那么，为什么要批判宗教呢？

"反宗教的批判的根据是：**人创造了宗教**，而不是宗教创造人。就是说，宗教是还没有获得自身或已经再度丧失自身的人的自我意识和自我感觉。"[②] 也就是说，宗教与人相比较，人是更为根本的，宗教是人的一种错误的自我意识，这种错误在于人"还没有获得自身或已经再度丧失自身"，即自我意识的缺失。因此，宗教这种错误意识就必须加以批判。

人的自我意识来自人类感性世界，因此造成这种错误的是现实

---

[①] 《马克思恩格斯全集》第 3 卷，人民出版社 2002 年版，第 199 页。参见 MARX/ENGELS GESAMTAUSGABE, BAND Ⅰ/2, DIETZ VERLAG BERLIN 1982 年，第 170 页。

[②] 《马克思恩格斯全集》第 3 卷，人民出版社 2002 年版，第 199 页。参见 MARX/ENGELS GESAMTAUSGABE, BAND Ⅰ/2, DIETZ VERLAG BERLIN 1982 年，第 170 页。

世界。"**人不是抽象的蛰居于世界之外的存在物。人就是人的世界，就是国家，社会**。这个国家、这个社会产生了宗教，一种**颠倒的世界意识**，因为它们就是**颠倒的世界**。"① 世界是颠倒的，所以生活于世界的人的意识也是颠倒的，颠倒的人产生了颠倒的意识——宗教。因此，要彻底地批判宗教就必须批判现实世界。"废除作为人民的**虚幻**幸福的宗教，就是要求人民的**现实**幸福。要求抛弃关于人民处境的幻觉，就是**要求抛弃那需要幻觉的处境**。因此，对宗教的批判就是对**苦难尘世**——宗教是它的**神圣光环——的批判的胚芽**。"② 安徒生笔下卖火柴的小女孩为什么在火柴的微光中看到了温暖的火炉？因为她冷。她为什么在火柴的微光中看到喷香的烧鹅？因为她饿。为什么她在幻想中看到圣诞树和奶奶？因为她没有圣诞树，因为她想念奶奶。她为什么跟着奶奶飞向了天国？因为她在这个世界上感到痛苦，她被饿死、冻死了。正是人世的痛苦让人们产生了美好的幻想，宗教正是其中最大的幻想。因此，不消除人类世界中的痛苦，就不可能消除宗教幻想。

因此，"**真理的彼岸世界**消逝以后，**历史的任务**就是确立**此岸世界的真理**。人的自我异化的**神圣形象**被揭穿以后，揭露具有**非神圣形象的自我异化**，就成了为历史服务的**哲学**的迫切**任务**。于是，对天国的批判变成对尘世的批判"③。

2. 问题辨析

这一部分涉及的第一个问题是马克思对宗教的态度。马克思把宗教看作"是还没有获得自身或已经再度丧失自身的人的自我意识和自我感觉"，是"颠倒的世界意识"；"宗教是人的本质在幻想中的实现"；"宗教是被压迫生灵的叹息，是无情世界的心境，正像它

---

① 《马克思恩格斯全集》第3卷，人民出版社 2002 年版，第 199 页。参见 MARX/ENGELS GESAMTAUSGABE, BAND Ⅰ/2, DIETZ VERLAG BERLIN 1982 年，第 170 页。

② 《马克思恩格斯全集》第3卷，人民出版社 2002 年版，第 200 页。参见 MARX/ENGELS GESAMTAUSGABE, BAND Ⅰ/2, DIETZ VERLAG BERLIN 1982 年，第 171 页。

③ 《马克思恩格斯全集》第3卷，人民出版社 2002 年版，第 200 页。参见 MARX/ENGELS GESAMTAUSGABE, BAND Ⅰ/2, DIETZ VERLAG BERLIN 1982 年，第 171 页。

是无精神活力的制度的精神一样。宗教是人民的鸦片"①。马克思的论述清楚地表明，他坚决地否定宗教。

与此相关的问题是，马克思在宗教问题上与费尔巴哈和鲍威尔的理论关系。马克思在《导言》的这一部分中运用了费尔巴哈的典型术语，如人、人的本质。但在对待宗教的问题上，二者却有着截然不同的态度。费尔巴哈通过自己的人本主义哲学批判了黑格尔哲学神秘的思辨性，指出"人是人的最高本质"，强调人的感性存在的优先地位，但他又接着指出，人的特性在于人具有类本质，也就是说人只有在与他人的关系中才能获得现实性，即他所谓"爱的宗教"。正是由于他的人本主义哲学所具有的这种抽象性，即以人的类本质来界定人的本质，费尔巴哈在宗教问题上的批判态度不够彻底。他对宗教的批判态度在于他认为宗教是人的本质的表现，而不是独立存在的东西；但他又认为上帝就是人的类本质的拟人化；这就是说，宗教或者说上帝，尽管它们作为一种反映，不能够独立存在，但仍然正确反映了人的类本质，这种反映的内容是值得肯定的。因此，费尔巴哈认为，"人本学，即关于人的哲学学说，就是同时能成为宗教的哲学"②。如此，费尔巴哈由宗教批判走向所谓人的宗教。1843年，马克思就在给卢格的信中批评费尔巴哈只关心自然而不关心政治的倾向。③ 费尔巴哈对待宗教的这种态度与马克思将宗教视为一种错误意识，并持有全盘否定的态度是截然不同的。

与费尔巴哈不同，鲍威尔在这个问题上与马克思更为一致，对马克思宗教思想影响较大。首先，他与马克思一样，都把宗教看作是自我意识范围内的东西，不过这种自我意识是没有意识到真正的自己或者说是在自我意识方面有缺陷的人的自我意识。鲍威尔认为，"我们应把颠倒了的世界看作是由宗教信仰的一种神奇力量所

---

① 《马克思恩格斯全集》第3卷，人民出版社2002年版，第200页。参见 MARX/ENGELS GESAMTAUSGABE, BAND I/2, DIETZ VERLAG BERLIN 1982年，第171页。
② 《费尔巴哈哲学著作选集》上卷，商务印书馆1984年版，第122页。
③ 《马克思恩格斯全集》第27卷，人民出版社第一版，第442页。

## 第二章 走向实践

造成的；这种颠倒的世界是意识作用的结果，更确切地说，是缺乏意识造成的。"① 这与马克思把宗教看作"是还没有获得自身或已经再度丧失自身的人的自我意识和自我感觉"，是"颠倒的世界意识"的观点极为一致。关于马克思所说"宗教是人民的鸦片"，兹维·罗森指出，鲍威尔至少两次以"鸦片"一词来形容宗教。鲍威尔说，"在对尘世的一切高贵的、美好的东西进行诋毁之后，它〔宗教〕又以鸦片似的迷惑力描绘出一幅未来世界的图景，它完全不同于现实的世界，因为一切事物都改变了，都变成新的了。"② 这实际上是指出了宗教对于人民的麻醉作用。进而，鲍威尔把宗教的根源归之于现实世界，他指出，宗教是"对现存关系的缺陷和弊端的孤立的体现和鼓励。它是一切关系和趋势的总的本质，但却是一个被歪曲了的本质，是一个脱离了这些关系和趋势的本质，也就是说，作为一个被歪曲了的本质，它是没有本质的反映，是歪曲的反映"③。这与马克思把宗教看作"这个世界的总的理论"和"颠倒的世界观"，进而将宗教的根源归之于"颠倒了的世界"的观点也是一致的。罗森认为，"追随鲍威尔的马克思，不仅采纳了被歪曲了的世界、被歪曲了的自我意识、幻想、锁链上的花朵以及许多其他鲍威尔的术语，也接受了鸦片这一概念。"④

然而，马克思与鲍威尔毕竟是不同的。例如，鲍威尔强调宗教对客观世界的塑造作用。"宗教把它的各种特性移植到自身之外，即移植到客观世界，因此它是分裂的、异化的，创造了一个具有类似特点的世界。"⑤ 尽管鲍威尔对宗教与客观世界的双重关系的描述

---

① 〔德〕布鲁诺·鲍威尔：《基督教真相》中的"颠倒的世界"一章，德文版，第143页。转引自〔波〕兹维·罗森《布鲁诺·鲍威尔和卡尔·马克思》，王谨等译，中国人民大学出版社1984年版，第110页。

② 〔德〕布鲁诺·鲍威尔：《自由的正义事业和我自己的事业》德文版，第212页。转引自〔波〕兹维·罗森《布鲁诺·鲍威尔和卡尔·马克思》，第108页。

③ 〔德〕布鲁诺·鲍威尔：《自由的正义事业和我自己的事业》德文版，第217页。转引自〔波〕兹维·罗森《布鲁诺·鲍威尔和卡尔·马克思》，第111页。

④ 〔波〕兹维·罗森：《布鲁诺·鲍威尔和卡尔·马克思》，第169页。

⑤ 〔波〕兹维·罗森：《布鲁诺·鲍威尔和卡尔·马克思》，第111页。

更为全面，这也使得他在现实斗争中的立场不那么坚定。因为鲍威尔强调宗教对社会的塑造作用，因此他过于看重宗教的力量，在现实斗争中难免产生悲观情绪。事实也是如此，鲍威尔在政治斗争中肯定精英阶层的作用，而对人民群众不信任，一味寄希望于自我意识批判，最终脱离了现实的政治斗争。在这方面，鲍威尔与费尔巴哈是有相同之处的，他们都肯定了宗教的作用，只不过一个积极，一个消极，费尔巴哈决定利用宗教的积极作用，而鲍威尔在宗教的消极作用面前感到悲观。

与费尔巴哈和鲍威尔不同，马克思是坚定的无神论者，他从宗教批判坚定地转向了现实批判。因为"人并不是抽象的栖息在世界以外的东西。人就是人的世界，就是国家、社会"。罗森指出，"马克思所说的人就是人的世界、就是国家、就是社会的观点是针对费尔巴哈的，而不是针对鲍威尔的。鲍威尔倾向于强调政治因素在历史上的作用，谴责人的异化。"① 但我认为，这对于鲍威尔同样适用，因为鲍威尔的政治批判仍然是一种与宗教批判藕断丝连的意识批判，并非马克思"对尘世的批判"，即现实批判。那么，马克思在《〈黑格尔法哲学批判〉导言》中是否达到了现实批判的高度呢？

## 二 德国的现状与现实批判

### 1. 内容概述

什么是现实批判？现实批判并不等于对德国现状的批判。马克思指出，"如果想从德国的现状［status quo］本身出发，即使采取惟一适当的方式，就是说采取否定的方式，结果依然是**时代错乱**"②。因为，德国已经落后于时代。"即使我否定了1843年的德国制度，但是按照法国的纪年，我也不会处在1789年，更不会是处

---

① ［波］兹维·罗森：《布鲁诺·鲍威尔和卡尔·马克思》，第170页。
② 《马克思恩格斯全集》第3卷，人民出版社2002年版，第200页。参见 MARX/ENGELS GESAMTAUSGABE, BAND I/2, DIETZ VERLAG BERLIN 1982年，第171页。

在当代的焦点。"①

接着马克思批判了法的历史学派，认为"历史对这一学派也只是显示了自己的后背［a posteriori］"②。这就是说，所谓法的历史学派，不过是一种僵化的历史观，是以历史为借口，为德国现存制度的不合理性加以辩护。而那些热情者到史前的条顿原始森林中去寻找自由的源头，同样是缺乏正确历史观念的做法。历史既不是僵死的过去，也不是一种主观想象。历史是现实的历史，现实是历史的现实。现状是历史和现实的表现和状况。当现状不具有历史现实性的时候，它就应该被否定，或者说它已经被否定。

因此，反对德国现状的斗争对德国和现代各国都仍然是有意义的。"向德国制度**开火**！一定要开火！这种制度虽然低于历史水平，**低于任何批判**，但依然是批判的对象，正像一个低于做人的水平的罪犯，依然是**刽子手**的对象一样。"③ 但"因为这种制度的精神已经被驳倒。这种制度本身不是**值得重视**的对象，而是既应当受到鄙视同时又已经受到鄙视的**存在状态**"。批判作为激情的理性，"不是要驳倒这个敌人，而是要**消灭**这个敌人"，"批判已经不再是**目的本身**，而只是一种**手段**。它的主要情感是**愤怒**，它的主要工作是**揭露**"。总之，"涉及这个内容的批判是搏斗式的批判；而在搏斗中，问题不在于敌人是否高尚，是否旗鼓相当，是否有趣，问题在于给敌人以打击"④。

"可是，一旦**现代的**政治社会现实本身受到批判，即批判一旦提高到真正的人的问题，批判就超出了德国现状，不然的话，批判

---

① 《马克思恩格斯全集》第3卷，人民出版社2002年版，第201页。参见 MARX/ENGELS GESAMTAUSGABE, BAND I/2, DIETZ VERLAG BERLIN 1982年，第171页。
② 《马克思恩格斯全集》第3卷，人民出版社2002年版，第201页。参见 MARX/ENGELS GESAMTAUSGABE, BAND I/2, DIETZ VERLAG BERLIN 1982年，第172页。
③ 《马克思恩格斯全集》第3卷，人民出版社2002年版，第202页。参见 MARX/ENGELS GESAMTAUSGABE, BAND I/2, DIETZ VERLAG BERLIN 1982年，第172页。
④ 《马克思恩格斯全集》第3卷，人民出版社2002年版，第202页。参见 MARX/ENGELS GESAMTAUSGABE, BAND I/2, DIETZ VERLAG BERLIN 1982年，第172—173页。

就会认为自己的对象所处的水平**低于**这个对象的实际水平。"值得注意的是,马克思在这里举了一个经济方面的例子。"在德国,人们是通过给垄断以**对外的统治权**,开始承认垄断有对内的统治权的。可见,在法国和英国行将完结的事物,在德国现在才刚刚开始。这些国家在理论上反叛的、而且也只是当作锁链来忍受的陈旧腐朽的制度,在德国却被当作美好未来的初升朝霞而受到欢迎",这种时代的错位,使得"我们的历史就像一个不谙操练的新兵一样,到现在为止还认为自己的任务只是补习操练陈旧的历史"①。

在德国,如何才能达到现实批判?马克思认为,"**德国的法哲学和国家哲学**是惟一与正式的当代现实保持在同等水平上[al pari]的德国历史"。因为"我们德国人在思想中、在**哲学**中经历了自己的未来的历史。我们是当代的**哲学**同时代人"②。因此,对德国的法哲学和国家哲学的批判就是面向现实的批判。在这里,马克思批评了德国的实践派和理论派。他指出,实践派"要求人们必须从现实的生活胚芽出发"是对的,但他们"没有把哲学归入**德国**的现实范围",要求"对哲学的否定"是正当的,但"没有认真实现它,也不可能实现它"③。理论派"认为目前的斗争**只是哲学同德国世界的批判性斗争**,它没有想到迄今为止**的哲学**本身就属于这个世界,而且是这个世界的补充,虽然只是观念的补充"。"该派的根本缺陷可以归结如下:**它认为,不消灭哲学本身,就能够使哲学成为现实。**"那么,把这一命题反过来就是,只有消灭哲学本身,才可以使哲学变成现实。这就是说,在德国,能够代表当代现实水平的是德国的法哲学和国家哲学,而且首先是黑格尔的思辨的法哲学,因为,"**德国的国家哲学和法哲学在黑格尔**的著作中得到了最系统、

---

① 《马克思恩格斯全集》第3卷,人民出版社2002年版,第204—205页。参见 MARX/ENGELS GESAMTAUSGABE, BAND I/2, DIETZ VERLAG BERLIN 1982年,第174—175页。
② 《马克思恩格斯全集》第3卷,人民出版社2002年版,第205页。参见 MARX/ENGELS GESAMTAUSGABE, BAND I/2, DIETZ VERLAG BERLIN 1982年,第175页。
③ 《马克思恩格斯全集》第3卷,人民出版社2002年版,第205—206页。参见 MARX/ENGELS GESAMTAUSGABE, BAND I/2, DIETZ VERLAG BERLIN 1982年,第175—176页。

最丰富和最终的表述；对这种哲学的批判既是对现代国家和对同它相联系的现实所作的批判性分析，又是对迄今为止的**德国政治意识和法意识**的整个**形式**的坚决否定，而这种意识的最主要、最普遍、上升为**科学**的表现正是**思辨的法哲学**本身"①。

那么，如何理解思辨的法哲学的现实性呢？马克思认为，如果说思辨的法哲学"这种关于现代国家——它的现实仍然是彼岸世界，虽然这个彼岸世界也只在莱茵河彼岸——的抽象而不切实际的**思维**，只是在德国才有可能产生"，也就是说这种抽象的根源在于德国生活落后于时代这一现实；但反过来说，"**德国人**那种置**现实的人**于不顾的关于现代国家的思想形象之所以可能产生，也只是因为现代国家本身置**现实的人**于不顾，或者只凭虚构的方式满足整个的人"②。这就是说，之所以能够从现代国家抽象出思辨的法哲学之类的东西，正是因为现代国家对于现实的人来说是抽象的，是个幻想，只是在幻想中满足所有的人，只是在形式上普遍有效。因此，"德国是这些国家**理论上的**良心。它的思维的抽象和自大总是同它的现实的片面性和低下保持同步。……**德国的国家学说**的现状就表现了**现代国家的未完成**，表现了现代国家的机体本身的缺陷"③。总之，德国的法哲学和国家学说，尤其是思辨的法哲学是现代国家的缺陷，即其抽象性的表现；对思辨的法哲学的批判就是对现代国家的批判，是现实批判。只有在这种现实批判中，现代国家的具体的真实本质才有可能出现在现实中。

这样一种现实批判，不是对现状的狭隘批判，而是对于现代国家的缺陷的批判，是对代表现代国家缺陷的"对**德国**迄今为止政治意识形式的坚决反抗"，它"会面向只有用一个办法即**实践**才能解

---

① 《马克思恩格斯全集》第3卷，人民出版社2002年版，第206—207页。参见 MARX/ENGELS GESAMTAUSGABE, BAND I/2, DIETZ VERLAG BERLIN 1982年，第176页。
② 《马克思恩格斯全集》第3卷，人民出版社2002年版，第207页。参见 MARX/ENGELS GESAMTAUSGABE, BAND I/2, DIETZ VERLAG BERLIN 1982年，第176页。
③ 《马克思恩格斯全集》第3卷，人民出版社2002年版，第207页。参见 MARX/ENGELS GESAMTAUSGABE, BAND I/2, DIETZ VERLAG BERLIN 1982年，第176—177页。

决的那些**课题**"①。

2. 问题辨析

在这一部分，首先涉及的问题是历史与现状、现实这三个概念之间的关系问题。历史，是黑格尔哲学的一个主要问题。一方面，在黑格尔看来，历史是"绝对精神"的发展史，表面上由人们的思想动机所推动的历史现象的更迭背后体现的是绝对精神。因此，历史现象不同于历史本质。另一方面，绝对精神是一个自我外化、自我认识、自我回归的过程，历史同样是一个发展过程。历史现象不同于历史本质，即现状与现实不同。现实，是具有历史合理性、历史必然性的实存，即黑格尔所谓的"现实是本质和实存或内与外所直接形成的统一"②，而现状不过是现存的东西，是没有任何规定性的直接存在，是不具有合理性或丧失了合理性的东西。黑格尔认为，"在日常生活中，任何幻想、错误、罪恶以及一切坏东西、一切腐败幻灭的存在，尽管人们都随便把它们叫做现实。但是，甚至在平常的感觉里，也会觉得一个偶然的存在不配享受现实的美名。因为所谓偶然的存在，只是一个没有什么价值的、可能的存在，亦即可有可无的东西"③，现实与现存绝不是一回事。现实性是包含着必然性的东西，是历史所追求的合乎理性的东西，它不断地否定现存的丧失了合理性的东西，而追求更具有合理性的现实，就是一个必然的过程，是绝对精神展现自身的过程。现实，是绝对精神的实现，而历史是绝对精神的实现过程；历史，正是一个个现实性的接续。正因为如此，当现存的一切失去了它的现实性，即其存在的合理性的时候，历史的内在动力——绝对精神就会冲破现状的束缚，要求变革。这样一种追求合理性、现实性的历史观，显然是具有革命意义的。

马克思在这一部分中对现状、现实、时代的区分，表明他接受

---

① 《马克思恩格斯全集》第 3 卷，人民出版社 2002 年版，第 207 页。参见 MARX/ENGELS GESAMTAUSGABE, BAND I/2, DIETZ VERLAG BERLIN 1982 年，第 177 页。

② [德] 黑格尔：《小逻辑》，贺麟译，商务印书馆 1980 年版，第 295 页。

③ [德] 黑格尔：《小逻辑》，贺麟译，商务印书馆 1980 年版，第 44 页。

第二章 走向实践 43

了黑格尔关于历史、现实、现状的区分，那么，这是否说明马克思接受了黑格尔唯心主义的历史观呢？答案是否定的。因为我们看到，马克思将黑格尔的法哲学称为思辨的法哲学，同时指出，思辨的法哲学以及其他德国的法哲学和国家学说的抽象性源自现代国家的缺陷，即其抽象性。因此，马克思不可能赞同黑格尔的绝对精神、绝对理念之说。我们在后面将要分析的《黑格尔法哲学批判》中就可以看到，马克思把这些称为"抽象的概念"。而且，马克思把思辨的法哲学的出现归结为现代国家的片面性和低下，他要求在社会实际中寻找理论根源。在德国，要求变革的合理性何在？

在接下来的段落中，马克思写道："试问：德国能不能实现有原则高度的【a la hauteur des principes】实践，即实现一个不但能把德国提高到现代各国的**正式水准**，而且提高到这些国家最近的将来要达到的**人的高度的革命**呢？"① 由此可见，实践是有原则的实践，即某种理论指导下、具有合理性的实践，即"人的高度的革命"，这就是德国变革的合理性；这种合理性来自社会实际，因为马克思指出，"人就是人的世界，就是国家，社会"②。正是因为人类世界中没有达到人的高度，有着"使人成为被侮辱、被奴役、被遗弃和被蔑视的东西的**一切关系**"③，这种实际的不合理性提供了变革的合理性。这在德国预示着什么样的未来？

**三 无产阶级与德国解放的实际可能性**

1. 内容概述

"试问：德国能不能实现有原则高度的【a la hauteur des principes】实践，即实现一个不但能把德国提高到现代各国的**正式水准**，

---

① 《马克思恩格斯全集》第3卷，人民出版社2002年版，第207页。参见 MARX/ENGELS GESAMTAUSGABE, BAND Ⅰ/2, DIETZ VERLAG BERLIN 1982年，第177页。
② 《马克思恩格斯全集》第3卷，人民出版社2002年版，第199页。参见 MARX/ENGELS GESAMTAUSGABE, BAND Ⅰ/2, DIETZ VERLAG BERLIN 1982年，第170页。
③ 《马克思恩格斯全集》第3卷，人民出版社2002年版，第208页。参见 MARX/ENGELS GESAMTAUSGABE, BAND Ⅰ/2, DIETZ VERLAG BERLIN 1982年，第177页。

而且提高到这些国家最近的将来要达到的**人的高度的革命**呢?"① 这是马克思对德国提出的问题。什么是人的高度？它为什么成了一种革命的原则？

马克思在这里强调的正是我们上文所提及的实践所需要的理论指导的力量。"批判的武器当然不能代替武器的批判，物质力量只能用物质力量来摧毁；但是理论一经掌握群众，也会变成物质力量。"这句话的重点在后半段。"理论只要说服人【ad hominem】，就能掌握群众；而理论只要彻底，就能说服人【ad hominem】。所谓彻底，就是抓住事物的根本。但是，人的根本就是人本身。"具体到德国理论，它最后归结为"**人是人的最高本质**这样一个学说"。马克思把费尔巴哈的这一学说看作最彻底的理论，这个理论因其彻底而具有实践能力。这种对实践的指导力量可以归结为这样一条绝对命令："**必须推翻**那些使人成为被侮辱、被奴役、被遗弃和被蔑视的东西的**一切关系**……"②

马克思接着论述了历史上理论的解放对德国的特别实际的意义。然而，"**彻底的**德国革命看来面临着一个重大的困难"。"就是说，革命需要**被动**因素，需要**物质**基础。""但是，德国不是和现代各国在同一个时候登上政治解放的中间阶梯的。甚至它在理论上已经超越的阶梯，它在实践上却还没有达到。它怎么能够一个**筋斗**【salto mortale】就不仅越过自己本身的障碍，而且同时越过现代各国面临的障碍呢？后一种障碍，它实际上应该把这看作是摆脱自己实际障碍的一种解放，而且应该把这作为目的来争取。彻底的革命只能是彻底需要的革命，而这些彻底需要所应有的前提和基础，看来恰好都不具备。"③ 实际情况果真如此吗？如果按照理论的思路，

---

① 《马克思恩格斯全集》第 3 卷，人民出版社 2002 年版，第 207 页。参见 MARX/ENGELS GESAMTAUSGABE，BAND Ⅰ/2，DIETZ VERLAG BERLIN 1982 年，第 177 页。
② 《马克思恩格斯全集》第 3 卷，人民出版社 2002 年版，第 207—208 页。参见 MARX/ENGELS GESAMTAUSGABE，BAND Ⅰ/2，DIETZ VERLAG BERLIN 1982 年，第 177 页。
③ 《马克思恩格斯全集》第 3 卷，人民出版社 2002 年版，第 209 页。参见 MARX/ENGELS GESAMTAUSGABE，BAND Ⅰ/2，DIETZ VERLAG BERLIN 1982 年，第 178 页。

## 第二章 走向实践

德国就真的不能达到"人的高度的革命"这个阶段,而只能先着眼于其他现代国家已经进行的政治革命了。但马克思基于对德国社会实际的分析,得出了不一样的结论。

"如果我们先看一下**德国各邦政府**,那么我们就会看到,由于现代各种关系,由于德国的形势,由于德国教育的立足点,最后,由于自己本身的良好本能,这些政府不得不把**现代政治领域**——它的长处我们不具备——的**文明缺陷**和旧制度的**野蛮缺陷**——这些缺陷我们却充分享受——结合在一起。"结果会怎样呢?"**德国这个形成一种特殊领域的当代政治的缺陷**,如果不摧毁当代政治的普遍障碍,就不可能摧毁德国特有的障碍。"也就是说,德国集中了所有的社会缺陷和社会矛盾,必须毕其功于一役。"对德国来说,**彻底的革命**、**全人类**的解放,不是乌托邦式的梦想,确切地说,部分的**纯政治的革命**,毫不触犯大厦支柱的革命,才是乌托邦式的梦想。"① 这是马克思基于德国社会实际得出的结论。

接着,马克思分析了德国的社会阶级状况,并与其他资本主义国家的阶级状况进行了比较。他指出,部分的纯政治革命的基础是"**市民社会的一部分**解放自己,取得**普遍**统治,就是一定的阶级从自己的**特殊地位**出发,从事社会的普遍解放"。这就需要一个阶级成为社会的总代表,也需要一个阶级成为"整个社会中**昭彰的罪恶**","法国贵族和法国僧侣的消极普遍意义决定了同他们最接近却又截然对立的阶级即**资产阶级**的积极普遍意义"。然而,"在德国,任何一个特殊阶级所缺乏的不仅是能标明自己是社会消极代表的那种坚毅、尖锐、胆识、无情。同样,任何一个等级也还缺乏和人民魂魄相同的,哪怕是瞬间相同的那种开阔胸怀,缺乏鼓舞物质力量去实行政治暴力的天赋,缺乏革命的大无畏精神,对敌人振振有辞地宣称:**我没有任何地位,但我必须成为一切**。德国的道德和忠

---

① 《马克思恩格斯全集》第 3 卷,人民出版社 2002 年版,第 209—210 页。参见 MARX/ENGELS GESAMTAUSGABE, BAND I/2, DIETZ VERLAG BERLIN 1982 年,第 179 页。

诚——不仅是个别人的而且也是各个阶级的道德和忠诚——的基础，反而是**有节制的利己主义**；这种利己主义表现出自己的狭隘性，并用这种狭隘性来束缚自己"①。因此，在德国部分的纯政治的革命（资产阶级革命）是不可能实现的。

"那么，德国解放的**实际**可能性到底在哪里呢？"

"**答**：就在于形成一个被戴上**彻底的锁链**的阶级，一个并非市民社会阶级的市民社会阶级，形成一个表明一切等级解体的等级，形成一个由于自己遭受普遍苦难而具有普遍性质的领域，这个领域不要求享有任何**特殊的权利**，因为威胁着这个领域的不是**特殊的不公正**，而是**一般的不公正**，它不能再求助于**历史**的权利，而只能求助于**人**的权利，它不是同德国国家制度的后果处于片面的对立，而是同这种制度的前提处于全面的对立，最后，在于形成一个若不从其他一切社会领域解放出来从而解放其他一切社会领域就不能解放自己的领域，总之，形成这样一个领域，它表明人的**完全丧失**，并因而只有通过**人的完全回复**才能回复自己本身。社会解体的这个结果，就是**无产阶级**这个特殊等级。"② 这就是说，只有锁链可以失去的、一无所有的无产阶级才是德国解放的希望所在。"哲学把无产阶级当作自己的**物质**武器，同样，无产阶级也把哲学当作自己的**精神**武器；思想的闪电一旦彻底击中这块素朴的人民园地，**德国人**就会解放成为**人**。"③

2. 问题辨析

在这一部分中，涉及马克思与"人是人的最高本质"这一费尔巴哈命题之间的关系，以及与此相联系的另一个问题，即无产阶级革命性的问题。

---

① 《马克思恩格斯全集》第 3 卷，人民出版社 2002 年版，第 210—211 页。参见 MARX/ENGELS GESAMTAUSGABE, BAND I/2, DIETZ VERLAG BERLIN 1982 年，第 179—180 页。
② 《马克思恩格斯全集》第 3 卷，人民出版社 2002 年版，第 213 页。参见 MARX/ENGELS GESAMTAUSGABE, BAND I/2, DIETZ VERLAG BERLIN 1982 年，第 181—182 页。
③ 《马克思恩格斯全集》第 3 卷，人民出版社 2002 年版，214 页。参见 MARX/ENGELS GESAMTAUSGABE, BAND I/2, DIETZ VERLAG BERLIN 1982 年，第 182 页。

不少人认为，马克思写作《〈黑格尔法哲学批判〉导言》时，处于受费尔巴哈影响较深的人本主义时期。他们指出，费尔巴哈发表《关于哲学改造的临时纲要》（1843年2月）、《基督教的本质》第二版（1843年上半年），以及《未来哲学原理》（1843年7月）期间，马克思正着手《黑格尔法哲学批判》的写作。费尔巴哈发表《纲要》后，马克思看到该书并受其影响，对《黑格尔法哲学批判》初稿重新进行了加工；而在此之前，马克思还在某种程度上受到鲍威尔哲学思想的束缚。因为正是在《黑格尔法哲学批判》草稿中，马克思删除了"自我意识"一词。① 对于马克思与费尔巴哈和鲍威尔的关系，我们后面还将深入探讨，此处仅就此时的马克思是否是人本主义者稍作分析。

显然，马克思承认"人是人的最高本质"这一命题的理论意义，并将之视为德国哲学的最高成就。然而，这并不能说明马克思是费尔巴哈式的人本主义者。首先，马克思对这一命题含义的认识与费尔巴哈不同。费尔巴哈的这一命题把人的感性存在看作人的最高本质，肯定了感性存在的优先性，是有积极意义的。但他继而把人的感性存在看作是类的存在，是"爱、理性和意志"，这又把人的感性存在直接抽象化了，使得他的命题走向反面。与费尔巴哈不同，马克思在《〈黑格尔法哲学批判〉导言》一开头就指出，"**人不是抽象的蛰居于世界之外的存在物。人就是人的世界**，就是国家，社会。这个国家、这个社会产生了宗教，一种**颠倒的世界意识**，因为它们就是**颠倒的世界**。"② 这就是说，人不是这种那种规定，而是实际生活本身。那么，在马克思那里，这一命题的含义就是：人的实际生活是人的最高原则。在这里我们为什么把"最高本质"一词替换为"最高原则"呢？因为就实际生活、实际行动而言，只有指导原则，没有抽象的本质；但就作为指导原则的理论而

---

① 参见《马克思恩格斯全集》国际第1版，第1部分，第1卷，第1分册，第418页。
② 《马克思恩格斯全集》第3卷，人民出版社2002年版，第199页。参见 MARX/ENGELS GESAMTAUSGABE, BAND Ⅰ/2, DIETZ VERLAG BERLIN 1982年，第170页。

言，可以有作为时代本质的判断。马克思是把费尔巴哈这一命题作为理论指导原则来看待的。其次，马克思关于这一命题的运用与费尔巴哈不同。正如我们在上文所阐释的，费尔巴哈仍然在哲学层面解决问题，他由人的感性存在推及人的类本质，由人的爱的本质推及爱的宗教，并把建立爱的宗教作为人的出路和未来提了出来，又回到了无视人的感性生活的宗教老路。而马克思把这一命题看作实践的理论指导原则，去解决"只有用一个办法即实践才能解决的那些**课题**"，最终归结为这样一条绝对命令："**必须推翻**那些使人成为被侮辱、被奴役、被遗弃和被蔑视的东西的一切关系……"① 正像后来马克思在《关于费尔巴哈的提纲》中所说，"哲学家们只是用不同的方式解释世界，问题在于改变世界"②。这也是费尔巴哈与马克思的根本区别。

既然"人是人的最高本质"只是实践的理论指导原则，那么，无产阶级的革命性问题也就不难理解了。马克思认为，无产阶级的革命性在于"它表明人的**完全丧失**，并因而只有通过**人的完全回复**才能回复自己本身"③。即，从非人回到人。传统观点将之认为人本主义观点，仿佛无产阶级的革命性是着眼于人这一抽象定义的。但如果这么理解，就会产生一个矛盾，即"表明人的完全丧失"的无产阶级到底是不是人呢？因此，马克思的表述只能理解为在实际生活中，人的感性存在不能完全实现。人在实际生活中存在，它部分地满足了人的感性要求，反过来说，它部分地压抑了人的感性要求，这就是"颠倒的世界"的实际状态；从这样一个实际状态出发，马克思发现无产阶级处于社会最底层，它作为一个阶级，被满足得最少，甚至接近于动物的生存状态，即"人的完全丧失"，几

---

① 《马克思恩格斯全集》第 3 卷，人民出版社 2002 年版，第 207—208 页。参见 MARX/ENGELS GESAMTAUSGABE, BAND Ⅰ/2, DIETZ VERLAG BERLIN 1982 年，第 177 页。
② 《马克思恩格斯选集》第 1 卷，人民出版社 1995 年版，第 57 页。
③ 《马克思恩格斯全集》第 3 卷，人民出版社 2002 年版，第 213 页。参见 MARX/ENGELS GESAMTAUSGABE, BAND Ⅰ/2, DIETZ VERLAG BERLIN 1982 年，第 182 页。

乎没有什么可以再失去；这样一个生存状态就决定了，作为感性存在物的无产阶级具有改变现状的最强烈要求，因此，它的革命性最强；当德国的无产阶级代表了各种社会缺陷的时候，它的革命则意味着各种缺陷被克服，那么，也就是所谓"人的完全恢复"。这里的逻辑是人的实际生存状态→无产阶级（人的丧失）→无产阶级革命（人的解放）→社会缺陷的修复（人的完全回复）。也就是说，人的丧失与回复是社会变革的开端与结果，人的逻辑是以社会逻辑为前提的，而社会逻辑就意味着现实的历史逻辑，这种社会历史逻辑是感性生活的逻辑，是物质社会的发展逻辑，是唯物主义的逻辑，这与人本主义的唯心论完全不同。

尽管我们对马克思从非人到人的无产阶级革命性的解释，肯定了马克思更为强调从实际生活出发的唯物主义性质，但马克思与费尔巴哈在提法上的完全一致也说明他受到费尔巴哈直观主义的一定影响，用"非人的完全丧失"和"人的完全回复"这样的词来说明问题，容易导致一种误解，即在人的发展过程中存在一个非人到人的阶段，这样的发展是缺少中介的过程。这也同样表明，马克思对黑格尔辩证法的理解存在问题。这与马克思强烈的革命诉求是分不开的。也正因为如此，一些研究者把这种一劳永逸解决问题的思路，归结为马克思所接受的犹太教救世主思想，马克思主义被称为乌托邦也不是偶然的。可以说，马克思面向现实的思想品格使得他接受了费尔巴哈人本主义的唯物主义方向，同时又使得他突破了费尔巴哈人本主义的抽象内容，但在他的唯物主义思想发展的过程中保留了这种人本主义的抽象性特点。马克思这一时期的思想特征在《黑格尔法哲学批判》的手稿中更为鲜明地表现出来。

总之，马克思在《〈黑格尔法哲学批判〉导言》中表明：黑格尔法哲学是现代国家机体缺陷的表现；批判黑格尔法哲学，是为了揭露现代国家的真相和实现德国的解放。

## 第二节　关于《黑格尔法哲学批判》的文本解读

上文我们提到,《黑格尔法哲学批判》写作于1843年,马克思离开《莱茵报》之后。马克思自己说过,自己写作《黑格尔法哲学批判》,是为了解决他在《莱茵报》担任主编时期遇到的"苦恼的疑问"。马克思"苦恼的疑问"是什么呢？是他所持有的理性批判立场与物质利益问题之间的矛盾。

马克思在1842—1843年担任《莱茵报》主编期间,碰到了大量政治、经济等社会现实问题,如新闻检查、自由贸易、林木盗窃等。在林木盗窃这个问题上,马克思看到整个立法都是以维护森林所有者和土地所有者的利益为目的,而非从理性出发,维护社会的公共利益。马克思在《关于林木盗窃法的辩论》这篇论文中抨击了代表地主资产阶级利益的立法者,揭露他们的立场动机完全是自身的利益,而不是法律的原则。马克思认为,法律应该"是事物的法的本质的普遍和真正的表达"。事物的法的本质不应该迁就法律,而法律应该适应事物的本质。然而,马克思的揭露和斗争毫无结果。这就使得马克思对于理性批判本身产生了怀疑。如果现实生活中理性并没有占有一席之地,以理性为最终诉求的理性批判又能够有什么效果呢？为此,马克思决定重新审视自己的理性哲学立场,他选择了最具代表性的黑格尔的《法哲学原理》作为自己分析、批判的目标。这是马克思转向现实批判的前提和第一步。

### 一　批判黑格尔逻辑的神秘主义体系

1. 内容概述

在《黑格尔法哲学批判》中,马克思重点批判了黑格尔逻辑的神秘主义体系。

我们所能看到的马克思手稿中,首先涉及的是黑格尔《法哲学》的第261节,如下：

## 第二章 走向实践

对私法和私人福利,即对家庭和市民社会这两个领域来说,一方面,国家是**外在**必然性和它们的最高权力,它们的法律和利益都从属并依存于这种权力的本性;但是,另一方面,国家又是它们的**内在**目的,国家的力量在于它的普遍的最终目的和个人的特殊利益的统一,即个人对国家尽多少义务,同时也就享有多少权利。①

马克思对这一小节的分析批判,是围绕着家庭、市民社会与国家的关系究竟是"外在必然性"关系还是"内在目的"关系这一问题展开的。他指出,"黑格尔在这里谈到了私法等等对国家的**内在**依存性,或者说,私法等等本质规定依存于国家。但是,他同时又把这种依存性纳入'外在必然性'的关系,并把它作为另外一个方面而同另一种关系相对立,在这种关系中,家庭和市民社会把国家作为自己的'内在目的'来对待。"②

马克思指出,外在必然性"的意思只能理解成这样:当家庭和社会的'法律'和'利益'同国家的'法律'和'利益'发生冲突时,家庭和社会的'法律'和'利益'必须依从国家的'法律'和'利益';它们是从属于国家的;它们的存在依存于国家的存在;或者还可以说,国家的意志和法律对家庭和社会的'意志'和'法律'来说是一种必然性"。然而,"'市民社会和家庭'在其真实的即在其独立的和充分的发展中是作为特殊的'领域'而成为国家的前提,所以,'私法的法律'依存于'国家的一定性质'③ 并

---

① 《马克思恩格斯全集》第3卷,人民出版社2002年版,第7页。参见 MARX/ENGELS GESAMTAUSGABE, BAND Ⅰ/2, DIETZ VERLAG BERLIN 1982年,第5页。
② 《马克思恩格斯全集》第3卷,人民出版社2002年版,第7—8页。参见 MARX/ENGELS GESAMTAUSGABE, BAND Ⅰ/2, DIETZ VERLAG BERLIN 1982年,第5—6页。
③ 黑格尔在第二六一节附释中写道:"上面已经指出,主要是孟德斯鸠发展了关于民法也是**依存**于一定的国家性质,并提出了部分只有从它对整体的关系中去考察这一观点。"见《马克思恩格斯全集》第3卷,人民出版社2002年版,第7页。参见 MARX/ENGELS GESAMTAUSGABE, BAND Ⅰ/2, DIETZ VERLAG BERLIN 1982年,第5页。

根据这种性质而变更,这本身就被纳入'外在必然性'的关系。'从属性'和'依存性'是表示'外在的'、**强制的**、表面的同一性的用语"。① 显然,在马克思看来,市民社会和家庭是国家产生的前提,让市民社会和家庭的法律和利益服从于国家的法律和意志的做法,显然是一种强制性行为;建立在这种强制行为基础上的同一,是外在的、虚假的同一。

因此,马克思认为,"黑格尔在这里提出了一个没有解决的**二律背反**。**一方面**是外在必然性;**另一方面**是内在目的。国家的**普遍的最终目的**和个人的**特殊利益**的统一,据说就在于个人对国家所尽的**义务**和国家赋予**他的权利**是同一的。(因而,例如,尊重财产的义务同对财产的权利是吻合的。)"② 既然马克思把外在必然性与内在目的看作一个二律背反,他就会认为国家中所谓义务与权利的统一是一种虚假的言辞。

接下来,马克思摘引了黑格尔《法哲学原理》中"集法哲学和黑格尔全部哲学的神秘主义之大成"的第262节:

> 现实的观念,精神,把自身分为自己概念的两个理想性的领域:家庭和市民社会,即分为自己的有限性,以便从这两个领域的理想性中形成自为的无限的现实的精神——现实的观念从而把自己的这种现实性的材料,把作为**群体**的各个人,分配于这两个领域,这样,对于单个人来说,这种分配是通过情况、任意和本身使命的亲自选择为中介的。③

如上所述,马克思认为市民和家庭社会产生于国家之前,那

---

① 《马克思恩格斯全集》第3卷,人民出版社2002年版,第8页。参见 MARX/ENGELS GESAMTAUSGABE, BAND I/2, DIETZ VERLAG BERLIN 1982年,第6页。
② 《马克思恩格斯全集》第3卷,人民出版社2002年版,第9页。参见 MARX/ENGELS GESAMTAUSGABE, BAND I/2, DIETZ VERLAG BERLIN 1982年,第6—7页。
③ 《马克思恩格斯全集》第3卷,人民出版社2002年版,第9页。参见 MARX/ENGELS GESAMTAUSGABE, BAND I/2, DIETZ VERLAG BERLIN 1982年,第7页。

么,后产生的如何把自己分为先前产生的两个部分呢？"家庭和市民社会都是国家的前提,它们才是真正活动着的；而在思辨的思维中这一切却是颠倒的。可是如果观念变成了主体,那么现实的主体、市民社会、家庭、'情况、任意等等',在这里就变成观念的**非现实的**、另有含义的客观要素。"①

黑格尔逻辑的神秘主义正在于此。市民社会和家庭变成国家的真实活动,不被看作是自身的真实活动,而被说成是理念把它们分成"有限性"领域的活动。"它们的存在的目的并不是这种存在本身,而是观念从自身分离出这些前提,'以便从这两个领域的理想性中形成自为的无限的现实的精神'"②,即造就政治国家。本来从家庭和市民社会中产生出来的政治国家,现在成为理念的产物。理念出现在真实活动之前,或者说真实活动被附加了一个理念。这个理念被看作是合理性的根源。因此,马克思指出,经验的"现实性也被说成合乎理性,然而它之所以合乎理性,并不是因为它固有的理性,而是因为经验的事实在其经验的存在中具有一种与它自身不同的意义。作为出发点的事实没有被理解为事实本身,而是被理解为神秘的结果。现实性成了现象,但观念除了是这种现象以外,没有任何其他的内容。观念除了'形成自为的无限的现实的精神'这一逻辑的目的以外,也没有任何其他的目的。这一节集法哲学和黑格尔整个哲学的神秘主义之大成"③。

2. 问题辨析

马克思对黑格尔的批判揭示了黑格尔法哲学及其全部哲学的真相。

黑格尔的哲学体系的确是一个"逻辑在先"的体系。"逻辑在

---

① 《马克思恩格斯全集》第3卷,人民出版社2002年版,第10页。参见 MARX/ENGELS GESAMTAUSGABE, BAND I/2, DIETZ VERLAG BERLIN 1982年,第8页。
② 《马克思恩格斯全集》第3卷,人民出版社2002年版,第12页。参见 MARX/ENGELS GESAMTAUSGABE, BAND I/2, DIETZ VERLAG BERLIN 1982年,第9页。
③ 《马克思恩格斯全集》第3卷,人民出版社2002年版,第12页。参见 MARX/ENGELS GESAMTAUSGABE, BAND I/2, DIETZ VERLAG BERLIN 1982年,第9—10页。

先"不是指有这么一种逻辑事先存在,而是指事物在发展过程中展现出一种逻辑,逻辑在时间中得到实现。这种符合逻辑的发展是绝对精神经由外化、对象化回到自身的展开过程,是作为理念的纯粹思想的展开过程。理念作为事物最后的本质和根据,不仅是构成事物本质的实体,而且是自身具有创造力的主体,整个自然界和人类社会都是绝对理念自我实现的产物。这也就是黑格尔所谓的"实体即主体"思想,即事物的发展过程不仅是实体的客观发展过程,也是主体发挥能动性进行主动创造的发展过程,是主体与客体、思想与行动相互统一的过程,是逻辑与历史、与认识论三者统一的过程。这些统一的基础都在于逻辑的统一。这其实来自黑格尔的一个理论假定,他把事物的发展看作是符合思维逻辑的发展,而人类的认识也是对事物发展逻辑的认识,那么事物发展、人类认识都符合于思维自身的逻辑,历史、认识都统一于这同一种逻辑,一切客观世界、思想世界都奠基于逻辑。这正是马克思斥之为逻辑神秘主义的东西。

马克思指出,"家庭和市民社会是国家的现实的构成部分,是意志的现实的精神存在,它们是国家的存在方式。家庭和市民社会使**自身**成为国家。它们是动力"①。马克思批评黑格尔,在他那里"普通经验没有把它本身的精神,而是把异己的精神作为精神;另一方面,现实的观念没有把从自身中发展起来的现实,而是把普通经验作为定在"②。这就是说,在普通经验与现实的观念之间出现了错位,或者说精神异化了。如果像马克思所说,"家庭和市民社会是国家的现实的构成部分,是意志的现实的精神存在,它们是国家存在的方式",那么,普通经验就具有了它本身的精神,而现实的观念的定在也就拥有了从自身中发展起来的现实。因此,普通经验

---

① 《马克思恩格斯全集》第 3 卷,人民出版社 2002 年版,第 11 页。参见 MARX/ENGELS GESAMTAUSGABE, BAND Ⅰ/2, DIETZ VERLAG BERLIN 1982 年,第 9 页。
② 《马克思恩格斯全集》第 3 卷,人民出版社 2002 年版,第 10 页。参见 MARX/ENGELS GESAMTAUSGABE, BAND Ⅰ/2, DIETZ VERLAG BERLIN 1982 年,第 8 页。

与现实的观念都具有片面性，或者说抽象性。二者的统一才是现实的达成。因此，现实的观念不可能脱离普通经验而存在，更不可能成为事物发展的前定逻辑。只有事物自身才是事物发展的动力。当然，这并不意味着否定事物发展具有逻辑性，只不过是表明，事物发展的逻辑并非事先决定了事物的发展而已。那么，黑格尔如何描述这个精神的异化（外化）过程呢？

黑格尔对于家庭和市民社会与国家关系的论述，是基于他整个理论体系和其中的逻辑关系的。黑格尔的整个理论体系就是绝对精神经由外化而返回自身的过程，这个过程中各个要素、环节之间的关系就是它的逻辑关系，其理论体系分为逻辑、自然哲学和精神哲学这三个部分也就不难理解了。精神哲学又分为主观精神、客观精神和绝对精神三个阶段。主观精神包括灵魂、意识、精神三个环节，客观精神包括法权、道德、伦理三个环节，绝对精神包括艺术、宗教、哲学三个环节。黑格尔的《法哲学原理》就是论述客观精神的著作。

黑格尔在书中指出，伦理是抽象法和道德的统一，是它们的真理。"伦理性的东西是主观情绪，但又是自在地存在的法的情绪。这一理念是自由概念的真理。这一点不是什么被假定的，也不是从情感或其他什么地方采取来的，而是在哲学上应予以证明的道理。这一道理的演绎完全包含在下述事实中，即法和道德的自我意识在它们自身中都表明返回于作为其成果的理念。"[①] 这里作为成果的理念就是国家。对于国家，黑格尔有一种令人误解的说法，即"神自身在地上的行进，这就是国家"。这种说法似乎是把上帝请到了地上，宗教意味盎然。但如果我们接下去看，就能够澄清这种误解："国家的根据就是作为意志而实现自己的理性的力量。在谈到国家的理念时，不应注意到特殊国家或特殊制度，而应该考察理念，这

---

① ［德］黑格尔：《法哲学原理》，范扬、张企泰译，商务印书馆1961年版，第162页。

种现实的神本身。"① 这就是说，国家是意志的理性实现。这种理性意志的实现，就是上面所提到的法和道德的自我意识在理念中的自我返回。究竟什么是理性意志，什么是自我返回呢？简单说来，理性意志就是自由意志，法和道德的自我意识就是自由意识，自我返回则是指自由意识在国家中的实现。换句话说，国家就是体现在人类社会中的自由意志的真正实现，即自由的实体。这也正如黑格尔所说，"自在自为的国家就是伦理性的整体，是自由的现实化；而自由之成为现实乃是理性的绝对目的。国家是在地上的精神，这种精神在世界上有意识地使自身成为实在……"②

那么在黑格尔看来，作为自由的实体的国家与家庭和市民社会究竟是一种什么关系呢？

首先，国家与家庭具有历史事实上的奠基与被奠基的关系，这同时也是一种时间上的顺序。黑格尔在《法哲学原理》中写道，"把国家的真正开端和最初缔造归之于农业的倡导和婚姻的实施是正确的，因为农业的原则使生地变为熟地，并带来了专属私有制。它又使游荡闲散的野蛮人的游牧生活回复到私权的静止状态，并使需要的满足得到保证。与此同时，性爱限于婚姻，这种结合又扩大而成为一种持续的、就其本身说是普遍的联盟，需要则扩大成为对一家的关怀，个人占有也成为家庭产业。安全、巩固、需要的持久满足等等——所有这些最初由农业和婚姻制度所提供的性格，都不外是普遍性的形式，以及理性或绝对最终目的在这些对象中肯定自己的形态"③。"国家的第一个基础是家庭，那末它的第二个基础就是等级。等级之所以重要，就因为私人虽然是利己的，但是他们有必要把注意力转向别人。这里就存在着一种根源，它把利己心同普遍物即国家结合起来，而国家则必须关心这一结合，使之成为结实

---

① ［德］黑格尔：《法哲学原理》，范扬、张企泰译，商务印书馆1961年版，第259页。
② ［德］黑格尔：《法哲学原理》，范扬、张企泰译，商务印书馆1961年版，第258页。
③ ［德］黑格尔：《法哲学原理》，范扬、张企泰译，商务印书馆1961年版，第212—213页。

和坚固的东西。"① 这就是说，国家是奠基于家庭和等级之上的历史产物。

其次，家庭、市民社会与国家具有一种逻辑关系和逻辑顺序。在谈到市民社会的时候，黑格尔指出"市民社会是处在家庭和国家之间的差别的阶段，虽然它的形成比国家晚"②，因此他才没有把形成晚于国家的市民社会说成国家形成的基础；但他又说，"除家庭以外，同业公会是构成国家的基于市民社会的第二个伦理根源。"这就说明，除了历史基础和事物在时间中依次出现的时间顺序之外，黑格尔还强调一种逻辑关系和逻辑顺序。在此基础上，他把历史上最早产生的国家与体现了国家本质的现代国家区别开来。那么，这种逻辑关系是什么？

这是一种普遍与特殊、主观与客观的统一关系。黑格尔在谈到市民社会的时候说，"在市民社会中，每个人都以自身为目的，其他一切在他看来都是虚无。但是，如果他不同别人发生关系，他就不能达到他的全部目的，因此，其他人便成为特殊的人达到目的的手段。但是特殊目的通过同他人的关系就取得了普遍性的形式，并且在满足他人福利的同时，满足自己。"③ 这就是说，私人及特殊团体的特殊利益在相互联系的普遍利益之网中得到满足。当然，私人利益的实现并不总是代表着普遍利益的实现，因此，市民社会需要法的制约。当这种客观性的法与特殊利益相互结合、融为一体的时候，这个实体就是国家。国家也是理性自由的真正实现。总之，"第一个根源即家庭在它的实体性统一中，含有主观特殊性和客观普遍性这两个环节；甚至在第二个根源中，最初在市民社会中分解为在自身中反思的需要和满足的特殊性，以及抽象法的普遍性这两个环节，以内在的方式统一起来了，结果，在这个统一中，特殊福

---

① [德] 黑格尔：《法哲学原理》，范扬、张企泰译，商务印书馆1961年版，第212页。
② [德] 黑格尔：《法哲学原理》，范扬、张企泰译，商务印书馆1961年版，第197页。
③ [德] 黑格尔：《法哲学原理》，范扬、张企泰译，商务印书馆1961年版，第197页。

利作为法而出现并获得了实现"①。特殊福利的实现必须以国家这一特殊与普遍相结合的实体为前提。因此,从逻辑关系上讲,作为前提的具有决定意义的反而是出现较晚的国家(现代国家),历史的时间顺序就被颠倒过来。

黑格尔有一段话很好地解释了这种颠倒关系。他说,"城市是市民工商业的所在地,在那里,反思沉入在自身中并进行细分。乡村是以自然为基础的伦理的所在地。每个人在与其他法律人格的关系中并通过这种关系而保存自己。个人与家庭构成两个依然是理想性的环节,从中产生出国家,虽然国家是它们的真实基础从直接伦理通过贯穿着市民社会的分解,而达到了国家——它表现为它们的真实基础——这种发展,这才是国家概念的科学证明。由于国家是作为结果而在科学概念的进程中显现出来的,同时它又经证明为真实基础,所以那种中介和那种假象都被扬弃了,而它自己成为一种同样的直接性。因此在现实中国家本身倒是最初的东西,在国家内部家庭才发展成为市民社会,而且也正是国家的理念本身才划分自身为这两个环节的。"② 这就是说,尽管在时间顺序上,国家是作为结果出现的,但它作为一个合理性、一个现实的理念,是家庭和市民社会的真正依据。只有在这个现实的理念中,家庭和市民社会的本质才可以展现,也可以说,家庭和市民社会才算是真正地得到实现,展现出真实的意义。进一步说,家庭和市民社会朝向国家的发展是必然的,因为它们的本质要求最终在国家中得以实现;而国家就是它们的内在目的,是它们自身发展的结果。所以从逻辑关系上说,必然性与目的性是统一在同一个发展过程中的。

既然如此,黑格尔为什么还把国家看作家庭和市民社会的外在必然性呢?显然,家庭和市民社会对国家的"'**从属性**'和'**依存**

---

① [德] 黑格尔:《法哲学原理》,范扬、张企泰译,商务印书馆1961年版,第251页。
② [德] 黑格尔:《法哲学原理》,范扬、张企泰译,商务印书馆1961年版,第252页。

性'是表示'外在的'、**强制的**、表面的同一性的用语"①。这样一来，正如马克思所指出的，黑格尔就提出了国家作为家庭和市民社会的外在必然性和内在目的的二律背反。如何理解这种外在必然性呢？

黑格尔指出，"一般说来，逻辑必然性就在于事物的存在即是它的概念这一性质里。只有逻辑的必然性才是合理的东西，才是有机整体的节奏；它是内容的知识，正如内容是概念和本质一样——换句话说，只有它才是思辨的东西"②。这就是说，事物展现其概念和本质就是必然性，而事物展现其本质和概念是一个过程，这个过程是一个符合逻辑的合理性过程。可以说，事物是逐步展开其本质的，例如是现代国家而非古代国家较多体现了国家的本质，而家庭和市民社会只有在现代国家中才能够展现出所由产生的概念和本质。这种体现概念和本质的发展活动需要一个反思过程，"当反思从外在反思提高到思辨，从在他物中反思和自身反思的对立达到两者的同一时，它就反思到事物的内在必然性，即自由"③。这种对事物概念和本质的反思并不外在于事物发展的过程，而是融合于事物发展过程本身，使得这种发展过程作为一个主体发挥其能动性的过程，在他物中自我融合，达到其概念和本质，即自由。因此，邓晓芒指出，黑格尔"超出了个体的人对客观必然性（不论是现实的还是逻辑上的）的绝对服从，而恢复了古代人对个人主观性的高度重视。他主张人应绝对服从的不是外在现实的必然性，也不是内心抽象逻辑（不矛盾律）的必然性，而是内在冲动和自否定的必然性，充满矛盾、痛苦和不安因而具有向外部世界实现和实践的能动性的必然性"④。但是，这种超出并不容易。当还处于外在反思阶段的时

---

① MARX/ENGELS GESAMTAUSGABE, BAND Ⅰ/2, DIETZ VERLAG BERLIN 1982 年，第 6 页。参见《马克思恩格斯全集》第 3 卷，人民出版社 2002 年版，第 8 页。
② ［德］黑格尔：《精神现象学》上卷，贺麟、王玖兴译，商务印书馆 1979 年版，第 38 页。
③ 邓晓芒：《思辨的张力——黑格尔辩证法新探》，商务印书馆 2008 年版，第 440 页。
④ 邓晓芒：《思辨的张力——黑格尔辩证法新探》，商务印书馆 2008 年版，第 432 页。

候，就会出现一种外在必然性，即事物仿佛不是在自身中发展，而是受到一种外在力量、一种必然命运的支配。这与黑格尔所说"现实事物通过必然性的力量与另一个现实事物结合在一起，不是把它作为他物，而是把它当作自己固有的存在和自己设定起来的东西"①那样一种内在必然性过程是恰恰相反的。从外在必然性经由反思到内在必然性是一个过程，这个过程也就是事物展现其概念和本质的过程。因此，外在必然性与内在目的的统一也是一个过程，马克思所谓二者的二律背反在黑格尔自己的思想体系中是可以得到解决的。

在以上的论述中，我们谈到黑格尔思想体系中有时间顺序和逻辑顺序两种顺序，而且逻辑顺序具有优先地位和决定性作用。与此不同，马克思则强调时间顺序，强调历史实际发展过程中的逻辑。不难看出，马克思与黑格尔一样认为有逻辑顺序的存在，但他强调逻辑顺序是事物自身发展的逻辑。然而，我们看到，黑格尔同样没有否认这一点，尽管有很多人误解黑格尔。马克思批判黑格尔说，"现实性没有被说成是这种现实性本身，而被说成是某种其他的现实性。普通经验没有把它本身的精神，而是把异己的精神作为精神；另一方面，现实的观念没有把从自身中发展起来的现实，而是把普通经验作为定在"②。那么反过来，如果我们肯定现实性本身，把普通经验本身的精神作为精神，把从现实中发展起来的观念作为观念，则是正确的做法。这样一种事物发展的逻辑同样也可以包含时间顺序和逻辑顺序。但在这里，时间顺序与逻辑顺序是一致的。马克思认为，黑格尔把从事物发展中抽象出来的逻辑独立化，造成了一种相对于事物本身的异己的精神（理念、逻辑），并将之强加给事物。也就是说马克思认为，黑格尔所认为的事物发展的逻辑并非事物发展自身的逻辑，而是他强加给事物的。这也就是说，马克

---

① [德]黑格尔：《小逻辑》，贺麟译，商务印书馆1980年版，第325—326页。
② 《马克思恩格斯全集》第3卷，人民出版社2002年版，第10页。参见 MARX/ENGELS GESAMTAUSGABE, BAND I/2, DIETZ VERLAG BERLIN 1982年，第8页。

思与黑格尔在对事物发展逻辑的看法上有分歧。因此，二人不同的逻辑观就成了问题的关键。这里所谓事物发展的逻辑就是事物发展的辩证法，马克思和黑格尔不同的逻辑观就是二人不同的辩证观。我们将在下一部分分析这个问题。

**二 批判黑格尔的国家观和辩证法**

1. 内容概述

由第一个问题可知，马克思所谓黑格尔的神秘主义，其实就是黑格尔所主张的逻辑在事物发展中的显现。在黑格尔看来，事物的发展变化是事物作为主体的自我发展，事物努力实现自身的概念所容纳的全部内容；因此，事物的发展就体现为概念、理念展开的一个符合逻辑的过程。马克思把这种逻辑看作是错误的、强加给经验事物的，这种被看作外在于事物发展过程却又用于解释事物发展的逻辑自然就是一种神秘的东西。所以，在指认这种逻辑为神秘之物后，马克思批判了这种逻辑在国家政治制度问题上的应用。

黑格尔在第 269 节中写道，"信念从国家机体的各个不同方面取得自己特定的**内容**。这一**机体**是观念向自己的各种差别及各种差别的客观现实性的发展。由此可见，这些有差别的方面就是**各种不同的权力**及其职能和活动，通过它们，普遍东西不断地**创造**自己，而且以**必然的方式创造**自己，因为这些差别是由**概念的本性**规定的；又因为这一普遍东西是自己的创造活动的前提，所以也**保留着**自己。这种机体就是**政治制度**。"① 在黑格尔看来，从普遍到特殊，是事物从抽象的普遍性到具体的现实性的合乎概念本性的发展，而这种发展是事物的自身发展，也是理念在事物中的发展。但在马克思看来，完全不是这么回事。

马克思认为，"观念应当从现实的差别中产生。有机的东西正

---

① 《马克思恩格斯全集》第 3 卷，人民出版社 2002 年版，第 15 页。参见 MARX/ENGELS GESAMTAUSGABE, BAND I/2, DIETZ VERLAG BERLIN 1982 年，第 11—12 页。

是各种**差别的观念**,正是各种差别的理想规定。而这里所谈的是作为某种主体的**观念**,是使自身向**自己的**差别发展的观念。除了主体和谓语的这种颠倒之外,还造成一种假象,似乎这里谈的是与机体不同的另一种观念。这里的出发点是抽象的观念,这种观念在国家中的发展就是**政治制度**。因此,这里所谈的不是政治观念,而是政治领域中的抽象观念。……关于政治制度的特殊观念……还毫无了解。……没有指出特殊差别的解释就**不成其为**解释。"① 这就是说,在马克思看来,问题的出发点是差别,差别的规定是理念。这里涉及的是"属+种差"的科学定义方式。这种科学定义方式及其相关的科学研究方式,与黑格尔的形而上学论述方式极为不同,各自有其适用领域。这两个领域的不同类似理念与知性概念的不同。在这一认识基础上,马克思认为黑格尔对国家政治制度的逻辑解释是抽象的、在先的。

马克思指出,"事实上,黑格尔所做的无非是把'政治制度'消融在'机体'这个一般的抽象观念中,但是从表面看来而且按照他自己的意见,他已经从'一般观念'中发展出某种确定的东西。他使作为观念的主体的东西成为观念的产物,观念的谓语。他不是从对象中发展自己的思想,而是按照自身已经形成了的并且是在抽象的逻辑领域中已经形成了的思想来发展自己的对象。"② 正因为在马克思看来,这种抽象的逻辑本来是从"对象中发展"出来的,却被黑格尔看作"从'一般观念'中发展出某种确定的东西",所以,马克思斥责这种逻辑的观念在先性,他说,"对象——这里指国家——的灵魂是现成的,它在对象的躯体产生以前就预先规定好了,其实这种躯体只不过是一种假象。'概念'是'观念'的即圣父的圣子;它是动因,是决定性的和有辨别力的原则。'观念'和

---

① 《马克思恩格斯全集》第3卷,人民出版社2002年版,第15—16页。参见 MARX/ENGELS GESAMTAUSGABE, BAND Ⅰ/2, DIETZ VERLAG BERLIN 1982年,第12页。
② 《马克思恩格斯全集》第3卷,人民出版社2002年版,第18—19页。参见 MARX/ENGELS GESAMTAUSGABE, BAND Ⅰ/2, DIETZ VERLAG BERLIN 1982年,第15页。

'概念'在这里是独立自在的抽象。"①

其后,马克思对黑格尔法哲学的批判都是对黑格尔的这种逻辑,即其辩证法的批判。

黑格尔指出,"国家的目的是普遍利益本身,是在作为特殊利益实体的普遍利益中保存着特殊利益,这一情况是(1)国家的**抽象的现实性**或实体性;但是它是(2)国家的**必然性**,因为它把自己分为它的活动的**各种**概念**差别**,这些差别由于这种实体性也成了各种现实的**固定**的规定,成了各种权力;(3)但正是这种实体性又是精神,是通过**受过教育的形式**而了解自身并希求自身的精神。因此,国家了解自己希求的东西,而且是在它的**普遍性**中作为**思维的东西**加以了解;因此,国家是依照那已被了解的目的和认识到的基本原理,并且根据那些不只是**自在的**而且是已被意识到的规律进行活动和行动的;又因为国家的行动是针对现存的环境和关系的,所以它是根据对它们的一定认识而行动的。"②

马克思认为,上述论证中的实际内容包括这样三个方面:

(1) 普遍利益和在普遍利益中保存着特殊利益,这是**国家目的**。
(2) 各种不同的权力,这是这一国家目的的**实现**。
(3) 受过教育的、意识到自身的、有希求并行动着的精神,这是目的的和实现目的的主体。

但"这些具体的规定是从外部获得的,它们是某种附加的东西;这些规定的哲学意义在于,国家在这些规定中具有逻辑学的意义,即:

---

① 《马克思恩格斯全集》第3卷,人民出版社2002年版,第19页。参见 MARX/ENGELS GESAMTAUSGABE, BAND Ⅰ/2, DIETZ VERLAG BERLIN 1982年,第15页。
② 《马克思恩格斯全集》第3卷,人民出版社2002年版,第19页。参见 MARX/ENGELS GESAMTAUSGABE, BAND Ⅰ/2, DIETZ VERLAG BERLIN 1982年,第15—16页。

（1）抽象的现实性或实体性；

（2）实体性的关系过渡到必然性的关系、实体性的现实性的关系；

（3）实体性的现实性实际上就是概念，就是主观性"①。

就这样，马克思在剖析了黑格尔所阐发的事物发展过程中的逻辑之后，彻底否定了这种逻辑。那么，马克思自己的逻辑是什么呢？他在国家政治制度问题上的分析逐步展开了自己的理论和逻辑依据。

马克思主张民主制，反对君主制。他认为，"决定的环节即任意（因为是无条件的）决断的环节，就是**意志**的**王权**。**王权**观念，按照黑格尔对它的阐发，不外是一种**任意**即意志**决断的观念**"②。接着，他批判了黑格尔关于"人民主权"的言论。黑格尔谈到，"但是，人们近来开始谈论人民主权，通常都是指这种主权同**存在于君主身上的主权相对立**；在这种对立中，人民主权属于以**人民**的粗陋观念为基础的混乱思想"③。马克思则针锋相对地指出，有混乱思想和荒唐观念的是黑格尔，因为"这里讲的已经不是存在于两方面的**同一个主权**，而是两个**完全对立的主权概念**，其中一个是能在**君主**身上存在的主权，另一个是只能在**人民**身上存在的主权。这同下面的问题是同样的：是上帝为主宰还是人为主宰。二者之中有一个是不真实的，虽然已是现存的不真实"④。

马克思崇尚民主制的根据是什么呢？他认为，"民主制是君主制的真理……在民主制中，任何一个环节都不具有与它本身的意义

---

① 《马克思恩格斯全集》第 3 卷，人民出版社 2002 年版，第 22—23 页。参见 MARX/ENGELS GESAMTAUSGABE, BAND I/2, DIETZ VERLAG BERLIN 1982 年，第 18 页。

② 《马克思恩格斯全集》第 3 卷，人民出版社 2002 年版，第 33 页。参见 MARX/ENGELS GESAMTAUSGABE, BAND I/2, DIETZ VERLAG BERLIN 1982 年，第 25 页。

③ 《马克思恩格斯全集》第 3 卷，人民出版社 2002 年版，第 38 页。参见 MARX/ENGELS GESAMTAUSGABE, BAND I/2, DIETZ VERLAG BERLIN 1982 年，第 29 页。

④ 《马克思恩格斯全集》第 3 卷，人民出版社 2002 年版，第 38 页。参见 MARX/ENGELS GESAMTAUSGABE, BAND I/2, DIETZ VERLAG BERLIN 1982 年，第 30 页。

不同的意义。每一个环节实际上都只是整体人民的环节。在君主制中，则是部分决定整体的性质。在这里，国家的整个制度构成必须适应一个固定不动的点。民主制是国家制度的类。君主制则只是国家制度的种，并且是坏的种。民主制是内容和形式，君主制**似乎**只是形式，然而它伪造内容。"① 这就是说，在马克思的理解中，君主作为"固定不动"的点，妨碍了作为国家组成部分的全体人民意志的实现；民主制是人民意志的充分表达和更为直接的表现形式，因而是国家制度的类，是各种国家制度的真理。而君主制作为不彻底的国家制度，成了人民的外在规定和强加的限制，这种国家制度作为政治制度与国家本质相对立。所以，马克思说，"在君主制中，整体，即人民，从属于他们的一种存在方式，即政治制度。在民主制中，**国家制度本身**只表现为**一种**规定，即人民的自我规定。……然而民主制独有的特点是：**国家制度**在这里毕竟只是人民的**一个**定在**环节**，**政治制度**本身并不构成国家"②。也正因为如此，"现代的法国人对这一点是这样了解的：在真正的民主制中**政治国家就消失了**。这可以说是正确的，因为在民主制中，政治国家作为政治国家，作为国家制度，已经不再被认为是一个整体了"③。更确切地说，它已经不再具有与人民的本质相对立的相对整体性了。换句话说，民主制不是与人民对立的政治制度，而是融合到人民生活中去了，政治领域就没有了独立存在的意义，也就无所谓政治国家了。

那么，为什么说民主制是国家制度的类呢？它为什么要追求自身的取消呢？这是因为"民主制从人出发，把国家变成客体化的人。正如同不是宗教创造人，而是人创造宗教一样，不是国家制度

---

① 《马克思恩格斯全集》第3卷，人民出版社2002年版，第39页。参见 MARX/ENGELS GESAMTAUSGABE, BAND Ⅰ/2, DIETZ VERLAG BERLIN 1982年，第30页。

② 《马克思恩格斯全集》第3卷，人民出版社2002年版，第39—40页。参见 MARX/ENGELS GESAMTAUSGABE, BAND Ⅰ/2, DIETZ VERLAG BERLIN 1982年，第30—31页。

③ 《马克思恩格斯全集》第3卷，人民出版社2002年版，第41页。参见 MARX/ENGELS GESAMTAUSGABE, BAND Ⅰ/2, DIETZ VERLAG BERLIN 1982年，第32页。

创造人民,而是人民创造国家制度"①。那么,当为人服务的政治制度能够真正地为人服务,即实现了民主制的时候,政治制度就没有独立存在的必要了。"从人出发",这是问题的关键。在这里,我们似乎又一次看到了"人是人的最高本质"这样一条费尔巴哈人本主义原则。正如我们在对《导言》的分析中谈到的,尽管马克思借用了这样一种表达,但他与费尔巴哈解决问题的方式已经大相径庭了。或者说,他在对现实的判断上,在价值理念上,运用了是否以人为目的这种评价手段,但在对国家制度的理解上和解决问题的方案上已经与费尔巴哈截然不同。他所说的人不再是类本质的人,"而是它的**社会特质**,而国家的职能等等只不过是人的社会特质的存在方式和活动方式"②。进一步讲,民主制的意义不在于它是国家制度的类,而在于在民主制那里,"国家制度不仅**自在地**,不仅就其本质来说,而且就其**存在**、就其现实性来说,也在不断地被引回到自己的现实的基础、**现实的人**、**现实的人民**,并被设定为人民自己的作品。国家制度在这里表现出它的本来面目,即人的自由产物"③。

如果就国家制度是"人的自由产物"这一命题而言,黑格尔阐述其伦理体系的初衷与此基本一致。他认为,"法的理念是自由,为了得到真正的理解,必须在法的概念及其定在中来认识法"④。"任何定在,只要是自由意志的定在,就叫做法。"⑤ 在中文版《法哲学原理》的序言中,贺麟先生指出,"黑格尔从意志自由来谈法,认为在抽象法的阶段,只有抽象的形式的自由;在道德阶段就有了主观的自由;伦理阶段是前两个环节的真理和统一,也就是说,意

---

① 《马克思恩格斯全集》第3卷,人民出版社2002年版,第40页。参见 MARX/ENGELS GESAMTAUSGABE, BAND I/2, DIETZ VERLAG BERLIN 1982年,第31页。
② 《马克思恩格斯全集》第3卷,人民出版社2002年版,第29页。参见 MARX/ENGELS GESAMTAUSGABE, BAND I/2, DIETZ VERLAG BERLIN 1982年,第22页。
③ 《马克思恩格斯全集》第3卷,人民出版社2002年版,第39—40页。参见 MARX/ENGELS GESAMTAUSGABE, BAND I/2, DIETZ VERLAG BERLIN 1982年,第31页。
④ [德]黑格尔:《法哲学原理》,范扬、张企泰译,商务印书馆1961年版,第1—2页。
⑤ [德]黑格尔:《法哲学原理》,范扬、张企泰译,商务印书馆1961年版,第36页。

志自由得到充分具体的实现"①。尽管如此,马克思与黑格尔对自由意志实现途径的判断却大相径庭。在马克思看来,黑格尔的法哲学所肯定的君主立宪制是抽象的、形式的、虚假的,是强加给人民的政治制度;只有民主制才是人民存在的环节,是真正的自由意志的实现。那么,同样是对自由的追求,为什么最后的结论如此对立呢?如此看来,这里就不仅仅是目的问题,而是手段问题;也就是说,是论证方法问题;是黑格尔和马克思最终都称之为辩证法的方法问题。

2. 问题辨析

这里要解决的问题只有一个,即在国家制度问题上,马克思与黑格尔所运用的辩证法有什么不同?我认为,答案集中在这样三个关键词上,即抽象、对立与矛盾。

(1) 抽象

首先,黑格尔所谓的"抽象",是他整个思想体系的一个构成环节,也是他所谓事物发展和精神展现自身的一个环节,与马克思的"抽象"不同。那么,什么是黑格尔所说的"抽象"呢?

如果仅仅把抽象当作认识论和逻辑学的范畴,则它非常容易理解。黑格尔认为,抽象是知性的规定,是感性认识和理性认识的中间环节。知性认识摆脱了感觉质料的外在性和杂多性,在纯粹的形式上把握事物,尽管这种认识更为深入,但它却是片面的。知性认识,只是对概念普遍性的认识,这种认识把概念看作绝对自身同一的东西,忽视了概念的内在区别,也就间接地否定了概念的自我运动。黑格尔说:"我们已经看见,抽象的理智思维并不是坚定不移究竟至极的东西,而是在不断地表明自己扬弃自己和过渡到自己反面的过程中。"② 正是在概念的自我运动中,知性上升到理性,抽象上升到具体。可以说,具体是绝对理念的最高形式,是概念的总体

---

① 贺麟:《黑格尔著〈法哲学原理〉一书评述》,见[德]黑格尔《法哲学原理》,范扬、张企泰译,商务印书馆1961年版。

② [德]黑格尔:《小逻辑》,贺麟译,商务印书馆1980年版,第184页。

和最终结果。我们的认识过程，就是一个从抽象到具体的过程。在对于一个对象的认识活动中，我们首先看到的是它的一般规定，比如，它是树还是草；其次，观察它作为一棵个别的树，在形态、结构、内在性质、生长过程各个方面，与其他同类的树不同的地方；最后，对这样一棵树的认识才丰满、具体起来。如果对具体对象的认识停留在相对单纯的类别认识上，这样的认识就是抽象的。由此可见，抽象认识就是单纯而片面的认识。

从逻辑学的角度讲，抽象是思维比较片面、比较简单的规定，是逻辑体系的出发点和最初的环节。黑格尔认为，逻辑学是一个自身完整的概念系统，每个概念都是这个系统中的一个环节。抽象地看，每个概念都没有真理性，只有从整体看，它们才具有真理的价值。就概念自身而言，它包含普遍性、特殊性和个别性三个环节。概念是普遍的，因为概念是对事物共同本质的规定。单个的人在表象上各不相同，但他们都是人，人这个概念就是对他们作为同一个类别的本质概括。概念又是特殊的，因为概念包含否定性于自身之内，即它是差别基础上的统一。普遍性和特殊性的结合，就是概念的个别性。换句话说，个别性就是带有特殊性的普遍性。它是一，又是多，准确地说，是多中之一。

从认识论和逻辑学的角度认识抽象并不难，难在把抽象看作事物发展和精神展现自身的一个环节。关于这一点黑格尔在《法哲学原理》中有许多具体运用和解释。例如，他谈道：

> 国家作为精神把自己分为它的概念的特殊规定、它的存在方式的特殊规定。这里我们可以借用一个自然界的例子。神经系统是真正的感觉系统。它是抽象的环节，即存在于它自身那里，而具有与它本身同一的那个环节。但是现在对感觉的分析呈现出两个方面，它是这样划分的，即每一面都显得就是整个系统。第一是抽象的感触，保持在自身那里，在自身中的迟钝运动，生殖，内部的自身营养，成长和消化。第二个环节是：

这个在它自己身边的存在，具有对自身差别的环节，即外向运动。这就是感受刺激性，感觉的外向运动。

这构成一个特有的系统，并且有些低级动物只发展了这个系统，而在自身中缺乏感觉的有灵性的统一。如果我们把这些自然的关系同精神的关系相对比，那末家庭可比之于感受性，市民社会可比之于感受刺激性。至于第三者即国家是自为的神经系统，它自身是有组织的；但它只有在两个环节，即家庭和市民社会，都在它内部获得发展时，才是有生气的。①

正如黑格尔哲学的著名研究者泰勒所说，"为了实现上帝的（精神的）圆满性，人不得不把自身看作一种更广大生活的一部分。国家就是那种普遍生活的真实表现，那种表现是关于绝对之见解的必然实体化（不妨称之为物质基础）"②。如何理解黑格尔要求的圆满这种精神呢？首先，如前所述，绝对之见解的必然实体化即是说，"任何一个精神现实都必须在时间和空间上得到外在的实现。……任何精神变化都需要相关的肉体［物理］变化"③。这是绝对精神的客观需要。其次，不仅人类世界，而且自然界都体现了绝对精神的进程。尽管自然界服从自然规律，不能表现出绝对精神的主观性，但自然界"太阳底下无新事"的循环往复的发展过程仍然是一个进化过程，而这个过程的自因性也在自在的层面上表现绝对精神的进展；自然界的产物是人，仿佛自然界就是为了这个产物而一路向前。人，是绝对精神实现自身的工具，是绝对精神的代言者。由自在上升到自为的人，获得了意志自由，在绝对精神回复的过程中代表绝对精神认识自身，并且主动去实现它。人，在绝对精

---

① ［德］黑格尔：《法哲学原理》，范扬、张企泰译，商务印书馆1961年版，第264—265页。
② ［加拿大］查尔斯·泰勒：《黑格尔》，张国清、朱进东译，译林出版社2002年版，第559—560页。
③ ［加拿大］查尔斯·泰勒：《黑格尔》，张国清、朱进东译，译林出版社2002年版，第559页。

神展开并回复的过程中作为主体表现出主观能动性，这正是人类世界异于自然界的地方。这里的人不是单个人，而是社会的人，代代相继的人。正因为自然界和人类世界都可以说是绝对精神发生作用的领域，所以黑格尔认为，"整个世界的最后的目的，我们都当作是'精神'方面对于它自己的自由的意识，而事实上，也就是当作那种自由的现实"①。自然界、人类世界都成为绝对精神自我展现、自我认识、自我回复的领域，事物的发展过程也成为绝对精神自我展现、自我回复的过程。这样的过程，也是主观和客观相统一的实践过程；精神，或者说理念一定要"理一分殊"，成为定在；而客观世界一定要被认识，经精神的灌注，由自在的成为自为的。总之，事物发展过程被黑格尔解释为精神实体化过程，与思维逻辑一致，是绝对精神自我展开的过程。

这样一来，事物发展过程中的逻辑也就是题中之义、无须论证的了。黑格尔的整个《法哲学原理》就是在探讨人类伦理发展中的逻辑问题。例如，在谈到家庭向市民社会过渡的时候，他这样说道，"由于家庭还是在它的概念中的伦理理念，所以结合在家庭的统一中的各个环节必须从概念中分离出来而成为独立的实在性。这就是差别的阶段。首先抽象地说，这种情况提供特殊性的规定，诚然这种特殊性与普遍性有关，不过普遍性是基础，尽管还只是内部的基础；因此，普遍性只是在作为它的形式的特殊性中假象地映现出来"②。这就是说，家庭的各个成员获得独立分离开来以后，特殊性的环节就出现了，这就是市民社会。在市民社会中作为基础的普遍性在特殊性中"假象地映现出来"。在第184节中，他又指出，"理念在自己的这种分解中，赋予每个环节以独特的定在，它赋予特殊性以全面发展和伸张的权利，而赋予普遍性以证明自己既是特殊性的基础和必要形式、又是特殊性的控制力量和最后目的的权

---

① ［德］黑格尔：《历史哲学》，王造时译，上海书店出版社2006年版，第17页。
② ［德］黑格尔：《法哲学原理》，范扬、张企泰译，商务印书馆1961年版，第195页。

利。正是这种在两极分化中消失了的伦理制度,构成了理念的实在性的抽象环节。这里,理念只是作为相对的整体和内在的必然性而存在于这种外界现象的背后"①。这就是说,市民社会仅仅是普遍性与特殊性的统一,这还不是真正的统一,因此还是理念的抽象环节。那么,到什么阶段才能达到理念真正的具体的统一呢?

正如我们在前面提到的,一个具体的概念应该包括普遍性、特殊性、个别性三个环节,只有三个环节的统一,才是概念(理念)真正的具体的统一。这种真正的理念统一体就是政治国家。黑格尔指出,"政治国家就这样把自己分为三种实体性的差别:(一)立法权,即规定和确立普遍物的权力;(二)行政权,即使各个特殊领域和个别事件从属于普遍物的权力;(三)王权,即作为意志最后决断的主观性的权力,它把被区分出来的各种权力集中于统一的个人,因而它就是整体即君主立宪制的顶峰和起点"②。而且"王权本身包含着整体的所有三个环节(第272节):国家制度和法律的普遍性,作为特殊对普遍的关系的谘议,作为自我规定的最后决断的环节,这种自我规定是其余一切东西的归宿,也是其余一切东西的现实性的开端。这种绝对的自我规定构成王权本身的特殊原则,必须首先加以阐明"③。

由此可见,在黑格尔那里,人类伦理世界的发展也是理念符合逻辑的自身展现过程。正如黑格尔所指出的,"概念,然后以更具体的方式,理念,怎样在自身中规定自己,从而设定它们的各个抽象环节,即普遍性、特殊性和单一性,可以从逻辑学——当然不是流行的逻辑学——中获悉其详。"④ 也就是说,在事物或说理念的进程中,凡是停留于某一个环节某一个阶段的东西,无论它是普遍

---

① [德] 黑格尔:《法哲学原理》,范扬、张企泰译,商务印书馆1961年版,第198页。
② [德] 黑格尔:《法哲学原理》,范扬、张企泰译,商务印书馆1961年版,第286—287页。
③ [德] 黑格尔:《法哲学原理》,范扬、张企泰译,商务印书馆1961年版,第292页。
④ [德] 黑格尔:《法哲学原理》,范扬、张企泰译,商务印书馆1961年版,第285页。

性、特殊性还是单一性，就都是抽象的。这样一种抽象，意味着发展的停滞、有机体的割裂、思想方法上的片面，是黑格尔所反对的。同样地，这样一种抽象，也是马克思所反对的。然而，这两个人的反对终究是不同的。黑格尔认为抽象是一个起点，它会在发展中走向具体；而马克思对于这种抽象持一种彻底否定的态度。

让我们来看一下马克思具体是怎样运用"抽象"这个词的。

在《〈黑格尔法哲学批判〉导言》中，马克思指出，"人不是抽象的蛰居于世界之外的存在物。**人就是人的世界**，就是国家，社会"①。这就是说，如果人被放置于世界之外，人这个概念就是一个抽象。人是国家、社会之中的人，是社会环境、国家关系中的人，是具有丰富的规定性的人。这似乎与黑格尔把概念的普遍性看作是从感性杂多中抽象出来的并无不同。然而，这里还有另外一种被马克思所强调的含义，即现实世界。感性杂多存在于认识论领域，而现实世界强调的是与精神世界不同的物质世界。相对于感性杂多的抽象，相对于现实世界的抽象，这正是黑格尔的抽象与马克思的抽象之间的不同。

仍然是在《导言》中，马克思谈到，如果说思辨的法哲学"这种关于现代国家——它的现实仍然是彼岸世界，虽然这个彼岸世界也只在莱茵河彼岸——的抽象而不切实际的**思维**，只是在德国才有可能产生"，也就是说这种抽象的根源在于德国生活落后于时代这一现实；但反过来说，"**德国人那种置现实的人**于不顾的关于现代国家的思想形象之所以可能产生，也只是因为现代国家本身置**现实的人**于不顾，或者只凭虚构的方式满足整个的人"②。这就是说，被抽象出来的现代国家对于现实的人来说，只能是个幻想，只是在幻想中满足所有的人，只是在形式上是普遍有效的。对于从现实生活

---

① 《马克思恩格斯全集》第 3 卷，人民出版社 2002 年版，第 199 页。参见 MARX/ENGELS GESAMTAUSGABE, BAND Ⅰ/2, DIETZ VERLAG BERLIN 1982 年，第 170 页。

② 《马克思恩格斯全集》第 3 卷，人民出版社 2002 年版，第 207 页。参见 MARX/ENGELS GESAMTAUSGABE, BAND Ⅰ/2, DIETZ VERLAG BERLIN 1982 年，第 176 页。

中抽象出来的这样一种现代国家幻想,马克思持有彻底否定的态度。

马克思在《黑格尔法哲学批判》中对这种抽象的分析更为深入,他指出,"观念应当从现实的差别中产生。有机的东西正是各种**差别的观念**,正是各种差别的理想规定。而这里所谈的是作为某种主体的**观念**,是使自身向**自己的**差别发展的观念。除了主体和谓语的这种颠倒之外,还造成一种假象,似乎这里谈的是与机体不同的另一种观念。这里的出发点是抽象的观念,这种观念在国家中的发展就是**政治制度**。因此,这里所谈的不是政治观念,而是政治领域中的抽象观念。……关于政治制度的特殊观念……还毫无了解。……没有指出特殊差别的解释就**不成其为**解释"①。这就是说,从现实差别中产生出来的观念的自我发展,不能替代关于政治制度的特殊观念的发展,因为"没有指出特殊差别的解释就**不成其为解释**"。这就否定了黑格尔以观念为中心的逻辑进展对事物发展过程的解释力。

马克思指出,"事实上,黑格尔所做的无非是把'政治制度'消融在'机体'这个一般的抽象观念中,但是从表面看来而且按照他自己的意见,他已经从'一般观念'中发展出某种确定的东西。他使作为观念的主体的东西成为观念的产物,观念的谓语。他不是从对象中发展自己的思想,而是按照自身已经形成了的并且是在抽象的逻辑领域中已经形成了的思想来发展自己的对象"②。这就是说,黑格尔把从实际生活中抽象出来的东西作为出发点,并且按照思维的逻辑来制造对象,这与真实的对象、与真实对象的真实发展是不同的。所以马克思断言,"对象——这里指国家——的灵魂是现成的,它在对象的躯体产生以前就预先规定好了,其实这种躯体只不过是一种假象。'概念'是'观念'的即圣父的圣子;它是动

---

① 《马克思恩格斯全集》第 3 卷,人民出版社 2002 年版,第 15—16 页。参见 MARX/ENGELS GESAMTAUSGABE, BAND Ⅰ/2, DIETZ VERLAG BERLIN 1982 年,第 12 页。

② 《马克思恩格斯全集》第 3 卷,人民出版社 2002 年版,第 18—19 页。参见 MARX/ENGELS GESAMTAUSGABE, BAND Ⅰ/2, DIETZ VERLAG BERLIN 1982 年,第 15 页。

因，是决定性的和有辨别力的原则。'观念'和'概念'在这里是独立自在的抽象。"① 这种获得了独立存在的抽象相对于真实对象只是一种假象。

这样一来，凡是抽象的东西都被看作假象，不具有实体性，都是彼岸的、外在的、异化的。正是因此，马克思否定了现代政治国家，认为这种现代政治国家是一种异化。他说，"因此，黑格尔说得对：政治国家就是国家制度。这就是说，物质国家不是政治国家。这里有的只是外在的同一，即相互规定。在人民生活的各个不同环节中，政治国家即国家制度的形成是最困难的。对其他领域来说，它是作为普遍理性、作为彼岸之物而发展起来的。因此，历史任务就是国家制度的回归，但各个特殊领域并没有意识到：它们的私人本质将随着国家制度或政治国家的彼岸本质的消除而消除，政治国家的彼岸存在无非是要肯定这些特殊领域自身的异化。**政治制度**到目前为止一直是**宗教领域**，是人民生活的**宗教**，是同人民生活现实性的**尘世存在**相对立的人民生活普遍性的天国"②。这就是说以代表人民生活的普遍性自居的政治制度，作为社会生活中的一种特殊制度、特殊领域，其实是虚假的、异化的宗教领域，是普遍性的抽象代表，并不具有现实性，即并非具体的现实生活本身。只有当政治制度的确是人民生活中的现实时，按照马克思的说法，它的确由一种形式原则成为一种物质原则，贯彻于人民生活的方方面面，与之相融合，则这种政治制度才成为真正的具有现实性的物质的东西。在某种意义上也可以说，政治制度作为一个特殊领域消失了。

所以，马克思说，"其他一切**国家构成**都是某种确定的、特定的、**特殊的国家形式**。而在民主制中，**形式的**原则同时也是**物质的**

---

① 《马克思恩格斯全集》第 3 卷，人民出版社 2002 年版，第 19 页。参见 MARX/ENGELS GESAMTAUSGABE, BAND Ⅰ/2, DIETZ VERLAG BERLIN 1982 年，第 15 页。
② 《马克思恩格斯全集》第 3 卷，人民出版社 2002 年版，第 42 页。参见 MARX/ENGELS GESAMTAUSGABE, BAND Ⅰ/2, DIETZ VERLAG BERLIN 1982 年，第 32—33 页。

原则。因此，只有民主制才是普遍和特殊的真正统一"①。"在民主制中，**抽象的**国家不再是统治环节。君主制与共和制之间的争论始终是抽象的国家范围内的争论。**政治**的共和制是抽象国家形式范围内的民主制。因此，共和制是民主制的抽象国家形式，但这里共和制已不再**仅仅**是**政治**制度了。"② 民主制的国家中，作为国家制度的民主制不再是一个外在的虚假的形式，而是真正融合于人民生活的实际内容，是政治国家与物质国家的统一，是普遍和特殊的统一。用通俗的话说，是名实相符的。

对于普遍与特殊的统一，黑格尔也是十分重视的，他在谈到市民社会的时候说，"理念在自己的这种分解中，赋予每个环节以独特的定在，它赋予特殊性以全面发展和伸张的权利，而赋予普遍性以证明自己既是特殊性的基础和必要形式、又是特殊性的控制力量和最后目的的权利"③。对于特殊性，黑格尔也是十分强调的，他说，"受到普遍性限制的特殊性是衡量一切特殊性是否促进它的福利的唯一尺度"④。那么，他与马克思的不同，或者反过来说，马克思与黑格尔在这个问题上的不同就在于，对于普遍与特殊之间关系理解上的不同。普遍与特殊，需要统一，可以统一，但这是一种怎样的统一？那么，有无不统一的时候，二者是否对立，对立是怎样的对立？统一与对立又是一种什么关系？这就涉及矛盾问题。

（2）矛盾与对立

黑格尔认为，"一切事物本身都自在地是矛盾的"⑤，因为"对一切有的事物本身的考察表明：它在它的自身等同中就是不等同而矛盾的，并且在它的差异中、在它的矛盾中，又与自身同一；它本

---

① 《马克思恩格斯全集》第 3 卷，人民出版社 2002 年版，第 40 页。参见 MARX/ENGELS GESAMTAUSGABE，BAND I/2，DIETZ VERLAG BERLIN 1982 年，第 31 页。
② 《马克思恩格斯全集》第 3 卷，人民出版社 2002 年版，第 41 页。参见 MARX/ENGELS GESAMTAUSGABE，BAND I/2，DIETZ VERLAG BERLIN 1982 年，第 32 页。
③ ［德］黑格尔：《法哲学原理》，范扬、张企泰译，商务印书馆 1961 年版，第 198 页。
④ ［德］黑格尔：《法哲学原理》，范扬、张企泰译，商务印书馆 1961 年版，第 198 页。
⑤ ［德］黑格尔：《逻辑学》下卷，杨一之译，商务印书馆 1976 年版，第 65 页。

身就是其一个规定过渡为另一个规定的运动,其所以如此,是因为每一个规定都在自身中是自己的对方"①。正是矛盾使得事物有了动力,能够运动。"某物之所以有生命,只是因为它自身包含矛盾,并且诚然是把矛盾在自身中把握和保持住的力量。但是,假如一个存在物不能够在其肯定的规定中同时袭取其否定的规定,并把这一规定保持在另一规定之中,假如它不能够在自身本身中具有矛盾,那么,它就不是一个生动的统一体,不是根据,而且会以矛盾而消灭。——思辨的思维唯在于思维把握住矛盾并在矛盾中把握住自身。"② 由此可见,辩证法就是关于矛盾的学说。

"每一个规定在自身中就是自己的对方",可见,矛盾就是自身对立;而且是自身同一中的对立,即对立统一。但我们需要注意的是,这并非两种东西既互相对立,又互相统一,而是一个事物,它本身既相互统一,又相互对立。无论统一也好,对立也好,都不是纯粹的,而是同中有异,异中有同。事物中的差别、差异、非同一性都是这种矛盾性的表现,而统一也必须在差异中得到理解。

我们非常强调差异,或者说对立,但正如黑格尔所说,"最紧要的是我们切不可把抽象的知性规定坚执为最后的规定,这意思是说,不可认为对立的两个规定的任何一方好像有其本身的持存性似的,或者认为任何一方在其孤立的状态下就有其实体性与真理性似的"③。这就是说,不能把矛盾相互对立的两个方面,看作是独立存在的两个东西。如果将其看作是两个独立的规定,那就是停滞在抽象知性的阶段了。所以,正如我们在前面提到的,黑格尔把普遍性和特殊性都看作是事物发展的抽象环节。在谈到市民社会的时候,他说,"理念在自己的这种分解中,赋予每个环节以独特的定在,它赋予特殊性以全面发展和伸张的权利,而赋予普遍性以证明自己既是特殊性的基础和必要形式、又是特殊性的控制力量和最后目的

---

① [德]黑格尔:《逻辑学》下卷,杨一之译,商务印书馆1976年版,第31页。
② [德]黑格尔:《逻辑学》下卷,杨一之译,商务印书馆1976年版,第67页。
③ [德]黑格尔:《小逻辑》,贺麟译,商务印书馆1980年版,第105页。

的权利。正是这种在两极分化中消失了的伦理制度，构成了理念的实在性的抽象环节。这里，理念只是作为相对的整体和内在的必然性而存在于这种外界现象的背后"①。此外，普遍性与特殊性能够统一起来，黑格尔谈道：

> 市民社会是处在家庭和国家之间的差别的阶段，虽然它的形成比国家晚。其实，作为差别的阶段，它必须以国家为前提，而为了巩固地存在，它也必须有一个国家作为独立的东西在它面前。在市民社会中，每个人都以自身为目的，其他一切在他看来都是虚无。
>
> 但是，如果他不同别人发生关系，他就不能达到他的全部目的，因此，其他人便成为特殊的人达到目的的手段。
>
> 但是特殊目的通过同他人的关系就取得了普遍性的形式，并且在满足他人福利的同时，满足自己。由于特殊性必然以普遍性为其条件，所以整个市民社会是中介的基地；在这一基地上，一切癖性、一切禀赋、一切有关出生和幸运的偶然性都自由地活跃着；又在这一基地上一切激情的巨浪，汹涌澎湃，它们仅仅受到向它们放射光芒的理性的节制。②

这就说明，在具体事物中，正如矛盾的对立统一，特殊性与普遍性也是对立统一的关系，它不过是矛盾的一种表现方式。可以说，矛盾是事物的存在方式，是事物的发展方式，没有无矛盾的事物。因此，我们在日常生活中所讲的"解决矛盾"之类的话与哲学层面上的矛盾是不同的。作为事物存在方式的矛盾无所谓解决与否，只能随着自身的发展而更替。

在这个问题上，马克思与黑格尔不同。在这里，摘录马克思关

---

① ［德］黑格尔：《法哲学原理》，范扬、张企泰译，商务印书馆1961年版，第198页。
② ［德］黑格尔：《法哲学原理》，范扬、张企泰译，商务印书馆1961年版，第197—198页。

于这一问题的集中论述是有必要的。马克思在批评了黑格尔的中介思想后这样说道：

> 真正的极端之所以不能互为中介，就因为它们是真正的极端。但是，它们也不需要任何中介，因为它们具有互相对立的本质。它们彼此之间没有共同之点，它们既不相互需要，也不相互补充。一个极端并不怀有对另一极端的渴望、需要或预期。
>
> 看来与此相对立的是下述说法：两极相通，北极和南极相互吸引，女性和男性也相互吸引，而且也只有男女这两极差异相结合，才会产生人。
>
> 从另一方面说，任何极端**都是**它自己的另一极端。抽象**唯灵论**是**抽象唯物主义**；**抽象唯物主义**是物质的**抽象唯灵论**。
>
> 就第一种情况而言，北极和南极，二者都是**极**，它们的本质是同一的；同样，**女**性和**男**性，二者都是一个**类**、一种**本质**——人的本质。北和南是**一种**本质的对立的规定，是一种**本质**在其**最高发展阶段**上的差别。它们都是**分化了的**本质。它们之所以是现在的样子，就因为它们**只是**作为一种**有差别的**规定，更确切地说，是作为本质的**这种**有差别的规定。**真正的、现实的**极端是极和非极、人类和非人类。在前一种场合，差别是**存在上的**差别，在后一种场合，则是各**本质**之间的差别，是**两种**本质之间的差别。就第二种情况而言，这里的主要规定在于：一个**概念**（定在，等等）可以抽象地把握；它不是作为一种独立的东西而具有意义，而是作为从某种他物中得出的**抽象**并且仅仅是作为这样一种**抽象**才具有意义。例如，精神只是从物质中得出的**抽象**。这样就很明显，这个概念——因为这种形式应当成为它的内容——其实正好是**抽象对立面**，是对象，它就是从这种对象中抽象出来的，存在于这种对象的抽象中。因此，在这里，抽象唯物主义是这一对象的实在本质。如果在一

种本质所存在的范围内的差别既没有同**转化为独立本质的抽象**（当然不是从某种他物中得出的抽象，而是本来就从自己本身中得出的抽象）相混淆，也没有同相互排斥的各种本质的现实对立面相混淆，那么就可以避免三重错误：（1）因为只有极端是真理，所以任何抽象和片面性都自命为真理；结果任何一个原则都只表现为从某种他物中得出的抽象，而不表现为总体本身；（2）把**现实**对立面的**鲜明性**以及这些对立面之形成为极端看作必须尽可能加以阻止的事情或有害的事情，而这种形成不外是这些对立面的自我认识，以及它们对决战的渴望；（3）企图用中介来调和它们。因为两个极端尽管都现实地存在着并且的确就是极端，可是成为极端这一特性，却仍然只包含在其中一个极端的**本质**中，对于另一个极端则不具有**真正现实的意义**。一个极端占了另一个极端的上风。二者的地位是不一样的。……本质的真正二元性是没有的。①

我们看到，马克思首先提出了自己的观点："真正的极端之所以不能被中介所调和，就因为它们是真正的极端。"

接着，马克思举出两个反例，一是南极与北极、男性与女性，二是抽象的唯灵论与抽象的唯物主义的相互转化关系。他对这两个反例进行了分析。

马克思指出，南极与北极作为极、男性与女性作为人类，在本质上都是相同的，它们之间的不同只是同一本质在高级发展阶段上的差别，是本质分化出来的规定。既然仅仅是同一本质分离出来的规定，那么，相互之间的转化和结合也就是理所当然的了。马克思认为，"**真正的、现实的极端是极和非极、人类和非人类。在前一种场合，差别是存在上的差别，在后一种场合，则是各本质之间的**

---

① 《马克思恩格斯全集》第3卷，人民出版社2002年版，第110—112页。参见 MARX/ENGELS GESAMTAUSGABE, BAND Ⅰ/2, DIETZ VERLAG BERLIN 1982 年，第97—99页。

差别，是**两种本质**的差别"。这就是说，本质之间的差别才是真正相互对立的极端。

就抽象唯灵论与抽象的唯物主义之间的关系，马克思指出："任何一个**概念**（定在，等等）都可以抽象地把握"，那就是说，他这里谈的是概念之间的关系。他指出，"精神只是脱离物质的**抽象**"。那么，作为这样一种抽象，精神的内容正是对物质世界的抽象。换句话说，"抽象的唯物主义是它的实在本质"。反过来也是一样。当唯物主义把抽象的物质概念作为内容时，它实质上就是抽象的唯灵论。因此可以说，作为抽象的概念，唯物主义与唯灵论没有任何差别。这也就是说，但凡按照概念的抽象进行哲学体系建构的形而上学体系，在实质上都是一样地具有抽象性的，是对具体的整体世界的一种片面化，不具有整体的真理。所以，马克思说，"（1）因为只有极端是真理，所以任何抽象和片面性都自命为真理；结果任何一个原则都只表现为从某种他物中得出的抽象，而不表现为总体本身"。这是他认为可以避免的三重错误之一。

然而，上述只是针对概念世界而言，马克思绝不反对现实世界中真实的极端对立和相互之间的斗争。正如他前面谈到的，真正的、现实的极端是本质之间的差别。他指出的其他两种错误是："（2）把**现实**对立面的**鲜明性**以及这些对立面之形成为极端看作必须尽可能加以阻止的事情或有害的事情，而这种形成不外是这些对立面的自我认识，以及它们对决战的渴望；（3）企图用中介来调和它们。因为两个极端尽管都现实地存在着并且的确就是极端，可是成为极端这一特性，却仍然只包含在其中一个极端的**本质**中，对于另一个极端则不具有**真正现实的意义**。一个极端占了另一个极端的上风。二者的地位是不一样的。……本质的真正二元性是没有的"[①]。这就是说，真正的对立是尖锐的对立，而且可以且必须相互转化，绝

---

① 《马克思恩格斯全集》第 3 卷，人民出版社 2002 年版，第 110—112 页。参见 MARX/ENGELS GESAMTAUSGABE, BAND Ⅰ/2, DIETZ VERLAG BERLIN 1982 年，第 97—99 页。

## 第二章 走向实践

不可以用中介来加以调和。那么，这种真正的对立是什么呢？哪一个极端占了另一个极端的上风？极端的特性包含在哪一个极端的本质中，对于另一个极端却没有真正的现实意义呢？我们可以从马克思所举的例子中看出端倪："例如，基督教，或一般的宗教，和哲学是两个极端。然而，实际上，宗教对哲学来说形不成**真正的**对立面，因为哲学是通过**宗教**的**虚幻**现实来理解宗教的。于是，对哲学来说宗教由于想成为某种现实而自行解体。"[①] 哲学与宗教是极端对立的，然而宗教又不是哲学真正的对立面。这该如何理解呢？

马克思在这里表述的仍然是精神与现实的关系。在《〈黑格尔法哲学批判〉导言》中，马克思曾指出，"宗教是还没有获得自身或已经再度丧失自身的人的自我意识和自我感觉。但是，人不是抽象的蛰居于世界之外的存在物。人就是**人的世界**，就是国家，社会。这个国家、这个社会产生了宗教，一种**颠倒的世界意识**，因为它们就是**颠倒的世界**。"[②] 这就是说，是现实世界产生了宗教这一对世界歪曲的认识，所以说宗教是虚幻的现实。既然是一种虚幻的现实，而宗教本身又想要成为现实，这样一种自相矛盾的东西对于哲学而言，就自行消失了。因此，这便无法成为真正的对立了。然而，哲学对于现实，就像宗教对于哲学一样，也无法成为真正的对立，因为"正如哲学精神不是什么别的，只不过是在其自我异化中进行思维的，即是说，抽象地把握其自身的那种异化了的世界精神。逻辑——精神的货币，人类和自然的思辨的思想价值——乃是人类和自然的一种已经与一切现实规定性完全不相干的、因而非现实的本质——乃是外化了的，因而脱离了自然与现实的人的思维；乃是抽象的思维"[③]。这说明，在马克思看来，哲学仍然是一种虚幻

---

① 《马克思恩格斯全集》第3卷，人民出版社2002年版，第112页。参见 MARX/ENGELS GESAMTAUSGABE，BAND Ⅰ/2，DIETZ VERLAG BERLIN 1982年，第99页。
② 《马克思恩格斯全集》第3卷，人民出版社2002年版，第199页。参见 MARX/ENGELS GESAMTAUSGABE，BAND Ⅰ/2，DIETZ VERLAG BERLIN 1982年，第170页。
③ 马克思：《经济学—哲学手稿》，第124页。转引自〔匈〕卢卡奇《青年黑格尔》，王玖兴译，商务印书馆1963年版，第120页。

的现实。因此,马克思后来在《德意志意识形态》中写道:"在思辨终止的地方,在现实生活面前,正是描述人们实践活动和实际发展过程的真正的实证科学开始的地方。关于意识的空话将终止,它们一定会被真正的知识所代替。"① 总而言之,哲学、宗教,这些来自现实的对现实的虚幻反映,或者说是意识形态,它们与现实以及各自之间存在着尖锐的、极端的对立,但由于它们本身不能够独立存在,这些对立又不能说是真正的对立。真正的现实的极端只有一个,那就是现实生活,就是物质世界。所以,马克思才说,"本质的真正二元性是没有的。"占上风的极端只能是现实的物质世界,而极端对立的特性对于现实的物质世界才是具有现实意义的。

现在,我们从马克思关于极端、关于对立的集中论述中能够得出什么结论呢?

首先,马克思坚决反对黑格尔的绝对精神体系,认为那是对现实世界的抽象,是强加给现实世界的逻辑,因为"他不是从对象中发展自己的思想,而是按照自身已经形成了的并且是在抽象的逻辑领域中已经形成了的思想来发展自己的对象"②。这样一来,黑格尔绝对精神体系中关于抽象、对立、矛盾的任何论述都与马克思无关了,当然,这是仅就马克思思想发展的这一阶段而言。

其次,马克思具有自己关于抽象和对立的观点。在《黑格尔法哲学批判》及其《导言》这个阶段上,对马克思来说,概念、理念等精神的东西是抽象的、片面的、虚幻的,只有现实世界才是具体的、整体性的、真实的;对立是现实世界与哲学、宗教等精神产物的对立,这种对立并非真实的对立,因为与现实世界对立的另一方不过是现实世界本身的虚幻反映,对立只对现实世界才具有真实的意义。因此,当谈到政治国家与市民社会的分离时,马克思认为政治国家作为一个抽象的产物,它与市民社会的分离及其内部的自

---

① 《马克思恩格斯选集》第 1 卷,人民出版社 1995 年版,第 73 页。
② 《马克思恩格斯全集》第 3 卷,人民出版社 2002 年版,第 18—19 页。参见 MARX/ENGELS GESAMTAUSGABE, BAND Ⅰ/2, DIETZ VERLAG BERLIN 1982 年,第 15 页。

身矛盾都不是真正的本质上的矛盾,他这样写道,"黑格尔的主要错误在于:他把**现象的矛盾**理解为**观念中**、本质中**的统一**,而这种矛盾当然有某种更深刻的东西,即**本质的矛盾**作为自己的本质。例如,在这里立法权自身的矛盾只不过是政治国家的矛盾,因而也就是市民社会同自身的矛盾。"因此,"对现代国家制度的真正哲学的批判,不仅揭露这种制度中存在着的矛盾,而且**解释**这些矛盾,了解这些矛盾的形成过程和这些矛盾的必然性。这种批判从这些矛盾的**本来**意义上来把握矛盾。但是,这种**理解**不在于到处去重新辨认逻辑概念的规定,像黑格尔所想像的那样,而在于把握特有对象的特有逻辑"①。

## 第三节　思想的多重面向与实践的张力

我们把《黑格尔法哲学批判》视为马克思的过渡性著作。所谓过渡,就是处于一个阶段向另一个阶段转化的中间位置。这一位置的特点和优势在于充分展现了作者思想中的各种要素和多重面向。要充分理解《黑格尔法哲学批判》这一文本对其后马克思思想走向的作用,弄清楚文本中所包含的各种思想要素之间的关系尤为重要。

### 一　几个关系

我们这里要说的是马克思与他所接受、批判、超越的几个思想家的思想关系,即他与黑格尔、费尔巴哈和鲍威尔之间的关系,这也正是呈现在《黑格尔法哲学批判》这一文本中的各种思想要素之间的关系。

1. 马克思与黑格尔

首先,我们要明确的是,黑格尔的思想是马克思有意识地要批

---

① 《马克思恩格斯全集》第3卷,人民出版社2002年版,第114页。参见MARX/ENGELS GESAMTAUSGABE, BAND I/2, DIETZ VERLAG BERLIN 1982年,第100—101页。

判的对象,《黑格尔法哲学批判》的批判对象就是黑格尔的法哲学。马克思是如何批判黑格尔的法哲学乃至整个哲学的呢？他的批判得出的结论是什么呢？

马克思把黑格尔的哲学看作"逻辑泛神论的神秘主义",这种神秘主义把"观念变成了主体,而家庭和市民社会对国家的**现实的**关系被理解为观念的内在**想像**活动"①。他指出,"观念应当从现实的差别中产生。有机的东西正是各种**差别的观念**,正是各种差别的理想规定。而这里所谈的是作为某种主体的**观念**,是使自身向**自己的**差别发展的观念。除了主体和谓语的这种颠倒之外,还造成一种假象,似乎这里谈的是与机体不同的另一种观念。这里的出发点是抽象的观念,这种观念在国家中的发展就是**政治制度**。因此,这里所谈的不是政治观念,而是政治领域中的抽象观念。……关于政治制度的特殊观念……还毫无了解。……没有指出特殊差别的解释就**不成其为**解释。"② 而"现实性也被说成合乎理性,然而它之所以合乎理性,并不是因为它固有的理性,而是因为经验的事实在其经验的存在中具有一种与它自身不同的意义。作为出发点的事实没有被理解为事实本身,而是被理解为神秘的结果"③。

这样一来,经验事实本身的理性反而被遮蔽了。马克思认为,黑格尔从理念出发来解释家庭和市民社会到政治国家的推移,将这一推移视为:"**本身**就是国家精神的这两个领域的精神,现在也是作为这种国家精神来对待自身的,而且作为家庭和市民社会的内在东西本身,是**现实的**。可见,过渡不是从家庭等等的**特殊**本质以及从国家的特殊本质中引申出来的,而是从必然性和自由的普遍关系中引申出来的。这完全是在逻辑学中所实现的那种从本质领域到概

---

① 《马克思恩格斯全集》第 3 卷,人民出版社 2002 年版,第 10 页。参见 MARX/ENGELS GESAMTAUSGABE, BAND I/2, DIETZ VERLAG BERLIN 1982 年,第 8 页。
② 《马克思恩格斯全集》第 3 卷,人民出版社 2002 年版,第 15—16 页。参见 MARX/ENGELS GESAMTAUSGABE, BAND I/2, DIETZ VERLAG BERLIN 1982 年,第 12 页。
③ 《马克思恩格斯全集》第 3 卷,人民出版社 2002 年版,第 12 页。参见 MARX/ENGELS GESAMTAUSGABE, BAND I/2, DIETZ VERLAG BERLIN 1982 年,第 9—10 页。

念领域的过渡。"① 这种逻辑上的推移,既与家庭的特殊本质无关,也与国家的特殊本质无关。在马克思看来,这就是强加给现实的一种逻辑关系。

如前所述,马克思指出,"事实上,黑格尔所做的无非是把'政治制度'消融在'机体'这个一般的抽象观念中,但是从表面看来而且按照他自己的意见,他已经从'一般观念'中发展出某种确定的东西。他使作为观念的主体的东西成为观念的产物,观念的谓语。他不是从对象中发展自己的思想,而是按照自身已经形成了的并且是在抽象的逻辑领域中已经形成了的思想来发展自己的对象"②。这就是说,黑格尔是以一种思想领域中的事后总结所提出的逻辑对事物发展过程做出解释。这样一种抽象的、事后的解释必然会肯定现状,从而缺乏批判性。卢卡奇曾经指出,"马克思对《精神现象学》的基本概念的全部哲学批判,是建立在下面这个思想基础上的:既然黑格尔没见到劳动的这个消极方面,那么在他那里就必然地产生出哲学上错误的分割、错误的统一和唯心主义的神秘化。发现资本主义劳动的实际辩证法,乃是对这样一种哲学进行唯物主义批判的前提,这种哲学,根据对资本主义劳动的片面观点,试图从哲学上理解人类的发展。……马克思在一段评语里批评黑格尔哲学含有一种'无批判的唯心主义'倾向"③。这段话在这里同样适用,因为,如果把黑格尔的绝对精神(理念)的自我展现看作是对所发生事情的认识和逻辑概括,显然就如同后来马克思在《关于费尔巴哈的提纲》中所强调指出的,"哲学家们只是用不同的方式解释世界,而问题在于改变世界"④,黑格尔也只是在解释世界,那么,说他是"无批判的唯心主义"也就顺理成章了。

---

① 《马克思恩格斯全集》第 3 卷,人民出版社 2002 年版,第 13 页。参见 MARX/ENGELS GESAMTAUSGABE, BAND Ⅰ/2, DIETZ VERLAG BERLIN 1982 年,第 10—11 页。
② 《马克思恩格斯全集》第 3 卷,人民出版社 2002 年版,第 18—19 页。参见 MARX/ENGELS GESAMTAUSGABE, BAND Ⅰ/2, DIETZ VERLAG BERLIN 1982 年,第 15 页。
③ [匈]卢卡奇:《青年黑格尔》,王玖兴译,商务印书馆 1963 年版,第 119 页。
④ 《马克思恩格斯选集》第 1 卷,人民出版社 1995 年版,第 57 页。

总之，我们看到，马克思认为黑格尔的法哲学乃至整个哲学都是抽象的"逻辑神秘主义体系"，是把一切都头足倒置的思辨思维，是对现实"无批判的唯心主义"。

那么，马克思与黑格尔的思想之间是否存在一种颠倒关系呢？阿尔都塞在《保卫马克思》中指出，当马克思说，"在黑格尔那里，辩证法是倒立着的。必须把它倒过来，以便发现神秘外壳中的合理内核"的时候，这里的"倒过来""只有象征的意义，甚至只是一种比喻"。"因为根据马克思在解释任何意识形态现象时所遵循的原则，说辩证法能够像外壳包裹着的内核一样在黑格尔体系中存身，这是不可思议的事。……不能想象黑格尔的意识形态在黑格尔自己身上竟没有传染给辩证法的本质，同样也不能想象黑格尔的辩证法一旦被'剥去了外壳'就可以奇迹般地不再是黑格尔的辩证法而变成马克思的辩证法……"① 阿尔都塞从意识形态理论的角度否定了马克思思想是对黑格尔思想的简单颠倒。尽管"颠倒说"是基于马克思整个思想体系做出的不准确判断，但在《黑格尔法哲学批判》这个文本中也可以看出，马克思思想绝不可能仅仅是对黑格尔思想体系的简单颠倒。正如我们在前面提到的，马克思坚决反对以绝对精神的逻辑关系来解释现实事物的发展过程，认为那种逻辑关系是强加给现实事物的。而这里的逻辑关系与黑格尔的辩证法是一回事。反过来说，黑格尔承认逻辑顺序和时间顺序两种顺序，他也认为逻辑顺序是对时间顺序的一个颠倒。如果马克思仅仅是排除逻辑顺序，认为逻辑顺序是对时间顺序的颠倒的话，在事物发展的时间顺序这一点上，马克思与黑格尔也就没有什么分歧了。那么，时间顺序仅仅是对逻辑顺序的一个颠倒吗？

这就关系到实践问题。马克思之所以批评黑格尔的哲学是"无批判的唯心主义"，就在于他认为黑格尔的哲学是对事物发展过程

---

① [法]阿尔都塞：《保卫马克思》，顾良译，杜章智校，商务印书馆1984年版，第69页。

的事后在思想领域中的抽象概括。这种抽象概括既是对现状的认可和解释,也是强加给事物未来发展的一种枷锁。在这样的一种概括中,作为感性存在的人这一主体不见了,作用被抹杀了,现实也就无可改变了。正是在这个意义上,马克思才说,"对思辨的法哲学的批判既然是对德国迄今为止政治意识形式的坚决反抗,它就不会面对自己本身,而会面向只有用一个办法即实践才能解决的那些课题"①。马克思所关注的事物发展的时间顺序,是事物自身的发展顺序和发展规律,这一发展过程是包括人这一主体积极发挥作用改变现实世界的实践过程。而"无批判的唯心主义",即黑格尔法哲学,作为一种实证性哲学,是无法容纳这一实践过程的。

2. 马克思与费尔巴哈

日本学者城塚登在其所著《青年马克思的思想》一书中认为,写作《黑格尔法哲学批判》的马克思还站在几乎与费尔巴哈人本主义相同的立场上,他只不过是运用了费尔巴哈的人本主义去批判黑格尔法哲学。但也有一些学者,如苏联学者维尔斯基、波格丹诺夫、约夫楚克、尼·拉宾等人认为马克思已经超越了费尔巴哈的人本主义立场,建立了唯物主义的新立场。

费尔巴哈对马克思的影响在《黑格尔法哲学批判》这一文本中是显而易见的,这尤其表现在我们所谓的"颠倒的原则"上。"梁赞诺夫是第一个在《马克思恩格斯全集》旧国际版第一卷序言中提出下述观点的人:马克思就是在这个需要把主体颠倒为宾词、把宾词颠倒为主体的方法的基础上写作《黑格尔法哲学批判》的。"② 费尔巴哈写道,"思维与存在的真正关系只是这样:存在是主体,思维是宾词。思维是从存在而来的,然而存在并不来自思维"③。而且,

---

① 《马克思恩格斯全集》第3卷,人民出版社2002年版,第207页。参见 MARX/ENGELS GESAMTAUSGABE, BAND Ⅰ/2, DIETZ VERLAG BERLIN 1982年,第177页。
② [波]兹维·罗森:《布鲁诺·鲍威尔和卡尔·马克思:鲍威尔对马克思思想的影响》,王谨等译,中国人民大学出版社1984年版,第242页。
③ 《费尔巴哈哲学著作选集》上卷,商务印书馆1984年版,第115—116页。

"我只要将宾词当做主词,将主体当做客体和原则,就是说,只要将思辨哲学颠倒过来,就能得到毫无掩饰的、纯粹的、显明的真理"①。这种所谓颠倒的原则,我们在《黑格尔法哲学批判》中也不时会看到。例如,马克思写道,"家庭和市民社会都是国家的前提,它们才是真正活动着的;而在思辨的思维中这一切却是颠倒的。可是如果观念变成了主体,那么现实的主体,市民社会、家庭、'情况、任意等等',在这里就变成观念的**非现实的**、另有含义的客观要素"②。"重要的是黑格尔在任何地方都把观念当作主体,而把本来意义上的现实的主体,例如,'政治信念'变成谓语。而发展却总是在谓语方面完成的。"③ 可以说,马克思这种批评黑格尔思辨哲学的思路与费尔巴哈是一致的。

这种一致是唯物主义的一致。"费尔巴哈断定……:思想不是普遍东西,思想的实际前提——自然界才是普遍东西,而人和他的思想则是自然界及其规律的一种表现。他认为,在黑格尔哲学中将精神独特化的做法,就意味着他力图把虚幻的思想观念看作真实的观念。实际上,精神不可能与作为精神体现者的人和人类分开。"④ 据此,费尔巴哈明确提出了"颠倒的原则",即上文所引"将宾词当做主词,将主体当做客体和原则",以达到真理的批判方法。然而,这种批判方法并不等同于认识现实的科学方法。"唯物主义方法(费尔巴哈称之为发生学的批判方法)遵循怀疑的原则,这个原则有助于明确对象的现实性,有助于区分具体的感性和感性表象。这是那样一种方法,它与同一哲学相反,把理想东西与具体感性东西、主观东西与客观东西区别开来,并在此基础上研究

---

① 《费尔巴哈哲学著作选集》上卷,商务印书馆1984年版,第102页。
② 《马克思恩格斯全集》第 3 卷,人民出版社 2002 年版,第 10 页。参见 MARX/ENGELS GESAMTAUSGABE, BAND I/2, DIETZ VERLAG BERLIN 1982 年,第 8 页。
③ 《马克思恩格斯全集》第 3 卷,人民出版社 2002 年版,第 14 页。参见 MARX/ENGELS GESAMTAUSGABE, BAND I/2, DIETZ VERLAG BERLIN 1982 年,第 11 页。
④ [苏] B. A. 马利宁、B. 申卡鲁克:《黑格尔左派批判分析》,曾盛林译,沈真校,社会科学文献出版社 1987 年版,第 112 页。

事物的起源。"① 这样一种诉诸现实的矛盾而强调对立的统一和斗争观念的方法，正是马克思所赞同和需要的。费尔巴哈指出，"最重要的是揭示对立的统一规律，揭示真正的合理的矛盾与虚假的荒谬的矛盾之间的区别"②。这与马克思在《黑格尔法哲学批判》中关于对立的阐述如出一辙。

然而，马克思与费尔巴哈的不同也是显而易见的。费尔巴哈是一个人本主义者，他说，"我的'方法'是什么呢？是借助人，把一切超自然的东西归结为自然，又借助自然，把一切超人的东西归结为人，但我一贯地只把明显的、历史的、经验的事实和例证作为依据。"③ 正如费尔巴哈所宣称的，"人是人的最高本质"，他把人的感性存在作为出发点。然而，费尔巴哈把人的感性存在归结为作为类本质的存在，而人的类本质又是"爱、理性和意志"，这就把人的感性存在抽象化了，在某种程度上回到了黑格尔。这也就是费尔巴哈在把宗教归结为人的本质，从而否定了宗教之后，又认为宗教仍然正确反映了人的类本质，号召去建立"爱的宗教"的原因所在。"费尔巴哈认为，人的类本质，就是上帝的本质。由此得出如下结论：人本学，即关于人的哲学学说，就是同时能成为宗教的哲学。"④ 这与马克思的无神论立场截然不同。

正如我们在前面部分所分析的，尽管马克思也以"人是人的最高本质"为德国哲学的最高原则，但他对人的界定是具体的，即《〈黑格尔法哲学批判〉导言》中所说，"**人就是人的世界**，就是国

---

① [苏] B.A. 马利宁、B. 申卡鲁克：《黑格尔左派批判分析》，曾盛林译，沈真校，社会科学文献出版社 1987 年版，第 117 页。
② 费尔巴哈：《哲学史》三卷本，莫斯科，思想出版社 1965—1967 年版，第 3 卷 322 页。[苏] B.A. 马利宁、B. 申卡鲁克：《黑格尔左派批判分析》，曾盛林译，沈真校，社会科学文献出版社 1987 年版，第 118 页。
③ 《费尔巴哈哲学著作选集》上卷，商务印书馆 1984 年版，第 249 页。
④ [苏] B.A. 马利宁、B. 申卡鲁克：《黑格尔左派批判分析》，曾盛林译，沈真校，社会科学文献出版社 1987 年版，第 134 页。参见《费尔巴哈哲学著作选集》上卷，商务印书馆 1984 年版，第 122 页。

家、社会"①。当然，世界、国家也可能是一种抽象的规定，但马克思这里所谈的是每一个具体的人所处的每一个具体的世界、国家。他在《黑格尔法哲学批判》中又指出，"之所以会有这些谬论，是因为黑格尔抽象地、孤立地考察国家的各种职能和活动，而把特殊的个体性看作与它们对立的东西；但是，他忘记了特殊的个体性是人的个体性，国家的各种职能和活动是人的职能；他忘记了'特殊的人格'的本质不是它的胡子、它的血液、它的抽象的肉体，而是它的**社会特质**，而国家的职能等等只不过是人的社会特质的存在方式和活动方式"②。在这里，马克思强调的是什么？个体还是社会？显然，马克思的出发点是特殊的个体性，是人的个体性，但人的特殊的个体性并不体现在人的肉体存在方式上，而是体现在他的社会特质上。这就是说，人的特殊性一方面与动物的自然属性区别开来，一方面也与具有其他社会特质的其他人区别开来。人的特殊性正在于与其他特殊的人一起组成的社会特质。这种社会特质在每个人、每个团体、每个组织、每个阶层、每个阶级、每个时代中都有所不同、有所体现。马克思思想的出发点正是特殊的个人，这种个人是具体的社会特质的主体或者说承担者，而具体的社会特质正是人的现实。这种现实，是人所处的环境，也是人创造的产物，还是人要去改变的对象。这是人类实践的现实。由此可见，马克思从费尔巴哈的感性存在的人出发，走向了人具体的、现实的感性存在，从而超越了费尔巴哈。

我们知道，强调费尔巴哈对马克思的影响的人经常引用恩格斯讨论《基督教的本质》一书出版的影响时所说的一段话，"只有亲身体验的人才能想象得到。那时，大家都很兴奋：我们一时都成为

---

① 《马克思恩格斯全集》第3卷，人民出版社2002年版，第199页。参见 MARX/ENGELS GESAMTAUSGABE, BAND Ⅰ/2, DIETZ VERLAG BERLIN 1982年，第170页。
② 《马克思恩格斯全集》第3卷，人民出版社2002年版，第29页。参见 MARX/ENGELS GESAMTAUSGABE, BAND Ⅰ/2, DIETZ VERLAG BERLIN 1982年，第22页。

费尔巴哈派了"①。这遭到了麦克莱伦的反驳，他说，"我认为，一方面，我们知道1841年此书出版时，马克思其实还处于黑格尔唯心主义哲学思想的影响下，对费尔巴哈哲学还不十分熟悉，尤其是由于费尔巴哈哲学固有的直观消极因素与马克思这时正热衷的精神哲学与现实能动的交互作用的观点相抵触，因而他此时还并没有注意到费尔巴哈哲学的唯物主义观点，应该说，他此时'热烈欢迎'的仅是费尔巴哈哲学中的无神论和宗教批判成分，所以，书中的观点至多也只是给马克思吹了一股清凉的风而已"②。尽管麦克莱伦的这一评述只是针对《基督教的本质》一书的影响，然而对于1843年费尔巴哈《关于哲学改造的临时纲要》《未来哲学原理》等书的出版对正在写作《黑格尔法哲学批判》的马克思的影响而言，这一评述在一定程度上也是具有部分合理性的。尽管马克思遵循了费尔巴哈的"颠倒的原则"来批判黑格尔思辨的法哲学，但他自己在陈述中表露的历史唯物主义的立场已经远远超出了费尔巴哈。同时，马克思对市民社会和私有财产制度的重视，都表明他部分地保留了黑格尔的社会议题和他重视精神哲学与现实能动的交互作用的内在理论倾向，这一倾向将在马克思与黑格尔截然不同的理论方向上以极为不同的方式继续发挥作用。

马克思与费尔巴哈的不同还表现在，费尔巴哈不重视政治议题，而马克思在自己的理论转向的一开始，正是选择以黑格尔最重要的政治哲学著作《法哲学原理》作为自己批判的目标和清理自己思想的首要阵地。

3. 马克思与鲍威尔

鲍威尔是对早期马克思影响颇大的青年黑格尔派中的关键人物，也是马克思在清算自己的黑格尔思想要素的《德意志意识形态》中批判的对象之一，他与马克思的思想联系不可谓不密切。

---

① 《马克思恩格斯选集》第4卷，人民出版社1995年版，第222页。
② ［英］戴维·麦克莱伦：《青年黑格尔派与马克思》，夏威仪译，商务印书馆1982年版，第98页。

青年黑格尔派作为左派激进主义者,在19世纪初发起了宗教批判运动。这一运动肇始于《耶稣传》的出版。在《耶稣传》中,施特劳斯用因果关系检验福音故事,指出其中的逻辑错误,区分了历史上的耶稣与基督教信仰中的耶稣,认为基督教中的耶稣是人们在对救世主的期盼中无意识创造出来的神话。而鲍威尔则出版了一系列著作,反对施特劳斯用无意识来解释神话、神秘故事的产生,认为《圣经》是个体的创造,凸显了自我意识的历史作用。马克思在博士论文中认为自我意识就是最高的人性,把上帝的证明解释为"对人的本质的自我意识存在的证明,对自我意识存在的逻辑说明"[1]。这表明,马克思接受了鲍威尔关于"自我意识"的这一青年黑格尔派的主要观点。

鲍威尔为什么把"自我意识"提高到起历史决定作用这样一个地位上来呢?这与他对黑格尔体系的理解有关。鲍威尔认为,"黑格尔把斯宾诺莎的实体同费希特的自我结合到一起了。把这两个东西联在一起,把对立领域之间的差异联在一起,不断从一个方面转到另一个方面……以牺牲第二个因素突出第一个因素,并使第二个因素同第一个因素相对立——这些就是黑格尔哲学的要点,它们创造了一个哲学上的新时代;然而它们也决定了这一哲学的弱点和局限……导致了这样一个矛盾:绝对是崇高的、高尚的、完善的,是人类的真理,是尺度、本质、实体和人的目标;而人却是实体,自我意识是人的活动产物,自我意识的存在是由于人的活动和历史的斗争。这种矛盾(黑格尔的体系就存在于这个矛盾的范围之内,且不可能从中摆脱出来)本应一劳永逸地加以消除"[2]。那么,为了解决这个矛盾,鲍威尔可以选择消灭实体或者否定自我意识,显然他选择了前者。他说,自我意识"是创造世界及其各种差异的万能

---

[1] 《马克思恩格斯全集》第1卷,人民出版社1995年版,第101页。
[2] 布·鲍威尔:《费尔巴哈的本质》,德文版,第86—87页。转引自《布鲁诺·鲍威尔和卡尔·马克思:鲍威尔对马克思思想的影响》,王谨等译,中国人民大学出版社1984年版,第88页。

魔术师"①。经过鲍威尔这一番改造,在他的眼中,黑格尔的哲学呈现出新的面貌。他写道,"他(黑格尔)的理论是普遍化的、极具破坏性的严酷的实践。它本身就是革命"②。鲍威尔认为,黑格尔哲学作为革命哲学,反对现存的一切制度,反对现存的国家、宗教、法等。正是由于黑格尔,对实体的批判才达到完美的地步,意识才变成自由的意识,人也才回到了自身。③ 鲍威尔把自己看作黑格尔无神论、宗教批判和自我意识哲学方面的合法继承人。他写道,"历史本身能奋斗吗?自私、弱点、恐惧、屈从精神可以为所欲为,它们还在抗争,如果人们采取适当的措施,它们甚至会进行压制;但这对受自我意识指导并把自己看作是普遍力量的人类又有什么关系呢?人类已经进入一个新的时代;在认识到它的一切力量都是它本身的创造之后,人类已经第一次了解了自己。现在人类正向新的方向发展,而这一切只有人类自己才可以控制"④。

总之,鲍威尔站在政治左派立场上,以一个激进自由主义分子的面目示人,彻底否定现存的一切宗教、国家、法的制度。因此毫不奇怪,鲍威尔明确地把历史分成两个时期:史前期和真正人的历史时期。第一个时期,从古代到鲍威尔所处的时代,人类社会处于异化状态;第二个时期,是人获得了真正的"自我意识"的真正的人的时期。这是"非人"与"人"之间的对立。在鲍威尔看来,现存的一切制度都是非人的、颠倒的,应该推翻的。

---

① 参见布·鲍威尔《末日的宣告》,德文版,第214页。转引自《布鲁诺·鲍威尔和卡尔·马克思:鲍威尔对马克思思想的影响》,王谨等译,中国人民大学出版社1984年版,第92页。

② 布·鲍威尔:《末日的宣告》,德文版,第171页。转引自《布鲁诺·鲍威尔和卡尔·马克思:鲍威尔对马克思思想的影响》,王谨等译,中国人民大学出版社1984年版,第127—128页。

③ 参见布·鲍威尔《西奥多·克利福思的基督教史引论》,德文版,第141页。转引自《布鲁诺·鲍威尔和卡尔·马克思:鲍威尔对马克思思想的影响》,王谨等译,中国人民大学出版社1984年版,第128页。

④ 布·鲍威尔:《西奥多·克利福思的基督教史引论》,德文版,第156页。转引自《布鲁诺·鲍威尔和卡尔·马克思:鲍威尔对马克思思想的影响》,王谨等译,中国人民大学出版社1984年版,第128页。

那么，鲍威尔对马克思的影响具体有哪些呢？

首先，是关于宗教的观点。马克思与鲍威尔一样，是坚定的无神论者，这种对宗教彻底否定的态度很难说与鲍威尔无关。在关于宗教性质的具体论述上，两者也存在颇多相合，在《布鲁诺·鲍威尔和卡尔·马克思：鲍威尔对马克思思想的影响》一书中，作者总结了诸如宗教是人的有缺陷的自我意识、宗教是颠倒了的世界的总的理论、宗教是人民的鸦片等八个方面马克思与鲍威尔的相同之处。关于马克思在《〈黑格尔法哲学批判〉导言》中明确提出的**"人创造了宗教，而不是宗教创造人"**[①] 这一观点，该书作者指出，"许多评论家认为上述摘录反映了费尔巴哈对马克思哲学的影响，但这种解释是没有根据的。马克思关于人创造了宗教而不是相反的说法，适用于从施特劳斯到莫泽·赫斯的所有青年黑格尔派，而不只是费尔巴哈一个人的思想产物。"[②] 这一观点还是相对客观的。

其次，关于颠倒和异化的观点。颠倒和异化具有逻辑上的联系，正是因为有异化现象的存在，才可以在方法上将异化的现象颠倒过来。我们在前面曾经讨论了马克思与费尔巴哈在颠倒原则运用上的关系，在这里我们必须补充进去一个新的维度，即鲍威尔在这个问题上的贡献。正如我们在前面分析的，鲍威尔彻底否定了现存世界，那么在他看来，一切都是异化的，他把异化看作是基督教世界的一切情况、一切社会制度和生活所共有的原则来加以揭露。但在这个问题上，费尔巴哈的态度则没有如此彻底。费尔巴哈对异化是批判却不是否定的。因为在他看来，只要人还没有在其自身发现其本质，宗教在人的生活中就起着积极的作用。[③] 这也是他一方面批判宗教作为人的本质的异化，另一方面又倡导建立"爱的宗教"

---

① 《马克思恩格斯全集》第 3 卷，人民出版社 2002 年版，第 199 页。参见 MARX/ENGELS GESAMTAUSGABE, BAND Ⅰ/2, DIETZ VERLAG BERLIN 1982 年，第 170 页。

② ［波］兹维·罗森：《布鲁诺·鲍威尔和卡尔·马克思：鲍威尔对马克思思想的影响》，王谨等译，中国人民大学出版社 1984 年版，第 165 页。

③ 参见［波］兹维·罗森：《布鲁诺·鲍威尔和卡尔·马克思：鲍威尔对马克思思想的影响》，王谨等译，中国人民大学出版社 1984 年版，第 200 页。

的原因，也是他不去涉足政治领域的原因。马克思在《〈黑格尔法哲学批判〉导言》中提到，"人的自我异化的**神圣形象**被揭穿以后，揭露具有**非神圣形象**的自我异化，就成了为历史服务的**哲学**的迫切**任务**"①。显然马克思不会像费尔巴哈那样止步于宗教批判。在《黑格尔法哲学批判》中，马克思指出，"政治国家的彼岸存在无非是要肯定这些特殊领域自身的异化。**政治制度**到目前为止一直是**宗教领域**，是人民生活的**宗教**，是同人民生活现实性的**尘世存在**相对立的人民生活普遍性的天国"②。可以说，整个《黑格尔法哲学批判》都是在批判现代国家异化的政治制度。就马克思异化批判的广度而言，只有鲍威尔可与之媲美。另外，关于颠倒的原则，《布鲁诺·鲍威尔和卡尔·马克思：鲍威尔对马克思思想的影响》的作者兹维·罗森指出，早在接受费尔巴哈的颠倒的原则之前，马克思就接受了鲍威尔与此相类似的转化方法，"因此，马克思的博士论文中（至少）两次出现过颠倒的原则就并不令人感到奇怪了"③。

与此相联系，鲍威尔在马克思选择把黑格尔的法哲学作为批判对象，以同君主立宪制作斗争这一写作主题上，是有影响的，因为鲍威尔于1842年初在《莱茵报》上刊发的一篇文章中曾提出这一主题。④ 马克思关于意识形态的理论，关于必然世界与自由世界的划分的理论都与鲍威尔的思想有千丝万缕的联系。

然而，鲍威尔与马克思最终走上了不同的道路。鲍威尔高扬自我意识的旗帜，主张激进革命，然而应者稀疏，他在失望中逐渐沉寂；而马克思从自我意识转向感性现实，把无产阶级与共产主义的

---

① 《马克思恩格斯全集》第3卷，人民出版社2002年版，第200页。参见 MARX/ENGELS GESAMTAUSGABE, BAND Ⅰ/2, DIETZ VERLAG BERLIN 1982年，第171页。
② 《马克思恩格斯全集》第3卷，人民出版社2002年版，第42页。参见 MARX/ENGELS GESAMTAUSGABE, BAND Ⅰ/2, DIETZ VERLAG BERLIN 1982年，第32—33页。
③ ［波］兹维·罗森：《布鲁诺·鲍威尔和卡尔·马克思：鲍威尔对马克思思想的影响》，王谨等译，中国人民大学出版社1984年版，第244页。
④ 参见［波］兹维·罗森《布鲁诺·鲍威尔和卡尔·马克思：鲍威尔对马克思思想的影响》，王谨等译，中国人民大学出版社1984年版，第251页。

前景相结合,掀起了世界社会主义革命的狂潮,成为革命的一代宗师。这并非偶然,马克思与鲍威尔的分歧在《黑格尔法哲学批判》时期已经明确地表现出来了。

马克思与鲍威尔的分道扬镳与费尔巴哈对他的影响不无关系。1843年,费尔巴哈的《关于哲学改造的临时纲要》《未来哲学原理》等著作出版时,马克思正在写作《黑格尔法哲学批判》。费尔巴哈在著作中对思辨哲学进行了批判,受此影响,马克思删除了《黑格尔法哲学批判》草稿中的"自我意识"一词。① 费尔巴哈对思辨哲学的批判使得马克思开始脱离青年黑格尔派,尽管他的批判不够彻底,最终在某种程度上重归窠臼。然而,思想上的转变毕竟不仅仅是某个人、某些人的影响所致,这里还有马克思个人思想倾向和社会时代的原因。正如我们在前面提到的,1843年10月,马克思在巴黎与法国的民主主义者、社会主义者,以及德国的正义者同盟会员建立了联系,观察了那里的工人运动,研究了当时先进的政治思想,写下了《〈黑格尔法哲学批判〉导言》一文。在《导言》中,马克思第一次明确提出了共产主义和无产阶级革命问题。正是在这个关键问题上,马克思与鲍威尔产生了重大分歧。

马克思与鲍威尔关于共产主义和无产阶级革命的分歧在哪里呢?马克思在《导言》中指出,"对德国来说,**彻底**的革命、**全人类**的解放,不是乌托邦式的梦想,确切地说,部分的**纯政治**的革命,毫不触犯大厦支柱的革命,才是乌托邦式的梦想"②。而德国解放的可能性"就在于形成一个被戴上**彻底的锁链**的阶级……在于形成一个若不从其他一切社会领域解放出来从而解放其他一切社会领域就不能解放自己的领域……社会解体的这个结果,就是**无产阶级这个特殊等级**"③。

---

① 参见《马克思恩格斯全集》国际版,第1部分,第1卷,第1分册,第418页。
② 《马克思恩格斯全集》第3卷,人民出版社2002年版,第210页。参见 MARX/ENGELS GESAMTAUSGABE, BAND I/2, DIETZ VERLAG BERLIN 1982年,第179页。
③ 《马克思恩格斯全集》第3卷,人民出版社2002年版,第213页。参见 MARX/ENGELS GESAMTAUSGABE, BAND I/2, DIETZ VERLAG BERLIN 1982年,第181—182页。

鲍威尔并非不赞成彻底的革命、全人类的解放，正是他以非人与人为标准划分了两个历史时期，大声疾呼要摧毁一切奴役人的制度；但是在鲍威尔那里，"政治革命同思想革命是联系在一起的（据说思想革命发生在政治革命之前）；在完成变革自我意识的过程之前，企图实现激进的政治变革是无效的也是毫无意义的"①。马克思相信，"理论一经掌握群众，也会变成物质力量"②，"哲学把无产阶级当作自己的**物质**武器，同样，无产阶级也把哲学当作自己的**精神**武器；思想的闪电一旦彻底击中这块素朴的人民园地，**德国人**就会解放成为人"③。

在这里，马克思仍然强调了哲学的作用，但是他同样地找到了发挥这一力量的现实基础——群众、人民、无产阶级。而鲍威尔对于群众、人民、无产阶级却是根深蒂固地不信任。鲍威尔认为，无产阶级总是受到自身利益的支配，这与争取自我意识解放的批评家们毫无共同之处。无产阶级从事单调的体力劳动，因而缺乏普遍的见识（与共产主义的要求大不相同），而且实际上处于四分五裂的状态，他们本身需要的是教育（不管这种教育是多浅薄）而不是共产主义的口号，也不是需要通过激进的社会结构改革来解决整个社会问题的答案。④ 他写道，"竞争导致资本的片面集中……使群众除了感到自身的肉体存在以外并不懂得什么重要价值，如果允许他们就业和生存，他们向资本及其统治屈服难道还会有什么犹豫吗？"⑤

---

① ［波］兹维·罗森：《布鲁诺·鲍威尔和卡尔·马克思：鲍威尔对马克思思想的影响》，王谨等译，中国人民大学出版社1984年版，第148页。
② 《马克思恩格斯全集》第3卷，人民出版社2002年版，第207页。参见 MARX/ENGELS GESAMTAUSGABE, BAND Ⅰ/2, DIETZ VERLAG BERLIN 1982年，第177页。
③ 《马克思恩格斯全集》第3卷，人民出版社2002年版，214页。参见 MARX/ENGELS GESAMTAUSGABE, BAND Ⅰ/2, DIETZ VERLAG BERLIN 1982年，第182页。
④ 参见布·鲍威尔《目前什么是批判的对象？》，载《文学汇总报》1844年第8期，第26页；《种族和群众》，载《文学汇总报》1844年第8期，第42—43页。转引自《布鲁诺·鲍威尔和卡尔·马克思：鲍威尔对马克思思想的影响》，王谨等译，中国人民大学出版社1984年版，第270页。
⑤ 参见布·鲍威尔《种族和群众》，载《文学汇总报》1844年第8期，第46页。转引自《布鲁诺·鲍威尔和卡尔·马克思：鲍威尔对马克思思想的影响》，王谨等译，中国人民大学出版社1984年版，第270页。

他还批判共产主义和共产主义社会，对真正平等主义的社会实体感到怀疑，因为他认为导致消灭个人特性、把人人都变成一个模式的思想是行不通的。这就与倡导共产主义和无产阶级革命的马克思完全对立起来。

## 二　多重面向之间的实践张力

我们看到，马克思的《黑格尔法哲学批判》时期是他思想上的一个过渡时期。在这个时期，马克思的思想中有黑格尔、费尔巴哈、鲍威尔诸多思想因素，在诸多思想因素之间，马克思思想中表现出多重面向；这多重面向之间不可避免地存在着层层裂隙。正是在这样的裂隙中，马克思发现了实践的张力，走上改变世界的道路。

### 1. 唯物与唯心；抽象与具体

唯物主义与唯心主义之间，是否存在绝对的界限？

马克思在批驳黑格尔的中介论的时候，提到这样一种情况："从另一方面说，任何极端**都是**它自己的另一极端。抽象**唯灵论**是**抽象唯物主义**；**抽象唯物主义**是物质的**抽象唯灵论**。"并且这样加以解释："就第二种情况而言，这里的主要规定在于：一个**概念**（定在，等等）可以抽象地把握；它不是作为一种独立的东西而具有意义，而是作为从某种他物中得出的**抽象**并且仅仅是作为这样一种**抽象**才具有意义。例如，精神只是从物质中得出的**抽象**。这样就很明显，这个概念——因为这种形式应当成为它的内容——其实正好是**抽象对立面**，是对象，它就是从这种对象中抽象出来的，存在于这种对象的抽象中。因此，在这里，抽象唯物主义是这一对象的实在本质。……因为只有极端是真理，所以任何抽象和片面性都自命为真理；结果任何一个原则都只表现为从某种他物中得出的抽象，而不表现为总体本身……"[①] 这就是说，作为一种抽象，任何

---

① 《马克思恩格斯全集》第 3 卷，人民出版社 2002 年版，第 110—112 页。参见 MARX/ENGELS GESAMTAUSGABE, BAND I/2, DIETZ VERLAG BERLIN 1982 年，第 97—99 页。

概念都是片面的；这样一种片面的极端，与处于另外一端、同样片面的另一概念，由于抽象形式的作用，都直接成为自己的反面，反而成了一回事，就像马克思说的，**抽象唯灵论**是**抽象唯物主义**；**抽象唯物主义**是物质的**抽象唯灵论**。

因此，马克思试图使纯粹意识层面上的哲学失去独立的存在，他在《德意志意识形态》中说道："思辨终止的地方，在现实生活面前，正是描述人们实践活动和实际发展过程的真正的实证科学开始的地方。关于意识的空话将终止，它们一定会被真正的知识所代替。对现实的描述会使独立的哲学失去生存环境，能够取而代之的充其量不过是从对人类历史发展的考察中抽象出来的最一般的结果的概括。"① 那么，有没有可以具体而不是抽象把握的哲学呢？这就涉及抽象与具体的关系问题。

马克思指出："黑格尔的主要错误在于：他把**现象的矛盾**理解为**观念中、本质中的统一**，而这种矛盾当然有某种更深刻的东西，即**本质的矛盾**作为自己的本质。例如，在这里立法权自身的矛盾只不过是政治国家的矛盾，因而也就是市民社会同自身的矛盾。"因此，"对现代国家制度的真正哲学的批判，不仅揭露这种制度中存在着的矛盾，而且**解释**这些矛盾，了解这些矛盾的形成过程和这些矛盾的必然性。这种批判从这些矛盾的**本来**意义上来把握矛盾。但是，这种**理解**不在于到处去重新辨认逻辑概念的规定，像黑格尔所想象的那样，而在于把握特有对象的特有逻辑"②。这就是说，黑格尔所谓的现象的矛盾，其实是事物自身矛盾本质的表现；要达到对这些矛盾的理解，在于把握特有对象的特有逻辑。可以说，相对于观念、概念的统一，马克思强调事物自身的矛盾；相对于逻辑概念的规定，马克思强调特有对象的特有逻辑。显然，马克思在这里秉持的是唯名论的传统：相对于一般，特殊在先；相对于抽象，具体

---

① 《马克思恩格斯选集》第1卷，人民出版社2012年版，第153页。
② 《马克思恩格斯全集》第3卷，人民出版社2002年版，第114页。参见 MARX/ENGELS GESAMTAUSGABE, BAND I/2, DIETZ VERLAG BERLIN 1982年，第100—101页。

更为本真。

在消除抽象把握的哲学这样的前提下,提供一种唯名论的立场,使得马克思主义不再是传统形而上学意义上的哲学。这也许就是阿尔都塞把马克思主义称为大写的理论和卢卡奇坚持认为马克思主义是一种方法论的原因所在。但这并不是最终的解决方案,马克思在《黑格尔法哲学批判》时期的思想仍然处于各种不同面向的团团包围之中。

2. 理论与实践;现实与现存

马克思在《〈黑格尔法哲学批判〉导言》中肯定了理论的作用,他说,"批判的武器当然不能代替武器的批判,物质的力量只能用物质的力量来摧毁;但是理论一经掌握群众,也会变成物质力量。理论只要说服人【ad hominem】,就能掌握群众;而理论只要彻底,就能说服人【ad hominem】。所谓彻底,就是抓住事物的根本。但是人的根本就是人本身"①。我们知道,在这里马克思所谈的理论不同于抽象的观念认识,他所指的是我们认识到的事物自身发展的逻辑。这样来自事物本身的逻辑,对于现实的指导作用显然应该是巨大的。也正因为如此,马克思提出,"对思辨的法哲学的批判既然是对**德国**迄今为止政治意识形式的坚决反抗,它就不会面对自己本身,而会面向只有用一个办法即**实践**才能解决的那些**课题**"②。有了来自现实的理论的指导,实践不就一定会成功吗?情况并非如此简单。这涉及何谓现实的问题。

正如我们上文谈到的,马克思在现实与现状之间做了区分。他认为,"如果想从德国的现状 [status quo] 本身出发,即使采取惟一适当的方式,就是说采取否定的方式,结果依然是**时代错乱**"③。

---

① 《马克思恩格斯全集》第3卷,人民出版社2002年版,第207页。参见 MARX/ENGELS GESAMTAUSGABE, BAND I/2, DIETZ VERLAG BERLIN 1982年,第177页。
② 《马克思恩格斯全集》第3卷,人民出版社2002年版,第207页。参见 MARX/ENGELS GESAMTAUSGABE, BAND I/2, DIETZ VERLAG BERLIN 1982年,第177页。
③ 《马克思恩格斯全集》第3卷,人民出版社2002年版,第200页。参见 MARX/ENGELS GESAMTAUSGABE, BAND I/2, DIETZ VERLAG BERLIN 1982年,第171页。

这就是说，德国的现状是不符合时代的现实。

然而，"**德国的法哲学和国家哲学**是惟一与正式的当代现实保持在同等水平上［al pari］的德国历史"。因为"我们德国人在**思想**中、在**哲学**中经历了自己的未来的历史。我们是当代的**哲学**同时代人"①。为什么能够以一种哲学来代表当代现实呢？因为马克思认为德国法哲学和国家哲学恰恰反映了当代现实。"德国是这些国家**理论上的良心**，它的思维的抽象和自大总是同它的现实的片面和低下保持同步。……**德国的国家学说**的现状就表现了**现代国家的未完成**，表现了现代国家的机体本身的缺陷。"② 而且，"这种关于现代国家——它的现实仍然是彼岸世界，虽然这个彼岸世界也只在莱茵河彼岸——的抽象而不切实际的**思维**，只是在德国才有可能产生"，尽管"**德国人那种置现实的人**于不顾的关于现代国家的思想形象之所以可能产生，也只是因为现代国家本身置**现实的人**于不顾，或者只凭虚构的方式满足整个的人"③。

这是一个颇费思量的曲折过程。在一个落后于时代的国家，其现状不具有现实性。但是，"它的思维的抽象和自大总是同它的现实的片面和低下保持同步"，这个国家的哲学反而因此"表现了现代国家的机体本身的缺陷"④，具有了当代现实性。这是偶然的吗？

也许可以这样理解，现实代表着历史发展方向，现状则可能是落后于历史发展水平、需要加以抛弃的落后的东西。然而，如何区分先进与落后？换句话说，现实性的根据是什么？显然不能是现状这样一些感性经验的东西，因为它们处于受判定的地位。也很难通

---

① 《马克思恩格斯全集》第3卷，人民出版社2002年版，第205页。参见 MARX/ENGELS GESAMTAUSGABE, BAND I/2, DIETZ VERLAG BERLIN 1982年，第175页。

② 《马克思恩格斯全集》第3卷，人民出版社2002年版，第207页。参见 MARX/ENGELS GESAMTAUSGABE, BAND I/2, DIETZ VERLAG BERLIN 1982年，第176—177页。

③ 《马克思恩格斯全集》第3卷，人民出版社2002年版，第207页。参见 MARX/ENGELS GESAMTAUSGABE, BAND I/2, DIETZ VERLAG BERLIN 1982年，第176页。

④ 《马克思恩格斯全集》第3卷，人民出版社2002年版，第207页。参见 MARX/ENGELS GESAMTAUSGABE, BAND I/2, DIETZ VERLAG BERLIN 1982年，第176—177页。

过这个国家的思想水平来判定,因为我们看到,在落后的国家中反而产生了"理论上的良心"。

这样,我们就进入了一个两难的境地。内在于时代的现实性无法由感性生活本身提供标准,因为现状不等于现实;而作为能够指导实践的理论,则需要来自现实的辩护,因为不反映现实的理论不具有指导实践的内在力量;如果现实性本身没有判断标准,理论的正确性也就难以判断,如何利用它来指导实践呢?

### 3. 实践的张力

在《〈黑格尔法哲学批判〉导言》中,马克思采纳了双重标准进行现实判断。

其一,"人是人的最高本质"这样一个伦理判断标准。的确,马克思不同于费尔巴哈,他的这个表述中饱含人类生存斗争的况味:"**必须推翻**那些使人成为被侮辱、被奴役、被遗弃和被蔑视的东西的**一切关系**……"① 这是一种人道主义,是那个年代进行政治斗争的最高诉求。尽管后来的马克思不再提及这个伦理标准,但这并不意味着他放弃了它。基于这个标准,马克思写道,"试问,德国能不能实现有原则高度的【à la hauteur des principes】实践,即实现一个不但能把德国提高到现代各国的**正式水准**,而且提高到这些国家最近的将来要达到的**人的高度**的**革命**呢?"②

其二,无产阶级的生存状况。在回答德国革命的可能性这样一个具有强烈现实性的问题时,马克思以无产阶级的生存状况作答:"**答**:就在于形成一个被戴上**彻底的锁链**的阶级……形成一个由于自己遭受普遍苦难而具有普遍性质的领域……在于形成一个若不从其他一切社会领域解放出来从而解放其他一切社会领域就不能解放自己的领域,总之,形成这样一个领域,它表明人的**完全丧失**,并

---

① MARX/ENGELS GESAMTAUSGABE, BAND I/2, DIETZ VERLAG BERLIN 1982 年,第177页。参见《马克思恩格斯全集》第3卷,人民出版社2002年版,第207—208页。
② MARX/ENGELS GESAMTAUSGABE, BAND I/2, DIETZ VERLAG BERLIN 1982 年,第177页。参见《马克思恩格斯全集》第3卷,人民出版社2002年版,第207页。

因而只有通过**人的完全回复**才能回复自己本身。社会解体的这个结果，就是**无产阶级**这个特殊等级。"①

理论与现状之间，有一种对立。人是人的最高本质，要求"**推翻那些使人成为被侮辱、被奴役、被遗弃和被蔑视的东西的一切关系**……"；而无产阶级的现状，则恰恰表明了"被侮辱、被奴役、被遗弃和被蔑视的东西的**一切关系**"②的存在。这种对立构成一种张力，现实性就是这种张力，因为现实就是必须实现的东西；这也是实践的前提，实践是主体努力去实现能够实现的东西，如果不存在这样一种张力，实践就无法展开。

张力是一种限制。马克思强调事物发展自身逻辑的特殊性，这种特殊性与作为一般而从具体现象中抽离出来的理论之间，必然是存在着距离和张力的。理论绝不会放诸四海而皆准，这也是马克思所谓的片面的真理。也正因为如此，马克思拒绝把历史唯物主义绝对化的做法，他说，"一定要把我关于西欧资本主义起源的历史概述彻底变成一般发展道路的历史哲学理论，一切民族，不管他们所处的历史环境如何，都注定要走这条道路……这样做，会给我过多的荣誉，同时也会给我过多的侮辱"③。

张力同时也具有一种危险性。在理论与现状之间，没有无缝的接合。现实性作为一种张力，没有恰到好处的保证，这就像是在跨越"卡夫丁峡谷"。越是落后的地方越是需要革命吗？德国与中国，这样相对落后的地方，是否可以毕其功于一役，实现跨阶段的飞跃呢？

然而毋庸讳言，实践的魅力正在于此。从解释世界到改变世界，马克思面向实际，迈向政治斗争和无产阶级革命。

---

① MARX/ENGELS GESAMTAUSGABE, BAND I/2, DIETZ VERLAG BERLIN 1982年，第181—182页。参见《马克思恩格斯全集》第3卷，人民出版社2002年版，第213页。
② MARX/ENGELS GESAMTAUSGABE, BAND I/2, DIETZ VERLAG BERLIN 1982年，第177页。参见《马克思恩格斯全集》第3卷，人民出版社2002年版，第207—208页。
③《马克思恩格斯选集》第3卷，人民出版社1995年版，第341—342页。

# 第三章 从文本研究看马克思的
# 国家学说[*]

对于马克思国家学说的理解，一直以来人们更多地是将其与列宁关于国家的著名定义联系在一起，认为"国家是一个阶级压迫另一个阶级的机器，是迫使一切从属的阶级服从于一个阶级的机器"[①]。但是，通过利用 MEGA$^2$ 的资料以及重新阅读马克思国家观的发展历程，我们可以看到，尽管马克思国家学说中有着大量关于阶级与阶级斗争的思想，但他之所以能够提出与前人不同的国家学说，主要是与他深刻意识到人的社会性以及重新整理社会与国家之间的关系紧密相连。与列宁国家学说不同，马克思国家学说的深层次本质是新社会观。但是，由于认识到社会中存在着"阶级同阶级的斗争"[②]，而并不是像霍布斯所认为的那样是"一切人反对一切人的战争"，因此，马克思最终强调在"一个消除阶级和阶级对立的联合体代替旧的市民社会"[③] 的情况下，国家的政治权力（political power）[④]［**注意**：中文版中将这里的 political power 译为政权（参见马克思：《哲学的贫困》，《马克思恩格斯选集》第 1 卷，人民出版社 1995 年版，第 194 页），但准确地说应译为政治权力。］势必

---

[*] 参见欧阳英《从 MEGA$^2$ 重新理解马克思有关国家的学说》，《哲学研究》2011 年第 3 期。在此有改动。
① 《列宁选集》第 4 卷，人民出版社 1995 年版，第 33 页。
② Marx and Engels, Collected Works, London (1975 – ), VI, p. 212. (Moscow) (1976).
③ Marx and Engels, Collected Works, London (1975 – ), VI, p. 212. (Moscow) (1976).
④ Marx and Engels, Collected Works, London (1975 – ), VI, p. 212. (Moscow) (1976).

失去其存在意义。正因为积极承认国家消亡的存在，因而马克思的认识完成了一个圆满的逻辑循环，也就是说，在马克思那里，最初是以充分认识到社会决定国家这一原理作为起点的，而在终点上通过主张国家将会消亡，最终推崇的是社会的本源意义。当然，对于马克思来说，终点意义上的社会是有别于最初决定国家产生的市民社会的，它是以实现了无冲突的和谐社会作为重要特征的，这也是马克思提出共产主义社会是人类的终极目标的主要原因。

## 第一节　人与社会

在还原思想发展史的过程中可以看到，马克思最初进行的政治理论工作是批判黑格尔的法哲学，其意义在于帮助马克思充分把握了德国国家哲学、法哲学以及德国国家本身的本质，但在其中马克思并没有建立起属于他自己的较为完整的国家观与社会观，写于1843年夏的《黑格尔法哲学批判》只算是马克思认识国家与社会本质的起步。从建立新社会观的角度来看，《1844年经济学哲学手稿》是马克思思想至关重要的转折点，其中他鲜明地提到了"人是类存在物""个人是社会存在物"[①]等重要观点。而在写于1845年春的《关于费尔巴哈的提纲》中，马克思以更精辟的方式指出："费尔巴哈把宗教的本质归结于人的本质。但是，人的本质不是单个人所固有的抽象物，在其现实性上，它是一切社会关系的总和。"[②] 尽管只是出现在一个简短的提纲中，但是，作为一种具有结论性的话语，人的本质"是一切社会关系的总和"这一论点的提出，是马克思新社会观正式登场的重要标志。

在马克思之前社会契约论极为盛行，因而，马克思社会观的发展初期势必有一个清理传统社会契约论的过程。在早期写于1843

---

[①] MARX/ENGELS GESAMTAUSGABE, BAND Ⅰ/2, DIETZ VERLAG BERLIN 1982年，第240—241页。

[②] 《马克思恩格斯选集》第1卷，人民出版社2012年版，第135页。

年秋的《论犹太人问题》中,我们看到了马克思对于卢梭的《社会契约论》关于政治人的抽象论述的肯定①,同时,他反复提到霍布斯的"一切人反对一切人的战争"(a war of all against all)这一论断,甚至明确指出:"人把宗教从公法领域驱逐到私法领域中去,这样人就在政治上从宗教中解放出来。宗教不再是国家的精神,因为在国家中,人——虽然是以有限的方式,以特殊的形式,在特殊的范围内——是作为类存在物和他人共同行动的;宗教成为**市民社会的、利己主义领域的、一切人反对一切人战争**的精神(注:黑体为引者所加)。"② 不过需要强调的一点是,虽然充分重视社会契约论,但是马克思却通过重新认识人的社会性本质,超越了传统的有关社会契约论的认识,直接进入了一个崭新的社会观领域。在《1844年经济学哲学手稿》中,马克思写道:"社会性质是整个运动的普遍性质,正像社会本身生产作为人的人一样,社会也是由人生产的。活动和享受,无论就其内容或就其存在方式来说,都是社会的活动和社会的享受。"③ 在这里马克思实际上告诉人们,正因为社会不仅生产作为人的人,而且也是由人生产出来的,所以,社会反过来也便可以说是人的存在方式本身,这也就是说,在人与社会之间存在着直接同一关系,即有了人便有了社会,而有了社会也便有了人。因此,从根本上说,对于马克思而言,社会本身是伴随着人的存在而出现的,人类并不需要犹如霍布斯、洛克、卢梭等所认为的那样通过订立契约的方式来建立社会。

德国学者亨利希·库诺在写于1920年的《马克思的历史、社会和国家学说》一书中这样写道:"卡尔·马克思在社会观方面紧步黑格尔的后尘。他不仅往往全盘接受了黑格尔区分的概念,而且

---

① MARX/ENGELS GESAMTAUSGABE, BAND I/2, DIETZ VERLAG BERLIN 1982年,第162页。
② MARX/ENGELS GESAMTAUSGABE, BAND I/2, DIETZ VERLAG BERLIN 1982年,第150页。
③ MARX/ENGELS GESAMTAUSGABE, BAND I/2, DIETZ VERLAG BERLIN 1982年,第267页。

也常常接受了他的论据和例证。他对不完善的和完善的国家，通过合作的相互关系而与他人联系的自私的个体和作为一个国家共同体公众的人所进行的区分，这一切都是来自黑格尔。"① 其实，亨利希·库诺断然做出的这一论断显得有点儿独断论色彩，他忽视了马克思社会观形成的整体发展脉络，当然他是在《1844年经济学哲学手稿》1932年正式公开发表之前从事马克思主义研究的，所以，这个论断的提出是可以谅解的。

《1844年经济学哲学手稿》写于1844年5月底6月初至8月，在马克思生前没有发表。从国际范围来看《1844年经济学哲学手稿》较有代表性的是四种版本，即1927年以《〈神圣家族〉准备材料》为标题的俄文版；1932年以《国民经济学与哲学。论国民经济学同国家、法、道德和市民活动的关系（1844年）》为题，较为完整发表的克吕纳版；1932年的 MEGA$^1$ 版和1982年的 MEGA$^2$ 版。其中，由阿多拉茨基院士主编的、1932年的《马克思恩格斯全集》国际历史考证版（MEGA$^1$），以《1844年经济学哲学手稿。国民经济学批判。附关于黑格尔哲学的一章》为题第一次完整地发表了这部手稿，《对黑格尔的辩证法和整个哲学的批判》这一部分在其中是相对独立的。在 MEGA$^1$ 中《1844年经济学哲学手稿》被分为四个部分，其中第一至第三部分以"国民经济学批判"为题，第四部分是黑格尔《精神现象学》的摘录，并单独成为关于黑格尔哲学的一章。1982年，《1844年经济学哲学手稿》发表在 MEGA$^2$ 第一部分第二卷上，涉及正文和学术参考资料两本。在"学术资料卷"（"Apparat"本）的685页到917页，编者本着客观的态度，对《1844年经济学哲学手稿》的编排、写作、发表等等情况进行了详细的解释和说明。在"正卷"（"Text"本）的187页至438页，编者将《1844年经济学哲学手稿》以两种方式同时发表。第

---

① ［德］亨利希·库诺：《马克思的历史、社会和国家学说——马克思的社会学的基本要点》，袁志英译，上海世纪出版集团2006年版，第240页。

一种按马克思《1844年经济学哲学手稿》的写作时间、阶段的顺序编排，即原始顺序版。第二种按《1844年经济学哲学手稿》的思想内容和逻辑结构编排，并由编者加了标题，即逻辑改编版。

《1844年经济学哲学手稿》的原始顺序版是由三个笔记本组成的，每本笔记都有自己的页码，马克思用罗马数字进行了编号。在《1844年经济学哲学手稿》的第三个笔记本尾声之处有马克思为这部手稿写的序言，后来的各版编辑者通常都把它放到《1844年经济学哲学手稿》的最前面。在序言中，马克思有一段话，明确指出了《对黑格尔的辩证法和整个哲学的批判》是相对独立的"本著作的最后一章"："我认为，本著作的最后一章，即对黑格尔的辩证法和整个哲学的剖析，是完全必要的，因为当代批判的神学家不仅没有完成这样的工作，甚至没有认识到它的必要性。"[1]

为什么对黑格尔的辩证法和整个哲学的批判是完全必要的，并要作为相对独立的一章，放到整个《1844年经济学哲学手稿》的最后呢？在序言的开头，马克思本人也有一个交代："我在《德法年鉴》上曾预告要以黑格尔法哲学批判的形式对法学和国家学进行批判。在加工整理准备付印的时候发现，把仅仅针对思辨的批判同针对不同材料本身的批判混在一起，十分不妥，这样会妨碍阐述，增加理解的困难。此外，由于需要探讨的题目丰富多样，只有采用完全是格言式的叙述，才能把全部材料压缩在一本著作中，而这种格言式的叙述又会造成任意制造体系的外观。因此，我打算用不同的、独立的小册子来相继批判法、道德、政治等等，最后再以一本专门的著作来说明整体的联系、各部分的关系以及对这一切材料的思辨加工进行批判。"[2]

1943年夏，马克思写作完成了《黑格尔法哲学批判》，而从上面马克思的说明中则可以看出1943—1944年间他创作计划的基本

---

[1] 马克思：《1844年经济学哲学手稿》，人民出版社2000年版，第4页。
[2] 马克思：《1844年经济学哲学手稿》，人民出版社2000年版，第3页。

脉络。马克思曾在《德法年鉴》上预告将以黑格尔法哲学批判的形式对法学和国家学进行批判,而《黑格尔法哲学批判》应该说就是其中的重要成果,因为只有这部作品在当时是基本完成的,因而也只有这部作品是当时能够"加工整理准备付印"的。本来,在马克思那里这一批判应包括"对思辨的批判同针对不同材料本身的批判"两个层次,但在加工整理准备发表《黑格尔法哲学批判》时却发现这种"混在一起,十分不妥"。因此,到1844年8月12日写作《1844年经济学哲学手稿》序言时,马克思的想法变成"分两步走",即把批判工作分两个层次:先写一系列相对独立的小册子,对社会经济、政治、道德等方面分别进行批判,最后再汇总上升到哲学批判,以批判黑格尔哲学为典型代表;在整个批判过程中,对黑格尔哲学的批判,既是放在前面的导言,又是最后上升的总结,具有相对独立的特殊意义。应当看到的是,正因为马克思的创作计划发生了上述变化,所以,尽管如前面我们提到的在《黑格尔法哲学批判》中马克思并没有完成新社会观与新国家观的建立任务,但是,在重新整理批判黑格尔哲学的思路以及批判费尔巴哈的哲学时,他很快便看到了"类存在物"及其意义,并且为其新社会观的建立开了一个好头。

《1844年经济学哲学手稿》是马克思阐明其独到社会观的早期重要著作。在该手稿中,为了说明异化劳动的本质,马克思明确指出:"正因为人是类存在物,他才是有意识的存在物,就是说,他自己的生活对他来说是对象。仅仅由于这一点,他的活动才是自由的活动。异化劳动把这种关系颠倒过来,以致人正因为是有意识的存在物,才把自己的生命活动、自己的本质变成仅仅维持自己生存的手段。"[①] 在解释共产主义本质的过程中,马克思则进一步说道:"因此,社会性质是整个运动的普遍性质;正像社

---

① MARX/ENGELS GESAMTAUSGABE, BAND I/2, DIETZ VERLAG BERLIN 1982年,第240—241页。

会本身生产作为人的人一样,社会也是由人生产的。活动和享受,无论就其内容或就其存在方式来说,都是社会的活动和社会的享受。自然界的人的本质只有对社会的人来说才是存在的;因为只有在社会中,自然界对人来说才是人与人联系的纽带,才是他为别人的存在和别人为他的存在,只有在社会中,自然界才是人自己的人的存在的基础,才是人的现实的生活要素。只有在社会中,人的自然的存在对他来说才是自己的人的存在,并且自然界对他来说才成为人。因此,社会是人同自然界的完成了的本质的统一,是自然界的真正复活,是人的实现了的自然主义和自然界的实现了的人道主义。"①

原来人们比较关心马克思有关"人是类存在物"的这一提法,因为它是说明异化劳动本质的重要线索。不过,从上面两段话的前后关系来看,它实际上也是马克思充分认识到人的社会性的重要思想前提与准备。在后一段话中,马克思首先将人的社会性阐述得一目了然。在他看来,人不仅是由社会所生产出来的,同时也是社会的生产者。当然进一步地,马克思也在此基础上对社会做出了明确规定,即认为所谓"社会是人同自然界的完成了的本质的统一,是自然界的真正复活,是人的实现了的自然主义和自然界的实现了的人道主义"。很显然,马克思对人的社会性以及社会本质的这些规定,是带有根本性的:它们既可以被看作是"马克思第一次从哲学逻辑上论证社会主义、共产主义必然性的尝试"②,也可以被视为马克思新社会观问世的重要信号。

在通常用语中,社会被说成是任何一种个体的联合或集合,但马克思却并不这样认为。马克思主张,在"社会"一词的含义下包含的意思是,处于由某一经济方式所产生的互相作用和相互影响的圈子,其成员通过某些由经济所决定的生活关系而彼此发生关系。

---

① MARX/ENGELS GESAMTAUSGABE, BAND I/2, DIETZ VERLAG BERLIN 1982 年,第 264、267 页。

② 参见张一兵《回到马克思》,江苏人民出版社 1999 年版,第 263 页。

这样一来，社会生活并不是任意的一种共同生活，而是为了满足一般的经济需要并在一定经济条件下的共同生活和协作。马克思认为整个经济过程的意义是保持和更新社会，为此他有时干脆把生产过程称为"社会生活过程"。在《资本论》第一卷中，马克思曾经明确写道："只有当社会生活过程即物质生产过程的形态，作为自由联合的人的产物，处于人的有意识有计划的控制之下的时候，它才会把自己的神秘的纱幕揭掉。但是，这需要有一定的物质基础或一系列物质生存条件，而这些条件本身又是长期的、痛苦的发展史的自然产物。"[①] 在这里，"社会生活过程"和"物质生产过程"这两个词的意思完全一致。应当看到的是，尽管将"社会生活过程"和"物质生产过程"等同起来，带有将"社会生活过程"过于简单化处理之嫌，但是，这种处理方式却使人们对于社会形成的自然性有了更直接的认识。在马克思那里，人们"为了生活，首先就需要吃喝住穿以及其他一些东西"[②]，因此，从原初意义上说，社会正是在这一过程中形成的自然结果。

## 第二节　社会与国家

众所周知，恩格斯曾经高度评价《关于费尔巴哈的提纲》（以下简称为《提纲》），明确指出：它"作为包含着新世界观的天才萌芽的第一个文献，是非常宝贵的"[③]。但是，《提纲》包含的新的世界观究竟是什么呢？原来，人们更多地强调的是《提纲》中所包含的实践唯物主义思想，认为它对实践的强调是新唯物主义诞生的重要标志。其实，从马克思新社会观诞生的角度来看，《提纲》同样具有重要意义。

---

　① MARX/ENGELS GESAMTAUSGABE, BAND Ⅱ/10, DIETZ VERLAG BERLIN 1991 年，第 78 页。
　② 《马克思恩格斯选集》第 1 卷，人民出版社 2012 年版，第 158 页。
　③ 《马克思恩格斯选集》第 4 卷，人民出版社 2012 年版，第 219 页。

从文本看,《提纲》有两个现行于世的稿本：一是马克思的《提纲》的原始稿。该稿是马克思于1845年春在布鲁塞尔写的一篇"千字文",保存于马克思在1844—1847年的一个笔记本中[①],在马克思生前并未发表,于1932年才首次发表；另一个是作为1888年恩格斯出版的《路德维希·费尔巴哈和德国古典哲学的终结》一书附录的《马克思论费尔巴哈》即《提纲》的修改稿。修改稿发表时基本保持了马克思文本的原貌,但对个别地方做了修改。恩格斯称这个笔记是《十一条关于费尔巴哈的提纲》,笔记因此而得名。目前,国内外学者对这两个稿本的评价不一,但在用其作为教学和研究的文本依据时更多地倾向于恩格斯的修改稿,甚至出现标识不明的直接引用。而且学者们根据原始稿和修改稿的文本差异对马克思与恩格斯学术关系的评价也大相径庭,甚至由此形成了马克思与恩格斯"对立说"与"统一说"之争。

笔者倾向于"统一说",因为原始稿与修改稿所反映出的两位作者的观点并没有本质性区别。从文本的形式上看,两个稿本的框架条款的数量是完全相同的,均由十一条组成,恩格斯并未在形式上做更改。从文本的整体内容来看,两个稿本都言简意赅,都是在批判旧唯物主义基础上以新唯物主义实践观为核心并将新唯物主义哲学的基本思路贯穿于全文之中；都与费尔巴哈旧唯物主义和唯心主义彻底划清界限,包含着新唯物主义的体系雏形,历史唯物主义思想初现端倪。然而,两个稿本在语言的措词、语法上都存在着差异。这种差异反映出值得注意的两个问题：第一个问题是,修改稿较之原始稿更好地表达了马克思所要表达的思想,甚至是对马克思本意的补充；第二个问题是,修改稿不能完全替代原始稿,原始稿拥有继续挖掘其价值的空间。[②]

---

① 现收在 MARX/ENGELS GESAMTAUSGABE, BAND Ⅳ/3, Akademie Verlag GmbH, BERLIN 1998年,第19—21页。

② 参见刘同舫、黄漫《在何种意义上区分马克思文本与恩格斯文本——基于〈关于费尔巴哈的提纲〉之思》,《人文杂志》2012年第1期。

首先谈一下第一个问题。马克思原始稿中的第二条,"关于思维——离开实践的思维——的现实性或非现实性的争论"①,恩格斯将其修改为"关于离开实践的思维的现实性或非现实性的争论"②。很显然,较之前者,后者的指向性更强,而且表述上更明确。第五条中,恩格斯把原始稿中"费尔巴哈不满意抽象的思维而喜欢直观"③,改为"费尔巴哈不满意抽象的思维而诉诸感性的直观"④,用"诉诸"代替"喜欢"显得更为规范,同时在直观前面添加的"感性的"与前面的"抽象的"之间形成了对应关系,由此一来使得马克思对费尔巴哈的批判显得更加有力并到位,即费尔巴哈摆脱了黑格尔思辨的抽象却陷入了感性的直观之中,因而也没有脱离旧唯物主义的范畴。第七条中,恩格斯在修改稿中将"社会的产物"加上着重号,把马克思贯穿于实践观中的历史观突出出来,是对马克思本意的补充。诸如此类的技术修改和补充在修改稿中几乎俯拾皆是,在此不一一列举。但是,可以看到的是,正是在恩格斯的加工锤炼之下,马克思的本意得到了更为充分的体现。

其次谈一下第二个问题。从原始稿和修改稿的第一条看,在原始稿中马克思认为,旧唯物主义的缺点是"对对象、现实、感性,只是从客体的或者直观的形式去理解,而不是把它们当做感性的人的活动,当做实践去理解,不是从主体方面去理解"⑤。在修改稿中,恩格斯将"感性的人的活动"替换成"人的感性活动"⑥。那么,这两种表达的内涵究竟有没有一致性呢?从文本上看,马克思用"感性的人的活动"⑦来批评旧唯物主义本体论的抽象性,而后则用"现实的、感性的活动"抨击唯心主义哲学观的前提,用

---

① 《马克思恩格斯选集》第1卷,人民出版社2012年版,第134页。
② 《马克思恩格斯选集》第1卷,人民出版社2012年版,第138页。
③ 《马克思恩格斯选集》第1卷,人民出版社2012年版,第135页。
④ 《马克思恩格斯选集》第1卷,人民出版社2012年版,第139页。
⑤ 《马克思恩格斯选集》第1卷,人民出版社2012年版,第133页。
⑥ 《马克思恩格斯选集》第1卷,人民出版社2012年版,第137页。
⑦ 《马克思恩格斯选集》第1卷,人民出版社2012年版,第133页。

"把人的活动本身理解为对象性的活动"①"真正人的活动"②,直接批判费尔巴哈有别于思想客体的感性客体,是一一对应的统一表述,具有完整性。而恩格斯的这种替换只是强调了"感性活动",没有追问是什么人的"感性活动",造成对下文"主观方面"理解上的困难。显而易见,原始稿和修改稿在宏观思想一致的基础上都表达了各自微观的思想差异,完全将两者不加区别地相互替代使用是有所不妥的。在第三条中,马克思认为"环境的改变和人的活动或自我改变的一致,只能被看做是并合理地理解为革命的实践"③。恩格斯对此进行了两处极为重要的修改:一是直接删去了前半句中的"或自我改变",另一是将后半句中的"革命"改为"变革"。从"人的活动"的内容来看,的确包含了"人的自我改变"。但是,从理解的层次上来说,如果删除"人的自我改变",而只讲"人的活动",容易让读者忽视"人的自我改变"这一内在指向性。因此,值得注意的是,经过认真比对原始稿和修改稿的形式差异所反映出的内容分歧可知,在恩格斯的修改稿中人在活动中发生变化,特别是自我变化的思想被明显弱化。这表明,在对待马克思、恩格斯原始文本的态度上,不能用恩格斯的修改稿取代马克思的原始稿。

具体针对前面我们提到的马克思关于人的本质是"一切社会关系的总和"这一论述,我们可以看到,在原始稿与修改稿中不存在差异。唯一的差异只在恩格斯针对费尔巴哈的错误所做的表述比马克思的表述更为清晰,即恩格斯将原始稿中"因此,本质只能被理解为'类',理解为一种内在的、无声的、把许多个人自然地联系起来的普遍性"④,改为"因此,他(指费尔巴哈——引者注)只能把人的本质理解为'类',理解为一种内在的、无声的、把许多

---

① 《马克思恩格斯选集》第1卷,人民出版社2012年版,第133页。
② 《马克思恩格斯选集》第1卷,人民出版社2012年版,第133页。
③ 《马克思恩格斯选集》第1卷,人民出版社2012年版,第134页。
④ 《马克思恩格斯选集》第1卷,人民出版社2012年版,第135页。

个人纯粹自然地联系起来的普遍性"①。这说明，对于人的本质是"一切社会关系的总和"这一观点，马克思与恩格斯的认识是十分一致的。这种一致最终反映在他们在国家消亡问题上也保持着一致性，因为对于他们来说，维持人的生存的是社会关系，只要社会关系存在，人就能存在，因而即便国家消亡了，人也是能够生存的。

马克思新国家观的建立是与他的新社会观的建立相伴随的，也就是说，当马克思重新诠释了社会之后，他的新的国家观便应运而生。众所周知，在霍布斯那里，人是豺狼，因而为了避免人类的自相残杀，人类需要订立契约以便建立社会。由于在订立契约从而建立社会的过程中，需要作为第三方的国家以公共权力的形式出现，于是也便有了现代国家的诞生。但是，在马克思那里，与霍布斯迥然有别的是，他首先认为人的本质是"社会关系的总和"，因此，在他看来，社会对于个人而言并不是一种外在的存在，在此人们甚至"首先应当避免重新把'社会'当作抽象的东西同个人对立起来"②。当然也正因为拥有上述认识，所以，在马克思看来，社会的建立并不需要通过订立契约来完成，真正需要订立契约的是国家，而不是社会。

马克思认为，国家相对于社会完全是两码事。国家不是社会，也不是某一种社会形态，而是一种公共的共同体，是一种政治集合体，一种宪法组织。当然，这里所讲的宪法不是一种成文法，而是任何一种将共同体成员联系起来并使其相互负为义务的法律调节。由此一来，对于马克思来说，国家也并不是像17、18世纪的政治哲学家所认为的那样，是一种单纯的社会形式，早先的前国家社会形式在一定的社会发展阶段就消失于这种形式之中。在马克思看来，国家也不是社会的组成部分，国家与社会是并存的。无论就其范围，还是就其界限，抑或就其生活内容来说，它们都不是相互重

---

① 《马克思恩格斯选集》第1卷，人民出版社2012年版，第139页。
② MARX/ENGELS GESAMTAUSGABE, BAND I/2, DIETZ VERLAG BERLIN 1982年，第267页。

叠的。

尽管曾经反复强调国家的独立性，但在《神圣家族》中马克思却明确指出："现代国家既然是由于自身的发展而不得不挣脱旧的政治桎梏的市民社会的产物，所以，它就用宣布人权的办法从自己的方面来承认自己的出生地和自己的基础。"① 他甚至还说道："现代的'公法状况'的基础、现代发达的国家的基础，并不像批判所想的那样是由特权来统治的社会，而是废除了特权和消灭了特权的社会，是使在政治上仍被特权束缚的生活要素获得自由活动场所的发达的市民社会。在这里，任何'特权的闭塞'既不和别的闭塞对立，也不和公法状况对立。"② 由此可见，对于马克思来说，决定现代国家的是市民社会，而且这种市民社会并不是一般意义上的"社会"，而是使在政治上仍被特权束缚的生活要素获得自由活动场所的"发达的市民社会"。

在《评一个普鲁士人的"普鲁士国王和社会改革"一文》中，马克思解释道："从政治的观点来看，国家和社会结构并不是两个不同的东西。国家就是社会结构。如果国家承认社会弊病的存在，它就认为社会弊病的原因或者在于任何人类力量都不能消灭的自然规律，或者在于不依赖于国家的私人生活，或者在于从属于国家的行政管理机构的不妥当措施。"③ 此外，他在《神圣家族》一文中还说道："现代国家承认人权同古代国家承认奴隶制是一个意思。就是说，正如古代国家的自然基础是奴隶制一样，现代国家的自然基础是市民社会以及市民社会中的人，即仅仅通过私人利益和无意识的自然的必要性这一纽带同别人发生关系的独立的人，即自己营业的奴隶，自己以及别人的私欲的奴隶。"④ 在《神圣家族》一书

---

① 《马克思恩格斯全集》第 2 卷，人民出版社 1957 年版，第 145 页。
② 《马克思恩格斯全集》第 2 卷，人民出版社 1957 年版，第 148 页。
③ MARX/ENGELS GESAMTAUSGABE, BAND I/2, DIETZ VERLAG BERLIN 1982 年，第 455 页。
④ 《马克思恩格斯全集》第 2 卷，人民出版社 1957 年版，第 145 页。

的最后，他甚至写道："的确，拿破仑已经了解到现代国家的真正本质；他已经懂得，资产阶级社会的无阻碍的发展、私人利益的自由运动等等是这种国家的基础。"① 从上面这些论述中可以看到，对于社会决定国家这一原理，马克思并没有简单地加以理解，他甚至通过积极承认"国家就是社会结构"，从而使"社会决定国家"这种框架模式有了一种全新的诠释方式。当马克思强调"从政治的观点来看，国家和社会结构并不是两个不同的东西"时，他实际上已将国家的建立完全地奠定在社会结构的基础之上。在他看来，国家从根本上说是缺乏独立完整的存在意义的，它只是依附于社会结构的一种存在，是适应社会结构发展需要的一种必然结果。

在1846年写给俄国自由派作家帕·瓦·安年科夫的信中，马克思明确指出："社会——不管其形式如何——究竟是什么呢？是人们交互作用的产物。"② 马克思的这个"交互作用的产物"，是在否定蒲鲁东将社会看成一种先验的看法。马克思认为，社会不过是在特定时期、由特定的人们以特定的方式建构成的具有特定性质的活动的相互作用的总体。这样，人类社会的存在必然总是由一定的现实人类主体的活动历史地构筑起来的。这个理论规定会让我们想到在前面提到的其在《提纲》第六条中对人的本质的说明，即人的本质在其现实性上只能是人的一切社会关系的总和。马克思的这一说明，更进一步地强调了社会的根本性，以及人对社会的依附性。

马克思指出："国家不消灭自己，就不能消灭存在于行政管理机构的任务及其善良意愿为一方与行政管理的手段和能力为另一方之间的矛盾，因为国家本身是建筑在这个矛盾上的。国家是建筑在社会生活和私人生活之间的矛盾上，建筑在公共利益和私人利益之间的矛盾上的。因此，行政管理机构不得不局限于形式上的和消极的活动；因为市民生活和市民活动在哪里开始，行政管理机构的权

---

① 《马克思恩格斯全集》第2卷，人民出版社1957年版，第157页。
② MARX/ENGELS GESAMTAUSGABE, BAND Ⅲ/2, DIETZ VERLAG BERLIN 1979年，第71页。

力也就在哪里告终。"① 在这里，马克思从更加普遍的意义上明确地强调了国家是建筑在两种矛盾之上的，这两种矛盾分别是"社会生活和私人生活之间的矛盾"与"公共利益和私人利益之间的矛盾"；同时，马克思还将国家的自我消灭同行政管理机构的任务及其善良意愿与行政管理的手段和能力之间的矛盾的消灭联系在一起。

## 第三节　阶级与国家

如果说霍布斯通过揭示存在着"一切人反对一切人的战争"，开启了社会契约论的发展历史的话，那么，马克思则通过区分等级与阶级，积极揭示出社会中存在着"阶级反对阶级的斗争"②，从而从新的角度更深入回答了国家与阶级之间的内在联系。

最初马克思并没有将等级和阶级严格区分开来，在《〈黑格尔法哲学批判〉导言》中，他在回答"德国解放的实际可能性到底在哪里呢？"这一问题时写道："就在于形成一个被戴上彻底的锁链的阶级，一个并非市民社会阶级的市民社会阶级，形成一个表明一切等级解体的等级，形成一个由于自己遭受普遍苦难而具有普遍性质的领域，这个领域并不要求享有任何特殊的权利，因为威胁着这个领域的不是特殊的不公正，而是一般的不公正，它不能再求助于历史的权利，而只能求助于人的权利，它不是同德国国家制度的后果处于片面的对立，而是同这种制度的前提处于全面的对立，最后，在于形成一个若不从其他一切社会领域解放出来从而解放其他一切社会领域就不能解放自己的领域，总之，形成这样一个领域，它表明人的完全丧失，并因而只有通过人的完全回复才能回复自己本身。社会解体的这个结果，就是无产阶

---

① MARX/ENGELS GESAMTAUSGABE, BAND I/2, DIETZ VERLAG BERLIN 1982 年，第 456 页。
② 《马克思恩格斯选集》第 1 卷，人民出版社 2012 年版，第 275 页。

级这个特殊等级。"① 在这里，马克思是将等级与阶级等同起来的。对于他来说，无产阶级只不过是一个"特殊等级"。

但是，当马克思撰写《哲学的贫困》时，情况发生了变化，他已经开始把"等级"和"阶级"区别开来。马克思在《哲学的贫困》中进行了清楚的表述，明确指出："劳动阶级解放的条件就是要消灭一切阶级；正如第三等级即市民等级解放的条件就是消灭一切等级一样。"② 后来，恩格斯在为《哲学的贫困》1885年德文版所加的注释中还补充说道："这里所谓等级是指历史意义上的封建国家的等级，这些等级有一定的和有限的特权。资产阶级革命消灭了这些等级及其特权。资产阶级社会只有阶级，因此，谁把无产阶级称为'第四等级'，他就完全违背了历史。"③

无疑，也正是从恩格斯后来的补充性注释中我们可以更深入地看到，对于马克思与恩格斯来说，只有在资产阶级社会中才存在着消除了"等级"身份的较为纯粹的"阶级"，也就是说"资产阶级社会只有阶级"；在资产阶级社会之前，阶级关系实际上受到了等级身份的遮蔽。当然，也正因为资产阶级社会只有阶级，所以这一点不仅帮助马克思与恩格斯充分认识了阶级的本质，而且还帮助他们看清了阶级斗争在社会发展中的作用。在马克思那里，阶级最初被定义为一种社会关系，而不是一种社会中的地位或等级。在马克思的分析中，离开了无产阶级，资产阶级是不能存在的。概言之，尽管阶级与等级只有一字之差，但是，将阶级与等级区分开来，在马克思阶级斗争认识史上却具有划时代的意义。从本质上说，正因为马克思最终区分了阶级与等级，完成了将阶级概念从等级概念中剥离出来的工作，因而他能够从繁杂的社会中看到阶级的存在以及阶级斗争的本质，从而能够深刻地揭示出社会发展与阶级斗争之间

---

① MARX/ENGELS GESAMTAUSGABE, BAND I/2, DIETZ VERLAG BERLIN 1982年，第181—182页。
② 《马克思恩格斯选集》第1卷，人民出版社2012年版，第275页。
③ 《马克思恩格斯选集》第1卷，人民出版社2012年版，第275页。

的内在联系，并且由此深入地揭示出国家的阶级本质。

产生于社会劳动抑或经济过程中的任何阶级，起初都是社会组织，是"社会阶级"（不是国家阶级）；一个阶级和另一个阶级的关系，不同阶级成员之间的关系，从其普遍性来看，是一种社会关系，不是国家关系；然而，国家将社会阶级的组成作为国家制度用法律固定下来，并赋予某些阶级以特殊的政治权利和义务，亦即建立了国家的"等级制度"。确切地说，从社会阶级中最初涌现的是由国家加以确立的"等级"，然后才在等级的基础上涌现出由国家加以确立的"阶级"，而后者的确立即意味着现代国家的诞生，其所确立的阶级也就是消除了等级身份的"资产阶级"。而由此以来，从一个侧面出发，我们可以说等级是从阶级之中产生出来，但从另一个侧面出发，我们又可以说阶级是从等级中产生的。不过，尽管是同一个概念，但前一个"阶级"概念与后一个"阶级"概念在内涵上是有着值得注意的本质性区别的。前者是指社会阶级，所体现的是一种社会性；而后者则是指国家阶级，所体现的是一种国家性。但是，它们却共同构筑了阶级斗争在人类社会历史发展中的推动作用。需要指出的是，在马克思那里，一方面是从普遍意义上承认阶级的存在，因此提出"至今一切社会的历史都是阶级斗争的历史"[①]，但是另一方面他也特别强调了资产阶级作为国家阶级的特定意义，因而明确指出"因为资产阶级已经是一个阶级……所以它必须在全国范围内而不再是在一个地域内组织起来……"[②]

在《德意志意识形态》中，马克思写道："国家是统治阶级的各个人借以实现其共同利益的形式，是该时代的整个市民社会获得集中表现的形式。"[③] 在这里，马克思清楚地阐明了国家是统治阶级实现其共同利益工具的看法。但是，马克思又指出："目前国家的独立性只有在这样的国家里才存在：在那里，等级还没有完全发展

---

① 《马克思恩格斯选集》第1卷，人民出版社2012年版，第400页。
② 《马克思恩格斯选集》第1卷，人民出版社2012年版，第212页。
③ 《马克思恩格斯选集》第1卷，人民出版社2012年版，第212页。

成为阶级,在那里,比较先进的国家中已被消灭的等级还起着某种作用,并且那里存在某种混合体,因此在这样的国家里居民的任何一部分也不可能对居民的其他部分进行统治。"① 由此可见,对于马克思来说,当等级还没有完全发展成为阶级时,国家是可以具有某种独立性的,但是,一旦等级完全地发展成为阶级,那么国家的独立性就不可能存在,在这个时候它才会真正成为"统治阶级的各个人借以实现其共同利益的形式"②。

准确地说,在马克思那里实际上存在着两种国家形式:第一种是"等级还没有完全发展成为阶级"的国家。这种国家具有某种独立性,而且倘若换句话还可以说,尽管是国家,但此时的国家并不是现代意义上的国家,资产阶级国家之前的国家都属于这种性质的国家。第二种是等级已经完全发展成为阶级的国家,如资产阶级国家。在这种国家中不存在国家的独立性,也就是说,国家只是统治阶级实现其利益的工具。马克思指出:"现代国家是与这种现代私有制相适应的。现代国家由于税收而逐渐被私有者所操纵,由于国债而完全归他们掌握;现代国家的存在既然受到交易所内国家证券行市涨落的调节,所以它完全依赖于私有者即资产者提供给它的商业信贷。因为资产阶级已经是一个阶级,不再是一个等级了,所以它必须在全国范围内而不再是在一个地域内组织起来,并且必须使自己通常的利益具有一种普遍的形式。"③ 如此看来,进一步说,对于马克思来说,只有资产阶级国家是等级已经完全发展成为阶级的国家,因此只有资产阶级国家是严格意义上的现代国家。当然,也正因为上述情况的存在,所以,人们并不应该从绝对意义上理解国家与阶级之间的关系,也就是说,不需要完全地从阶级的角度出发来理解国家存在及其意义。

前面讲到列宁明确指出:"国家是一个阶级压迫另一个阶级的

---

① 《马克思恩格斯选集》第 1 卷,人民出版社 2012 年版,第 212 页。
② 《马克思恩格斯选集》第 1 卷,人民出版社 2012 年版,第 212 页。
③ 《马克思恩格斯选集》第 1 卷,人民出版社 2012 年版,第 212 页。

机器，是迫使一切从属的阶级服从于一个阶级的机器。"① 其实，从马克思本人国家观发展史的角度来看，马克思的国家观最初强调的是国家是从市民社会中分离出来的，也就是说其所强调的是国家的社会属性。只是到了后来，他才强调了阶级与国家的关系，也就是谈到了国家的阶级属性。因此，在马克思那里，国家具有两种属性：一种是社会属性，另一种是阶级属性。在《共产党宣言》中，马克思曾明确指出："当阶级差别消失，所有的生产集中在整个国家的庞大联合体手里的时候，公共权力将会失去其特点。"② 在此马克思特别强调的是阶级消失与国家消失之间的内在关联，从而进一步深化了关于阶级与国家关系的理解。不过，从后面的分析中我们将会看到，即使在国家消亡问题上，在马克思那里，国家与社会的关系也是更根本的。因此，从最终结果来看，对于马克思来说，相对于国家与阶级的关系而言，国家与市民社会之间的关系对于国家来说具有更为根本的意义。

## 第四节 国家消亡与和谐社会

马克思与恩格斯都期盼国家的消亡。在为马克思的《法兰西内战》的1891年单行本所写的导言中，恩格斯曾经深入地阐述道："按照哲学概念，国家是'观念的实现'，或是译成了哲学语言的尘世的上帝王国，也就是永恒的真理和正义所借以实现或应当借以实现的场所。由此就产生了对国家以及一切同国家有关的事物的盲目崇拜。尤其是人们从小就习惯于认为，全社会的公共事务和公共利益只能像迄今为止那样，由国家和国家的地位优越的官吏来处理和维护，所以这种崇拜就更容易产生。人们以为，如果他们不再迷信世袭君主制而坚信民主共和制，那就已经是非常大胆地向前迈进

---

① 《列宁选集》第4卷，人民出版社1995年版，第33页。
② Marx and Engels, Collected Works, London (1975 - ), VI, p. 505 - 506. (Moscow) (1976).

了一步。实际上,国家无非是一个阶级镇压另一个阶级的机器,而且在这一点上民主共和国并不亚于君主国。国家再好也不过是在争取阶级统治的斗争中获胜的无产阶级所继承下来的一个祸害;胜利了的无产阶级也将同公社一样,不得不立即尽量除去这个祸害的最坏方面,直到在新的自由的社会条件下成长起来的一代有能力把这国家废物全部抛掉。"① 由此可见,不论是马克思还是恩格斯都清楚地意识到,社会并不是永远不能脱离国家的,它将会自动地向一种摆脱了国家强制的自由经济状态推进;在这种情况下,国家的调节作用几乎没有什么必要,社会可以将它承担起来。

摆脱了国家的社会能够独立存在,这一方面意味着国家的存在对于社会来说并不是一种必需,另一方面也意味着国家的消亡对于社会来说并不就是一件坏事。而且所有这一切的发生,显然应该是建立在社会已不再需要国家的基础之上。从根本上说,社会不再需要国家的一个重要前提是,社会已经没有了对抗性的矛盾冲突。之所以这样说,其中一个重要根据就是如恩格斯在《家庭、私有制和国家的起源》中所表达的那样:"一个这样的社会,只能或者存在于这些阶级相互间连续不断的公开斗争中,或者存在于第三种力量的统治下,这第三种力量似乎站在相互斗争着的各阶级之上,压制它们的公开的冲突,顶多容许阶级斗争在经济领域内以所谓合法形式决出结果来。氏族制度已经过时了。它被分工及其后果即社会之分裂为阶级所炸毁。它被国家代替了。"② 在恩格斯看来,国家是作为氏族制度的替代物而出现的,同时国家实际上也是作为解决社会无法解决的对抗性矛盾冲突的第三种力量而出现的。由此可见,根据恩格斯的解释,倘若社会不再需要国家,就只能说明这个社会已经不再存在对抗性矛盾,它已不再需要国家这第三种力量的支持了。

---

① 《马克思恩格斯选集》第 3 卷,人民出版社 2012 年版,第 55 页。
② MARX/ENGELS GESAMTAUSGABE, BAND Ⅰ/29, DIETZ VERLAG BERLIN 1990 年,第 105—106 页。

在《哲学的贫困》中，马克思深刻指出：工人阶级在其发展的过程中将用一个联合体替代旧的市民社会，这个联合体将消除阶级和阶级对立；同时，将不再存在所谓的政治权力，因为准确地说，政治权力是市民社会中对抗性的正式表现。[1] 在这里我们看到的是，对于马克思来说，国家作为政治权力是作为"市民社会中对抗性的正式表现"而出现的，倘若出现了一个消除阶级和阶级对立的"联合体"以取代旧的市民社会，那么就意味着国家将会失去其存在意义。当然，更进一步说，这一点也表明马克思在关于国家消亡问题上既与恩格斯相同，也与恩格斯略有不同。这主要是因为，尽管马克思犹如恩格斯一样明确肯定了国家是会消亡的，但是与此同时，他却充分承认国家消亡后所存在的是一个消除阶级和阶级对立的"联合体"，并且强调指出这种消除阶级和阶级对立的"联合体"所取代的是旧的市民社会。由此可见，通过提出国家消亡学说，马克思实际上圆满完成了自己思想上的一个逻辑循环，也就是说，从由最初强调社会决定国家，到最后以充分肯定社会的最终存在意义作为终结。当然，应当看到的是，对于马克思来说，作为最终存在的社会并不是旧的市民社会，而是作为取代旧的市民社会而出现的消除阶级和阶级对立的"联合体"。

原来人们一直强调马克思的社会理论以"社会冲突论"见长，但从本质上说，当马克思积极主张国家将会自行消亡时，这既是他的"社会冲突论"的延续，也是他的"社会和谐"思想的起点。首先，之所以说是马克思"社会冲突论"的延续，是因为在马克思那里，国家的消亡只是社会冲突终结的一种必然表现方式，承认社会冲突是马克思国家消亡学说的基本认识前提。其次，之所以说是马克思"社会和谐"思想的起点，是因为对于马克思来说，国家的消亡所表明的是社会的对抗性矛盾冲突已不再存在，社会不再需要国家来帮助自己解决自己无法解决的矛盾，这在一定程度上又反映

---

[1] Marx and Engels, Collected Works, London (1975 –), VI, p. 212. (Moscow) (1976).

了马克思已充分认识到社会和谐是国家消亡基本的、必需的客观前提。

国家意志在形式上的普遍性、独立性,并不否定市民社会的关系结构对这种意志的实质内容的牵制性。虽然从根本上说国家的出现是为了满足解决社会冲突的需要,但更确切地说,这一点只意味着社会冲突对于国家来说是其存在的必要条件,而并非充足条件。之所以这样说,主要是因为,从马克思积极倡导的"社会决定国家"原则中我们可以看到,社会是国家存在的主宰,国家只是具体地针对社会冲突存在的附属品。一方面,从社会与国家的关系中,我们可以充分地领略到社会冲突对于国家存在的重要意义;但另一方面,从对"社会决定国家"原则的具体分析中,我们却又可以充分地感受到社会本身对于国家的决定性作用。当前我国明确提出要构建和谐社会,这正是对于马克思国家消亡学说的积极呼应。人类只有通过不断地构建和谐社会,才能真正实现国家的消亡。

在参阅 MEGA² 中马克思《法兰西内战》原文(注:原文为英文)之后,我们看到,对于马克思来说,重要的是,当旧政权的纯属压迫性质的机关被铲除之后,那些由旧政权完成的合法职能应该不再由凌驾于社会之上的机构加以执行,而应由社会自身的负责任的代理人(agent)来执行。① 在这里马克思指出社会自身是能够填补国家消灭之后的管理职能空白的。马克思认为国家的压迫性机器被打破之后并不可能存在返回到国家更高一级的对经济的限制上,所存在的只是社会从国家中解放出来,从而自己解决自己的管理问题。[注意:1995 年中文版《马克思恩格斯选集》将上面观点译为,"旧政权的纯属压迫性质的机关予以铲除,而旧政权的合理职能则从僭越和凌驾于社会之上的当局那里夺取过来,归还给社会的

---

① MARX/ENGELS GESAMTAUSGABE, BAND I /22, DIETZ VERLAG BERLIN 1978 年,第 140—141 页。

负责任的勤务员。"① 2012年中文版《马克思恩格斯选集》则将上面观点译为,"旧政权的纯属压迫性质的机关予以铲除,而旧政权的合理职能则从僭越和凌驾于社会之上的当局那里夺取过来,归还给社会的承担责任的勤务员。"② 其实从整体上看这种译法是带有局限性的,因为对马克思来说这里并不存在着"夺取"问题,所表现出来的只是凌驾于社会之上的国家机器不再发挥管理职能,社会可以自己解决自己的管理问题。值得一提的是,具体针对"勤务员"这一译法,从英文原文来看更应译为"代理人"(agent),因为从"勤务员"这种译法中,人们很难看到"代理人"所反映出来的委托关系,也就是说,这里存在着社会将合法职能委托给其所认为负责任的代理人来执行的问题。1995年中文版《马克思恩格斯选集》与2012年中文版《马克思恩格斯选集》中的"勤务员"译法,相对于1972年中文版《马克思恩格斯选集》中"公仆"③译法是有所发展的。然而应当看到的是,用"勤务员"取代"公仆"这种译法凸显了其中存在的服务型特征,但是马克思通过英文原文 agent("代理人")所希望表达的委托关系并没有得到充分体现。因此,本书认为,马克思《法兰西内战》原文中"agent"的中文的准确译法有待商榷,并认为更应该译为"代理人"。

马克思曾对人们在共产主义社会中的具体生活进行了美好的憧憬。他认为,"在共产主义社会里,任何人都没有特殊的活动范围,而是都可以在任何部门内发展,社会调节着整个生产,因而使我有可能随自己的兴趣今天干这事,明天干那事,上午打猎,下午捕鱼,傍晚从事畜牧,晚饭后从事批判,这样就不会使我老是一个猎人、渔夫、牧人或批判者"④。很显然,共产主义社会是一个带有统

---

① 《马克思恩格斯选集》第3卷,人民出版社1995年版,第57页。
② 《马克思恩格斯选集》第3卷,人民出版社2012年版,第100页。
③ 《马克思恩格斯选集》第2卷,人民出版社1972年版,第376页;《马克思恩格斯全集》第17卷,人民出版社1963年版,第360页。
④ 《马克思恩格斯选集》第1卷,人民出版社2012年版,第165页。

治色彩的职权国家已经消亡的社会,因此,这种社会的到来也便意味着和谐社会的实现,甚至犹如上面马克思所描述的那样,在其中,人们随自己的兴趣去做自己想做的事情,会成为社会的常态。不过正是基于这种情况,我们又可以进一步说,作为一种理想的社会状态,和谐社会并不单纯的只是前面提到的国家消亡的基本客观前提,同时也应被视为国家消亡的结果呈现,也就是说,国家最终是通过自己的消亡,从而让人类真正迎来和谐社会这样一个崭新的结果。与共产主义社会一样,追求和谐社会是人类社会自始至终的主题。

在《超越资本》一书中,当代英国著名马克思研究学者梅扎罗斯写道:"黑格尔想保护国家,并且发明了官僚主义的'普遍等级'作为一个精英阶级(一种'应当')。后者通过保护而完成了调解敌对利益矛盾的中介,因此,在对抗的形式下保护和保证了现有社会结构的长久性。相比之下,马克思涉及对国家与政治的超越,并将无产阶级的自相矛盾的普遍性证明为一种必然自我消亡的特殊性。"[①] 在这里,透过梅扎罗斯的分析,我们所进一步看到的是,马克思极力强调国家将会自行消亡不仅直接涉及"对国家与政治的超越",而且也是与无产阶级的自我消亡相伴随的。由此可见,马克思对于国家消亡的阐明,除了反映了对和谐社会的积极向往之外,还表明了对有着超越"国家与政治"特质的新时代将会到来的积极肯定。

在《马克思的历史、社会和国家学说》一书中,亨利希·库诺指出:"马克思和恩格斯完全执迷于他们国家消亡和国家职能逐渐由社会代替的学说,致使他们根本没有看到早在他们那个时代,即上世纪(指19世纪——引者注)的六十年代和七十年代,国家就开始有了新的任务和职能;国家的发展在先行的阶段之后又开始了

---

① [英]梅扎罗斯:《超越资本》(下卷),郑一明等译,中国人民大学出版社2003年版,第576页。

一个新的更高的阶段。"① 库诺的这段话鲜明反映了他对马克思与恩格斯强调国家将会消亡的疑虑。其实应当看到，尽管为了驳斥马克思的国家消亡学说，库诺一直主张国家有着一个由"职权国家向管理国家的发展"②的过程，但是他实际上并没有清楚地意识到，马克思努力明确国家将会消亡这一点，在更深层意义上所反映的是他竭力将自己对国家与社会之间内在关系的辩证理解贯彻到底的努力。对于马克思来说，倘若从国家与社会之间的辩证关系层面上来理解国家存在的意义，就必须以阐明国家将会消亡作为思想的一种暂时的终结，否则社会对于国家的本质意义就是无法讲清的。由此可见，进一步说，对于国家将会消亡这一提法，我们是不能仅仅从国家层面上加以理解的，这种理解只会让人们纠缠于国家本身，而忘记了社会在与国家的关系中所体现出来的意义。毫无疑问，正是在讲明国家将会消亡的情况下，和谐社会将会来到这一点才会被人们更加充分地接受与认识到。国家消亡实际上可以被看作和谐社会到来的重要标志。

---

① ［德］亨利希·库诺：《马克思的历史、社会和国家学说——马克思的社会学的基本要点》，袁志英译，上海世纪出版集团2006年版，第315页。
② ［德］亨利希·库诺：《马克思的历史、社会和国家学说——马克思的社会学的基本要点》，袁志英译，上海世纪出版集团2006年版，第315页。

# 第四章　马克思《1844年经济学哲学手稿》中的劳动概念探微

《1844年经济学哲学手稿》是马克思1844年4—8月在巴黎写作的一本重要手稿，由三个未完成的部分组成。该手稿在马克思生前并没有发表。1927年苏联把手稿的第3部分以《〈神圣家族〉准备材料》为标题首次发表于《马克思恩格斯文库》中。1932年国际版《马克思恩格斯全集》第1部分第3卷第一次发表了手稿的全文，标题为《经济学哲学手稿（1844年）》（以后在文中简称《手稿》）。《手稿》的发表在马克思主义发展史中是一个重大事件。它重新燃起了人们对马克思思想的关注，特别是青年马克思思想中的"异化"思想，掀起了后来诸多学者关于人道主义和异化问题的探讨。它还是左派黑格尔主义者，如卢卡奇、科尔施、马尔库塞、阿伦特、哈贝马斯等，进一步探寻马克思与黑格尔思想渊源关系，推动人本主义马克思主义思潮兴起的重要契机。在《手稿》发表之后引起的诸多争议中，马克思的"劳动"概念一直以来都是新马克思主义者和后现代马克思主义者批判的众矢之的。这种批判大致来自两个方向：一是从哲学的层面，认为马克思的劳动概念就是韦伯意义的工具理性活动。马克思忽视了政治实践领域中的交往理性活动。这个方面以哈贝马斯对马克思劳动概念的批判为代表；或认为马克思推崇劳动，认为劳动是人的本质，马克思思想中存在着劳动本体论之嫌。这以汉娜·阿伦特为代表。另一个方向的批判来自政治经济学领域，认为马克思重视劳动的使用价值，而忽视了交换价值，由此导致在当前之消费社会，有关符号、意象、象征等因素在政治经济学中的作用难以解释。这个向度以法国后现代主义者德里达、鲍德里亚为代表。本书试图在 MEGA$^2$ 即《马克思恩格斯全集》历史考证版第二版对《手稿》重新编排的视角下，重新审视和研究《手稿》中的劳动概念含义、劳动与异化、劳动与自由、劳动与承认、劳动与交往的关系，从而在 21 世纪后工业社会劳动形式发生变化的情况下，重新发掘和探寻马克思的劳动理论是否还具备解释和理解当代社会现象的潜力。

## 第一节　西方学者对马克思劳动概念的批判和质疑

劳动是人类特有的基本社会实践活动。对于劳动的这种属人性质，黑格尔和马克思都有所表述。"黑格尔称劳动是一种能够使欲望得到满足，能够把实存精神同自然加以区别的特殊方法。"[1] 马克思是将人能够生产生活资料，并生产自己的物质生活本身，看作动物与人类的区别。二者都将劳动看作有目的、有意识地改造自然界的活动。而动物只是消极地以其本能的自然需求来进行活动、适应环境。动物与外在自然界的关系是一种欲望直接得到满足和消耗的样式，而黑格尔认为人的劳动是违抗直接的欲望命令，使自身的欲望得到延迟的过程。这样，身处 20 世纪初到中叶的黑格尔和马克思都明确地将劳动看作人区别于动物的根本规定性。此外，同处于这一时代的古典政治经济学家如亚当·斯密、大卫·李嘉图等人，也发现了劳动的秘密。亚当·斯密认为，无论是重农主义，还是重商主义，都不能忽视的一个事实是劳动创造了财富本身。在此基础上，斯密还第一次将商品的使用价值和交换价值区分开来，并把劳动看作

---

[1] 转引自［德］哈贝马斯《作为"意识形态"的技术与科学》，李黎、郭官义译，学林出版社 1999 年版，第 16 页。

是衡量一切商品交换价值的真实尺度。劳动价值论的提出为马克思思考资本主义社会下工人的异化劳动提供了坚实的基础。此外，1844年马克思写作《手稿》的时期，正是欧洲国家工业革命发展的时期。机器大生产逐渐取代了手工工场，现代资产阶级工厂诞生了。整个社会日益分裂为两大阶级：资产阶级和雇佣劳动工人。工业革命一方面使得生产力迅速提高，巩固了资本主义各国的统治基础，另一方面也使得工人的劳动强度加大，劳动时间延长，劳动日益单一化。在这样的时代背景下，马克思考察了当时萨伊、斯密、穆勒、李嘉图的政治经济学原理，也分析英法国家的工人阶级状况，写就了《手稿》。

当时代的车轮前进到20世纪中叶后，也就是马克思写作《手稿》的一百多年之后，马克思的劳动观，特别是《手稿》中所表达出的有关劳动的诸多哲学理念和社会思考遭到诸多批判。其中，最具代表性的是西方学者如哈贝马斯、阿伦特、德里达、鲍德里亚等人。他们对马克思劳动观的批判大致可分为哲学和经济学两个维度。

## 一 从哲学层面来批判

最早对马克思的劳动哲学提出批判的是原籍德国、20世纪著名思想家、政治理论家汉娜·阿伦特。早在1958年，阿伦特就在《人的境况》中展开了对马克思的劳动概念、劳动理论、劳动哲学的批判。在这本书中，阿伦特以"积极生活"为轴心，对人的境况加以描述，提出人生在世有三种基本活动——劳动（labour）、工作（work）和行动（action）。与这三类活动相对应的领域分别是自然、世界和公共领域。但是，在马克思的思想体系中，阿伦特只发现了劳动概念。她认为马克思没有将劳动与工作区分开来，没有将技术性工作与非技术性工作区分开来，而且还将劳动"变成了全部生产力的源泉和人性的真正体现"[①]。在马克思这种劳动解放论的影响

---

[①] [美]汉娜·阿伦特：《人的境况》，王寅丽译，上海世纪出版集团2009年版，第74页。

下，现代社会的人们追求自由和幸福似乎只能从劳动这个必然性中解放出来，而西方社会的现实是：生产力的发展确实带来人们生活的长久富足，消费社会和大众文化的兴起似乎是一种自由与享受的表现。但劳动与消费难以平衡，人们没有感到幸福。对于马克思，阿伦特一方面极大地肯定了马克思劳动理论的重要性——劳动价值论是对现代社会经验特点的正确概括，另一方面又尖锐地批判马克思的劳动理论：她认为马克思模糊了工作与劳动的界限。正如前面所述，在阿伦特看来，工作创造了人类记忆和文化的扩充物，创造了我们在尘世上的"家"①，而劳动则相反，它是最自然的、最迫切的生存活动。而西方现代工业的发展，使得马克思确信维持生存的劳动是推动生产力发展的根本动力。

哈贝马斯对马克思劳动观的批判肇始于1967年的《作为"意识形态"的技术与科学》，集中在1976年的《论重建历史唯物主义》一书中。哈贝马斯在黑格尔理论框架下批判马克思，其基本的观点是马克思没有把劳动与相互作用区分开。哈贝马斯在阅读马克思的《手稿》及《德意志意识形态》早期文稿的过程中发现，马克思在批判地继承黑格尔的劳动观的同时，将这二者混淆起来，并将相互作用统摄到了劳动、实践的概念下，从而把生产力与生产关系的辩证关系转变成一种以生产力为核心的机械主义。在此需注意的是，哈贝马斯把马克思的劳动理解为一种工具活动，即韦伯意义上的目的理性活动。在科学技术不断进步的今天，哈贝马斯认为，马克思的劳动生产范式虽然有可能解决地球上的饥饿和劳累问题，但不必然能解决我们被奴役和被歧视的现状。由此，哈贝马斯主张引用交往范式，以解决现代生活世界被殖民化的不幸福状态。

## 二 从政治经济学层面来批判

后现代主义大师德里达借助于对《资本论》中商品拜物教的解

---

① [加]菲利普·汉森：《汉娜·阿伦特——历史、政治与公民身份》，刘佳林译，江苏人民出版社2007年版，第27页。

读，批判了马克思对商品使用价值的简单看法。德里达认为，马克思将没有进入市场交换领域的桌子的使用价值看作是纯粹的物本身。商品拜物教的幻影开始于交换价值和商品形式。① 这本身就是一种天真的看法。因为在德里达看来，桌子在滑入市场舞台之前，就已经被交换价值和商品形式等文化观念所玷污。也就是说，人们在生产桌子这个物的时候，脑子里已经对市场中所需要的桌子的交换价值和商品形式进行过思考了。所以，幽灵应该在生产物的使用价值之前就存在了。德里达说："那幻影在所说的交换价值之前，在一般价值之价值的起始处就已经出现了，或者说商品形式在商品形式之前，在它自身出现之前就已经出现了。所述的普通感觉物，单纯的物质，例如马克思所说的还没有开始'跳舞'的木桌的木头，它的形式本身或它显示其物质的形式或本身等的所谓使用价值，实际上必须至少可以允许那感觉物具有重复性、替代、交换和价值；使人们能将它确认为完全可能相同的重复，如此等等。"② 德里达借助其幽灵学，实际上是想颠覆和解构传统形而上学或马克思在看待物、劳动或商品时的一种普遍视角。传统形而上学总是局限于"在场的领域""看得见的视域"来思考决定事物发展的最后根据，而德里达则借助于像幽灵一样的社会无意识，告诉人们其实"不在场的东西"决定着在场的东西，看不见的东西束缚着看得见的东西。人们内心中那种不显形的观念、意识、欲望，才真正决定着自己的行动、劳动或其他一些活动。

在后现代的文化批判大师鲍德里亚看来，马克思的劳动概念和生产理论蕴含着一种对劳动力使用价值和交换价值辩证关系的颠倒理解。我们知道，对于劳动，在重农主义者看来，只有农业劳动才是财富的源泉，在重商主义者看来，只有商业贸易才是财富的源泉，

---

① ［法］雅克·德里达：《马克思的幽灵们——债务国家、哀悼活动和新国际》，何一译，中国人民大学出版社1999年版，第220页。
② ［法］雅克·德里达：《马克思的幽灵们——债务国家、哀悼活动和新国际》，何一译，中国人民大学出版社1999年版，第220页。

而到了古典政治经济学派斯密那里,则认为劳动本身是财富的源泉。因为斯密处于机器大工业生产时代,那时一切特殊劳动的差别已经不是很明显,劳动本身成为一切交换的基础。马克思继承了斯密的政治经济学,但同时又批判了古典政治经济学。马克思认为劳动具有二重性,即使用价值与交换价值。马克思认为资本家付给工人的是劳动力的交换价值,而使用的却是劳动力的使用价值,而劳动力的使用价值本身却创造出了远远超过资本家付给工人的交换价值,这一超过的部分正是剩余价值的源泉。鲍德里亚认为,在马克思的分析下,暗含着一种使用价值优先于交换价值的前提,认为人的解放只能是从交换价值的奴役中把使用价值释放出来。而鲍德里亚与马克思所理解的二者关系相反,他认为使用价值是从交换价值中产生的。当然我们在理解鲍德里亚的这一论断时,必须将其放在符号学、精神分析学的语境下,即鲍德里亚认为,使用价值本身也是一种符码影响的结果。在这一点上,鲍德里亚与德里达的批判主旨是相通的。此外,鲍德里亚还批判马克思有关劳动是人的本质规定的论断。他认为,把劳动作为人的本质规定,在古典政治经济学和黑格尔有关对劳动的论证和解释中都有所说明。他认为,马克思虽然批判了资本主义社会的劳动异化现象,但他还继承了将劳动看作是人的本质的观点。这样,在马克思那里,"人就不只是作为劳动力在市场上受到资本主义体系的剥削,而更是在形而上学的意义上被政治经济学的符码作为生产者生产出来,就像自然作为生产的对象生产出来一样"[1]。而劳动力作为生产者,就不仅在资本主义社会被描述为是创造价值的源泉,而且在人类学的基础上,还肯定了人的生产能力的潜能。在鲍德里亚看来,二者正是论证了资本主义社会的合法性,即将发展生产力、经济合理性看作是整个社会发展的标准。这样,马克思就与古典政治经济具有了某种共谋关系。

---

[1] 仰海峰:《走向后马克思:从生产之镜到符号之镜——早期鲍德里亚思想的文本学解读》,中央编译出版社 2004 年版,第 252 页。

综上就是马克思劳动观创立以来所遭受的几种批判。笔者将这些批判大致概括为两个向度：一是对马克思劳动哲学概念的批判。这一批判以哈贝马斯、阿伦特为代表，重点批判了马克思劳动概念的含义，劳动在社会发展理论中的地位，劳动与交往、自由、幸福、解放的关系等。二是对政治经济学层面上劳动观的批判。这一批判以德里达、鲍德里亚为代表，批判马克思对商品的使用价值的优先肯定，对劳动力使用价值的推崇，忽视了文化、符号、象征等因素对劳动生产本身和创造价值方面的影响。这些批判和质疑一方面来源于马克思理论自身的表述，一方面也是时代的产物。20世纪中叶至今，在科学技术的影响下，当代资本主义社会的劳动状况、劳动形式、劳动感受已经与马克思所处的自由资本主义时代有了很大的不同。西方激进左翼学者哈特和奈格里对这种不同的描述曾被人概括为："随着计算机和信息技术的广泛使用，新型劳动形式已经得到发展……那种老的生产物质产品的工业形式已经不再占据主导地位，它们正在被新型的'非物质'形式的工作包括媒体、管理、公共关系、信息科技、服务业等所取代，这些行业并不生产物质产品，或者说它们生产的是观念、影像和其他象征符号和文化内容，而且它们创造并且改变社会关系，它们是生产'诸主体性'和人际关系的'生态政治'活动而不是生产物质产品的活动。"① 虽然二者的论断有些夸张，但也较敏锐地捕捉到了后工业社会下劳动形式的转变。我们必须重新思考马克思劳动观的重要内容。这种思考不仅是要参考和关注西方批判理论家的相关内容，而且还要以文本为依据，重新回到马克思的原初语境中来理解和诠释马克思真正的有关劳动的看法。

下面，我们就以MEGA为基础，主要是以《1844年经济学哲学手稿》的文本为主，辅之以《德意志意识形态》《资本论》等文

---

① ［英］肖恩·塞耶斯：《现代工业社会的劳动——围绕马克思劳动概念的考察》，《南京大学学报（哲学人文社会科学版）》2007年第1期。

本，重新考证和分析马克思劳动观的真谛。

## 第二节　MEGA² 中的《1844年经济学哲学手稿》

众所周知，马克思的劳动观集中体现在早期的《1844 年经济学哲学手稿》中。而《手稿》的第一次刊发是在 MEGA¹ 中，即《马克思恩格斯全集》历史考证版第 1 版。这个版本的编撰工作可以追溯到俄国马克思恩格斯研究院首任院长梁赞诺夫。20 世纪 20 年代，这位俄国学者在莫斯科着手编辑一套 42 卷本的《马克思恩格斯文集》，即《马克思恩格斯全集》历史考证版第 1 版（MEGA¹）。《马克思恩格斯全集》历史考证版第 1 版（MEGA¹）在美因河畔法兰克福和柏林印行，1927 年至 1941 年共出版了 12 卷。其中，《1844 年经济学哲学手稿》在 1932 年的 MEGA¹ 第一部分第三卷中首次得以全部发表。当时《手稿》的标题是《1844 年经济学哲学手稿。国民经济学批判。附关于黑格尔哲学的一章》。在 MEGA¹ 中，手稿被分为四个部分，其中第一至第三部分以"国民经济学批判"为题，第四部分是黑格尔《精神现象学》的摘录，并单独成为关于黑格尔哲学的一章。1956 年，莫斯科马克思列宁研究院将《手稿》第一次以俄文全文发表在《马克思恩格斯早期著作选》中。在这一版本中，编者对《手稿》的文字作了核对和改正，并对某些标题重新审定改写，增加了注释，是《手稿》比较完善的版本。1982 年，新的历史考证版的《马克思恩格斯全集》（即 MEGA²），在发表《手稿》时第一次采用了两种方式编排。第一种按马克思《手稿》的写作时间、阶段的顺序编排，这是原始顺序版。第二种按《手稿》的思想内容和逻辑结构编排，并由编者加了标题，这是逻辑改编版。①

---

① 参见王东、王晓红《〈1844 年经济学哲学手稿〉版本结构新探——能否作出不同于 MEGA² 的新编排》，《人文杂志》2006 年第 4 期。

相比较而言，MEGA² 比《马克思恩格斯全集》更具有学术价值。这主要体现在《马克思恩格斯全集》主要包括著作、通讯、手稿三个部分。而《马克思恩格斯全集》历史考证版由四个部分组成：第一部分是著作，即马克思和恩格斯的所有著作及手稿；第二部分是《资本论》，包括《资本论》的准备工作及经济学手稿；第三部分是通讯集，即马克思和恩格斯的通讯、马克思和恩格斯与他人的通讯，以及他人之间有关马克思和恩格斯的通讯。第四个部分包括马克思和恩格斯在阅读中作的大量笔记、摘要、注释，这部分内容是根据照相版的内容用电子版排出来的，在《马克思恩格斯全集》里是没有的。从内容上说，《马克思恩格斯全集》历史考证版的全面性体现在它收录了全部稿件之上，包括第一稿、第二稿甚至第三稿，而《马克思恩格斯全集》只收录最终定稿；它的真实性体现在，《马克思恩格斯全集》历史考证版为了客观地追求马克思恩格斯自身思想变化的全部过程，通过现代影射、电子技术将那些被涂掉的部分显现出来。

那么，MEGA² 即《马克思恩格斯全集》历史考证版第二版能为我们重新理解《手稿》提供哪些新的材料和信息，以便更为准确地理解其内容呢？笔者认为 MEGA² 在以下三个方面对笔者有所帮助：（1）依据其原始手稿的语境，对马克思劳动概念进行考证。（2）在马克思写作《手稿》时的阅读书目、笔记和摘要中，可以发现马克思思考劳动问题时所依据的思想理论资源。（3）比照作者原始手稿的编排文本和编者总结出作者的思路而编排出的文本，就会发现在理解马克思原意上的诸多歧义。下面我们就这三个方面分别展开论述。

## 一 关于劳动概念的考证

"Arbeit"（劳动）是马克思在《1844 年经济学哲学手稿》中的采用德文词。Arbeit 的中文解释是：（体力或脑力的）劳动或工作；职业，工作；劳动量或工作量。英文版的《马克思恩格斯全集》对

《手稿》中 Arbeit 的翻译是 labour。而哈贝马斯在批判马克思劳动概念时，认为马克思的劳动是 work（英文版翻译）。那么，德文 Arbeit 究竟是翻译为 labour，还是 work，哪一个更好？笔者认为，Arbeit 本身就包含了上面两种含义：labour，即抽象的、一般的劳动，可用劳动量来计算的劳动；work，指具体的劳动、工作。那么具体到《手稿》中的语境，笔者认为马克思在考察工人的劳动时是在 labour 的意义上来讲的。也就是说笔者认同《马克思恩格斯全集》英文版的翻译。主要原因有：(1) 马克思在批判国民经济学的劳动观和考察工人阶级的劳动状况时，已经站在了国民经济学家的肩膀上，也就是说，马克思考察劳动时已不是拘泥于某种特殊的劳动形式，而是从价值的抽象层面来考虑的。(2) 当时工厂手工业已经被资产阶级的大工厂所取代。机器大生产的一个显著特征就是削掉劳动的特殊性、个体性，从而使工人沦落为生产流水线上的一个原子。劳动具有可重复性、同一性。在这样的条件下，马克思考察的劳动就是这种现实的、已经一般化的劳动。

但在此需注意的是，即使马克思是对资本主义条件下工人的一般劳动考察，也不是说马克思是站在抽象的形而上学意义上来谈论劳动本质的，他是立足于现实的异化劳动层面来谈论这个问题的。这里就引出了如何理解《手稿》中有关马克思劳动概念含义的争议。西方学者 R. N. 伯克在《论马克思劳动概念的本质和起源》一文中，就明确表达出这样的观点："马克思的劳动概念是手稿中的一个核心概念。但他从未给过一个清晰的定义。人们一说起来，就知道劳动是人的本质或'类的活动'。这个定义包含三个方面的含义：(1) 劳动等同于生产（production）。是目的的、理性的和物质的劳动。(2) 劳动等同于创造（creation）。这样就把劳动与历史、哲学、人类心理学联系起来。(3) 将劳动等同于满足（gratification）或享受。"[①] 也就是说，

---

[①] R. N. Berki, "On the nature and origins of Marx's concept of Labour", *Political Theory*, University of Hull, Vol. 7, No. 1, (Feb., 1979), pp. 35 – 36.

伯克认为，马克思在《手稿》中至少在三个意义上使用了劳动概念。劳动是生产，或是创造，或是享受。国内理论界常在两个向度上理解马克思的劳动概念，一是人类学、美学意义上的劳动，即认为劳动创造了人本身。劳动是人的本质。劳动是一种自由自觉的活动。二是政治经济学意义上的雇佣劳动。马克思在政治经济学批判中，分析了异化劳动、雇佣劳动及劳动与价值、资本的关系，从而批判了资本主义的生产方式。

在这里，笔者想厘清两种争议：一是在劳动概念的含义上。尽管伯克将马克思《手稿》中的劳动概念概括为三种。但一般说来，有关《手稿》中劳动概念的争议主要体现在两个方面：一是政治经济学意义上，劳动就是生产活动。一是美学意义上，劳动就是创造，自我对象化的同时实现了自我的价值。其实可以劳动是享受合并到第二个维度中，即劳动是创造。因为创造性劳动对人类来说必定是忘我的投入活动，是一种享受活动。对马克思而言，所谓享受其实就是一种"自由自觉"的活动。即如同在共产主义社会的理想蓝图中所描绘的"白天捕鱼，晚饭后从事批判"一样，劳动不是强迫的，而是一种自由意志的选择。另一种争议来自劳动概念的运用层次，即劳动是在普遍的、抽象的意义上来讲，还是在具体、现实的意义上来谈；是在永恒的、哲学本体论的含义上用，还是在历史的、特定的阶段上使用。这方面的争议也比较多。比如卢卡奇在引用《手稿》时，就没有用马克思的术语，而是将劳动提升到一个非历史、普遍化的概念层次上。他把一般劳动的对象化与资本主义劳动形式中的主客体异化严格区分开来。从上述所列出的阿伦特对马克思劳动观的批判中，也能看出她是在哲学本体论的意义上来看待马克思的劳动概念的。她没有考虑到马克思劳动概念的社会性、历史性，即马克思特指在私有财产原则下进行的生产活动。所以，关于马克思《手稿》中的劳动是一种普遍的"对象化活动"或生产活动，还是在资本主义特有条件下的异化劳动，构成长久以来人们争论的内容，也是探讨马克思、黑格尔思想差别的重要理论分歧点。

显然，之所以造成后人理解出现歧义主要是由马克思本人造成的。《手稿》是一部未完成的著作。马克思在生前也没有发表这本著作。主要原因还在于这本著作是未成熟的、过渡性的著作。马克思对劳动概念的理解确实存在模糊性。但笔者认为，这并不影响我们从马克思上下文的语境中推断出马克思有关劳动概念含义的主要倾向。通过对《手稿》内容的研读和分析，笔者认为马克思主要是从资本主义社会的异化劳动现象出发来研究劳动问题的。也就是说，马克思不是从抽象的有关劳动的本质观念出发来考察社会的，相反，他是立足于当时工人的悲惨境遇来思考异化劳动与私有财产关系的。所以，在《手稿》中，马克思严格地将劳动概念的含义限定在私有财产原则下进行的生产活动。这样，劳动既不是普遍的、一般意义上的社会生产劳动，也不是个体的简单的劳动，而是在资本主义大生产条件下工人的异化劳动。当然，任何概念都有抽象、普遍的层次，也有具体、特殊的层面。如果把普遍的概念称作是一级概念，特殊的概念称作是二级概念，那么，马克思在《手稿》中所考察的劳动概念应该属于二级概念。马克思虽然从异化劳动的二级概念出发，但其行文中也暗含着甚至在个别地方也明确表达出，与这种异化劳动相反的、他所向往的真正劳动的本质——自由自觉的活动的思想。但对人类劳动本质的抽象规定并不是马克思建构其社会本体论的需要，而是其批判资本主义社会的现实需要。得出上述结论的文本依据有以下几个方面：

（1）马克思在《手稿》中所欲解决的核心问题是考察工人的异化劳动与私有财产的关系。通过对工资、资本利润、地租三种收入形式的考察，马克思发现国民经济学家对二者关系的阐释有问题，即"国民经济学从私有财产的事实出发。它没有给我们说明这个事实"[1]。也就是说，国民经济学家只是指出了私有财产的事实和规律，

---

[1] MEGA² 第一部分第 2 卷，正卷，第 234 页。中文见《马克思恩格斯文集》第 1 卷，北京人民出版社 2009 年版，第 155 页。

却没有进一步作出阐释。而马克思所要做的工作就是"……必须弄清楚私有制、贪欲以及劳动、资本、地产三者的分离之间，交换和竞争之间、人的价值和人的贬值之间、垄断和竞争等等之间以及这全部异化和货币制度之间的本质联系"[①]。为此，他认为我们应当从"当前的国民经济事实"出发。这个事实就是工人的异化劳动状况。所以，马克思是从工人的异化劳动现状出发来考察私有财产，而不是像国民经济学家那样正好相反。这种现状是"劳动所生产的对象，即劳动的产品，作为一种异己的存在物，作为不依赖于生产者的力量，同劳动相对立"[②]，而且异化不仅表现在产品中，还表现在生产行为中，表现在生产活动本身中。"劳动对工人来说是外在的东西，也就是说，不属于他的本质；因此，他在自己的劳动中不是肯定自己，而是否定自己，不是感到幸福，而是感到不幸，不是自由地发挥自己的体力和智力，而是使自己的肉体受折磨、精神遭摧残。"[③]这种强制的、被迫的劳动就是一种异化劳动。如果第一种异化是物的异化，那么马克思认为第二种异化就是一种自我的异化。在两种异化劳动的规定下，马克思还推出了第三个规定，即人的类本质发生异化。相比动物而言，人类本来是一种"普遍的、自由的存在物"，即有意识的自由存在物。但异化劳动却使得劳动成为维持肉体生存需要的一种手段。自由的、自主的劳动变成一种动物式的机能消耗活动。人关于自己的类的意识也由于异化劳动的现状发生变化。这样，"人的类本质，无论是自然界，还是人的精神的类能力，都变成了对人来说是异己的本质，变成了维持他的个人生存的手段"[④]。

---

[①] MEGA[2] 第一部分第 2 卷，正卷，第 235 页。中文见《马克思恩格斯文集》第 1 卷，北京人民出版社 2009 年版，第 156 页。

[②] MEGA[2] 第一部分第 2 卷，正卷，第 236 页。中文见《马克思恩格斯文集》第 1 卷，北京人民出版社 2009 年版，第 156 页。

[③] MEGA[2] 第一部分第 2 卷，正卷，第 238 页。中文见《马克思恩格斯文集》第 1 卷，北京人民出版社 2009 年版，第 159 页。

[④] MEGA[2] 第一部分第 2 卷，正卷，第 241 页。中文见《马克思恩格斯文集》第 1 卷，北京人民出版社 2009 年版，第 163 页。

由此导致最后一个异化规定，即人同人相异化。异化劳动的这四个规定就是马克思考察的出发点和当时国民经济的现状。所以，马克思在其《手稿》中明确说："当我们问劳动的本质关系是什么的时候，我们问的是工人对生产的关系。"①

（2）既然马克思是要考察私有制下的异化劳动状况，那么又如何理解异化劳动概念本身？异化劳动是一种泛化的对象化活动或外化活动，还是一种特殊阶段的畸形劳动形式？甚至在异化劳动概念的翻译上也有某种混淆。马克思在《手稿》中谈到外化劳动时，用的是"die Entalusserung der Arbeit"②这个词。异化劳动是"die entfremdet Arbeit"。"劳动的对象化"是"Vergegenstandlichung der Arbeit"，相应的英文翻译是：劳动的对象化是 the objectification of labour；异化劳动是 estranged labour；劳动的外化是 the alienation of labour。③ 我认为，英文版的翻译没有将劳动的"异化（enstrangement）"与"外化（alienation）"区别出来，或者说是马克思有意不将这两个概念区别开来。他往往是将这两个概念并列使用，如"通过异化的、外化的劳动……"但奇怪的是，马克思也不将这两个概念合并或只取其一，说明他还是认为外化劳动与异化劳动有区别。马克思同时还将劳动的对象化、外化和异化看作是一回事。这种模棱两可性对后人理解马克思的劳动观造成很大的误解。一种观点认为马克思的劳动对象化，就是外化和异化劳动。似乎一切对象化的活动都是异化劳动。这样就把马克思的异化劳动概念上升到一种普遍的、本体论的地位。厘清这种误解的办法就是谨记这样一个前提：马克思谈到上述观点时，是在当时国民经济学的事实，即工

---

① MEGA² 第一部分第 2 卷，正卷，第 238 页。中文见《马克思恩格斯文集》第 1 卷，北京人民出版社 2009 年版，第 159 页。

② 见《马克思恩格斯文集》第 1 卷，北京人民出版社 2009 年版，第 159 页中，"那么，劳动的外化表现在什么地方呢？"

③ Marx and Engels: 1843 – 1844, *KARL MARX FREDERICK ENGELS Collected Works*, Volume. 3, Progress Publishers Moscow, 1975, p. 274. See "What, then, constitutes the alienation of labour ?"

人的异化劳动状况下谈论的。在当时的情况下，工人的生产活动或其对象性活动，就是表现出异己的、敌对的性质。对象化就是外化、异化。但是超出这个前提，我们不能认为马克思继承了黑格尔的观点，即对象化就是异化。加拿大马克思主义学者马塞洛·玛斯图说："对马克思来说，异化不是伴随对象化而共生的现象。而这点是黑格尔认为的。马克思认为异化是特定经济形式的特定现象。而这二者的区分很重要。因为黑格尔将异化看作是劳动的本体论表现，而马克思只是将它看作是具体的资本主义时代的一个现象。认为通过将社会从私有制中解放出来，（劳动）异化也将得到克服。"① 从这一意义上说，马克思的异化劳动概念是具有社会历史意义的，而不是像后来法国存在主义者那样将其看作是人的存在的本体论状态。

（3）关于劳动与实践的关系。

在第一节中，我们阐述了哈贝马斯对马克思劳动观的批判。除了认为劳动只是一种目的理性活动之外，他还认为马克思将实践还原为劳动、生产活动，遗忘了人们还要进行交往活动，以达成某种政治和道德实践的理性共识。阿伦特也同样。她将人的在世活动分为三种：劳动、工作、行动。她认为，公共领域中的政治实践活动，即行动，才能最好地体现出人存在的意义。所以，探索劳动与实践的关系，尤其是将其放在马克思的原稿中考察，具有重要的理论和现实意义。

实践（practice），按照《现代汉语词典》的解释就是"人们改造自然和改造社会的有意识的活动"。实践概念的外延也比劳动概念的外延大。劳动或生产活动只是实践的一种形式。一般来说，马克思集中表达有关实践的看法是在1845年的《关于费尔巴哈的提纲》和《德意志意识形态》中。通过对费尔巴哈唯物主义和唯心

---

① Marcello Musto, "Revisiting Marx's Concept of Alienation", *Socialism and Democracy*, Volume 24, No. 3, 2010, p. 82.

主义的批判，马克思得出结论："从前的一切唯物主义（包括费尔巴哈的唯物主义）的主要缺点是：对对象、现实、感性，只是从客体的或者直观的形式去理解，而不是把它们当做感性的人的活动，当做实践去理解，不是从主体方面去理解。"① "人的思维是否具有客观的真理性，这不是一个理论的问题，而是一个实践的问题。人应该在实践中证明自己思维的真理性，即自己思维的现实性和力量，自己思维的此岸性。"② "环境的改变和人的活动或自我改变的一致，只能被看做是并合理地理解为革命的实践。"③ "哲学家们只是用不同的方式解释世界，问题在于改变世界。"④

　　通过上述引文，我们就可以看到，实践在马克思这里是一种现实的、人的感性活动。这种实践既包含理论活动，也包含一种革命的、批判的活动，甚至包含一种能动地改造现实世界的行动。马克思这里的实践概念集中凸显了人的积极能动性和对现实、物的一种新看法。即他认为对象、现实、感性等客体，本身就是感性的人的活动——实践的产物。准确地说，马克思在这里只是为了批判青年黑格尔派，在哲学的层面上，重点强调了实践在我们探讨"真理"、物、感性等过程中的基础作用，是马克思看待理论问题的视角和方法论立场。但问题是，这里的实践是马克思所强调的"劳动"或"生产"概念吗？还是马克思在这里提出了一个新的哲学体系——以实践为本体的哲学？这是一个令后人感到困惑的问题。中国的马克思主义哲学教科书都把《大纲》看作是马克思哲学天才的发现。对于这个问题，我们在分析完《形态》和《手稿》的相关内容之后做出回答。

　　在《德意志意识形态》中，正如法国结构主义的马克思主义代表阿尔都塞所言，马克思的思想似乎出现了早晚期的断裂。我更愿

---

① 《马克思恩格斯文集》第1卷，北京人民出版社2009年版，第499页。
② 《马克思恩格斯文集》第1卷，北京人民出版社2009年版，第500页。
③ 《马克思恩格斯文集》第1卷，北京人民出版社2009年版，第500页。
④ 《马克思恩格斯文集》第1卷，北京人民出版社2009年版，第502页。

意将其称作是一种"跳跃"。这点也体现在马克思对劳动、生产、实践的看法上。马克思在批判费尔巴哈、布·鲍威尔和施蒂纳等青年黑格尔派的思想时,更强劲地表现出一种务实的、科学的批判精神。他厌恶青年黑格尔派的意识形态家们满口讲着"震撼世界"的词句,却丝毫不考虑批判与德国现实的物质环境的关系。而马克思所要指出的第一个现实前提就是"有生命的个人的存在"[①]。全部人类历史的第一个前提是首先肯定人的肉体存在及人与自然的关系。在这样的前提下,马克思首先就对自己早期在《手稿》中所表现出的浪漫主义的劳动观搁置不理。在《手稿》中,马克思极力反对私有制下工人的异化劳动。因为这种劳动把维持人的肉体生存的物质需要看作是劳动的目的。劳动不是自由自觉的,也不是一种享受,而变成一种存在的物质需要。可在《德意志意识形态》中,马克思首先肯定的就是维持肉体生存及种族延续的劳动或生产的必要性。劳动是物质生产活动,是工业、商业、农业及一切交往活动。

其次,马克思还将《关于费尔巴哈的提纲》中的"实践"直接转换为劳动和生产。如果说在《提纲》中,马克思还是强调实践的唯物主义立场,强调实践既可以是一种从现实出发的批判活动,也可以是一种改变现存世界的革命行动,那么到了《形态》,马克思则直接把"感性的活动"归结为劳动和生产。从《手稿》中对异化劳动的考察—《提纲》中提出实践概念—《形态》中把"实践"归结为劳动和生产,我把这个概念转换过程称为"形式上的跳跃"。马克思说:"费尔巴哈特别谈到自然科学的直观,提到一些只有物理学家和化学家的眼睛才能识破的秘密,但是如果没有工业和商业,哪里会有自然科学呢?甚至这个'纯粹的'自然科学也只是由于商业和工业,由于人们的感性活动才达到自己的目的和获得自己的材料的。这种活动、这种连续不断的感性劳动和创造、这种生

---

[①] 《马克思恩格斯文集》第1卷,北京人民出版社2009年版,第519页。

产，正是整个现存的感性世界的基础，它哪怕只中断一年，费尔巴哈就会看到，不仅在自然界将发生巨大的变化，而且整个人类世界以及他自己的直观能力，甚至他本身的存在也会很快就没有了。"① 读者可以看到，这里的感性活动已不是《提纲》中所说的实践，而是直接用劳动和生产代替了。马克思早期思想中存在着"劳动、实践、生产"概念的"形式跳跃"，是后来的哈贝马斯与阿伦特批判其将实践维度还原为劳动、生产维度的原因之一。在他们看来，实践或感性活动本应该有更为丰富、多元的维度，而不是只具有马克思的生产范式所揭示的工具理性维度。殊不知，马克思运用概念的跳跃一方面是其思想发生转变的例证。如《手稿》中运用劳动概念，是因为马克思当时还站在古典政治经济学和黑格尔哲学的知识域中；《提纲》中运用实践概念，是马克思对青年黑格尔派的清算，开辟出自己独特的从"实践"的角度看问题的方法论。到《形态》中，马克思又将实践落实在社会的物质生产活动层面，从而完成了历史唯物主义的创立。《形态》中的生产概念显然比《手稿》中的劳动概念更一般和普遍。它是在社会历史哲学层面泛指一般的物质生产活动。

另一方面，这种表面上的跳跃背后却有相同的理论诉求。无论是劳动、实践还是生产概念，马克思都强调要从现实生活出发，研究真正能展现人的本质力量的活动。这种活动在他看来，就是劳动、工业或生产。这个核心思想，从《手稿》到《提纲》，再到《形态》，都没有发生变化。例如，马克思在《手稿》的第三笔记中已经谈到了将要在《提纲》和《形态》中展现的观点。如马克思说："理论的对立本身的解决，只有通过实践方式，只有借助于人的实践力量，才是可能的；因此，这种对立的解决绝对不只是认识的任务，而是现实生活的任务，而哲学未能解决这个任务，正是

---

① 《马克思恩格斯文集》第 1 卷，北京人民出版社 2009 年版，第 529 页。

因为哲学把这仅仅看做理论的任务。"① 紧接着,马克思就说:"我们看到,工业的历史和工业的已经生成的对象性的存在,是一本打开了的关于人的本质力量的书,是感性地摆在我们面前的人的心理学;对这种心理学人们至今还没有从它同人的本质的联系,而总是仅仅从外在的有用性这种关系来理解……"② 第一个引文中谈到的实践,直接就关联到下一个引文中的工业或劳动。可见,马克思虽然是在用实践这个概念来表述其哲学立场,但心中所想的实践活动或他认为最有价值的实践活动就是工业、劳动。从这个意义上来说,劳动、实践、生产概念的跳跃也只具有一种形式上的区分——不同问题域中运用的概念不同,其实质含义还是一脉相承的。

最后在《形态》中,马克思还谈到消灭分工与异化的共产主义理想。很多读者包括阿伦特认为马克思有消灭劳动的思想,但是他们没有看到在原文中,即"而共产主义革命则针对活动迄今具有的性质,消灭劳动,并消灭任何阶级的统治以及这些阶级本身……"③在手稿中删去了以下这句话:"消灭在……统治下活动的现代形式"④。所以马克思在这里所说的"消灭劳动",是指消灭资本主义私有制统治下的异化劳动。而消灭异化劳动与消灭分工又是紧密联系在一起的。马克思说:"只要分工还不是出于自愿,而是自然形成的,那么人本身的活动对人来说就成为一种异己的、同他对立的力量,这种力量压迫着人,而不是人驾驭着这种力量。"⑤ "因为分工使精神活动和物质活动、享受和劳动、生产和消费由不同的个人来分担这种情况不仅成为可能,而且成为现实,而要使这三个因素

---

① 《马克思恩格斯文集》第1卷,北京人民出版社2009年版,第192页。
② 《马克思恩格斯文集》第1卷,北京人民出版社2009年版,第192页。
③ 《马克思恩格斯文集》第1卷,北京人民出版社2009年版,第543页。
④ 参见《马克思恩格斯文集》第1卷,北京人民出版社2009年版,第543页的第一个注释。
⑤ 《马克思恩格斯文集》第1卷,北京人民出版社2009年版,第537页。

彼此不发生矛盾，则只有再消灭分工。"① 也就是说，马克思认为，在共产主义社会，随着私有制被消灭，人们可以对生产实行共产主义的调节。这样就可以消灭劳动分工及劳动中的种种异化状况，就可以实现马克思的"白天打猎捕鱼，晚上批判"的理想社会了。

总之，通过上述三个方面的文本考证，即对马克思劳动概念、异化劳动含义及劳动与实践、生产等概念的关系的文本考证，我们可以得出一些粗浅的结论：（1）《手稿》中的劳动特指私有制下的异化劳动。劳动既不是普遍的、一般意义上的社会生产劳动，也不是个体的简单的劳动，而是在资本主义大生产条件下工人的异化劳动。（2）马克思从异化劳动这个二级概念出发，暗含着有关劳动一般的一级概念，即劳动本质上应是一种自由自觉的活动。这体现在以下几个方面：劳动者应在劳动对象、劳动生产中感到和谐、愉悦。劳动应是展现自我本质的过程，是一种自由自觉的活动。劳动不应该仅仅是维持肉体生存的手段，还应该在改造对象世界的过程中，按照美的规律，实现和确证自己的本质。所以，这里的劳动既有生产，也有创造、享受之意。（3）马克思的异化劳动概念有其社会性、历史性，不是存在论意义上的异化劳动。对象化不等同于异化，马克思与黑格尔是有区别的。（4）劳动—实践—生产，马克思早期思想中存在着概念表述上的"形式跳跃"。从《手稿》中的异化劳动到《提纲》中的实践概念的提出，再到《形态》中的生产及生产力概念，马克思的思想经历了从浪漫主义到现实主义，从政治经济学到哲学，再到社会历史理论的转变过程。（5）马克思不是要消灭劳动，而是要消灭劳动分工，消灭异化劳动。这些结论一方面能帮助我们澄清一些西方马克思主义者对马克思劳动观的误解，另一方面也能使我们从劳动观变化的视角体会到马克思思想转变的历程。

---

① 《马克思恩格斯文集》第 1 卷，北京人民出版社 2009 年版，第 535 页。

## 二 马克思写作《手稿》时的阅读笔记和摘要

马克思写作《1844年经济学哲学手稿》时所作的摘要和阅读笔记在 MEGA² 第四部分第2卷的第283—579页，主要集中在《笔记》中。当然，这只是比较狭隘的说法。广义上来看，马克思当时在布鲁塞尔、曼彻斯特等地的笔记，即《手稿》前后的12个笔记本都应看作是了解和分析其思想来源的重要资料。后来，马克思即在《手稿》之后，对这12个笔记本做了基本的概括，将他当时的阅读内容集中在一张表上，共有29项，插入《手稿》中第一手稿的前页。[①] 通过考察这些摘要和笔记，我们发现马克思主要是参考和阅读了斯密的《国富论》、安东·欧仁·比雷的《英法工人阶级贫困状况》、麦克库洛赫的《政治经济学的起源、发展、特有对象及意义》、普雷夫斯特有关穆勒的论述、特拉西的《意识形态原理》、穆勒的《政治经济学原理》、萨伊的《富裕与贫困的根本原因》、尚博朗的《论贫困》、威廉·西尼尔的《政治经济学原理》、西斯蒙第的《政治经济学研究》、谢布里茨的《富裕与贫困》、约瑟夫·德罗茨的《政治经济学》、尼古拉·弗郎索瓦·德·圣毛尔的《货币论》、伊萨克·德·平托有关流通与信贷的论述、约赛亚·柴尔德的《论贸易》、本雅明·贝尔的《论匮乏》的摘录。"此外，马克思还写下了关于萨伊、弗雷德里克·斯卡尔培克、李嘉图、穆勒、卡尔·沃尔夫冈·克里斯托弗·许茨、李斯特、弗里德里希·奥希安德等人著作的笔记，但这些笔记未列入该栏目表中。"[②]

除了上述所列的政治经济学方面的参考书之外，马克思指出自

---

[①] 参见鲁路《MEGA2 的两次刊印问题——以〈1844 年经济学哲学手稿〉的编排情况为例》，出自韩立新主编的《新版〈德意志意识形态〉研究》，中国人民大学出版社2008年版，第113页。

[②] 鲁路：《MEGA2 的两次刊印问题——以〈1844 年经济学哲学手稿〉的编排情况为例》，出自韩立新主编的《新版〈德意志意识形态〉研究》，中国人民大学出版社2008年版，第115页。

已还参考了法国、英国及德国的社会主义著作。这在《手稿》的序言中已经提到。因为马克思在当时已经掌握了法文,对法国的文献十分熟悉。"他研读了普·维·孔西得朗、皮·勒鲁、皮·约·蒲鲁东、埃·卡贝、泰·德萨米、菲·邦纳罗蒂、沙·傅立叶、劳蒂埃尔、弗·维尔加德尔和其他作者的著作,而且还经常作摘要。"[①]由于他当时没有掌握英文,因此只能通过德译本或法译本来利用英国社会主义者的著作。例如罗·欧文的作品,他就是通过法译本和法国作家对欧文作品的论述来了解的。至于德国的社会主义著作,马克思认为有价值的除了魏特林的《和谐与自由的保证》(1842)、《现实的人类和理想的人类》(1843)著作之外,就只有赫斯和恩格斯的作品了。在《来自瑞士的二十一印张》文集中,有莫·赫斯匿名发表的三篇文章:《社会主义和共产主义》《行动的哲学》和《唯一和完全的自由》。恩格斯的作品主要是《国民经济学批判大纲》。这里需要特别指出的是,恩格斯的这篇经济学著作对马克思的政治经济学研究产生过重要影响。《国民经济学批判大纲》写于1843年9月底或10月初至1844年1月中旬,恩格斯将其发表在1844年2月的《德法年鉴》上。此时正是马克思写作《手稿》的前夕。马克思对这篇著作作了详细摘录,给予高度评价,赞誉它是"批判经济学范畴的天才大纲"[②],指出这篇著作"已经表述了科学社会主义的某些一般原则"[③]。最后马克思还参考和阅读了德国哲学,特别是青年黑格尔派费尔巴哈和黑格尔的著作。例如费尔巴哈的《未来哲学原理》(1843)、黑格尔的《哲学科学全书纲要》(1830)。马克思在《手稿》的序言中也谈到对黑格尔辩证法及整个德国哲学剖析的必要性。

通过上述所列出的参考文献和阅读内容来看,马克思在《手

---

① 见《马克思恩格斯文集》第1卷,北京人民出版社2009年版,第780页,第64条注释。
② 见《马克思恩格斯文集》第2卷,北京人民出版社2009年版,第592页。
③ 见《马克思恩格斯文集》第3卷,北京人民出版社2009年版,第491页。

稿》前后主要是研读了有关古典政治经济学、英国及法国工人阶级状况、英法德的社会主义著作、德国哲学等方面的书。正是由于阅读和参考了上述所列出的大量书籍，马克思才会自信地在《手稿》序言中说："我用不着向熟悉国民经济学的读者保证，我的结论是通过完全经验的、以对国民经济学进行认真的批判研究为基础的分析得出的。"事实上，马克思就是这样做的。

在具体了解了马克思写作《手稿》的参考书目之后，我们是否能再现马克思当年思考劳动问题的问题域呢？例如他为什么要研究劳动问题？以什么问题为出发点？依据什么思想材料得出自己的观点？思考的核心精神是什么？依据福柯在《知识考古学》中的观点，即陈述是具有一定的物质性的。也就是说，不管后人对马克思的思想如何解读，也不管诸多翻译本对马克思思想进行了怎样的扭曲和增殖，一旦我们回到了马克思的文本"档案"，根据他当时的问题域和知识域，他思考问题的独特视角，我们是能够再现其陈述的结构的。虽然我目前的考证工作做得还不是很彻底，但我认为自己已较清晰地把握了马克思的劳动观。MEGA$^2$中的这些阅读笔记和摘抄，进一步证明了我在第一部分中对马克思劳动概念的考证结果。比如说，马克思是从当时英法工人阶级悲惨的异化劳动状况出发，思考这个现实问题的；马克思所要探求的劳动概念不是一般的社会生产活动，也不是简单的个人劳动，而是资本主义机器大生产条件下的生产活动；异化劳动是历史性的、社会性的概念；未来的共产主义社会将会消灭异化劳动；私有制和异化劳动的相互关系造就了工业的历史、劳动的历史；等等。这里我不打算全方面展开论述，只想重点就马克思劳动概念的思想来源和构成谈谈自己的看法。

一般来讲，我们都把马克思哲学思想的来源归纳为三个部分：英国的政治经济学思想、法国的空想社会主义和德国的古典哲学。但就劳动概念本身来看，我认为主要是来源于古典的政治经济学思想。也就是说，马克思关于劳动的看法，主要吸收并批判了亚当·

斯密、萨伊、李嘉图等政治经济学家的思想，比如说关于是劳动创造了财富，而不是某种特殊劳动——农业，或商业，或工业等生产部门。地租是变相的资本，土地所有者就是资本家。私有财产主体的本质是劳动。也就是说，私有财产不是一种外在的固定物，而是内在的一种活动——劳动的产物。在吸收古典政治经济学思想的同时，马克思还具备了一项特殊的思想技能，即已经可以将黑格尔的辩证法思想熟练运用到他要考察的任何对象中去。这种辩证法思想简单地说可以是肯定、否定到否定之否定的三段式运动。也可以说是对物、现实、实践或私有财产等一切固化的东西，都能抱着一种历史的、运动的、发展的、变化的或革命的眼光来看待。用马克思自己的话来说就是："黑格尔的《现象学》及其最后成果——辩证法，作为推动原则和创造原则的否定性——的伟大之处首先在于，黑格尔把人的自我产生看做一个过程，把对象化看做非对象化，看做外化和这种外化的扬弃；可见，他抓住了劳动的本质，把对象性的人、现实的因而是真正的人理解为人自己的劳动的结果。"[①] 马克思在说完这段话之后，就说黑格尔是站在现代政治经济学的立场上来谈的。他将劳动看作是人的本质。很多读者据此认为马克思的劳动观来源于黑格尔的劳动观。R.N. 伯克质疑马克思的这个论断，认为这是马克思自己的意思，而不是黑格尔的想法。我比较认同这种看法。我认为，与其说马克思继承了黑格尔的劳动观，不如说是吸收了其发展的辩证法思想。

这两方面思想资源的结合，使得马克思在考察英法工人阶级的那种非人的异化劳动状况时，必然会得出：资本主义大工厂条件下的劳动是一种异化劳动；异化劳动的根本原因在于私有制，或反过来说，私有制是异化劳动的结果；异化劳动与私有财产的对立关系最后必然导致工人与非工人（资本家）的对立关系；消除异化劳动，就必须依靠工人的政治解放去消灭私有财产，因为工人的解放

---

[①] 《马克思恩格斯文集》第1卷，北京人民出版社2009年版，第205页。

就代表着全人类的解放。

马克思对古典政治经济学的继承和超越最集中地体现在"私有财产的主体本质是劳动"这一命题中。众所周知，斯密提出了劳动价值论，即认为劳动是创造财富的唯一源泉。马克思一方面肯定了这一命题的历史合理性，即不是将财富、私有财产看作外化的对象或物，而是将其看作人的主体活动，把私有财产的本质从外部世界移入人的主体性中。这种革命就如同宗教领域中的路德改革一样，将人们的信仰从诸多拜物教、外在的仪式中解放出来。"按照这种在私有制范围内揭示出财富的主体本质的启蒙国民经济学的看法，那些认为私有财产对人来说仅仅是对象性的本质的货币主义体系和重商主义体系的拥护者，是拜物教徒、天主教徒。因此，恩格斯有理由把亚当·斯密称做国民经济学的路德。"[①]"由于私有财产体现在人本身中，人本身被认为是私有财产的本质，从而人本身被设定为私有财产的规定……"[②] 这样，由于财富或私有财产的本质被看作是主体的活动，那么财富的外在对象性的存在就被扬弃了。可以说，国民经济学家对财富的分析与传统相比，是更深入和进步了。但马克思同时批判道，"以劳动为原则的国民经济学表面上承认人，其实是彻底实现对人的否定，因为人本身已不再同私有财产的外在本质处于外部的紧张关系中，而是人本身成了私有财产的这种紧张的本质。"[③] 也就是说，马克思不满意国民经济学仅是把私有财产的本质归结为劳动，这在表面上是承认人的独立性和自主活动，但实际上是人被异化的深层次表现。因为国民经济学家对异化劳动或私有财产的看法是固化的。他们总是将这些现状看作考察的出发点，而没有真正将黑格尔辩证法贯彻到底，考察这些私有财产和异化劳动是如何形成的。如果私有财产的主体本质就是人的劳动，人的劳动就是私有财产，那么私有财产和异化劳动就是一种永存的东西

---

① 《马克思恩格斯文集》第1卷，北京人民出版社2009年版，第178页。
② 《马克思恩格斯文集》第1卷，北京人民出版社2009年版，第179页。
③ 《马克思恩格斯文集》第1卷，北京人民出版社2009年版，第179页。

了。所以，马克思认为关于劳动是财富的唯一本质的观点具有自相矛盾的特点。我也不同意后现代主义或后马克思主义认为马克思与国民经济学家在发展工业，追求经济理性方面具有共谋关系的观点。他们之所以会有这种误会，是因为其没有了解到马克思在吸收国民经济学观点的同时，是坚决贯彻了黑格尔的辩证法思想的。

除了古典政治经济学和黑格尔的辩证法思想之外，也许我们还需要再谈谈黑格尔左派人物对马克思劳动概念形成的影响。其中包括费尔巴哈、赫斯，甚至是费希特和谢林等人。费尔巴哈对马克思的劳动概念的形成有重要影响。马克思的劳动概念来源于冯·谢兹科夫斯基（Von Cieszkowski）的"实践"概念。这个人公然回到了费希特那里，吸收了费希特积极自我的原则。所以马克思的劳动思想中是肯定含有费希特的影响的。马克思用劳动概念综合了生产、创造和满足。另一个重要的左派人物是赫斯。赫斯对于劳动和活动的观点发展了谢兹科夫斯基的原则，他已经如马克思后来所做的那样，将创造活动与劳动联结起来。赫斯将其观点表达在《哲学的行动》中，这本书于1843年出版，正是马克思写作《手稿》的时期。卢卡奇指出，赫斯的行动哲学试图克服黑格尔思辨哲学的特点，创造一个辩证的实践。这种倾向必然会回到费希特那里，通过将"艺术"看作是主要的活动，又将谢林联系起来，这样马克思又回到了德国观念论的两位大师那里。马克思在写作《手稿》时，还吸收了许多浪漫主义思想。在这一点上，马克思更像谢林。[①]

### 三 原始顺序版与逻辑改编版的不同

MEGA$^2$出版了《手稿》的两个版本：原始顺序版和逻辑改编版。这两个版本按先后顺序同时出现的原因在于，历史考证版要求编者按照作者写作手稿的时间顺序刊登文本，这样可以体现忠实于

---

① R. N. Berki, "On the nature and origins of Marx's concept of Labour", *Political Theory*, University of Hull, Vol. 7, No. 1, (Feb., 1979), pp. 35–36.

原著这一历史考证版的编辑原则。但像《1844年经济学哲学手稿》这样的文本仅仅是不完整的手稿，原本不是马克思恩格斯供出版用的完整文本，所以单纯按照时间顺序刊登文本，不便于读者阅读。在这种情况下，当年的 MEGA$^2$ 编者认为，有必要总结作者的思想逻辑和写作线索，据此对不完整的手稿做出必要的编辑，重新编排作者手稿的前后顺序，用一种更便于读者阅读的形式将文本重新刊登一次。[①] 关于《手稿》在历史考证版中是否需要刊登两个版本的争论，我在此不谈。我还是就两个版本带来的有关对马克思劳动概念理解上的差异问题稍作论述。

首先，我简单介绍下原始顺序版与编辑版的《手稿》结构。凡是"（　）"里所描述的就是后来编辑版加的标题。《手稿》的编排顺序大致描述为如下：

第一笔记：

第一节：

【1】工资、资本的利润、地租三种形式横向并列在一起阐述。（"异化劳动与私有财产"，编辑版加的标题）

【2】资本的利润和地租横向并列。

【3】工资和资本的利润并列。

【4】地租。

【5】工资、资本的利润、地租横向并列。

第二笔记：（"私有财产的关系"，编辑版加的标题）

第三笔记：（"私有财产与劳动"，编辑版加的标题）

【1】补充第二部分第36页的内容。

【2】补充第二部分第39页的内容。（"私有财产和共产主义"，编辑版加的标题）

【3】

---

[①] 见鲁路《MEGA$^2$ 的两次刊印问题——以〈1844年经济学哲学手稿〉的编排情况为例》，出自韩立新主编的《新版〈德意志意识形态〉研究》，中国人民大学出版社2008年版，第110页。

【4】

【5】

【6】（"对黑格尔的辩证法和整个哲学的批判"，编辑版加的标题）

【7】

【8】序言。（编辑版中将序言提前到作品的开头部分）

从上面目录的原始版和逻辑版的编排顺序中，我们发现了"异化劳动与私有财产"及"私有财产与劳动"两个标题。为什么编辑版将第一笔记概括为"异化劳动与私有财产"，而将第三笔记的内容概括为"私有财产与劳动"？难道前者讲述的是私有财产与特殊意义上的劳动——异化劳动的关系？后者讲述的是私有财产与一般意义上的劳动的关系？这是一般读者看了之后都有的第一反应。但实际上如何？通过仔细阅读《手稿》中的相关内容，我认为实际上是没有这种差别的。这里的关键在于如何理解马克思在《手稿》中经常使用的异化劳动与劳动概念的关系及其要解决的问题。

在"异化劳动与私有财产"一节里，马克思非常清楚地表明自己研究的出发点是国民经济事实，即工人及其生产的异化。他用来表述和分析这一事实的概念是异化劳动或外化劳动。这是他有别于国民经济学的地方。国民经济学在探讨财富的来源时，总是从既定的事实出发，从私有财产的外在现实出发，总结出一些规律和公式，而没有彻底地探讨这些规律怎样从私有财产的本质中产生出来。而马克思独辟蹊径地将私有财产的起源问题与外化劳动、异化劳动联系起来，并得出这样的结论："对这一概念的分析表明，尽管私有财产表现为外化劳动的根据和原因，但确切地说，它是外化劳动的后果……"①

"私有财产与劳动"一节原本是马克思对第二笔记（即探讨私

---

① 《马克思恩格斯文集》第 1 卷，北京人民出版社 2009 年版，第 166 页。

有财产的关系）中第36页的补充。马克思在这一节里继续批判国民经济学对私有财产的关系这一主题上的观点。这里涉及国民经济学家斯密、萨伊、李嘉图和穆勒等人的观点。这一节的核心观点就是"私有财产的主体本质是劳动"。正如这一节的第一句话所表述的："私有财产的主体本质，私有财产作为自为地存在着的活动、作为主体、作为人，就是劳动。"① 对于这一命题，我前面已经有所论述，在此不再展开。但通过马克思对斯密的赞誉和批评，对李嘉图学派的肯定，对重农学派的分析，都可以看出马克思并没有在一般的意义上谈论劳动。马克思在文中对重农学派的观点作出了如下点评："农业同时是唯一的生产的劳动。因此，劳动还不是从它的普遍性和抽象性上被理解的，它还是同一种作为它的材料的特殊自然要素结合在一起，因而，它也还是仅仅在一种特殊的、自然规定的存在形式中被认识的。"② 也就是说，尽管重农学派已经意识到财富的本质在于劳动，但是他们所认为的劳动还是一种特殊的劳动——农业生产。可事实上，"财富的本质不是某种特定的劳动，不是与某种特殊要素结合在一起的、某种特殊的劳动表现，而是一般劳动"③。马克思肯定了从一般劳动出发考察私有财产的主体本质的进步性，但他同时也指出，这个"一般劳动"其实就是后来取代农业劳动的工业劳动，而不是我们通常所理解的最一般和抽象的劳动概念。马克思说："在科学地理解私有财产的主体本质，理解劳动时，这一过程也在重演。而劳动起初只作为农业劳动出现，后来才作为一般劳动得到承认。一切财富都成了工业的财富，成了劳动的财富，而工业是完成了的劳动，正像工厂制度是工业的即劳动的发达的本质，而工业资本是私有财产的完成了的客观形式一样。"④ 马克思在这里提及的"一般劳动"就是后来在机器大生产条件下的

---

① 《马克思恩格斯文集》第1卷，北京人民出版社2009年版，第178页。
② 《马克思恩格斯文集》第1卷，北京人民出版社2009年版，第180—181页。
③ 《马克思恩格斯文集》第1卷，北京人民出版社2009年版，第181页。
④ 《马克思恩格斯文集》第1卷，北京人民出版社2009年版，第182页。

无差别的工人劳动，也是异化劳动。所以，编辑版本虽然在帮助人们理解和阅读马克思文本方面起着明显的积极作用，但同时也不可避免地会产生一些歧义和误导。从这个意义上说，MEGA$^2$ 的原始顺序版的出版，对人们重新回到马克思，体会马克思写作的连贯性、一体性，有很大的帮助。

## 第三节　简要的总结与分析

我们已经从三个方面论证了 MEGA$^2$ 的出版为重新理解《手稿》中的劳动概念及马克思早期思想的劳动观提供了丰富而完整的资料。无论是对马克思劳动概念的考察，还是通过马克思的阅读笔记和摘要来看，还是从《手稿》编排的原始顺序来看，MEGA$^2$ 都不仅帮助我们回到马克思，真正探寻和了解到马克思当年所欲解决的问题及他对劳动的真正看法，而且还可以借此澄清和辨明一些后来学者，无论是来自黑格尔主义的马克思主义，还是来自后现代的或后马克思主义，对马克思劳动观的误解和批评。当然，这些批评产生的主要原因在于时代问题的刺激，即随着现代科学技术的发达，社会生产力的提高，人们的经济生活水平都有显著提高。人们似乎从劳动的枷锁中解放出来了，可是他们却感不到幸福，反而像生活在一个铁笼中。马克思所设想的劳动乌托邦与人的自由、幸福有必然联系吗？对物的生产和追求能代替人向善吗？这是现代学者反思和批评马克思劳动观的核心问题。

从哲学的层面上来看，西方批判理论家们对马克思劳动观的批判集中在"劳动本体论""劳动是人的本质"等看法上，认为马克思只看到了生产领域中的异化劳动问题，而忽视了其他如在政治、文化、社会等领域中的异化问题。马克思的生产力发展逻辑势必造成现代社会的"单向度"发展，即以科学技术和生产力的发展向度为核心，而忽略了马尔库塞意义上的否定性思维和阿伦特所强调的"政治行动"的勇气。通过研读 MEGA$^2$ 中的《手稿》，我们发现他们对马克思的解读都过于粗糙和片面。他们忽视了马克思的根本宗旨在于解放全人类。而解放的范围也不仅限于经济领域，而是要扬弃私有制条件下人在各个领域的异化，从而最终实现共产主义。

在人的本质问题上，马克思继承了西方的人本主义传统。他对人的类本质的规定明显受到了费尔巴哈的影响。费尔巴哈认为人的类本质就是"理性、意志、心"①。马克思认为，"生产生活就是类生活"，"自由的有意识的活动恰恰就是人的类特性"②。人不仅能够意识到自己的生命活动，还能通过实践改造自然，创造属于自己的对象世界。所以，马克思有关人的本质定义重点不在"劳动、活动"上，而在"自由的、有意识的"特性上。即使马克思强调人会劳动或生产，但也是强调劳动的"自由、自觉"的类本质。与动物的片面生产不同，人的生产是全面的。人不仅能不受肉体需要的影响进行生产，还能够按照美的规律进行生产。可见，人不仅在自己的生命活动中体会到自由，还通过自己有意识的活动去创造这样的自由。

在克服异化的问题上，马克思提出了自己的共产主义观点："共产主义是私有财产即人的自我异化的积极的扬弃，因而是通过人并且为了人而对人的本质的真正占有；因此，它是向自身、向社会的即合乎人性的人的复归，这种复归是完全的，自觉的和在以往发展的全部财富的范围内生成的。这种共产主义，作为完成了的自然主义＝人道主义，而作为完成了的人道主义＝自然主义，它是人和自然界之间、人和人之间的矛盾的真正解决。……它是历史之谜的解答，而且知道自己就是这种解答。"③马克思认为，人的异化来源于私有财产。克服异化就必须废除私有财产，实现共产主义。这种共产主义是建立在对私有财产的"扬弃"和以往社会财富的基础上。共产主义最终会实现人与自然、人与人之间的和谐共处。

---

① ［德］费尔巴哈：《基督教的本质》，荣震华、王太庆等译，《费尔巴哈哲学著作选集》下卷，生活·读书·新知三联书店1984年版，第27—28页。
② 马克思：《1844年经济学哲学手稿》，人民出版社2000年版，第57页。
③ 马克思：《1844年经济学哲学手稿》，人民出版社2000年版，第81页。

我们在此姑且不论共产主义理想是否是个乌托邦。我想强调的是马克思对异化现象的批判不仅集中在生产领域，同样也存在于宗教、家庭、国家、法、道德、科学、艺术等领域；不仅涉及人与自然的关系，而且还涉及人与人之间的关系。国民经济学只考察作为工人的人的现实，而经济的异化只不过是人的生命活动异化的一个方面，在其他领域中的人同样受到生产的异化规律的支配。因此，对异化的真正扬弃依赖于人的类本质的全面复归。这种复归不是简单地废除私有财产，而是保证人能进行真正的自由、自觉的活动，保证人与自然、人与人的关系和谐。废除私有财产也不是最终目的，最终目的是要改变私有财产制度下的那种异化关系。

马克思批判了私有财产条件下人的异化状态。私有财产中劳动与资本的对立关系，使人只有在片面地占有或拥有对象时才意识到对象是属于自己的。"一切肉体的和精神的感觉都被这一感觉的单纯异化即拥有的感觉所代替。"[1] 也就是说，私有财产的存在让人与自然、人与人之间变成一种占有或被占有的攫取关系。这种关系如此强大、有力，以致人对自身的肉体、对自己的精神等的感觉都麻木无知了。人被异化了。因此，克服异化就要积极地消灭私有制，使"人以一种全面的方式，就是说，作为一个总体的人，占有自己的全面的本质"[2]。废除私有财产就是要改变人与人之间、人与物之间的那种攫取、占有的关系，重新建构一种和谐的、共生的关系，使人的潜能得到全方面的发展。

从政治经济学的层面来看，西方批判理论家们敏锐地看到了文化、象征、符号等因素在创造商品价值方面的重要作用。科学与生产运用的结合越来越高效，以致"科学技术成为第一生产力"。计算机和信息技术的推广使用，催生了新型的劳动形式，如公共关系、管理、信息产业、服务业等。这一切都使得人们怀疑马克思奠

---

[1] 马克思：《1844年经济学哲学手稿》，人民出版社2000年版，第85页。
[2] 马克思：《1844年经济学哲学手稿》，人民出版社2000年版，第85页。

立在物质生产劳动基础上的"劳动价值论"和"剩余价值论"是否过时了？交换价值已经越来越脱离使用价值的羁绊，鲍德里亚甚至声称"符号政治经济学批判"应该取代马克思的"政治经济学批判"了。对于这种现象，我们该如何看待？

对于这一问题，我认为应该采取历史的、辩证的态度来考察。首先，我们需明晰上述批判理论家所处的时代与马克思写作《手稿》的时期相差一个世纪之多。马克思本人不可能预料到一百多年之后，现代社会已经进入以"消费"为中心的后工业社会。后工业社会或晚期资本主义社会肯定与马克思所处的自由资本主义阶段有所不同。发源于20世纪60年代的消费社会可以说是西方资本主义社会的一次重大历史转型。在消费社会里，消费成为社会生活和生产的主导动力和目标。价值与生产都具有了文化的含义。传统社会的生产只是艰难地满足生存的必需，而现代发达资本主义国家在满足了生存需要之后，已步入了消费社会。经济发展的中心不再是生产领域，而转到消费领域。劳动从生产型转向非生产型、服务型、信息型、情感型等劳动形式出现。这一切似乎都显得马克思的劳动观，即对奠立在物质生产或工业劳动基础上的异化状况的描述，不合时宜了。劳动社会终结了。

但我想强调的是，尽管劳动形式发生了变化，但马克思所描述的异化劳动的种种表现形式依然散发出灼人的光芒。这也是西方批判理论家重视马克思，认为马克思主义依然具有活力的地方。也就是说，后工业社会或晚期资本主义社会也面临着种种异化的状况。马克思所描述的人与物之间、人与人之间、人与自身之间的异化关系依然存在。如鲍德里亚所描述的资本作为符码对现代社会和人的全面控制。鲍德里亚认为，以资本作为符码，已经超越了传统的生产概念，如生产的产量、速度、规模等，这一切对现代人来说只是一个符号。人们已经不再关注现实中生产了什么，生产已经变成一个"劳动的符号仪式"。人们每天按部就班，早晨醒来就去上班，下班后就回家休息，日复一日，劳动已经成为习惯或仪式，而劳动的内容或实体已经被掏空。如果说在生产领域,人们变得日益麻木而机械,那么在消费领域,人们则趋之若鹜地追求各种商品的"牌子""符号"等带给他们的那种满足感。消费越来越不被理解为对使用价值、实物用途的消费,而主要是对符号的消费。而符号的意义又不是固定的。它可以任意地由能指在自我参照系统中的位置来决定。那么,当前的消费文化就是在各种广告、媒介、信息等综合作用下的一种社会符码控制。这种符码早在人们生产某一商品之前就存在。人们不断地消费由各种符码控制和引导的物品,离现实的真相越来越远,仿佛活在一种仿真的世界。这就是现代消费社会中人的异化的存在。马克思对工业社会异化劳动的描述和阐释为西方批判理论家对晚期资本主义社会病理性特征的把握和诊断奠定了难以抹除的基调。

此外,我们还应该注意到,批评产生的另一个原因是对马克思劳动概念和劳动观的误读和曲解。

比如人们总是带着后期马克思的阴影,尤其是有关《资本论》的内容来阅读早期马克思。马克思在《资本论》中说:"劳动首先是人和自然之间的过程,是人以自身的活动来中介、调整和控制人和自然之间的物质变换的过程。人自身作为一种自然力与自然物质相对立。为了在对自身生活有用的形式上占有自然物质,人就使他身上的自然力——臂和腿、头和手运动起来。当他通过这种运动作用于他身外的自然并改变自然时,也就同时改变他自身的自然。他使自身的自然中蕴藏着的潜力发挥出来,并且使这种力的活动受他自己控制。"① 这样一个劳动概念显得更普遍、中性,与早期马克思所表述的那种机器大生产条件下的工人劳动还是有很大差别的。马克思早期关注劳动问题的重点不在于人与自然之间的物质变换关系,而在于私有财产这个社会制度与工人劳动之间的关系。在当时的自由资本主义条件下,马克思认为改变工人异化劳动状况的根本出路就在于废除私有制。这个解放的革命运动只有等到私有财产充

---

① 《马克思恩格斯文集》第5卷,人民出版社2009年版,第207—208页。

分发展，即工业劳动极度发达后，才能实现。也就是说，马克思并不是只关注物的生产、人与自然之间的关系，而是将人类生存的总体状况考虑在内，特别是工人阶级的解放问题。所以，马克思的劳动概念不仅仅是一个科学的、实证的概念，更应该是一个批判的、政治的概念。劳动与异化、自由、幸福、解放等是紧密相关的。

误读产生的第二原因在于对马克思哲学层面的劳动概念与政治经济学层面的劳动范畴的混淆。在《手稿》中很明显的事实是马克思将对国民经济学的批判与对黑格尔辩证法和整个哲学的剖析放在一起。虽然他在序言中也明确表示将这些不同的材料放在一起有些不妥，但他还是按捺不住地对这些材料进行了思考、整合。但问题是这种做法使后来的一些读者在阅读和理解马克思思想时，就如同青年黑格尔派对黑格尔一样，也各取所需，选取了马克思思想的某一部分充分展开，以致在《手稿》中关于劳动的看法出现了政治经济学的劳动价值论和形而上学的关于人本质的理论两种形态。有的学者甚至将马克思的劳动价值论追溯到马克思关于人的本质的理论层面。我认为这种做法不对。通过考察 MEGA$^2$ 提供的新资料，我们发现马克思在《手稿》中，实际上是将当时的国民经济学、黑格尔辩证法、左派黑格尔人物的思想观点、科学社会主义等思想融合在一起，创立出自己的劳动观的。政治经济学和哲学的交融，使得马克思的劳动观既现实、彻底——从工人的异化劳动出发，追溯到私有财产产生的根源；又给人希望和行动的方向——废除私有制，实现全人类的解放。其中，"私有财产的主体本质是劳动"的命题最为集中体现出马克思哲学和经济学思想交融的特色。马克思厌恶从抽象的、思辨的观念出发来思考问题，他更愿意从现实的、物质的问题出发来探查社会。所以，他不可能从有关人的本质的抽象规定出发，来探讨工人的异化劳动问题，尽管其中暗含着一些关于人的形而上学前提。总之，必须从马克思所欲探求的问题出发，将他对政治经济学、哲学，甚至包括科学社会主义等方面的思想综合考虑进去，方可全面、深入地了解马克思劳动观的真谛。

# 第五章 马克思《1844年经济学哲学手稿》中的异化劳动理论

《1844年经济学哲学手稿》体现了马克思研究路径的转向，即从抽象的哲学批判转向对市民社会经济关系的批判，在剩余价值理论形成之前，异化劳动是这一批判的核心概念。从异化劳动的产生到铲除异化劳动的可能性而及至异化劳动与劳动的外化、对象化之间的关系，尤其是异化劳动与私有财产的关系，既涉及对核心概念及表述的理解，也涉及对相互联系的事物之间逻辑关系的理解，从这一意义上来说，新MEGA有助于我们对马克思在其研究路径转向时期所关注的问题有更加具体、深入的理解。

## 第一节 私有财产与异化的关系

马克思在《1844年经济学哲学手稿》中用异化概念来批判资本主义社会存在着的剥削现象，马克思所使用的异化概念虽然直接来自黑格尔、费尔巴哈，不过他对这一概念的使用已经超出了前两者。他不仅用异化概念来解释人的本质对象化，而且将这一概念引入资本主义社会的经济关系，揭示资本主义社会存在着的剥削现象。但是，此时的马克思并没有将主体本质对象化的两种表现方式——异化与外化区别开来。因而，当他试图去理解私有财产的产生与异化现象的关系时，这一概念使用上的模糊便直接导致了理解上的矛盾。例如，一方面认为异化现象的存在是私有制产生的原因，另一方面又认为私有制的扬弃将带来异化现象的扬弃。其实，这一理解上的困惑产生于对不同概念的含义没有加以严格的区分。

## 一 异化与外化

异化与外化（德文的相应词汇是：Entfremdung，Entauβerung；英文的相应词汇是：Estrangement，Elienation）是一对相近而又不同的概念，马克思早期往往在同一意义上使用这两个概念，又用这两个概念来表示不同事物之间的关系。这使得他在解释异化现象的产生与私有财产现象的产生的相互关系时产生了困难。

异化与外化这两个不同的概念虽然都是指人的本质的对象化，然而，人的本质的对象化与人自身之间存在着不同性质的关系。如果说外化概念所描述的是一种最基本的对象化过程和对象化存在，那么马克思用异化概念所表述的则是人的对象化存在与人自身相对立的状况。

从马克思的论证来看，一方面，他从对象性角度描述的是人类最基本的生存状态。在他看来，人在本质上是对象性的存在物，不仅人的活动依赖对象性的存在，而且人的劳动结果以对象化的方式存在着，这是外化的意思；另一方面，他从对象性角度描述的是这种最基本的生存状态在一定条件下发展成为一种对抗性的状态：主体本质的对象化转化为主体自身的否定力量。在这种情况下，人的对象化的本质力量以感性的、异己的对象的形式，以异化的形式呈现在人们面前，这是异化的意思。马克思对此分析道："对象化竟如此表现为对象的丧失，以致工人被剥夺了最必要的对象——不仅是生活的必要对象，而且是劳动的必要对象。"这里的对象既包含着劳动的结果，也包含着劳动赖以进行的手段，这是两种不同的对象性存在。

主体性对象化的劳动结果——主体本质的外化存在，与劳动手段的对象性存在——劳动赖以进行的外在化对象，显然具有不同的内涵。后者不是一种主体性的对象化，只是用以占有他人主体性对象化结果不可缺少的手段，只有占有这一劳动手段，才能占有他人的异化劳动。

异化主要是针对第一个意义上的对象化、外化而言的，马克思从两个方面来理解异化概念的含义：其一，异化既表现为我的生活资料属于别人，我所希望的东西是我不能得到的、别人的所有物；其二，也表现为每个事物都是不同于它本身的另一个东西，我的活动的另一个东西……表现为一种非人的力量统治一切，这是被异化了的外化存在。马克思分析了异化概念的两个基本含义：宗教意义上的和经济关系中的，他用以批判资本主义社会的主要是经济关系中的异化。

异化虽然是在外化基础上形成的，但并不是一切外化存在都能够在一定的条件下转化为异化，因为外化的含义本身也是有所区别的。

## 二 外化存在与对象性存在

相对于人自身来说的外化存在，在人们的经济活动中有两种含义：其一是劳动结果的对象化存在，这是主体本质的外化，在这一意义上，马克思用"外在化"概念来表示异化了的外化。其二是劳动手段的对象性存在，这是人类劳动依赖的对象，但它不是主体本质的外化（在一定意义上被改造了的自然包含着主体本质的外化）。异化是主体本质的外化存在发展为自己的对立面，因此，只有第一个意义上的外化才能在一定条件下转化为异化——"外在化"，而第二个意义上的对象性存在，在通常情况下，只是异化现象能否发生的前提条件。

显然，为了理解私有财产与异化现象的关系，不仅对异化与外化概念的区分是极为重要的，而且对外化存在与对象性存在这两个概念的区分也是非常重要的。

所谓外化是主体本质的外化、对象化，或者说是"对象化的本质力量"，是人们劳动的直接结果，反过来说，这一对象性的存在，渗透着主体的付出。在马克思看来，劳动的结果固定在某个对象中，物化为对象的劳动，这是劳动的对象化。

对象性存在是自然界中存在着的对象，虽然经过人们的劳动改造而成为人化的自然，人化自然凝结着主体的付出，这一对象化的存在是人的本质能否对象化的前提。在这一意义上，马克思指出，私有财产一方面是外化劳动的产物，另一方面又是劳动借以外化的手段，是这一外化的实现，没有这一手段，人的劳动本质就得不到实现。

然而，外化的劳动并不等于异化的劳动，困扰着马克思的问题是"人怎么使他的劳动外化、异化？这种异化又怎么以人类发展的本质为根据？"这里，马克思想要认识的问题，显然不是人怎么使他的劳动外化，这是人类劳动的自然特征（人的劳动结果首先以一种对象化的方式存在着），而是人怎么使他的劳动异化。

马克思说："我们把私有财产，把劳动、资本、土地的互相分离，工资、资本利润、地租的互相分离以及分工、竞争、交换价值概念等等当作前提。"在这一前提下，"工人的贫困同他的产品的力量和数量成正比"。因此，异化现象是有历史前提的，是一定历史条件下的产物，当劳动主体与劳动对象具有普遍的、直接的联系时，异化现象并不能发生。随着人类社会的进步，劳动主体与劳动对象的关系由使用权阶段发展为所有权阶段，主体与客体的占有关系也就逐渐地得到了明确和确定。完全的占有在一定条件下就意味着完全的失去，劳动与资本、劳动与土地的互相分离，使得失去劳动对象的主体不得不受雇于他人而从事生产劳动，异化现象由此而产生。

劳动主体与劳动客体对象性关系的明确确定，也就意味着私有财产的形成，尽管日常生活用品的私人占有现象的出现时间比其要早得多，但是这不可能构成占有他人劳动的基础。只有对劳动手段的私人占有，才能占有他人的劳动。

马克思在分析异化现象的产生时，首先考虑的是私有财产的起源问题。然而,当马克思说,"我们把私有财产的起源问题变为异化劳动同人类发展的关系问题,也就为解决这一任务得到了许多东西",他是在外化的意义上使用异化概念的。

马克思接受了国民经济学关于劳动是私有财产主体本质的论证,"私有财产的主体本质,作为自为的活动、作为主体、作为个人的私有财产,就是劳动"。不过仅仅从国民经济学家所揭示的劳动是财富的主体本质这一意义来看,主体本质的异化与外化这两个不同概念的差异在这里并没有体现出它的重要性,因为其仅仅揭示财富的主体本质在于劳动,并没有说明劳动者是否与自己外化了的主体本质相统一。

与国民经济学家不同,马克思的意图正是要揭示两者之间发生的背离,在这种情况下,马克思所要论证的就不仅仅是劳动本质的外化现象,而是劳动本质的异化现象了。马克思试图通过对主体本质——劳动与私有财产关系的分析,来寻找主体本质与自身发生异化的原因。

这样,问题似乎就明朗地体现在两个方面:第一,主体本质的外化存在与私有财产的关系;第二,主体本质的外化存在与异化的关系。在这两种关系中,私有财产起着中介作用,也就是说,主体本质的外化通过私有财产现象的产生而发生异化。

### 三 私有财产与外化、异化

然而,私有财产的存在并不直接就意味着异化现象的产生。人是对象性的存在物,人的主体本质在不断的外化和内化的过程中得到实现,所以对象化与外化的方式是人的一种自然存在方式。私有财产不过是对这种对象化和外化的存在与主体自身关系的确定,当劳动主体直接与劳动对象发生关系并占有自己的劳动结果时,马克思所说的异化现象是不存在的。

私有财产的出现在最初的意义上只是意味着主客体对象性关系的确定。马克思说:"如果撇开私有财产的异化,那么私有财产的意义就在于本质的对象——既作为享受的对象,又作为活动的对象——对人的存在。"问题的关键在于这种对象性存在与人的关系。劳动主体本质的对象化最初是与劳动主体自身直接同一的,这里既指劳动对象的外化性结果,又指劳动的对象,私有财产可以同时包括这两种意义上的对象性存在。

对象性关系的法的确定意味着私有财产的存在,但这同时并不一定就意味着异化现象的存在,异化现象的产生以劳动者与劳动对象的分离为前提条件,私有财产的产生就为这种分离提供了可能。异化现象的出现说明对象性的存在转化为一种否定性的存在,这种转化的过程是有历史条件的,马克思在《1844年经济学哲学手稿》中还没有开始对这样的历史条件进行分析。

外化是异化的前提,劳动者主体本质的外化存在、他的劳动结果的对象化存在,为他人的占有提供了可能,如果没有这种外化的过程和结果,他人的占有也就没有可能。而劳动主体与劳动对象的分离,则使他人占有劳动者的外化劳动由可能变为现实。因此,异化是对象性关系的确定——私有财产关系产生的直接结果,而不是其原因。人们只有通过占有劳动对象而占有他人的劳动,所以,占有劳动对象是前提。这也就是说,伴随着私有财产的出现而产生的劳动者与劳动资料的分离才是异化现象产生的直接原因。

在弄清楚了这些基本概念及其含义后,我们再来看看马克思是如何使用这些概念的。当马克思说:"私有财产是外化劳动即工人同自然界和自身的外在关系的产物、结果和必然后果",以及当他说:"与其说私有财产表现为外化劳动的根据和原因,还不如说它是外化劳动的结果……后来,这种关系就变成相互作用的关系"时,他是将外化劳动看作私有财产的原因。

当他说:"我们通过分析,从外化劳动这一概念,即从外化的人、异化劳动、异化的生命、异化的人这一概念得出私有财产这一概念",以及:"从私有财产同真正人的和社会的财产的关系来说明作为异化劳动的结果的私有财产的普遍本质"时,他是在外化的意义上使用异化概念的。

然而,当马克思说:"工资是异化劳动的直接结果,而异化劳动是私有财产的直接原因。因此,随着一方衰亡,另一方也必然衰亡"时,他说的私有财产不是指能够攫取他人劳动的生产手段的私人占有,而是指物质财富在少数人手中的积累是通过占有他人的异化劳动而得以实现的。因此,随着异化劳动的衰亡,少数人能够积累的物质财富也将衰亡。否则,按照马克思自己的理论,异化劳动只能随着私有财产的消亡而消亡,而不是相反。

首先,正是由于劳动的对象化、外化,劳动主体才能被他人占有劳动结果。不过,私有财产不是先占有他人的劳动产品,而是先占有劳动对象,只有占有了劳动对象,才能占有他人的劳动。因此,劳动的对象性存在与主体本质的对象化是私有财产形成的条件,而异化劳动只能是私有财产产生的结果。只有这样,才能合乎逻辑地推论出随着私有财产的消失,异化劳动也将消失的结论。如果异化劳动是私有财产产生的原因,那么,随着私有财产的消亡,产生私有财产的原因并不能相应地消亡。

其次,对象化表现为对象的丧失,这只有在劳动的对象性条件被他人占有的情况下才有可能,否则,对象化的过程也就是劳动主体自我实现的过程;而被对象所奴役,则只有在对抗性的经济关系中才存在。

由此可见,私有财产与外化和异化的关系,视其确切含义的不同而大有差异。不对这些概念的不同含义进行区别,就难以区分历史性的异化现象与人类生存的自然状态——外化现象。

### 四 私有财产的扬弃与异化的扬弃

如果说私有财产的存在是异化现象产生的原因,那么对私有财产的扬弃就是扬弃异化现象的前提条件。扬弃私有财产的历史条件与形成私有财产的历史条件是一致的,这就是社会生产的发展,所以马克思说:"自我异化的扬弃同自我异化走的是一条道路。"

然而，对私有财产关系的扬弃并不意味着人与劳动对象关系的废除，私有财产关系体现的是人与劳动对象的占有方式，扬弃私有财产只是设法将这种对抗性的占有关系变为真正人的占有关系。马克思早期接受的空想共产主义思想虽然已经把共产主义概念与私有财产占有方式的废除联系起来，不过他这时使用的私有财产概念还没有对生活资料与生产资料进行区分，攫取他人劳动的只能是生产资料的私人占有。

当问题涉及废除私有财产以后的劳动对象与劳动主体是什么样的关系时，马克思认为，私有财产将以一种真正人的和社会财产的方式出现，作为其普遍本质的异化现象将不再存在。在他看来："共产主义是私有财产即人的自我异化的积极的扬弃，因而是通过人并且为了人而对人的本质的真正占有。"至于这种真正人的和社会的财产与人之间能够具有一种什么样的具体关系，马克思此时还没有形成自己的观点，只是重申当时流行的空想共产主义观点，把共产主义的最初阶段看作是私有财产的普遍化和完成。

问题在于，如果能够占有他人劳动的只是生产资料的私人占有，那么，共产主义要废除的也只能是生产资料的私人占有现象，取而代之的是一种劳动主体与劳动对象的普遍占有关系。在这种关系中，劳动者以某种方式占有劳动对象，没有人与劳动对象发生分离，由此而产生的异化现象也就不再存在了。在马克思看来，这时，人与感性对象的关系就不应当仅仅被理解为直接的、片面的享受，不应当仅仅被理解为占有、拥有。"人以一种全面的方式，也就是说，作为一个完整的人，占有自己的全面的本质。"

## 第二节 外化、异化与私有财产的关系

马克思在《1844年经济学哲学手稿》一文中不仅分析和阐述了异化劳动的现象，而且尝试着从异化劳动、外化劳动与私有财产关系的角度分析异化劳动产生的原因，以探索结束异化劳动的可能

性。由于对外化劳动（die entaüsserte Arbeit）与异化劳动（die entfremdete Arbeit）的概念没有进行清晰的区分，因而在异化劳动的产生原因与废除途径上出现了逻辑上的困境。本书试图对外化劳动与异化劳动进行概念上的甄别，并对外化劳动、异化劳动与私有财产之间关系的历史程序进行分析。通过这一分析，我们看到，外化劳动与财产占有的关系在人类社会发展进程中实际上已转化为异化劳动与私有财产占有社会分化的关系。

## 一 外化与异化：词义与内容的辨析

在剩余价值理论形成之前，马克思用异化劳动概念批判政治经济学的工资理论、批判资本主义的生产关系，消灭异化劳动便成为马克思关注的理论问题，它进一步将马克思的思路引向了关注异化劳动与私有财产的关系。然而此时在马克思的头脑中还存在着与异化劳动并行的另一个概念，这就是外化劳动。

马克思将外化劳动看作是私有财产产生的原因，而私有财产是外化劳动的结果，在马克思看来，"**私有财产**是**外化劳动**即工人对自然界和对自身的外在关系的产物、结果和必然后果"[1]。马克思在这里显然是以资本主义历史阶段的现状为出发点的，这里的私有财产指的是资本的利润，马克思认为它是工人外化劳动的结果，认为私有财产同样可以通过分析外化劳动、外化的人、异化劳动、异化的生命、异化的人而获得。[2] 这里已经将外化劳动与异化劳动相提并论了。

在国民经济学那里，外化劳动是私有财产运动的结果。但是马克思指出，对外化劳动这一概念的分析说明，当私有财产作为外化劳动的原因和根据时，它自身更加是外化劳动的结果。

---

[1] 《马克思恩格斯全集》第3卷，人民出版社2002年第2版，第277页。参见 MARX/ENGELS GESAMTAUSGABE, Dietz Verlag Berlin1982, Ⅰ/2, 第372页, Germany。

[2] 参见《马克思恩格斯全集》第3卷，人民出版社2002年第2版，第277页；MARX/ENGELS GESAMTAUSGABE, Dietz Verlag Berlin1982, Ⅰ/2, 第372页, Germany。

在这里，马克思与国民经济学的分歧在于：国民经济学将既有的私有财产看作是外化劳动的前提，因而外化劳动是私有财产运动的结果；而马克思强调了私有财产作为外化劳动的根据，首先是外化劳动的结果，即占有他人劳动的结果。前者用私有财产的所有权来论证占有外化劳动的合法性，后者强调占有了的私有财产本身是外化劳动的结果、是他人劳动的结果。

然而当马克思将外化劳动与异化劳动相提并论而论证异化劳动的消亡途径时，问题就出现了，马克思说："工资是异化劳动的直接结果，而异化劳动是私有财产的直接原因。因此，随着一方衰亡，另一方也必然衰亡。"①

如果异化劳动是私有财产的直接原因，那么所谓"随着一方衰亡，另一方也必然衰亡"的意思就是随着异化劳动的衰亡，私有财产也必然衰亡。如果随着异化劳动的衰亡，私有财产也将衰亡，那么：

首先，产生异化劳动的原因是什么呢？其次，如果异化劳动是私有财产产生的原因，那么这与马克思将对对私有财产的扬弃看作是扬弃异化劳动的前提是矛盾的，而且私有财产的衰亡并不能够带来异化劳动的衰亡。②再如果私有财产的衰亡并不能够带来异化劳动的同时衰亡，异化劳动衰亡的可能性何在？马克思后来形成的通过消灭私有制来消灭剥削的逻辑显然是从相反的方向去思考问题的。

我们可以尝试着通过对外化与异化的甄别消解这里的理论困惑。马克思的异化劳动理论受到了黑格尔的启发，黑格尔把异化看作是一个人与自己的财产发生了分离。在他看来，当一个人在财产中物化了自己的时间和活动时，就有可能因为失去财产而发生自我异化。通过异化，一个人物化于其财产中的时间和活动成为另一个

---

① 《马克思恩格斯全集》第3卷，人民出版社2002年第2版，第278页。参见 MARX/ENGELS GESAMTAUSGABE, Dietz Verlag Berlin1982，Ⅰ/2，第373页，Germany。

② 《马克思恩格斯全集》第3卷，人民出版社2002年第2版，第298页。

人的财产。①

根据这一推论，如果财产仍然属于自己，就没有发生异化，但是外化是存在的，私有财产也可能是存在的，私有财产的存在并不直接等同于异化的存在。在什么情况下会发生异化，黑格尔并没有论证。但是他的理论已经说明，外化是异化的前提：外化是一个人的活动、时间对象化于外在的世界中，但这一外在的世界仍然属于自己，异化是一个人的时间、活动对象化于外在的世界中，并且成为另一个人的财产。

外化劳动与异化劳动存在着这一意义上的差异，但是要在具体的社会、经济关系中将两者区分开来并非一件容易的事情，马克思在《1844年经济学哲学手稿》中常常因此将两者相提并论，他所使用的外化概念有时具有异化的意义，而异化概念有时只是具有外化的意义，有时两者兼而有之。例如当马克思在分析国民经济学的外化劳动概念时说："尽管私有财产表现为外化劳动的根据和原因，但确切地说，它是外化劳动的后果……后来，这种关系就变成相互作用的关系。"②

此时的第一个"外化"已经等同于异化概念了，因为外化劳动是人类劳动的基本特征，当它作为马克思所说的私有财产的根据时，根据马克思的异化劳动逻辑，只能是异化劳动，对工人来说是失去了的个人劳动、对资本来说是占有了的他人劳动，异化劳动在这一意义上才是私有财产的结果；而第二个"外化"，可以从外化意义上来理解，私有财产在最直接的意义上首先是人类外化了的劳动结果。

对外化劳动概念与异化劳动概念进行甄别是非常必要的，它说明，外化是事物的本质，是不可能被废除的，而废除异化劳动却是

---

① 参见 Tom Rockmore: *Marx After Marxism*, BLACKWELL PUBLISHERS, 2002, 第29页 U.S.。
② 参见 MARX/ENGELS GESAMTAUSGABE, Dietz Verlag Berlin1982, I/2, 第372、373页, Germany。《马克思恩格斯全集》第3卷，人民出版社2002年第2版，第277页。

马克思追求人类解放思想的必然要求。

国民经济学从私有财产的既成事实出发看待私有财产与外化劳动的关系，将外化劳动看作是私有财产运动的结果，换句话说，将利润看作是资本运动的结果；马克思从私有财产的源出发，论证其来路，将外化（异化）劳动看作是私有财产的原因。

马克思以此为基础，在四个层次上论证了异化劳动，即工人与其劳动产品的异化[1]、工人与自身劳动行为的异化[2]、人与人的关系发生了异化[3]、人与其类本质的异化[4]。其中，除了第一个意义上的异化是以对象性关系中的外化和异化为基础的，其余三个异化是第一个异化的引申涵义，后来人们又据此引申出了更多的异化含义。

对象化是人类活动的本质现象，对象化的结果是外化，只有外化了的东西才有可能被别人所占有、被异化，为了探讨异化衰亡的原因，我们能够对此提出的问题就是：外化在什么样的条件下导致了异化？异化是如何发生和如何可能的？

## 二 异化劳动产生的前提与必要前提

马克思在《1844年经济学哲学手稿》中，与国民经济学相反，从私有财产是异化劳动的结果这一意义上来认识两者的关系，意在强调私有财产的"非法性"（即是他人劳动的结果），并且从原因（异化劳动）的衰亡来论证结果（私有财产）的衰亡。但是与国民经济学相同的是，马克思也是从一定的前提出发，即从国民经济学的各个前提出发，正如他所说，"我们把私有财产，把劳动、资本、

---

[1] MARX/ENGELS GESAMTAUSGABE, Dietz Verlag Berlin1982, Ⅰ/2, 第235页, Germany。

[2] MARX/ENGELS GESAMTAUSGABE, Dietz Verlag Berlin1982, Ⅰ/2, 第239页, Germany。

[3] MARX/ENGELS GESAMTAUSGABE, Dietz Verlag Berlin1982, Ⅰ/2, 第242页, Germany。

[4] MARX/ENGELS GESAMTAUSGABE, Dietz Verlag Berlin1982, Ⅰ/2, 第241—242页, Germany。

土地的互相分离，工资、资本利润、地租的互相分离以及分工、竞争、交换价值概念等等当作前提"①。

马克思把劳动、资本、土地的互相分离，即工资、资本利润、地租的互相分离，看作是异化劳动存在的前提，并且在同样的意义上首先提到的是私有财产，然而没有分析私有财产与后者的不同因素发生分离之间的关系，即私有财产的存在是否必然要导致劳动与资本的分离？

这正是此时困扰着马克思的问题，"人怎么使他的**劳动外化、异化**？这种异化又怎么以人的发展的本质为根据？我们把**私有财产的起源**问题**变为外化劳动**对人类发展进程的关系问题，就已经为解决这一任务得到了许多东西"②。不过这里由于没有对外化与异化进行区别，因而问题仍然是不清楚的。

本书在尝试着在对外化、异化两个概念进行甄别的基础上，通过对劳动行为的外化、交换、剩余、分工、私有财产、私有财产拥有的社会分化这些人类发展进程中相互关系的逻辑分析，沿着马克思的思路，讨论马克思的问题，进一步探讨异化劳动形成的原因。

现在我们就来看看这些不同事物之间的相互关系：

A（**外化**），物化或者外化是人类劳动的基本特征。人们劳动行为的物化，或者外化结果，使得劳动产品的交换成为可能，这是交换行为的首要条件，这里我们肯定了物化、外化劳动与交换行为之间的必然联系。

B（**交换**），劳动产品的交换行为，只能以劳动产品的私有为前提条件，或者说私有财产的存在，这里，我们确定了劳动产品的交换与私有财产之间的联系，但是排除了劳动产品的相互交换与异

---

① 《马克思恩格斯全集》第3卷，人民出版社2002年第2版，第266页；参见MARX/ENGELS GESAMTAUSGABE, Dietz Verlag Berlin1982, I/2, 第363页, Germany。
② 《马克思恩格斯全集》第3卷，人民出版社2002年第2版，第279页；参见MARX/ENGELS GESAMTAUSGABE, Dietz Verlag Berlin1982, I/2, 第374页, Germany。

化劳动之间的必然联系,因为物—物交换并不必然地包含着不等价交换。

C(剩余劳动),劳动产品的剩余对于劳动产品的交换并不一定是必要条件,因为采摘的人并不一定是因为采摘的东西吃不完才去交换动物食品,人们完全可以因为出于好奇,或者为了满足不同的需要而进行偶然的交换。但是经常的、普遍的交换只能建立在剩余劳动的基础上,这里,我们确立了交换行为与剩余劳动的必然关系。

D(分工),有了剩余劳动而没有分工,交换行为当然也不会出现,因此,分工是交换行为的必要条件,这样的分工可以是自然分工,也可以是社会分工。

E(私有产权的形成),劳动产品的交换行为,已经蕴含着私有财产的存在,因为一个人只能够用自己所有的东西去换取别人的东西,此时人与物(劳动手段)之间的所有权关系已经被认可,尽管它可能是在家族、宗族等不同层次上的被认可。这里,可以确定交换行为与私有财产之间的必然关系。

F(私有财产所有权的分化),自然面前,人人平等,这是资产阶级革命的基本精神,然而,资产阶级经济学理论和政治理论所默认的前提——私有财产权——以最无情的方式否定了其基本精神,私有财产所有权在资本主义竞争条件下的必然结果就是社会的贫富分化,即财产所有权在一部分人手上的集中和大部分人成为雇佣劳动者,即马克思所说的"劳动、资本、土地的互相分离"。

G(异化),当私有财产所有权发生了分化,即少部分人对生产手段的占有以大部分人失去生产手段为条件,从而能够迫使一无所有的人用自己的劳动力去交换必需的生活用品,这时,劳动异化的可能性,在其他条件存在的前提下,就转化为现实性。

当我们假设了A即B、即C、即D、即E而非G的时候,我们同时就排除了A、B、C、D、E与G之间的必然联系。换句话说,条件A、B、C、D、E的存在都不能必然地意味着G,但同时又都是 G 的出现所不可缺少的充分而必要的条件。即，有之未必然，无之必不然。

分析到这里，我们不无惊讶地发现 G 的必要而又充分的条件只能是 F，或者说，异化劳动的必要而又充分的条件只能是劳动手段私人占有的社会分化，而不仅仅简单的是私人占有生产手段。或者说，私人占有生产手段与劳动异化（马克思意义上的）没有直接的关系，只是其必要的前提，只有在私有财产的所有权发生社会分化的前提下，才有可能出现异化劳动现象。

虽然异化劳动现象的产生原因可直接归于私有财产所有权的社会分化，而非私有财产权的存在，但是前者是后者的必然结果。因此，马克思的批判矛头直接指向后者。不过，我们仍然有可能就此提问：私有财产权的存在是不是必然要引起私有财产权的社会分化？

无论怎样，这不是一个可以忽略不计的理论问题，分化了的私有财产是异化现象产生的前提，而没有分化的私有财产首先是对人的对象性关系的认可。

本书在这里对不同关系的逻辑性结构进行分析，只是尝试着从逻辑关系上去再现马克思所要把握的错综复杂的社会关系，更加清晰地揭示问题的症结所在。由于人与物、人与人之间纵横交错、相互制约关系的复杂性，不对事物进行逻辑关系的把握，难点和焦点问题往往藏而不露，因为它们容易被庞杂的社会现象所遮蔽。

### 三　异化劳动与私有财产，及私有财产所有权分化的关系

上面的分析说明，私有财产所有权的存在并不直接就意味着异化劳动的产生，私有财产所有权的社会分化才是异化劳动产生的直接原因，从这一意义上来说，私有财产与异化劳动的关系与私有财产所有权的形成和私有财产所有权的分化是分不开的。后者在国民经济学和马克思那里都是作为分析的前提，而不是作为分析的对象来对待的，那么这一问题本身是否有必要作为认识和分析的对

象呢？

我们从历史源头来看，当劳动者（以氏族、血缘关系的方式）直接占有劳动对象，从事劳动并与自己的劳动结果保持直接的统一性时，异化劳动是不存在的，而某种形式的所有权已经存在（其形式存在着外延不断缩小而内涵不断扩大的趋势），它开始是以习惯法的形式，后来才以成文法的形式固定下来。但是这只是 E 的条件，而不是 F 的条件。

马克思也从这一意义上论证过私有财产："私有财产的意义——撇开私有财产的异化——就在于本质的对象——既作为享受的对象，又作为活动的对象——对人的存在。"① 对象性关系的法的确定意味着所有权（相对于他者的私有财产）形式的存在，但这并不一定就意味着异化劳动的产生，异化劳动的出现说明对象性关系转化为一种否定性关系，这种转化的发生是有历史条件的。

外化劳动是异化劳动的前提，为一个人占有另一个人的劳动提供了可能，如果没有这种外化劳动的过程和结果，他人的占有也就没有可能。一个人只有通过占有劳动对象才能够占有他人的劳动，占有劳动对象是前提，但是当大家都占有劳动对象（生存手段）时，这一前提就不可能成为占有他人劳动的现实，物—物交易中的不公平现象并不是奴役和占有他人劳动的基本途径。在这里，私有财产所有权的分化是前提，私有财产所有权的社会分化意味着劳动者与劳动资料的分离，这时才具备了异化劳动现象产生的直接条件。

当马克思将私有财产理解为通过占有他人劳动而积累的物质财富时，异化劳动是私有财产的原因这一命题虽然能够成立，然而这是对结果的一种判断，而不是对历史成因的分析，例如一个人凭借着什么能够占有他人的劳动？

---

① MARX/ENGELS GESAMTAUSGABE, Dietz Verlag Berlin1982, I／2, 第 434—435 页, Germany。参见：《马克思恩格斯全集》第 3 卷，人民出版社 2002 年第 2 版，第 359 页。

马克思在《1844年经济学哲学手稿》和《资本论》的创作过程中用剩余价值概念取代异化劳动概念，将劳动力成为特殊的商品看作是资本获取剩余价值的前提条件，而劳动力之所以成为商品正是因为劳动者与劳动资料发生了分离，即私有财产发生了社会分化。

现在的问题是，私有财产权的社会分化是如何发生的？如果我们从战争、暴力、权力的滥用等非经济因素中寻找原因，那么经济学的分析似乎就是多余的；如果撇开战争、暴力、权力的滥用等非经济因素，这一分化就可以通过经济学的分析而在某种程度上得到解释，例如在市场经济体制下，它完全可以在平等的物—物交换中形成，这里最为通常的原因可以是各种（主客观）自然条件的差异、竞争、机遇等。

实际上，在真实的历史进程中，这两种因素都是存在的，在前资本主义社会形态中第一种因素起着更加重要的作用，在资本主义时代，后一种因素起着更加重要的作用，因而资本主义社会形态为人们从合法的经济制度中认识这一问题提供了任何前资本主义社会形态所不具备的条件。

外化劳动与财产占有的关系在人类社会发展进程中转化为异化劳动与私有财产占有社会分化的关系，这一事实同样在资本主义市场经济的现实中不断再现。马克思虽然没有从两者区分的意义上讨论过这一问题，但是马克思早期对异化劳动、后来对剩余价值问题追根溯源的研究，使他始终对人类社会生产关系早期的状况和整个发展历程怀有极大兴趣，例如在早期的《德意志意识形态》，中期的不同"经济学手稿"、《资本论》，晚期的各种"人类学笔记"中，人类社会早期的生产方式及其发展变化都是马克思关注的对象。

然而我们看到，由外化劳动与财产占有（不同范围的"私有"财产占有形式）的关系发展到异化劳动与私有财产占有社会分化的关系，仍然没有从人类历史的自然进程中直接回答异化劳动的形成问题。马克思后来的剩余价值理论，同样是从国民经济学的前提出发，即从劳动与资本的既有分离出发的。尽管这一分离的程序无论在历史上还是现实中都是显而易见的事实，但是要对其发生的必然机理进行认识，并非一件易事。与国民经济学不同的是，马克思的立场是批判资本主义的生产关系，并论证替代模式的历史条件和可能途径。

## 第三节　异化劳动与私有财产、分工与私有制：非同质的问题

直接阅读《马克思恩格斯全集》历史考证版，对于我们准确理解马克思和恩格斯研究思路的发展具有不可替代的价值，因为准确地理解一些基本概念，对于完整地理解其思路进程具有非常关键的作用。本书尝试着通过对一些基本概念的理解，分析马克思对异化劳动与私有财产、分工与私有制问题的认识。从《1844年经济学哲学手稿》（以下简称《手稿》）到《德意志意识形态》（以下简称《形态》）的发展历程：马克思在《手稿》中，针对国民经济学的劳动工资理论，揭示了异化劳动问题，并将异化劳动与私有财产加以联系，指出两者消亡的相关性。在与恩格斯共同创作的《形态》中，进一步从分工的角度讨论私有财产（制）的形成和消亡问题。那么在异化劳动与分工之间是否存在着关联，如果存在，又是一种什么样的关联呢？两者与私有财产（制）之间的关系又是怎样的呢？

### 一　异化劳动与私有财产（制）：并非互为因果的关系

马克思的《手稿》继《黑格尔法哲学批判》之后开始对国民经济学进行批判，他的批判首先以劳动和资本的分离为前提，这一前提也就是国民经济学研究的出发点，马克思因此说道："我们把私有财产，把劳动、资本、土地的互相分离，工资、资本利润、地

租的互相分离以及分工、竞争、交换价值概念等等当作前提。"①

国民经济学没有解释分离的原因，而仅仅以分离的现状为出发点、以劳动创造财富为前提，马克思同样以国民经济学的前提为前提，但是却论证了由此产生的悖论："劳动所生产的对象，即劳动的产品，作为一种**异己的存在物**，作为**不依赖**于生产者的**力量**，同劳动相对立。"②

在国民经济学那里，私有财产是（占有他人）外化劳动的根据和原因，而马克思认为私有财产首先是他人异化劳动的结果。为了弄明白为什么劳动创造财富的前提会转化为财富与劳动的对立，马克思向自己提出了这样的问题："我们现在必须弄清楚私有制，贪欲和劳动、资本、地产三者的分离之间，交换和竞争之间，人的价值和人的贬值之间，垄断和竞争等等之间，这全部异化和**货币**制度之间的本质联系。"③

马克思实际上提出了两个具有相关性的问题：劳动与资本的分离以及劳动的结果与劳动的对立，马克思用了一个思路来回答这两个问题，即资本是他人外化劳动的结果。这一思路从与国民经济学相反的方面回答了私有财产与他人外化劳动的关系。国民经济学将私有财产看作是能够占有他人劳动的原因，马克思将私有财产本身看作是他人外化劳动的结果。前者的私有财产可能指的是前资本财富的存在形态，即准资本，后者的私有财产指的已经是借助于资本获取的利润。

马克思虽然没有直接回答劳动与资本分离的原因，但是从资本利润的意义上用异化劳动回答了私有财产的原因。外化劳动、异化劳动与私有财产的关系是国民经济学和马克思共同涉及的问题。

我们知道在马克思之前，黑格尔已经讨论了财富的外化、异化

---

① 《马克思恩格斯全集》第 3 卷，人民出版社 2002 年第 2 版，第 266 页，参见 MARX/ENGELS GESAMTAUSGABE, Dietz Verlag Berlin1982, I/2, 第 363 页, Germany。
② 《马克思恩格斯全集》第 3 卷，人民出版社第 2 版，第 267 页。
③ 《马克思恩格斯全集》第 3 卷，人民出版社第 2 版，第 267 页。

## 第五章 马克思《1844年经济学哲学手稿》中的异化劳动理论

问题，即一个人将自己的时间、活动外化于对象世界。国民经济学以私有财产的拥有为前提，论证占有他人外化劳动的合理性；与此相反，马克思认为，私有财产本身是（他人）外化劳动的后果。这里前者将前提作为原因，后者将前提本身作为结果。至于"后来，这种关系就变成相互作用的关系"①，还不是对分歧的判断。

在马克思那里，工人对劳动的关系生产出资本家，因为资本家的私有财产是工人外化劳动的结果，"我们通过分析，从**外化劳动**这一概念，即从**外化的人**、异化劳动、异化的生命、**异化的**人这一概念得出**私有财产**这一概念"②。

马克思认为私有财产的这一秘密只是到最后、最高的阶段才被揭示出来，即它一方面是外化劳动的产物，另一方面是劳动借以外化的手段。前者从资本的形成、来源，后者从资本作为劳动的手段来论证资本（私有财产）与异化劳动的关系，并且认为这使至今没有解决的各种矛盾得到说明。

当马克思从私有财产（资本）是工人外化劳动的结果来理解它与异化劳动的关系时，从这一意义上来说，消灭了异化劳动，也就消灭了私有财产，马克思因此说："工资是异化劳动的直接结果，而异化劳动是私有财产的直接原因。因此，随着一方衰亡，另一方也必然衰亡。"③

然而，问题在于马克思在表述中没有将资本（占有他人劳动的利润）的来源与私有财产（自己劳动的结果）区别开来，更没有将私有财产与私有制概念区别开来。从翻译方面来看，中文的私有财产与私有制概念是用两个不同的词来表达的，在德文那里却是同一个词，即 Privateigenthum④，但是私有财产（能够占有他人劳动的

---

① 参见《马克思恩格斯全集》第3卷，人民出版社2002年第2版，第277页。
② 《马克思恩格斯全集》第3卷，人民出版社2002年第2版，第277页。
③ 《马克思恩格斯全集》第3卷，人民出版社2002年第2版，第278页。参见 MARX/ENGELS GESAMTAUSGABE, Dietz Verlag Berlin1982，Ⅰ/2，第373页，Germany。
④ MARX/ENGELS GESAMTAUSGABE, Dietz Verlag Berlin1982，Ⅰ/2，第373页，Germany。

手段，或者占有了他人劳动的结果）与私有制本身不是一个问题，在一定的私有制体制下，并不是每一个人都有一定数量的私有财产。而且私有财产的指称对象是实体性存在，是物；私有制的指称对象是非实体性存在，是体现不同事物之间关系的制度。

我们可以很容易从私有财产与异化劳动的相关性中认识到问题的非同一性：如果异化劳动是私有财产的直接原因，那么所谓"随着一方衰亡，另一方也必然衰亡"的意思就是随着异化劳动的衰亡，私有财产也必然衰亡。

如果随着异化劳动的衰亡，私有财产也将衰亡，那么，首先，产生异化劳动的原因是什么呢？其次，私有财产的衰亡并不能够带来异化劳动的衰亡[1]，人们不可以通过消灭结果来消灭原因，那么异化劳动衰亡的可能性何在？

再如果私有财产与私有制在概念上是等同的，那么我们显然不能通过私有制（财产）的衰亡来论证异化劳动的衰亡，但这与马克思后来将私有制的扬弃看作是扬弃异化劳动前提的逻辑显然是矛盾的。马克思后来形成的通过消灭私有制来消灭剥削的逻辑正是从相反的方向去思考问题。

这里表面上存在着的循环论证可以通过两个路径来消解：第一，作为异化劳动结果的私有财产与私有制是两个含义不同的概念，不可以相提并论，马克思在《手稿》时期，还没有直接关注到私有制问题；第二，当马克思同时提到外化劳动与异化劳动的衰亡时，他没有对外化劳动（die entaüsserte Arbeit）与异化劳动（die entfremdete Arbeit）[2]的概念进行甄别，如果外化劳动是人类劳动的基本特征，不存在是否衰亡的问题，那么又如何论证它的衰亡呢？马克思要论证的显然只是异化劳动的衰亡。

论证异化劳动是私有财产的原因是一个仅仅面对资本主义历史

---

[1] 《马克思恩格斯全集》第3卷，人民出版社2002年第2版，第298页。
[2] MARX/ENGELS GESAMTAUSGABE, Dietz Verlag Berlin1982, I/2, 第372页, Germany.

时期就能够作出的经验性论证，它回答了通过利润途径获得私有财产的问题，并没有回答异化劳动的形成问题，更没有回答私有制的起源问题。因此在《手稿》中，马克思关于异化劳动与私有财产关系的讨论只是涉及了私有财产的继生原因，没有涉及私有财产的原生原因，同样没有直接涉及劳动与资本的分离原因。

马克思接下来的问题就涉及我们在上面提到的两个路径：第一，"从**私有财产**对**真正人的**和**社会的财产**的关系来规定作为异化劳动的结果的**私有财产**的普遍**本质**"①。这里已经由个人占有的私有财产现象发展为私有财产的普遍本质，即私有制（普遍的私有财产，或者说私有制的起源并非异化劳动的结果）。第二，"**人怎么使他的劳动外化**、异化？这种异化又怎么以人的发展的本质为根据？"②

第二个路径蕴含在第一个路径之中，马克思在这里抓住了问题的关键，"我们把私有财产的起源问题变为外化劳动对人类发展进程的关系问题，就已经为解决这一任务得到了许多东西"③。这已经是在外化劳动的意义上讨论私有制的起源了，此处的"私有财产"显然应该按照其内容翻译为私有制。

马克思没有清晰表达出来的思路应该是外化劳动是私有制的起源，而私有制是异化劳动的原因。如果是这样，消灭私有制就能够消灭异化劳动，而并不触及外化劳动本身。于是，马克思关于异化劳动与私有财产关系表面上的循环论证就不再存在了，在逻辑上就顺理成章了。问题的核心显然就体现为两个具有相关性的问题：第一，外化劳动如何发展为私有制；第二，私有制如何引起异化劳动。这是蕴含在马克思此时研究思路中的逻辑。

这样，要论证作为私有财产原因（来源）的异化劳动的产生，就必须首先论证私有制的产生，马克思在《手稿》的第三笔记和随

---

① 《马克思恩格斯全集》第3卷，人民出版社2002年第2版，第279页。
② 《马克思恩格斯全集》第3卷，人民出版社2002年第2版，第279页。
③ 《马克思恩格斯全集》第3卷，人民出版社2002年第2版，第279页。

后与恩格斯共同创作的《形态》中对私有制的形成展开了讨论。

## 二 异化劳动与私有财产、分工与私有制：非同质的问题

这里讨论的前提是我们已经对私有财产与私有制概念进行了甄别，尽管这两个词在德文中是没有区别的，但是正如上面已经说明的，其内容却是非常不同的。当马克思的研究思路进一步由异化劳动是私有财产的原因发展到私有制是异化劳动的原因时，私有制的起源就成为他关注的对象。

私有制意味着私有财产的普遍存在，同时意味着私有财产占有发生社会分化的可能，后者是异化劳动产生的前提。对于这一前提的形成，即私有财产占有的社会分化，而不是私有制本身的存在，马克思不同意国民经济学的解释：国民经济学家假设了劳动和资本在资本家和工人身上的原初统一，并且用偶然的、外部的因素来解释资本和劳动分别作为两个人而互相对立的局面。[①]

这种对立意味着私有财产占有社会分化现象的形成，一个人拥有资本，而另一个人只能够付出劳动，这意味着异化劳动现象的出现。问题在这里体现为两个层次，首先是私有制的形成，其次才是私有财产占有的社会分化。当马克思因分析异化劳动的结果和形成原因而论及私有财产问题时，并没有对两者加以区分。

在《手稿》中，马克思不满意国民经济学家对私有财产的性质通过劳动的主体本质以及交换和分工所进行的论证。在马克思看来，国民经济学作出了两个论断：劳动是私有财产的本质，分工和交换是私有财产的形式。马克思从中看到了论断的否定性一面，认为这两个论断已经包含着双重证明："一方面**人的生命为了本身的实现曾经需要私有财产**；另一方面人的生命现在需要消灭私有财产。"[②]

马克思的这一论断最起码包含着这样两个意思：其一，马克思

---

① 《马克思恩格斯全集》第3卷，人民出版社2002年第2版，第346页。
② 《马克思恩格斯全集》第3卷，人民出版社2002年第2版，第357—358页。

并不否认私有财产作为对人的劳动对象化、外化结果的肯定这一国民经济学的前提;其二,马克思在这一肯定因素中看到了否定性因素,由于异化劳动现象的存在,人的劳动的对象化本质不再是对自我的肯定,而是对自我的否定,因此人的生命现在需要消灭私有财产。马克思在这里显然已经将私有制看作是异化劳动的原因,而不是相反了。同时我们看到,与对私有财产的主体本质是劳动这一国民经济学的论断一样,马克思并不是要否定国民经济学的论断本身,而是要揭示它在现实中产生的悖论。

马克思在《手稿》中没有更多地从交换和分工的角度讨论私有制的起源,受到国民经济学的影响,对分工所带来的异化问题的讨论在很大程度上是从异化概念的引申意义上来论证的,本书将在第三部分讨论问题的这一方面。在马克思与恩格斯共同创作的《形态》中,马克思和恩格斯才开始从交换和分工的意义上讨论私有制的起源问题。

由于《形态》是根据马克思和恩格斯那不完整和受到侵蚀的手稿片断整理出来的,原始手稿顺序难以断定,因此本书只能够在参照不同版本的基础上,尽可能地追寻马克思(恩格斯)的研究思路,展开对问题本身的分析。

在《形态》中,人们的生产方式、财产关系是马克思和恩格斯关注的核心问题,马克思和恩格斯的研究思路从人们的意识到人们的社会存在,从人们的社会存在到人们的交往方式,从人们的交往方式到生产方式,直至提出了生产力的概念。在此基础上,用分工来论证私有制的产生。

这种对私有财产(制)的认识从异化劳动到分工的转变,通常被人们认为是马克思的思想由人本主义向历史唯物主义的转变。上面的分析已经说明,从对私有财产的关系来说,异化劳动与分工涉及的是两个不同的对象,前者是作为资本利润的私有财产的来源,后者是私有制的起源。然而这里分工与私有制起源的关系是值得讨论的。

我们先来看看马克思和恩格斯的研究思路：当马克思和恩格斯从生产力与分工的相互促进这一意义上来讨论两者的关系时，非常明确地指出，分工是生产力最初发展的一个重要因素，而生产力的发展反过来又促进了分工的发展。接着他们对分工的形式进行了分类，认为分工在开始是性别分工，当出现了物质劳动和精神劳动的分离时，才称得上是真正的分工，因为只有从这时起，意识才能够摆脱物质世界的束缚去构造理论、神学、哲学、道德等。①

在接下来的论述中，马克思和恩格斯将生产力、社会状况和意识这三个因素之间的矛盾归咎于分工的形成，因为分工使精神活动和物质活动、享受和劳动、生产和消费由不同的人来承担成为可能，并且成为现实。要使这三个因素不发生矛盾，就要消灭分工。②

这里，生产力、社会状况和意识这三个因素之间的矛盾与分工的关系是不清楚的，而且分工大有代人受过之嫌，这样的推测思路虽然比异化劳动理论更加开阔、更加丰富，但是较之将异化劳动看作是其余三种引申异化现象之前提，分工与这三个因素发生矛盾的推论在逻辑论证上显然是不成立的。

分工虽然使精神活动和物质活动、享受和劳动、生产和消费由不同的人来承担成为可能和现实，但它本身不是原因，因此也不可能由分工的消亡来推论生产力、社会状况和意识三个因素之间矛盾的消失。同样，脑力劳动和体力劳动的分工在个人身上受着既成社会条件的制约，而这正是社会关系发生阶级分化的结果，我们不能反过来，说前者是后者的原因。

而且，如果说精神活动（脑力劳动）和物质活动（体力劳动）还是一种社会分工，享受和劳动、生产和消费从来就不是社会分工，两者发生分离的原因本身是私有财产占有发生社会分化的结

---

① 广松涉：《文献学语境中的〈德意志意识形态〉》，南京大学出版社 2005 年版，第 30 页。参见 MARX-ENGELS JAHRBUCH, Akademie Verlag, 2003, 第 17—18 页，Germany。
② 广松涉：《文献学语境中的〈德意志意识形态〉》，南京大学出版社 2005 年版，第 32 页。参见 MARX-ENGELS JAHRBUCH, Akademie Verlag, 2003, 第 18 页，Germany。

果，而不是其原因。因为享受和消费集中在一小部分人手上，而劳动由另一部分人来承担，这显然是阶级社会的结果，而不是一种社会分工。

进而，在分工的意义上去论证分配不平等和所有制的产生[①]同样是不合适的，分工不会是所有制形成的直接原因，而只能是伴随着所有制的形成而产生。

在分工的基础上形成阶级与由分工导致阶级是理解分工与阶级关系的两种不同思路，前者并不否认其他环节的存在，而后者在两者之间建立了直接的关联性。马克思和恩格斯在当时将分工形式的发展与生产方式的变化直接联系起来进行论证，即"分工的各种发展阶段，同时也就是所有制的各种不同形式。这就是说，分工的每一个阶段还决定个人的与劳动材料、劳动工具和劳动产品有关的相互关系"[②]。这使得分工的发展形式与生产方式的发展变化具有了更加直接的相关性，它能够说明在阶级社会里生产方式发展变化的原因，但是不能够直接说明私有制的形成原因。

当马克思和恩格斯从分工的意义上讨论由于分工的发展而在个人或家庭与所有参与交往的个人或家庭利益构成的共同利益之间的矛盾时，严格说来这样的矛盾是在分工基础上形成的交往关系的结果，只要存在着分工，它就存在，与阶级存在与否无关。

所有制（私有制）的形成是人与物对象性关系的确定，分工是人与人之间交往的产物，它虽然直接导致物与物之间的交换，但是由物与物交换产生的分配不平等只是具有偶然性，真正的不平等是物权或财产所有权发生社会分化的结果，而这与分工没有直接的关系。

私有财产占有发生社会分化的前提是私有制的存在，对此，马

---

[①] 广松涉：《文献学语境中的〈德意志意识形态〉》，南京大学出版社2005年版，第32页。参见 MARX-ENGELS JAHRBUCH, Akademie Verlag, 2003, 第18页, Germany。

[②] 广松涉：《文献学语境中的〈德意志意识形态〉》，南京大学出版社2005年版，第82页。

克思和恩格斯进行了这样的论证,"私有制,就它在劳动的范围内同劳动相对立来说,是从积累的必然性中发展起来的。起初它大部分仍旧保持着共同体的形式,但是在以后的发展中越来越接近私有制的现代形式"①。那么分工在这里起着什么样的作用呢?分工在这里起着促使资本和劳动分离的催化作用,这可以从分工与生产力的同步发展来理解,分工的发达意味着生产力水平的提高,这必然伴随着积累的增加。"分工越发达,积累越增加,这种分裂也就发展得越尖锐。"② 但是分工本身不是促使私有制形成,并且私有财产(生产手段)在一部分人身上集聚,而使另一部分人一无所有的原因。

　　因此,我们现在可以明确地说,分工与异化劳动在与私有财产的关系问题上不是同一个层次的概念,如果说马克思所分析的异化劳动与私有财产、私有制具有某种程度的直接相关性,那么分工与私有财产、私有制之间并没有直接相关性。这也就是说,我们不能够将马克思对私有财产的研究思路由异化劳动的视线转向分工的视线看作是马克思由人本主义转向历史唯物主义的标志;更不能将马克思和恩格斯用分工来说明私有制,或阶级的产生看作是构成了唯物史观的逻辑。

　　其中的逻辑关系正如外化劳动与私有财产的关系一样:外化劳动存在于私有财产之前、之外,分工虽然不像外化劳动一样具有最原初的本源性,但是它在逻辑上也存在于私有制之前、之外,因而不能够作为解释私有制、阶级形成的直接原因。在分工与私有制的形成之间还存在着更加重要的环节,马克思和恩格斯当时并没有讨论这一环节,这不仅使得他们关于分工与私有制关系的认识存在着模糊性,而且为后人跳越这一环节同样用分工阐述私有制的形成留

---

① 广松涉:《文献学语境中的〈德意志意识形态〉》,南京大学出版社 2005 年版,第 138 页。参见 MARX-ENGELS JAHRBUCH, Akademie Verlag, 2003, 第 87 页, Germany。

② 广松涉:《文献学语境中的〈德意志意识形态〉》,南京大学出版社 2005 年版,第 139—140 页。参见 MARX-ENGELS JAHRBUCH, Akademie Verlag, 2003, 第 87—88 页, Germany。

下了可能性。

### 三　分工的技术合理性与异化特征，不可相提并论

分工与私有财产、私有制没有直接的相关性，分工与异化劳动也不能够直接等同，但是从异化劳动的引申意义上来说，分工在一定条件下可以被异化。关于分工与异化劳动的这种关系，马克思在《手稿》中就多有讨论，在《形态》中，马克思继续沿着这一思路讨论分工与异化问题。

我们先来看看马克思在《手稿》中的论述，黑格尔的异化理论在两个意义上影响了马克思，其一是他那抽象意义上自我意识异化与回归的理论，其二是他关于现实中财产异化的理论。马克思的异化劳动理论从其现实意义上来说受到了黑格尔关于财产异化概念的启发，马克思在类似的意义上论证了异化劳动的几个层次：工人与其劳动产品的异化[1]；工人与自身劳动行为的异化[2]；人与其类本质的异化[3]；人与人的关系发生了异化[4]。其中，后三个层次上的异化是第一个层次异化的结果，或者引申含义，而类本质异化的概念接近于黑格尔的抽象异化论证。

分工的异化含义是从异化劳动第二、第三个层次的引申意义上而言的，其根据是马克思对人作为类存在物的生命活动是有意识的、自由活动所作的定义。而"异化劳动把自主活动、自由活动贬低为手段，也就把人的类生活变成维持人的肉体生存的手段"[5]。

在私有财产、异化劳动的条件下，分工也就不得不屈服于对财

---

[1] MARX/ENGELS GESAMTAUSGABE, Dietz Verlag Berlin1982，I/2, 第 235 页，Germany。

[2] MARX/ENGELS GESAMTAUSGABE, Dietz Verlag Berlin1982，I/2, 第 239 页，Germany。

[3] MARX/ENGELS GESAMTAUSGABE, Dietz Verlag Berlin1982，I/2, 第 241—242 页，Germany。

[4] MARX/ENGELS GESAMTAUSGABE, Dietz Verlag Berlin1982，I/2, 第 242 页，Germany。

[5] 《马克思恩格斯全集》第 3 卷，人民出版社 2002 年第 2 版，第 274 页。

产的追逐，马克思在《手稿》中对国民经济学进行的批判性研究时这样阐述分工与异化劳动的关系："关于**分工的本质——劳动**一旦被承认为**私有财产的本质**，分工就自然不得不被理解为财富生产的一个主要动力……"人的类活动——劳动被异化了，分工也就成为人的异化活动的设定。分工在这里似乎是私有财产、异化劳动的形式，消灭私有财产也将消灭分工。①

在《形态》中，马克思对这一问题的认识在两个方面发生了变化：

第一，马克思对人类劳动本质的认识发生了变化，在《手稿》中，马克思假设了人类劳动的本质应该是类存在的有意识的自由自觉活动，异化劳动使这种活动成为维持生存的手段。在《形态》中，马克思恰恰从维持生存的手段这一意义上来定义劳动，因为历史的前提就是人类生存的前提，人类为了能够创造历史，就必须能够生活，而为了生活就需衣、食、住以及其他东西，"因此第一个历史活动就是生产满足这些需要的资料，即生产物质生活本身"②。

这里不应该忽视的是：在《手稿》中马克思受到黑格尔的影响，对人类劳动进行了自由自在类本质的定义，但是并没有忽视劳动的对象性规定。在《形态》中，马克思强调了劳动对于维持生存的手段意义，但是并没有放弃人类劳动作为自由活动的理念。

第二，如果在《手稿》中马克思并不反对国民经济学的断言，认为分工和交换以私有财产为基础，在《形态》中，马克思在探讨私有制起源的原因时关注到了分工，并在某种程度上将分工看作是私有制的原因。

第一个方面的变化，体现出马克思对人类劳动本质的认识更加全面，既看到它是一种手段，又看到它的自由特征；第二个方面的变化，体现出马克思从《手稿》的研究思路，即从异化劳动是私有

---

① 《马克思恩格斯全集》第 3 卷，人民出版社 2002 年第 2 版，第 357—358 页。
② 《马克思恩格斯选集》第 1 卷，人民出版社 2002 年第 2 版，第 79 页。

财产的来源，转向《形态》的研究思路，即从分工入手探讨私有制的起源。

我们在本书的第二节已经分析过，第二个方面的转向是不成功的，分工不能够成为私有制的原因，因为它在逻辑上可以存在于私有制的形成之前、之外。

无论在《手稿》还是《形态》中，除了分工与私有财产的关系，马克思还从异化劳动的引申意义上讨论了分工本身带来的异化问题。分工与引申意义上异化劳动的关系正是相对于人类劳动的自由自觉特征而言的，这可以从两个方面来理解：其一，分工使人的活动单一化；其二，由于异化劳动将人类的基本生存活动贬低为单纯的谋生手段，分工的行为本身也就具有了被迫的、异化的性质。

关于问题的第一个方面，在《手稿》中，马克思在原则上没有反对亚当·斯密关于分工对人的才能发展影响的论断：个人天赋才能的差别与其说是分工的原因，不如说是分工的结果，只是马克思从另一个方面强调了"分工提高劳动的生产力，增加社会的财富，促使社会精美完善，同时却使工人陷于贫困直到变为机器"[①]。

关于问题的第二个方面，在《形态》中，马克思和恩格斯一方面指出随着分工的发展产生了个人利益和共同利益的矛盾，另一方面进一步强调由于个人的特殊利益与社会公共利益发生了分裂，分工就不是出于自愿的，每个人都被囿于一定的范围，在这种情况下，"人本身的活动对人来说就成为一种异己的、同他对立的力量，这种力量压迫着人，而不是人驾驭着这种力量"[②]。

如果说社会的阶级分化使得分工在这两个方面具有了异化的性质，那么分工本身就不能用来说明阶级分化，进而私有制的形成。

---

[①] 《马克思恩格斯全集》第3卷，人民出版社2002年第2版，第231页。
[②] 广松涉：《文献学语境中的〈德意志意识形态〉》，南京大学出版社2005年版，第34页。参见 MARX-ENGELS JAHRBUCH，Akademie Verlag，2003，第20页，Germany。

可以说在《形态》中，马克思和恩格斯并没有很清晰地对分工的必要性和分工在阶级社会条件下产生的异化特征加以区分。恩格斯甚至认为，"其实，分工和私有制是相等的表达方式，对同一件事情，一个是就活动而言，另一个是就活动的产品而言。"① 这里有必要说明，此处的"私有制"应该翻译为私有财产，财产当然是劳动（无论分工与否）的结果。但是人们如果因此用分工来解释私有制的形成，就毫无意义了。

区别分工本身与分工在阶级社会条件下的异化特征决定着我们如何看待分工，是要消灭分工，还是要消灭分工的异化特征？正是由于没有对两者进行清晰的区分，马克思和恩格斯将消灭分工的异化特征直接理解为消灭分工本身，并且留下了经常为后人质疑的话语："而在共产主义社会里，任何人都没有特殊的活动范围，而是都可以在任何部门内发展，社会调节着整个生产，因而使我有可能随自己的兴趣今天干这事，明天干那事，上午打猎，下午捕鱼，傍晚从事畜牧，晚饭后从事批判，这样就不会使我老是一个猎人、渔夫、牧人或批判者。"②

技术性的分工发展是一个不可逆转的社会进程，分工本身不可能被消灭，但是分工的被迫性能够被人们的自主选择所取代。马克思和恩格斯在《形态》中的研究思路本来是要用分工、交换的产生来解释私有制和阶级社会的产生，但是实际上他们所揭示的却是在对抗性的社会关系中，分工本身（尤其是脑力劳动和体力劳动的分工）被异化、被物化的事实。

我们现在能够提出的问题是：我们不能用分工的形成来解释私有制和阶级社会的产生，对于私有制和阶级社会的产生，马克思和恩格斯虽然在《形态》中开辟了一个从人们的生存活动、生产劳动中认识生产关系、社会关系形成和发展的唯物史观思路，但是对这

---

① 广松涉：《文献学语境中的〈德意志意识形态〉》，南京大学出版社2005年版，第34页。参见 MARX-ENGELS JAHRBUCH, Akademie Verlag, 2003, 第19页, Germany。
② 《马克思恩格斯选集》第1卷，人民出版社1995年第2版，第85页。

一思路本身的具体论证在《形态》中并没有完成。当人们（非常通常地）将错就错地以分工来论证私有制的产生原因并将此看作是唯物史观的形成根据时，其结果可能会以一个具体的论证错误遮蔽唯物史观理论本身具有的意义和价值。

# 第六章　恩格斯晚年的社会主义观研究

本章和第七章的主题都是从文本和思想史的视角出发探讨恩格斯晚年的社会主义观，由于这一部分篇幅较长，所以才分为两章。本章除了引论部分还主要探讨以下4个问题：如何界定"恩格斯晚年的社会主义观"，1883年之前马克思和恩格斯关于社会主义的基本思想，1883年之后恩格斯的政治经济学和哲学研究与社会主义观，1883年之后恩格斯对社会主义革命理论的发展。第七章除了简短的结论还主要探讨以下3个问题：社会主义革命的策略问题——恩格斯写于1895年的《〈法兰西阶级斗争〉导言》，1883年之后恩格斯对机会主义的批判，恩格斯晚年的社会主义观与民主社会主义的本质区别。

恩格斯晚年的社会主义观在马克思主义思想史和国际共产主义运动史上一直是一个有争议的话题。近年来该话题由于一场争论又成为中国理论界和学术界的热点。

2007年，《炎黄春秋》杂志第2期发表了中国人民大学原副校长谢韬的文章《民主社会主义模式与中国前途》。该文提出了一系列有争议的观点，例如：认为民主社会主义是区别于资本主义和"暴力社会主义"（即苏联、中国等社会主义国家的社会主义道路）的另一条道路，中国的改革开放也属于走民主社会主义道路；认为民主社会主义是马克思主义的正统，其根据之一就是恩格斯晚年放弃了无产阶级革命理论，同意了"资本主义和平长入社会主义的理论";认为列宁主义从"左"的方面修正了马克思主义,本质上是一种布朗基主义,即不顾经济条件和社会条件,主张单纯依靠暴力夺取政权就能建立社会主义的思想;等等。

需要指出的是,谢韬的文章是在阅读另一位争议人物——辛子陵关于民主社会主义的一部书稿后有感而发写作的,文章中的很多观点都来自辛子陵。① 理论界支持谢韬观点的不多,比较有代表性的是中国社会科学院经济研究所学者冒天启2007年4月19日在《社会科学报》上发表的文章《对恩格斯晚年社会发展思想的再思考》。该文认为:恩格斯晚年有关社会发展的思想可以直接概括为民主社会主义。

谢韬的文章发表后,中国理论界出现了一大批对其进行批判和反驳的论著。例如,著名的世界社会主义理论研究专家肖枫发表在《科学社会主义研究》2007年第2期上的文章《谢韬先生〈民主社会主义模式与中国前途〉之我见》。再如,我国著名的马克思主义理论家徐崇温先生发表的一系列论文,分别是:《社会民主主义与民主社会主义:历史、理论和现状》(《中国特色社会主义研究》2007年第2期)、《瑞典模式的历史进程和经验教训》(《复旦大学学报(社会科学版)》2007年第4期)、《正确理解马克思恩格斯晚年的著作》(《高校理论战线》2007年第7期)、《列宁与伯恩施坦:到底是谁修正了马克思主义?》(《毛泽东邓小平理论研究》2007年第7期)、《不"同祖",不"同根",不是"同义语"——谈谈科学社会主义和民主社会主义的关系》(《高校理论战线》2008年第5期)。同时,徐崇温先生1995年出版的专著《民主社会主义评析》也在2007年再版。

伴随着这场争论,对恩格斯晚年思想以及民主社会主义等问题的研究也成为中国理论界和学术界的一个热点。

---

① 关于辛子陵的基本观点,参见钱昌明《用马列经典原著揭穿辛子陵政治骗子的鬼蜮伎俩》,载"乌有之乡"网站:http://m.wyzxwk.com/content.php?classid=27&cpage=0&id=230002。

就恩格斯晚年社会主义思想的研究而言，一方面，出现了一个重读恩格斯《卡·马克思〈1848年至1850年的法兰西阶级斗争〉一书导言》（以下简称1895年《〈法兰西阶级斗争〉导言》）的热潮，因为这篇文献是上述争议的中心。例如，发表在《政治学研究》2007年第1期上的梅荣政、李静的文章《革命权是唯一的真正"历史权利"——〈恩格斯《1848至1850年法兰西阶级斗争》导言〉研究》。再如，著名学者高放的论文《恩格斯"政治遗嘱"百年八次争议》（《当代世界与社会主义》2010年第5期）回顾了国际共运史上关于这一文献的争议。该文表现出有限度地支持谢韬观点的倾向，认为暴力革命与和平过渡都不是无产阶级革命的一般规律；各国共产党与社会民主党在走议会道路和平夺取政权方面已达成共识；等等。另一方面，出现了一些对恩格斯晚年社会主义观进行系统研究的论著。例如，上海社会科学院国外社会主义研究中心徐觉哉的论文《恩格斯晚年的观察与思考——文献档案的历史考证》（《当代世界与社会主义》2010年第5期）就全面考察了恩格斯晚年的社会主义思想。该文在资料的占有和分析上有一定深度和广度，但是很多结论都是值得商榷的。该文在总体上也表现出有限度地支持谢韬等人观点的倾向。不过，理论界和学术界支持谢韬观点的只占少数，多数论著都对谢韬观点持批评态度。

需要指出的是，由于恩格斯晚年社会主义观的争议性，这一问题不仅为国际学术界所长期关注，也是改革开放以来中国学术界始终关注的问题。在近年该问题重新成为热点之前，中国学者就发表过一批有分量的论著，并且在1995年纪念恩格斯逝世一百周年之际对有关问题进行过集中探讨。

首先，中国马克思恩格斯著作的不断编辑出版和修订再版为研究恩格斯的相关思想提供了基本资料。例如，恩格斯写于1895年的《〈法兰西阶级斗争〉导言》不仅收入了《马克思恩格斯全集》中文第1版第22卷，而且收入了《马克思恩格斯选集》1995年版四卷本第4卷以及最新出版的《马克思恩格斯文集》2009年版十卷本第 4 卷。此外，海因里希·格姆科夫（Gemkow, Heinrich 1928— ）等著的《恩格斯传》（生活·读书·新知三联书店 1975 年版），列昂尼德·费奥多罗维奇·伊利切夫（Ильичев, Леонид Федорович 1906—1990）等著的《弗里德里希·恩格斯》（人民出版社 1984 年版）等恩格斯的传记也提供了一些相关资料。

其次，中国的马克思主义思想史、科学社会主义思想史等方面的著作始终关注恩格斯晚年的相关思想。这方面值得一提的论著和译著包括：民主德国学者洛尔夫·德鲁贝克（Rolf Drübeck）、雷纳特·麦科尔（Renate Meckel）等合著的《马克思恩格斯论社会主义社会和共产主义社会》（河南人民出版社 1990 年版），中国人民大学马列主义发展史研究所编写的《马克思恩格斯思想史》（上海人民出版社 1982 年版）、《马克思主义史》四卷本第 1 卷（人民出版社 1996 年版）等。

再次，在中国学者关于恩格斯晚年社会主义观的研究中，尤其值得一提的是季丰、韩文臣、闻文编《国际共运史上的一大论战——关于恩格斯的〈马克思《法兰西阶级斗争》导言〉的争论和评论》（社会科学文献出版社 1995 年版）的出版。这是一本资料翔实的译文集，收录了国外理论界和学术界研究恩格斯 1895 年《〈法兰西阶级斗争〉导言》的一系列重要论著，堪称当时献礼恩格斯逝世一百周年的力作。

此外，20 世纪 90 年代之后到 2007 年谢韬上述文章发表之前研究恩格斯晚年社会主义观的论著中，值得一提的还有吴家华的专著《理解恩格斯——恩格斯晚年历史观研究》（安徽大学出版社 2005 年版），该书专辟章节对于所谓的修正主义的"恩格斯起源"这一说法进行了深入的分析。郁庆治的论文《恩格斯晚年的理论探索与时代意义——为恩格斯逝世 100 周年而作》（《理论学刊》1995 年第 5 期）也很有价值，该文是对恩格斯晚年思想的一个系统研究和总结。

总之，上述材料已经对恩格斯晚年的社会主义观做了较为系统和深入的研究。本章所做研究的特点是：第一，较强的现实针对性，即是针对 2007 年的有关争论所做的较为系统的研究；第二，在近年来国内外马克思恩格斯文本文献研究取得一系列进展的背景下，力求借鉴和运用文本研究的相关理论和方法。简言之，本章将在国内外学术界已有研究的基础上，侧重于从文本研究的视角出发，进一步探讨恩格斯晚年的社会主义观。

## 第一节 如何界定"恩格斯晚年的社会主义观"

关于恩格斯"晚年"的起始时间主要有两种看法，一种看法认为起始于 1883 年马克思逝世后。另一种看法认为起始于 19 世纪 70 年代，因为 1871 年巴黎公社后世界资本主义进入了一个相对"和平发展"的时期，相应的恩格斯的理论活动也具有了一定的阶段性的新特征。[①] 本章对于恩格斯"晚年"的界定倾向于前一种看法。

首先，本章所研究的主要对象，是恩格斯那些引起争议的，所谓的"修正主义来源"的思想，而体现这些思想的一个中心文献是 1895 年写作并发表的《〈法兰西阶级斗争〉导言》。因此，本章所说的恩格斯晚年的社会主义观主要是指以 1895 年《〈法兰西阶级斗争〉导言》为中心并与之相关的一系列思想。而这些思想的出现以及相关文献的发表时间主要在 1883 年之后。当然，1883 年之前恩格斯的相关思想，只要与本章考察的对象有内在联系，也会涉及。

其次，这种对"晚年"的界定主要是从思想变化的视角出发的，尤其是就恩格斯在《社会主义从空想到科学的发展》（1883）中对社会主义理论进行经典阐述之后的思想变化而言的。因此，如果本章把恩格斯的"晚年"界定在 19 世纪 70 年代之后，就无法体现恩格斯的这种思想变化。当然，事实上这种思想变化是一种"与

---

[①] 参见吴家华《理解恩格斯——恩格斯晚年历史观研究》，安徽大学出版社 2005 年版，第 22—24 页。

时俱进",而不是原则性的改变。19世纪70年代之后,恩格斯研究工作的重点是对马克思主义理论进行系统的总结。1883年之后,这种系统总结的工作仍然在继续,它与体现恩格斯"思想变化"的对马克思主义的修订补充工作是同时或者交叉进行的,对于1883年之后恩格斯研究工作中的这两种取向,本章会做出具体分析。

此外,为了考察恩格斯前后思想的连续性和变化性,本章不仅要系统讨论恩格斯晚年的社会主义观,而且要系统地回顾1883年之前马克思和恩格斯的社会主义观。

另一个问题是如何界定"社会主义观"。社会主义观,或者说社会主义学说、社会主义思想,是马克思主义的社会政治理论。它与马克思主义哲学、政治经济学既是一个有机的整体,三者之间又具有相对独立性。列宁关于马克思主义三个组成部分的经典论述,无论是其基本精神,还是其具体结论,对本书而言都是基本的出发点。同时,由于马克思主义哲学、政治经济学为马克思主义的社会主义学说提供了理论基础和方法论基础,本章坚持在马克思主义的理论整体中探讨其社会主义观,同时不牺牲社会主义观的相对独立性。

本研究的文献来源也需要做出说明。在《马克思恩格斯全集》历史考证版（MEGA$^2$）中,收入恩格斯1883年3月至1886年9月期间文稿的 MEGA$^2$ 第一部分第30卷,以及收入恩格斯1891年6月至1895年8月期间文稿的 MEGA$^2$ 第一部分第32卷还没有出版。收入恩格斯1886年10月至1891年2月期间文稿的 MEGA$^2$ 第一部分第31卷于2002年出版。该卷主要收录了恩格斯发表在《社会主义》《新时代》《劳动报》《纽约人民报》等报刊、书籍中的文稿,以及相关通信,主要有《欧洲的政治形势》《马克思〈哥达纲领批判〉序言》等。该卷主要为德文,有部分英文。此外,收入恩格斯晚年通信的 MEGA$^2$ 第三部分最后几卷也还没有出版。因此,MEGA$^2$ 并不是本研究的主要文献来源。

《马克思恩格斯全集》中文第二版主要以 MEGA$^2$ 为依据,其已出版的各卷往往与 MEGA² 有对应关系。但是与 MEGA² 已出版的第一部分第 31 卷相对应的中文版相关卷尚未出版。

本研究主要依据的是《马克思恩格斯全集》中文第一版和新出版的《马克思恩格斯文集》十卷本 2009 年版，同时参考了《马克思恩格斯全集》英文版（五十卷本）（MARX/ENGELS COLLETED WORKS（MECW）（50 VOLUMES），MOSCOW［etc.］，1974－2001）和已出版的 MEGA² 第一部分第 31 卷（MARX/ENGELS GESAMTAUSGABE，BAND Ⅰ/31，IISG，AMSTERDAM，2002）。

因为恩格斯晚年的文献大多在其生前已发表，所以这些文献的 MEGA² 版与它们之前的版本差异较小。涉及恩格斯晚年社会主义观的大部分重要文献的中文译本已收录在《马克思恩格斯文集》十卷本 2009 年版中，其他的小部分则在《马克思恩格斯全集》中文第一版中能够找到。《马克思恩格斯文集》十卷本 2009 年版的编译依据的是马克思恩格斯相关文献的最新原文版，是体现我国马克思主义著作编译最新进展的版本，值得信赖。《马克思恩格斯全集》中文第一版至少就本研究所涉及的部分而言也是值得信赖的。

## 第二节　1883 年之前马克思和恩格斯关于社会主义的基本思想

1883 年之前马克思和恩格斯的社会主义观可以划分为以下几个发展阶段。

第一个阶段是马克思和恩格斯社会主义观的形成时期，以 1848 年《共产党宣言》的发表为标志。这一时期最重要的两个文献是《德意志意识形态》和《共产党宣言》，前者是马克思主义世界观——唯物史观形成的标志，后者是马克思主义公开问世的重要标志。

从 1848—1849 年欧洲革命到 1871 年巴黎公社失败是马克思和恩格斯社会主义观的第二个阶段。这一时期马克思和恩格斯的理论活动有以下三个方面值得注意：一是马克思主义理论在1848—1849年革命中的应用以及革命后的总结和反思；二是与1864年第一国际成立相联系的马克思和恩格斯的理论活动；第三，也是最重要的方面，是马克思在政治经济学研究中对剩余价值规律的揭示，这是继唯物史观之后马克思的第二个伟大发现，也为马克思主义的社会主义思想提供了全面的政治经济学论证。

从1871年巴黎公社到1883年马克思逝世是马克思和恩格斯社会主义观的第三个阶段。这一时期马克思和恩格斯的相关理论活动包括对巴黎公社的总结和反思、与各种机会主义流派的斗争（这种斗争实际上贯穿了上述三个阶段）以及马克思《哥达纲领批判》的发表。而在这一阶段尤为重要的是恩格斯《反杜林论》（1876—1878）和《社会主义从空想到科学的发展》（1883）的发表。这两本著作对马克思主义基本原理，尤其是马克思主义哲学和社会主义观的基本原理做了系统阐述。而且，由于这两本著作是恩格斯独立完成的，这对于本研究而言显得尤为重要。

### 一 马克思和恩格斯社会主义观的形成时期

根据马克思和恩格斯1848年《共产党宣言》的基本思想，马克思主义的产生，尤其是其社会主义观的创立，是19世纪40年代欧洲最先进国家的资本主义生产方式以及资产阶级和无产阶级之间阶级斗争发展的必然产物。

当时的国际工人运动已经进入一个迫切需要正确理论指导的历史阶段。如何认识资本主义制度的剥削本质以及阶级斗争的规律性？如何论证推翻资本主义制度并代之以一个没有剥削和压迫的新社会的必要性？这个新社会的基本特征如何？通往这一新社会的道路何在？这些理论问题都亟待解答。

从1842年参加《莱茵报》的政论活动开始，马克思逐步获得了关于所有制问题和阶级问题的相关认识，并通过历史和哲学的研究加深了这些认识。1844年2月，马克思在《德法年鉴》上发表的两篇文章——《〈黑格尔法哲学批判〉导言》和《论犹太人问题》中，论述了消灭私有制的必要性和无产阶级的历史使命，认为无产阶级承担着结束一切阶级统治并建立一个无阶级社会的重任。这些认识是马克思转向共产主义的重要标志。[①] 同时，恩格斯也以自己的方式和道路转向了共产主义。经过了马克思在《1844年经济学哲学手稿》中的一系列探索，马克思和恩格斯在他们合著的《神圣家族》（写于1844年，出版于1845年）中进一步论证了无产阶级的历史使命。而恩格斯的《英国工人阶级状况》（1845）则从社会学角度揭示了工人阶级的社会地位和革命性力量。

马克思和恩格斯合写于1845—1846年的《德意志意识形态》是一个里程碑。这本著作第一次比较完整地阐述了唯物史观的基本理论。从唯物史观出发，马克思和恩格斯对于共产主义的论证又达到了一个新的高度：首先，由于把历史的发展看作不同社会形态的更替过程，资本主义制度就不是永恒的，它必将为更高级的社会形态——共产主义所代替，而共产主义就不是凭空想象出来的，而是历史发展的必然结果。其次，唯物史观对于社会结构的揭示不仅成为认识资本主义制度的钥匙，也为预测一个新社会提供了方法和理论。再次，唯物史观所贯彻的辩证法精神要求不仅把资本主义的产生和灭亡，而且把共产主义的实现和发展都看成一个长期而复杂的历史过程。最后，《德意志意识形态》和1845年马克思《关于费尔巴哈的提纲》中的一个重要观点是强调历史过程是人的活动的结果。这是以下一系列思想的逻辑出发点：社会规律只能通过人的自觉行动实现；阶级斗争是一切阶级社会历史发展的决定性动力；共产主义也必然是工人阶级革命行动的结果。

在《德意志意识形态》中，马克思和恩格斯不仅潜在地论证了他们所信奉的社会主义学说——共产主义，而且直接论述了这一共

---

① 参见［民主德国］洛尔夫·德鲁贝克、雷纳特·麦科尔《马克思恩格斯论社会主义社会和共产主义社会》，籍维立、王宏道、孙魁、高爱贺译，河南人民出版社1990年版，第30页。

产主义理论的一系列核心观点：首先，共产主义的出现有两个物质前提，一个是现代大工业以及大工业无产阶级的出现；另一个是资产阶级和无产阶级阶级对立的尖锐化。其次，根据唯物史观，共产主义改造的核心内容是"**必须去消灭私有制**"①。再次，根据唯物史观，实现共产主义必须通过革命的方式夺取政权，这是由国家的本质决定的。②此外，未来的共产主义社会将具有消灭旧式分工、实现个人解放等内容。

在《德意志意识形态》之后，马克思和恩格斯理论探索的脚步并未停止。由于《德意志意识形态》在马克思和恩格斯生前未能出版，马克思主义理论的一些有决定意义的观点在马克思的《哲学的贫困》（1847）中第一次得到科学的，虽然只是论战性的概述。③恩格斯则在《共产主义原理》等文献中进一步系统论述了共产主义理论。1848年《共产党宣言》的发表则进一步标志着马克思主义的公开问世。

《共产党宣言》首先阐述了**共产主义取代资本主义的历史规律性以及无产阶级的历史使命**。在马克思和恩格斯看来，与封建社会相比，资本主义显示了巨大的历史进步性，但是资本主义的内在矛盾体现了它的历史局限性，决定了它必然被更高级的社会形式——社会主义所代替。随着资本主义的发展，现代社会也日益分裂成两大对立的阶级——资产阶级和无产阶级。无产阶级随着资本主义的产生发展而形成壮大，是资本主义的掘墓人。正如马克思后来在1873年《〈资本论〉第1卷第2版跋》中指出的，"这个阶级的历史使命是推翻资本主义生产方式和最后消灭阶级。这个阶级就是无产阶级"④。也正如《共产党宣言》所宣告的："资产阶级的灭亡和

---

① 《马克思恩格斯全集》第3卷，人民出版社1960年版，第516页。
② 参见《马克思恩格斯文集》第1卷，人民出版社2009年版，第536—537页。
③ 参见《马克思恩格斯文集》第2卷，人民出版社2009年版，第593页。
④ 《马克思恩格斯文集》第5卷，人民出版社2009年版，第18页。

无产阶级的胜利是同样不可避免的。"①

其次,《共产党宣言》阐述了**无产阶级革命**的基本理论。在马克思和恩格斯看来,**无产阶级和资产阶级之间的斗争是资本主义社会发展的直接动力;无产阶级革命是资本主义基本矛盾的解决;无产阶级革命的关键是夺取政权;暴力革命是无产阶级革命斗争的一般规律**。虽然当时还没有使用"无产阶级专政"概念,但《共产党宣言》明确指出,共产党人的最近目的是"使无产阶级形成为阶级,推翻资产阶级的统治,由无产阶级夺取政权"②;"无产阶级用暴力推翻资产阶级而建立自己的统治"③。

再次,《共产党宣言》阐明了无产阶级的阶级斗争需要**革命政党**——共产党的领导。《共产党宣言》指出:"在实践方面,共产党人是各国工人政党中最坚决的、始终起推动作用的部分;在理论方面,他们胜过其余无产阶级群众的地方在于他们了解无产阶级运动的条件、进程和一般结果。"④

同时,《共产党宣言》阐明了无产阶级革命斗争的根本目的是求得经济上的解放,实行**生产资料公有制**。《共产党宣言》指出:"共产党人可以把自己的理论概括为一句话:消灭私有制"⑤。近年来一些中国学者认为应当把"消灭私有制"根据他们对德文原文的理解译为"扬弃私有制",这种说法很难成立。因为联系马克思和恩格斯在《共产党宣言》发表前后的思想以及他们的一贯思想,"消灭私有制"的观点是毋庸置疑的。例如,在1850年马克思和恩格斯共同起草的《共产主义者同盟中央委员会告同盟书》就指出:"对我们说来,问题不在于改变私有制,而只在于消灭私有制,不在于掩盖阶级对立,而在于消灭阶级,不在于改良现存社会,而在

---

① 《马克思恩格斯文集》第2卷,人民出版社2009年版,第43页。
② 《马克思恩格斯文集》第2卷,人民出版社2009年版,第44页。
③ 《马克思恩格斯文集》第2卷,人民出版社2009年版,第43页。
④ 《马克思恩格斯文集》第2卷,人民出版社2009年版,第44页。
⑤ 《马克思恩格斯文集》第2卷,人民出版社2009年版,第45页。

于建立新社会。"①《共产党宣言》还提出,无产阶级在夺取政权之后,要逐步夺取资产阶级的全部资本,把一切生产工具集中在无产阶级国家手中,推进生产力总量的增加。为此,《共产党宣言》还提出了从资本主义向共产主义过渡的十条措施,包括剥夺地产、征收高额累进税、废除继承权等。这些措施大多是工人运动的传统要求,其中有些措施后来证明也有不成熟之处。

此外,《共产党宣言》也展望了**共产主义社会**形态的特征和发展趋势。这些预测包括:消灭私有制,由整个社会来领导生产;消灭阶级、国家,实现民族融和;建立一个自由人的联合体,"在那里,每个人的自由发展是一切人的自由发展的条件"②。

最后,《共产党宣言》批判了一系列非无产阶级的社会主义和空想社会主义,阐述了共产主义的科学理论和方法。这种与形形色色非无产阶级的社会主义和空想社会主义的斗争具有长期性,贯穿了马克思主义社会主义学说发展的始终。

《共产党宣言》所阐述的上述观点,正是马克思和恩格斯社会主义观的基本原则。而且,正如后来恩格斯所说明的,在1847年,"社会主义"指的是资产阶级的运动,"共产主义"指的是无产阶级的运动,所以马克思和恩格斯把当时自己的社会主义思想称为共产主义。③

## 二 1848—1871年间马克思和恩格斯的社会主义观

1848—1849年欧洲革命的爆发是对《共产党宣言》提出的马克思主义基本观点的验证。同时,马克思和恩格斯不仅积极参与了这次革命并在革命中运用了自己的理论;而且在革命之后,又对这场革命进行了系统的理论总结和反思。这一时期或许马克思主义哲学的研究并不是马克思和恩格斯的侧重点,但是对于马克思主义的

---

① 《马克思恩格斯文集》第2卷,人民出版社2009年版,第192页。
② 《马克思恩格斯文集》第2卷,人民出版社2009年版,第53页。
③ 参见《马克思恩格斯文集》第2卷,人民出版社2009年版,第13—14页。

社会主义理论，尤其是革命和政党理论而言，是一个重要的发展时期。

在1848—1849年欧洲革命过程中，马克思和恩格斯首先遇到的是资产阶级民主革命与社会主义革命的关系问题。实际上马克思和恩格斯在1847年与小资产阶级激进派卡尔·海因岑（Karl Heinzen，1809—1880）的论战中就已讨论过这一问题，他们已阐述过共产党人为什么要参加资产阶级革命和民主主义斗争以及参加到什么程度，如何越过民主主义而争取无产阶级的直接目标——共产主义。1848年3月马克思和恩格斯在巴黎拟定的《共产党在德国的要求》十七条是第一个以马克思主义为指导的工人阶级的具体革命纲领，其主旨是通过彻底完成资产阶级民主革命，从而为向社会主义革命过渡创造前提。

1848—1849年欧洲革命失败后，在马克思的《**1848年至1850年的法兰西阶级斗争**》（1849—1850）、《路易·波拿巴的雾月十八日》（1851—1852），恩格斯的《德国维护帝国宪法的运动》《德国农民战争》（1850）、《德国革命和反革命》（1851—1852）以及马克思和恩格斯共同起草的《共产主义者同盟中央委员会告同盟书》（1850）等论著中总结了革命的经验，提出了一系列重要思想。

首先，马克思和恩格斯明确提出了**不断革命**理论，即从资产阶级民主革命转入社会主义革命。《共产主义者同盟中央委员会告同盟书》指出："我们的利益和我们的任务却是要不断革命，直到把一切大大小小的有产阶级的统治全都消灭，直到无产阶级夺得国家政权，直到无产者的联合不仅在一个国家内，而且在世界一切举足轻重的国家内都发展到使这些国家的无产者之间的竞争停止，至少是发展到使那些有决定意义的生产力集中到了无产者手中。"[①]

其次，马克思和恩格斯明确提出了**无产阶级专政**理论。"专政"概念的本义是指某个临时性的政府机构在一次革命或者反革命之后

---

[①] 《马克思恩格斯文集》第2卷，人民出版社2009年版，第192页。

所采取的不受任何法律约束的恐怖行动。马克思主义并不在这个意义上使用专政概念，而是把一个社会的统治阶级以政权的方式维护自身的利益称为阶级专政。在《1848年至1850年的法兰西阶级斗争》中，马克思指出："这种社会主义就是**宣布不断革命**，就是无产阶级的**阶级专政**，这种专政是达到**消灭一切阶级差别**。"① 在这一时期，马克思和恩格斯也开始以英国为例比较具体地探讨革命和平发展的可能性问题。在1871年巴黎公社之后他们又进一步探讨了这一问题，但始终把无产阶级专政作为实现共产主义的一般规律。

再次，马克思和恩格斯开始提出工人阶级为了建立新社会必须**打碎旧的国家机器**并用自己的权力机器代替它的思想。不过，马克思对于现代社会所需要的国家中央集权制还是持肯定态度的，他在《路易·波拿巴的雾月十八日》中认为："打碎国家机器不会危及中央集权制。官僚政治不过是中央集权制还受其对立物即封建制度累赘时的低级和粗糙形态。"②

同时，根据1848—1849年革命的经验，马克思和恩格斯强调无产阶级革命不能靠少数人，只有通过政治上、组织上、思想上较为成熟的**无产阶级政党**的领导，动员整个无产阶级才能实现。不仅如此，他们认为无产阶级革命的胜利还需要**无产阶级与小资产阶级和农民的联盟**。早在《共产党宣言》和《共产党在德国的要求》十七条中，马克思和恩格斯就提出过类似的思想和纲领。1848—1849年革命失败后，马克思和恩格斯认真研究了农民问题，揭示了农民作为被剥削的劳动者和作为小私有者的双重本质；论证了工人阶级与农民结成联盟的必要性并初步探讨了革命胜利后传统农业向农业大生产的过渡问题。

此外，马克思和恩格斯对于**无产阶级革命的国际性**有了更为深刻的认识。恩格斯在1847年《共产主义原理》中明确提出过社会

---

① 《马克思恩格斯文集》第2卷，人民出版社2009年版，第166页。
② 《马克思恩格斯文集》第2卷，人民出版社2009年版，第573页。

主义革命在一切先进国家同时胜利的观点。而在1850年，通过研究英国的情况，马克思认识到："在资产阶级机体中，四肢自然要比心脏更早地发生震荡，因为心脏得到补救的可能性要大些。"① 也是在这一时期，马克思和恩格斯研究美国的情况后也得到了一些相似的认识。此后，**马克思和恩格斯不再把社会主义革命在一切先进国家同时胜利的观点绝对化**。

而且，鉴于1848—1849年欧洲革命后资本主义经济所逐渐出现的繁荣局面，马克思和恩格斯开始认识到**无产阶级解放斗争的长期性**。

总之，马克思在1852年3月5日致约瑟夫·魏德迈（Joseph Weydemeyer, 1818—1866）信中的如下认识体现了他和恩格斯在这一时期的思想高度："（1）**阶级的存在仅仅同生产发展的一定历史阶段相联系**；（2）阶级斗争必然导致**无产阶级专政**；（3）这个专政不过是达到**消灭一切阶级**和进入**无阶级社会**的过渡……"②

19世纪五六十年代，马克思理论活动的重心转向了政治经济学研究。政治经济学运用唯物史观来研究资本主义这一具体的社会形态，是唯物史观的一种应用、深化和发展。1859年马克思在《〈政治经济学批判〉序言》中对唯物史观所作的经典阐述以及他关于社会经济形态的发展是一个自然历史过程的论述就体现了这一点。同时，马克思主义政治经济学不仅深刻揭示了资本主义的经济规律，而且从根本上说明了工人阶级的状况和历史作用，因而从经济学角度全面论证了马克思主义的共产主义学说。

19世纪50年代之前马克思和恩格斯就进行过一系列政治经济学领域的研究。马克思根据1847年的一篇演讲稿写作的《雇佣劳动与资本》（1849）是一个标志性作品，该文的核心观点是认为无产阶级和资产阶级之间不可调和的阶级对立必然产生于资本主义的

---

① 《马克思恩格斯文集》第2卷，人民出版社2009年版，第175—176页。
② 《马克思恩格斯文集》第10卷，人民出版社2009年版，第106页。

经济基础。1857年7月至1858年6月，马克思为计划中的政治经济学著作写了一部草稿——后来被称为《政治经济学批判大纲》。马克思随后准备以《政治经济学批判》为标题出版其政治经济学著作并于1859年出版了第一分册。为了按设想继续出版其他分册，马克思写了内容丰富的1861年至1863年手稿，它也可以看作《资本论》第二稿。这部手稿在马克思和恩格斯逝世后，由考茨基在1905年至1910年间以《剩余价值理论》为标题整理出版，又被称为《资本论》第4卷。从1863年到1865年，马克思写作了《资本论》前三卷草稿。《资本论》第一卷于1867年出版。这一时期，恩格斯于1850年在英国曼彻斯特重新开始经商，他一方面为马克思提供物质上的支持，另一方面也在理论上尤其是政治经济学领域与马克思不断交换意见。

马克思研究政治经济学的出发点是：资本主义制度的剥削究竟体现在何处，它是如何产生的，如何才能推翻它？通过商品生产者的劳动二重性理论和剩余价值理论，马克思揭示了资本主义剥削的本质。马克思还揭示了资本主义积累过程中无产阶级状况逐步恶化的规律性。后来爱德华·伯恩施坦（Eduard Bernstein，1850—1932）等修正主义者把马克思的这一观点歪曲为在资本主义制度下无产阶级在制度上会一天比一天贫困。实际上马克思所揭示的不是无产阶级在工资和消费领域状况上的恶化，而是指他们作为被剥削者在社会地位上的恶化。同时，马克思也探讨了资本主义出现的一些新变化。例如，马克思探讨了工人阶级中出现了报酬较为优厚的工人贵族以及英国资产阶级用剥削殖民地得来的超额利润付给部分工人优厚报酬从而收买他们的现象。马克思还研究了新出现的股份公司，认为这是一种劳动和资本高度社会化的表现。此外，马克思还研究了资本的所有权和分配权的分离，认为这说明资产阶级已经成为历史上的反动和寄生的阶级。

同时，马克思在政治经济学研究中还对如何实现共产主义做了经济学的论证和预测。他指出，生产资料公有制——"共同占有和共同控制生产资料"①(语出《政治经济学批判(1857—1858年手稿)》)是共产主义社会中联合起来的个人的基础。在资本主义制度下生产的目的表现为资本及其增殖,在共产主义社会中工人则成为目的本身。马克思还探讨了共产主义社会中以时间的节约和劳动生产率的不断提高为特征的生产的社会化,计划性和平衡,积累和再生产的规律,分配规律,商品生产和价值规律,共产主义人道主义的实现等问题。②

19世纪60年代,由于新的资本主义危机的出现和工人运动的再次高涨,国际工人协会——"第一国际"于1864年宣告成立。这一时期工人运动中有影响的非马克思主义社会主义思潮主要有英国的工联主义、法国和比利时等国的蒲鲁东主义、德国的拉萨尔主义。为了使这些非马克思主义社会主义者能够参加第一国际,马克思和恩格斯为第一国际起草的文件——《成立宣言》和《临时章程》表现为一个马克思主义的最低纲领,不过关于工人阶级斗争的目标是建立社会主义社会的思想仍然得到了明确的阐述。在《国际工人协会临时章程》中,小资产阶级社会主义者的口号——为争取真理、正义和道德而斗争也被容纳进来,实际上这些词句绝非第一国际的真正原则。这一时期马克思和恩格斯的重要思想还包括:探讨了无产阶级解放斗争的阶段目标和未来目标、改革和革命的辩证关系以及争取社会主义的斗争与争取世界和平的辩证关系;明确制定了社会主义的国有化纲领,马克思后来在1872年的《论土地国有化》中对其核心思想做了进一步表述:"**生产资料的全国性的集中将成为由自由平等的生产者的各联合体所构成的社会的全国性的基础。**"③

---

① 《马克思恩格斯文集》第8卷,人民出版社2009年版,第53页。
② 参见[民主德国]洛尔夫·德鲁贝克、雷纳特·麦科尔《马克思恩格斯论社会主义社会和共产主义社会》,籍维立、王宏道、孙魁、高爱贺译,河南人民出版社1990年版,第五章。
③ 《马克思恩格斯文集》第3卷,人民出版社2009年版,第233页。

### 三 1871—1883 年间马克思和恩格斯的社会主义观

在马克思和恩格斯看来，1871 年的巴黎公社是无产阶级专政的首次尝试。巴黎公社失败后，马克思和恩格斯在《法兰西内战》(1871) 等论著中总结了公社的经验，他们的无产阶级专政学说也获得了更为成熟的形式。

首先，马克思进一步明确提出了**无产阶级必须打碎旧的国家机器**的思想，他指出："工人阶级不能简单地掌握现成的国家机器，并运用它来达到自己的目的。"[①] 同时，马克思对巴黎公社的一系列创举表示了肯定：公社不仅废除常备军和警察这两种物质权力的工具，而且着手摧毁精神压迫的工具，宣布政教分离，剥夺一切教会财产；公社的一切公职人员一律领取相当于工人工资的薪金；以议行合一制代替资产阶级议会制度，即"公社是一个实干的而不是议会式的机构，它既是行政机关，同时也是立法机关"[②]；公社要消除官僚主义，但同时保持了中央集权制的合理要素。

其次，根据巴黎公社的经验，马克思进一步探讨了从资本主义向共产主义过渡的必要性和复杂性：在经济上要建立一种新型的生产组织；在剥夺大地主和资本家的过程中，会遭遇激烈的反抗；掌握政权的工人阶级把大生产掌握在自己的手中，同时要促使小生产者，尤其是农民向集体生产形式过渡。此外，在改造经济关系和政治关系的同时，也要改造精神关系。

再次，马克思进一步明确提出了居统治地位的**工人阶级与小资产者阶层联盟**的思想。马克思在《法兰西内战》初稿中指出，在巴黎公社中，"在历史上破天荒第一次，小资产阶级和中等资产阶级公开地团结在工人革命旗帜下，他们宣布这场革命是拯救他们自己和拯救法国的唯一手段！"[③] 马克思还提出了无产阶级革命胜利后，

---

[①] 《马克思恩格斯文集》第 3 卷，人民出版社 2009 年版，第 151 页。
[②] 《马克思恩格斯文集》第 3 卷，人民出版社 2009 年版，第 154 页。
[③] 《马克思恩格斯文集》第 3 卷，人民出版社 2009 年版，第 203—204 页。

工农联盟的前途是使农民结合成农业生产合作社等思想。

此外，马克思还探讨了**作为民族复兴的社会解放**问题，强调无产阶级革命所导致的民族复兴与国际主义的统一。

巴黎公社失败后，在第一国际1871年9月伦敦代表会议和1872年9月海牙代表大会上，马克思和恩格斯进一步系统阐述了马克思主义的政权理论，并使这一理论贯彻到第一国际的有关决议中。首先，马克思和恩格斯重申了夺取政权的必要性。其次，马克思和恩格斯探讨了无产阶级革命的普遍性和特殊性的统一。在1871年7月18日与《世界报》记者的谈话中，马克思认为革命的具体手段和道路"应当由这个国家的工人阶级自己选择"①。再次，马克思和恩格斯也探讨了革命和平发展的可能性问题，但是正如他们所一贯坚持的，这种可能性的实质不是以改良代替革命的可能性，而是革命的非武装手段的可能性。此外，在1871年《伦敦代表会议决议》中，马克思和恩格斯还重申了无产阶级组织为政党的必要性："工人阶级在它反对有产阶级联合权力的斗争中，只有组织成为与有产阶级建立的一切旧政党对立的独立政党，才能作为一个阶级来行动；工人阶级这样组织成为政党是必要的，为的是要保证社会革命获得胜利和实现这一革命的最终目标——消灭阶级。"② 最后，马克思和恩格斯总结了**无产阶级革命的基本规律：建立无产阶级专政；生产资料社会化；工人阶级与其他劳动者结为联盟；革命政党的领导**。

1871—1883年这一时期工人运动中有影响的非马克思主义社会主义思潮除了工联主义、蒲鲁东主义、拉萨尔主义，还有巴枯宁主义。巴枯宁主义表现了小资产阶级对资本主义剥削压迫的抗议。它要求革命，不仅反对大地主大资产阶级，而且反对一切私有制；它把国家看作万恶之源，要求革命后立即废除任何国家权力，因此被

---

① 《马克思恩格斯全集》第17卷，人民出版社1963年版，第683页。
② 《马克思恩格斯全集》第17卷，人民出版社1963年版，第455页。

称作无政府主义；它还要求彻底消灭一切现存的经济、政治、宗教、社会措施以及一切艺术和科学；它关于未来社会的构想则源于平均主义和禁欲主义。在马克思的《政治冷淡主义》（1872—1873）和恩格斯的《论权威》（1872—1873）等论著中，马克思和恩格斯指出，巴枯宁主义从唯心史观出发，仅仅停留在对资本主义进行道义的批判，这是所有小资产阶级社会主义流派的共同特征。在批判巴枯宁主义的过程中，马克思和恩格斯论述了无产阶级专政所采取的暴力措施的必要性，在共产主义社会中权威和服从的必要性和作用以及"经济的中央集权制"的必要性。

在这一时期，为了批判蒲鲁东主义，恩格斯发表了《论住宅问题》（1872—1873）。在这一著作中，恩格斯开始全面阐述马克思主义哲学、政治经济学和社会政治学说的联系，第一次提出了**"科学社会主义"** 概念并用这一概念表述马克思主义的政治学说和社会主义观。恩格斯在这一著作中还指出，是否承认阶级斗争和无产阶级专政，是检验一个政党是否具有无产阶级阶级性的试金石。他说："**每个**真正的无产阶级政党，从英国宪章派起，总是把阶级政治，把无产阶级组织成为独立政党当做首要条件，把无产阶级专政当做斗争的最近目的。"[①]

拉萨尔主义是德国工人运动中的小资产阶级社会主义流派，是伯恩施坦修正主义的理论来源之一。拉萨尔（Ferdinand Lassalle，1825—1864）把工人的政治任务局限于争得普选权，以为只要争得普选权就能使普鲁士容克国家为工人效劳，并利用它改造社会。拉萨尔主义也不要求通过革命去消灭资本主义私有制，而是寄希望于在国家的帮助下建立生产合作社，通过生产合作社在竞争中击败资本主义企业，和平长入社会主义。

1875年2月，德国社会民主工党（艾森纳赫派）和全德工人联合会（拉萨尔派）在哥达召开了合并预备会议，并拟定了合并纲

---

[①] 《马克思恩格斯文集》第3卷，人民出版社2009年版，第312页。

领草案《德国工人党纲领》。由于这一纲领草案容纳了大量的拉萨尔主义的观点，马克思感到非常愤慨。他在1875年4月底5月初写作了《德国工人党纲领批注》，批判了这一纲领草案，并于1875年5月5日将这一著作寄给了德国社会民主工党领导人威廉·白拉克（Wilhelm Bracke，1842—1880）。《德国工人党纲领批注》和马克思致白拉克的信后来在1891年由恩格斯发表，被合称为《哥达纲领批判》。这一著作以及1875年3月18—28日恩格斯致奥古斯特·倍倍尔（August Bebel，1840—1913）的信都是体现马克思和恩格斯社会主义观的重要文献。

马克思在《哥达纲领批判》中系统批判了拉萨尔主义，揭示了小资产阶级社会主义理论所共有的一些基本缺陷：就哲学的、一般理论的方面来说，他们仍然停留在唯心主义世界观上；就经济学方面来说，他们批判现存制度和规划未来社会时，都不是着眼于生产资料所有制，而是把重点放在消费资料的分配上；在国家理论和政治方面，他们没有能力提出和回答政权问题这一社会变革的根本问题。

《哥达纲领批判》还阐发了一系列重要的理论问题。

首先，马克思明确提出了过渡时期理论，他指出："在资本主义社会和共产主义社会之间，有一个从前者变为后者的革命转变时期。同这个时期相适应的也有一个政治上的过渡时期，这个时期的国家只能是**无产阶级的革命专政**。"[①] 马克思和恩格斯这时对过渡时期的认识比《共产党宣言》时期更加深刻了。正如马克思在《共产党宣言》1872年德文版序言中所说，《共产党宣言》阐述的从资本主义向社会主义过渡的纲领，有些地方已经过时了，尤其是巴黎公社的经验已经证明，无产阶级不能直接掌握旧的国家机器，而必须打碎它。此外，针对拉萨尔主义对国家的崇拜，马克思在《哥达纲领批判》中还指出，虽然工人阶级在一定历史阶段要为资产阶级

---

① 《马克思恩格斯文集》第3卷，人民出版社2009年版，第445页。

民主共和国而斗争，民主共和国也能为工人阶级和其他劳动者提供相当大的政治活动的可能性，但是资产阶级国家，无论是民主共和国还是专制政体，本质上都是资产阶级的统治。

其次，马克思在《哥达纲领批判》中提出了著名的共产主义社会的两个发展阶段的理论。他指出，共产主义的第一阶段——社会主义阶段具有以下基本特征：生产资料归全社会所有；根据社会的需要，有计划地调节生产；在对社会总产品作了各项扣除之后，对个人消费品实行按劳分配；国家开始消亡但尚未完全消亡；等等。他还指出，共产主义的第二阶段——共产主义阶段具有以下特征：迫使工人奴隶般地服从分工的情形已经消失；劳动不仅是生活的手段，而且成为生活的第一需要；生产力高度发展，社会财富充分积累；个人的全面发展；各尽所能，按需分配；等等。[1]

再次，马克思还论述了社会主义的按劳分配原则。他指出，在共产主义社会的第一阶段，由于生产力水平和社会关系发展水平的制约，仍然要实行按劳分配。按劳分配是一种"平等的权利"，但它只是形式上的平等，不是实质上的平等，因为它默认了劳动者的不同天赋是天然特权。马克思认为，按劳分配没有超出资本主义生产关系的框架，在原则上仍然是"**资产阶级权利**"[2]；"要避免所有这些弊病，权利就不应当是平等的，而应当是不平等的"[3]，而这只有在共产主义的按需分配中才能实现。

经过马克思和恩格斯的不懈努力，形形色色的机会主义对欧洲工人运动的影响得以被遏制。在1880年法国工人党通过的纲领中，马克思加入了一个作为纲领理论部分的原则声明，简要地说明了共产主义的目的。1882年通过的由卡尔·考茨基（Karl Kautsky，1854—1938）起草的奥地利社会民主党纲领和1883年普列汉诺夫（Георгий Валентинович Плеханов，1856—1918）领导下的俄国

---

[1] 参见《马克思恩格斯文集》第3卷，人民出版社2009年版，第435—436页。
[2] 《马克思恩格斯文集》第3卷，人民出版社2009年版，第434页。
[3] 《马克思恩格斯文集》第3卷，人民出版社2009年版，第435页。

"劳动解放社"的纲领，都吸收了马克思上述原则声明的主要内容。

**四 《反杜林论》和《社会主义从空想到科学的发展》等论著中恩格斯对马克思主义社会主义理论的总结**

在写于1876—1878年的《反杜林论——欧根·杜林先生在科学中实行的变革》（以下简称《反杜林论》）这部论战性著作中，恩格斯系统论述了马克思主义的哲学、政治经济学和社会主义学说。1880年，恩格斯把《反杜林论》中关于社会主义理论的三章合编为一本小册子。马克思在为这一著作写的导言中称该著作为"科学社会主义入门"。1883年，该著作以《社会主义从空想到科学的发展》为题出版，后来在国际共产主义运动中产生了广泛而深远的影响。在这两本著作以及其他一些著作中，恩格斯对马克思主义的社会主义理论做了系统阐述。结合恩格斯这一时期之前以及1883年之后的一些思想，包括马克思的一些论述，这些阐述包括以下内容。

首先，为了与空想社会主义相区别，恩格斯把马克思主义的社会主义理论称为**科学社会主义**。早在1847年《共产主义原理》中，恩格斯就把共产主义定义为"关于无产阶级解放的条件的学说"[①]。恩格斯在写于1885年的《关于共产主义者同盟的历史》一文中进一步指出，科学社会主义"现在已经不再意味着凭空设想一种尽可能完善的社会理想，而是意味着深入理解无产阶级所进行的斗争的性质、条件以及由此产生的一般目的"[②]。按照马克思和恩格斯一贯的认识，科学社会主义与空想社会主义的本质区别在于：第一，科学社会主义把资本主义的灭亡和社会主义的胜利看作社会客观经济规律发展的必然结果，而不是人们头脑中的臆想；第二，科学社会主义诉诸无产阶级的解放运动，而不是其他阶级的运动；第三，科

---

① 《马克思恩格斯文集》第1卷，人民出版社2009年版，第676页。
② 《马克思恩格斯文集》第4卷，人民出版社2009年版，第233页。

学社会主义认为，无产阶级解放运动的目的是建立社会主义和共产主义的社会制度；第四，科学社会主义认为，无产阶级反对资产阶级的阶级斗争是实现社会主义的正确途径和道路。

其次，恩格斯阐述了科学社会主义在马克思主义理论体系中的地位以及科学社会主义与马克思主义哲学、政治经济学的紧密联系。

恩格斯在《反杜林论》中称科学社会主义是马克思主义的"一个核心问题"[①]。按照马克思和恩格斯一贯的认识，历史唯物主义是揭示人类社会发展一般规律的科学，政治经济学则揭示了资本主义必然灭亡和社会主义必然胜利的客观经济规律，二者都是科学社会主义的理论基础；而科学社会主义作为社会政治理论在马克思主义理论体系中处于核心地位。

恩格斯从19世纪70年代起，致力于马克思主义哲学的系统化工作，并从1873年开始花费约十年时间写作了《自然辩证法》手稿。在这些研究的基础上，恩格斯在《反杜林论》中把唯物辩证法阐述为关于自然界、人类社会和思维运动和发展普遍规律的科学。恩格斯的这些理论活动有助于通俗地阐明科学社会主义的哲学基础和国际工人运动的方法论源泉。

在《反杜林论》"政治经济学篇"中，恩格斯把广义的政治经济学定义为研究人类社会中支配物质生活资料的生产和交换的规律的科学，同时阐述了马克思主义政治经济学的一些基本观点。在《反杜林论》"社会主义篇"中，恩格斯还从政治经济学出发论证了科学社会主义：第一，恩格斯把资本主义的基本矛盾概括为社会化生产和资本主义占有之间的矛盾；将这一基本矛盾的直接表现形式概括为个别工厂中生产的有组织性与整个社会的生产的无政府状态之间的对立。第二，在《反杜林论》中，恩格斯阐明了资本主义基本矛盾所导致的无产阶级与资产阶级的对立以及由这一基本矛盾

---

[①] 《马克思恩格斯文集》第9卷，人民出版社2009年版，第12页。

决定的资本主义必然灭亡的规律。此外,恩格斯还研究了股份公司和国家干预经济等资本主义的新变化。他在《社会主义从空想到科学的发展》中指出,这些所谓的新变化并没有改变资本主义国家的本质,"现代国家,不管它的形式如何,本质上都是资本主义的机器,资本家的国家,理想的总资本家"[1]。

再次,恩格斯对**无产阶级历史使命**的理论也做了进一步的系统阐述。恩格斯在为《共产党宣言》1888年英文版新加的一条注释中指出:"无产阶级是指没有自己的生产资料,因而不得不靠出卖劳动力来维持生活的现代雇佣工人阶级。"[2] 在《共产党宣言》1888年英文版序言中,恩格斯还把无产阶级历史使命的理论概括为下面一段话:人类阶级斗争的历史"现在已经达到这样一个阶段,即被剥削被压迫的阶级(无产阶级),如果不同时使整个社会一劳永逸地摆脱一切剥削、压迫以及阶级差别和阶级斗争,就不能使自己从进行剥削和统治的那个阶级(资产阶级)的奴役下解放出来"[3]。

同时,恩格斯还系统阐述了他和马克思一贯坚持的马克思主义的革命和政党理论。

按照马克思和恩格斯一贯的认识,无产阶级和资产阶级之间的斗争是资本主义社会发展的直接动力。马克思和恩格斯在1879年《给奥·倍倍尔、威·李卜克内西、威·白拉克等人的通告信》中指出:"将近40年来,我们一贯强调阶级斗争,认为它是历史的直接动力,特别是一贯强调资产阶级和无产阶级之间的阶级斗争,认为它是现代社会变革的巨大杠杆。"[4] 在写于1886年的《路德维希·费尔巴哈和德国古典哲学的终结》(以下简称《费尔巴哈论》)中,恩格斯又阐述道:"在现代历史中至少已经证明,一切政治斗

---

[1] 《马克思恩格斯文集》第3卷,人民出版社2009年版,第559页。
[2] 《马克思恩格斯文集》第2卷,人民出版社2009年版,第31页。
[3] 《马克思恩格斯文集》第2卷,人民出版社2009年版,第14页。
[4] 《马克思恩格斯文集》第3卷,人民出版社2009年版,第484页。

争都是阶级斗争,而一切争取解放的阶级斗争,尽管它必然地具有政治的形式(因为一切阶级斗争都是政治斗争),归根到底都是围绕着**经济**解放进行的。"①

按照马克思和恩格斯一贯的认识,无产阶级革命是资本主义基本矛盾的解决。恩格斯在1880年《社会主义从空想到科学的发展》中指出:"无产阶级将取得公共权力,并且利用这个权力把脱离资产阶级掌握的社会化生产资料变为公共财产。通过这个行动,无产阶级使生产资料摆脱了它们迄今具有的资本属性,使它们的社会性质有充分的自由得以实现。"②

按照马克思和恩格斯一贯的认识,无产阶级革命的关键是夺取政权;暴力革命是无产阶级革命斗争的一般规律。马克思和恩格斯在《共产党宣言》中就指出:"无产阶级用暴力推翻资产阶级而建立自己的统治。"③恩格斯在《反杜林论》中进一步指出:"暴力,用马克思的话说,是每一个孕育着新社会的旧社会的助产婆;它是社会运动借以为自己开辟道路并摧毁僵化的垂死的政治形式的工具。"④尽管马克思和恩格斯从来不反对无产阶级和平夺取政权,但他们始终认为那是一种例外,是一件非常罕见和极其困难的事情。正如马克思在1872年《关于海牙代表大会》一文中说:"我们也不否认,有些国家,像美国、英国,——如果我对你们的制度有更好的了解,也许还可以加上荷兰,——工人可能用和平手段达到自己的目的。但是,即使如此,我们也必须承认,在大陆上的大多数国家中,暴力应当是我们革命的杠杆;为了最终地建立劳动的统治,总有一天正是必须采取暴力。"⑤

此外,恩格斯重申了无产阶级革命的根本目的是求得经济上的

---

① 《马克思恩格斯文集》第4卷,人民出版社2009年版,第306页。
② 《马克思恩格斯文集》第3卷,人民出版社2009年版,第566页。
③ 《马克思恩格斯文集》第2卷,人民出版社2009年版,第43页。
④ 《马克思恩格斯文集》第9卷,人民出版社2009年版,第191—192页。
⑤ 《马克思恩格斯全集》第18卷,人民出版社1964年版,第179页。

解放。在《反杜林论》中，恩格斯指出："**无产阶级将取得国家政权，并且首先把生产资料变为国家财产。**"①

最后，恩格斯论述了共产主义社会的一系列基本特征：生产资料归全社会所有；社会生产将有计划地进行从而造福于全社会和每个成员；旧式分工和城乡对立将被克服；消灭阶级和一切阶级差别，国家将自行消亡，在新兴的社会组织中实现真正的平等；新的生活方式、精神文化和道德的形成；对自然环境的合理控制、保护和再生产；社会进步失去其对抗性质，人们成为自己社会关系的主人和自然界的主人；人类将自觉地创造自己的历史，实现从必然王国向自由王国的飞跃；等等。②

19世纪七八十年代，《德意志意识形态》《共产主义原理》《政治经济学批判大纲》《资本论》第二卷和第三卷甚至《哥达纲领批判》都还没有公开发表。恩格斯的《反杜林论》《社会主义从空想到科学的发展》以及随后的一系列著作对马克思主义社会主义观以及全部学说的系统阐发极大地促进了马克思主义的传播和发展。

## 第三节 1883年之后恩格斯的政治经济学和哲学研究与社会主义观

对1883年之前马克思和恩格斯社会主义观的回顾提供了一个参照系。在这一参照系的基础上，关于1883年之后恩格斯的社会主义观，本章将首先讨论1883年之后恩格斯的政治经济学研究、哲学研究以及渗透于其中的社会主义思想；随后讨论恩格斯对无产阶级革命和政党理论的研究，尤其是重点分析他在1895年《〈法兰西阶级斗争〉导言》中的思想；最后探讨恩格斯晚年对修正主义和

---

① 《马克思恩格斯文集》第9卷，人民出版社2009年版，第297页。
② 参见[民主德国]洛尔夫·德鲁贝克、雷纳特·麦科尔《马克思恩格斯论社会主义社会和共产主义社会》，籍维立、王宏道、孙魁、高爱贺译，河南人民出版社1990年版，第349—379页。

机会主义的批判以及其他相关思想。

如前所述,在马克思主义理论中,哲学、政治经济学和科学社会主义既相对独立,又紧密联系在一起。1883年马克思逝世后,恩格斯的一系列理论活动涉及了以上三个领域,构成了一个内在联系的整体。因此,恩格斯晚年的政治经济学研究、哲学研究既是恩格斯晚年社会主义观的一个前提,也包含着这一社会主义观的重要组成部分。

## 一 1883年之后恩格斯的政治经济学研究与社会主义观

马克思逝世后,恩格斯的首要理论工作是整理出版《资本论》,这是一项非常艰巨的工作。[①] 按照马克思的计划,《资本论》第二卷包括两册:第一册是《资本的流通过程》,第二册是《资本主义生产总过程》。恩格斯承担了整理出版《资本论》的工作后,为了能够迅速将其出版,决定将《资本论》第二卷的上述两册分别作为《资本论》第二卷和第三卷出版。由于马克思生前对《资本论》第二卷——《资本的流通过程》做出过修订,并于1870年写出了较为完整的第二稿,所以整理出版的难度不大,恩格斯用了大约两年时间完成了手稿的编辑工作。1885年,《资本论》第二卷出版。

《资本论》第三卷的整理工作则困难得多。这一卷只留下了1863—1865年写的手稿。由于马克思的字迹很难辨认,在马克思的夫人燕妮去世后只有恩格斯能辨认,所以恩格斯的首要工作是誊清手稿,为此花费了近五个月的时间。第三卷的编辑整理工作更为艰巨,恩格斯花费了大约十年时间。一方面,由于手稿内容不连贯等问题,恩格斯不仅要整理手稿的思路,还要补充一部分内容;另一方面,恩格斯核对、编排了大量引文和资料,并根据他自己对马克思逝世后资本主义新变化所做的研究,写了60多处附注和插入语。

---

① 参见中国人民大学马列主义发展史研究所编《马克思恩格斯思想史》,上海人民出版社1982年版,第十二章第三节。

1894年11月，《资本论》第三卷出版，半年后恩格斯即与世长辞，没有来得及整理《资本论》第四卷——《剩余价值理论》。

在整理《资本论》的同时，恩格斯在政治经济学领域还进行了其他一些理论活动，首先是对洛贝尔图斯（John Karl Rodbertus-Jagetzow，1805—1875）自称剩余价值理论发现者的驳斥。洛贝尔图斯是德国庸俗经济学家、国家社会主义的鼓吹者。他自称在19世纪40年代就说明了剩余价值的来源，而马克思的剩余价值理论是对他的剽窃。恩格斯在《马克思和洛贝尔图斯——卡·马克思〈哲学的贫困〉一书德文第一版序言》（1885）和《〈资本论〉第二卷序言》（1885）两篇文章中驳斥了这一谎言。恩格斯指出，早在洛贝尔图斯之前很多年，英国古典政治经济学家亚当·斯密（Adam Smith，1723—1790）和大卫·李嘉图（David Ricardo，1772—1823）就在劳动价值论的基础上论述过剩余价值的来源问题，洛贝尔图斯对剩余价值来源的理解也仅仅能够达到古典政治经济学的高度。而马克思创立的政治经济学理论在继承资产阶级古典政治经济学的基础上又远远超出了资产阶级古典政治经济学的水平，无论是马克思对剩余价值的深刻揭示，还是其整体的理论水平，都是洛贝尔图斯所无法比拟的。

另一次理论斗争则涉及对《资本论》第三卷的理解。在《资本论》第三卷中，马克思阐明了价值向生产价格、剩余价值向平均利润的转化，从而科学地解决了价值规律同等量价值获得等量利润这一资本主义现实之间的矛盾。1894年《资本论》第三卷出版后，以意大利庸俗经济学家阿基尔·洛里亚（Achille Loria，1857—1943）为代表的一批资产阶级经济学家认为马克思的平均利润和生产价格理论与价值规律是矛盾的。另一些经济学家，如康拉德·施密特（Conrad Schmidt，1863—1932）、韦尔纳·桑巴特（Werner Sombart，1863—1941）则把价值规律看作科学假说和理论上的虚构。恩格斯在写于1895年的《价值规律和利润率》一文中驳斥了上述观点。恩格斯指出，第一，价值规律不是理论上的虚构，而是历史上真实的存在。在资本主义生产方式出现之前，价值规律在长达五千年至七千年的时期内在商品交换活动中起着支配作用。第二，从价值向生产价格的转化以及平均利润的形成是资本主义经济发展的客观历史过程，《资本论》第三卷是对这一客观过程的科学反映。

恩格斯生活的最后几年，正是资本主义从自由竞争阶段向垄断阶段过渡的时期，资本主义的新变化也引起了恩格斯的重视。在《反杜林论》（1876—1878）中恩格斯就探讨过股份公司等资本主义的新形式。在《1891年社会民主党纲领草案批判》和《资本论》第三卷的增补和附注中，恩格斯又进一步探讨了这些问题。恩格斯还于1895年5月草拟了《交易所》一文的提纲准备继续讨论这些问题，可惜这篇文章未能完成他就与世长辞了。

在马克思写作《资本论》第三卷手稿的19世纪60年代，自由竞争在资本主义经济中仍然占统治地位，但马克思已经注意到资本主义的信用制度、股份公司等新现象。在《资本论》第三卷中，马克思指出，股份公司取得了社会资本的形式，"这是作为私人财产的资本在资本主义生产方式本身范围内的扬弃"①，这种资本主义生产极度发展的结果，是资本再转化为联合起来的生产者的财产所必需的过渡点。

在此后的二三十年中，资本主义生产方式发生了重要变化。恩格斯在《资本论》第三卷的插入语中分析了这些变化：一些新的产业经营的形式发展起来了，"这些形式代表着股份公司的二次方和三次方"②，这些形式就是卡特尔、托拉斯等垄断组织。恩格斯分析了垄断组织的各种表现形式并预测到一种趋势，即自由竞争日暮穷途了，竞争将被垄断所代替。在《1891年社会民主党纲领草案批判》中，恩格斯也谈到了这一问题："如果我们从**股份公司**进而来

---

① 《马克思恩格斯文集》第7卷，人民出版社2009年版，第495页。
② 《马克思恩格斯文集》第7卷，人民出版社2009年版，第496页。

看那支配着和垄断着整个工业部门的托拉斯,那么,那里不仅没有了私人生产,而且也没有了无计划性。"①历史上的一些修正主义者总是试图对恩格斯的这些思想断章取义,认为恩格斯这是否定了自己在《反杜林论》中提出的资本主义基本矛盾的理论,把股份公司和垄断看成向社会主义有计划生产的一种过渡,这显然是歪曲了恩格斯的原意。中国最近关于恩格斯晚年思想的争论中,谢韬等人也犯了同样的错误。实际上恩格斯的论述与马克思在《资本论》第三卷中的有关论述观点是一致的。他们把股份公司和垄断看作资本主义生产方式框架内的一种扬弃,看作资本主义基本矛盾的一种极端的表现形式,而这种形式在他们看来恰恰是无产阶级革命和社会主义改造前夜的征兆。

恩格斯不仅注意到了资本主义垄断的新趋势,而且注意到交易所在资本主义生产方式中的作用日益突出。马克思在《资本论》第三卷中对资本主义股份公司的讨论中,除了注意到股份公司的社会资本的形式,还讨论了股份公司中资本的管理权与所有权的分离以及劳动与生产资料的所有权、剩余劳动的所有权相分离。恩格斯在1895年拟定的《交易所》一文的提纲中进一步讨论了这一领域的发展趋势,他指出:"今天交易所的作用大大增加了,并且还在不断增加。这种变化在其进一步的发展中有一种趋势,要把全部生产,工业生产和农业生产,以及全部交往,交通工具和交换职能,都集中在交易所经纪人手里,这样,交易所就成为资本主义生产本身的最突出的代表。"②恩格斯的这些思想为后来列宁等马克思主义者进一步研究金融资本打下了基础。

总之,1883年之后恩格斯整理出版《资本论》第二卷、第三卷以及他在政治经济学领域的理论活动,一方面发展了马克思主义的政治经济学,从而进一步巩固了科学社会主义的理论基础;另一

---

① 《马克思恩格斯文集》第4卷,人民出版社2009年版,第410页。
② 《马克思恩格斯文集》第7卷,人民出版社2009年版,第1028页。

方面，对资本主义的变化发展进行的总结同时也是社会主义观的内容，因而也是恩格斯晚年社会主义思想的重要组成部分。

## 二 1883年之后恩格斯的哲学研究与社会主义观

在19世纪70年代中、后期，马克思主义的唯物主义世界观和方法论已逐渐成为各国社会主义工人政党的理论基础，这就要求对以唯物主义和辩证法为基本特征的马克思主义哲学做出系统的阐述。恩格斯适应了这一要求，在总结无产阶级革命斗争实践和近代自然科学发展的基础上，在哲学领域进行了一系列探索：在1876—1878年写作的《反杜林论》中，恩格斯提出了一个马克思主义哲学理论体系的构想。这个体系试图贯彻世界观和方法论相统一的原则，主要包含了自然辩证法、历史辩证法、思维辩证法三大组成部分。在主要写于1873—1883年间的《自然辩证法》手稿中，恩格斯详细讨论了马克思主义自然观，并进一步论述了辩证法。

1883年之后，恩格斯的哲学研究工作在继续。在写于1884年的《家庭、私有制和国家的起源》中，恩格斯论述了人类早期社会形成和发展的规律，对唯物主义历史观做出了重要补充。在写于1886年的《路德维希·费尔巴哈和德国古典哲学的终结》（以下简称《费尔巴哈论》）中，恩格斯在对德国古典哲学做出总结的同时提出了哲学基本问题理论，表明了马克思主义对于哲学的一种基本认识。在19世纪90年代的一系列书信和文章中，恩格斯批判了"庸俗社会学"，进一步阐发了历史辩证法，完善了唯物史观。恩格斯的这些理论尝试，形成了一个有一定逻辑结构贯穿其中的"体系"，这一体系包括哲学论、马克思主义哲学论、自然观、历史观、思维观和认识论、辩证法论、辩证逻辑论等内容。

1884年《家庭、私有制和国家的起源》的发表是马克思和恩格斯对人类古代社会史进行的一系列研究的理论结晶。19世纪70年代末80年代初，考古学、史前史和远古史、比较法学以及我们今天所说的人类学、民族学等学科提供了越来越丰富的资料，证明在世界各地人类的原始状态都存在着原始的公共占有这一特征。这些情况引起了马克思的浓厚兴趣,他阅读了大量相关资料并写了一系列摘录和笔记,其中比较重要的是关于美国民族志学家路易斯·亨利·摩尔根(Lewis Henry Morgan,1818—1881)所写的《古代社会》(1879)一书的摘录。[1] 为了完成马克思的遗愿,在马克思研究的基础上,恩格斯写作了《家庭、私有制和国家的起源》。

《家庭、私有制和国家的起源》首先是一部历史著作,旨在揭示人类早期社会形成和发展的历史规律。同时,该书对于马克思主义的整个学说都具有重要意义:首先,通过把原始社会纳入历史之中,大大加深了关于阶级社会的历史性的证明。其次,通过对阶级社会中私有财产、阶级、国家和家庭等基本社会组织形式起源的揭示,同时也表明了它们必然被消灭的可能性。再次,对原始共产主义的分析也为展望未来共产主义社会提供了一定的依据和方法。当然,该书的首要理论价值还体现在对唯物史观的完善和发展之上。

首先,为了解释人类早期社会的发展规律,恩格斯提出了两种生产理论。他说:"根据唯物主义观点,历史中的决定性因素,归根结底是直接生活的生产和再生产。但是,生产本身又有两种。一方面是生活资料即食物、衣服、住房以及为此所必需的工具的生产;另一方面是人自身的生产,即种的繁衍。"[2] 恩格斯还指出,在生活资料的生产中形成了人们之间的劳动关系,在人自身的生产过程中则形成了人们之间的血族关系和家庭关系;劳动越不发展,劳动产品的数量、社会财富越受限制,社会制度就越在较大程度上受血族关系的支配;因此,血族关系是整个人类早期社会的基础。恩格斯提出的两种生产理论为揭示原始社会发展规律的特殊性提供了理论基础,同时拓展了对生产的理解,提出了人类自身生产的重要思想。

---

[1] 参见中国人民大学马列主义发展史研究所编《马克思主义史》(四卷本)第1卷,人民出版社1996年版,第十四章。

[2] 《马克思恩格斯文集》第4卷,人民出版社2009年版,第15—16页。

其次,从两种生产理论出发,恩格斯不仅论述了家庭的起源及其由低级到高级的发展历程,而且论述了私有制和阶级的起源。他指出,在以血族关系为基础的人类早期社会中,随着劳动生产率的日益发展,私有制和交换、财产差别、使用他人劳动力的可能性,阶级对立的基础等新的社会成分也日益发展起来。这些新的社会成分通过几个世纪的发展导致了一个彻底的变革。以血族团体为基础的旧社会,由于新形成的各社会阶级的冲突而被炸毁,代之以组成为国家的新社会。国家的基层单位不再是血族团体,而是地区团体。在新社会中,家庭制度开始完全受所有制支配,阶级对立和阶级斗争从此自由开展起来。

再次,恩格斯还进一步论述了国家的本质。他指出:"国家是社会在一定发展阶段上的产物;国家是承认:这个社会陷入了不可解决的自我矛盾,分裂为不可调和的对立面而又无力摆脱这些对立面。而为了使这些对立面,这些经济利益互相冲突的阶级,不致在无谓的斗争中把自己和社会消灭,就需要有一种表面上凌驾于社会之上的力量,这种力量应当缓和冲突,把冲突保持在'秩序'的范围以内;这种从社会中产生但又自居于社会之上并且日益同社会相异化的力量,就是国家。"[1] 他还比较了国家与原始社会血族团体的不同之处:第一,国家是按地区而不是按血族划分它的国民。第二,国家设立了公共权力。公共权力不再是自己组织为武装力量的居民,而是军队、宪兵、警察等武装的人及其物质附属物,如监狱和各种强制措施。第三,为了维持这种公共权力,国家就需要公民缴纳捐税。除此之外,恩格斯还进一步强调了国家的阶级性。他指出,由于国家是从控制阶级对立的需要中产生的,所以国家是"最强大的、在经济上占统治地位的阶级的国家,这个阶级借助于国家而在政治上也成为占统治地位的阶级,因而获得了镇压和剥削被压

---

[1] 《马克思恩格斯文集》第4卷,人民出版社2009年版,第189页。

迫阶级的新手段"①。

恩格斯在《家庭、私有制和国家的起源》中对国家的经典论述既是哲学理论，又是政治理论，是恩格斯社会主义观的重要组成部分。

马克思和恩格斯对人类古代社会史的研究也涉及对东方社会的研究。与西欧资本主义国家相比，一些东方落后国家还存在着原始的公共占有的社会组织形式的遗迹，例如俄国的村社。一些俄国社会主义者提出，俄国是否可以以村社为基础，不经过资本主义的发展道路而直接过渡到社会主义社会，这已不再是一个历史学问题，而是一个政治问题，或者说是非资本主义发展道路的可能性和条件问题。在马克思生前，他和恩格斯探讨了这一问题。他们的基本思路是：只有在发达国家和地区无产阶级革命取得成功的前提下，在发达国家的帮助下，相对落后的国家和地区才有可能走一条跨越式的道路。

1886年的《费尔巴哈论》也是一部系统阐述马克思主义哲学的经典著作。首先，恩格斯提出了哲学基本问题理论，阐明了马克思主义对哲学的一种基本认识。他指出："全部哲学，特别是近代哲学的重大的基本问题，是思维和存在的关系问题。……哲学家依照他们如何回答这个问题而分成了两大阵营。凡是断定精神对自然界说来是本原的，从而归根到底承认某种创世说的人（……），组成唯心主义阵营。凡是认为自然界是本原的，则属于唯物主义的各种学派。……思维和存在的关系问题还有另一个方面：我们关于我们周围世界的思想对这个世界本身的关系是怎样的？我们的思维能不能认识现实世界？我们能不能在我们关于现实世界的表象和概念中正确地反映现实？用哲学的语言来说，这个问题叫做思维和存在的同一性问题，绝大多数哲学家对这个问题都作了肯定的回答。"②

---

① 《马克思恩格斯文集》第4卷，人民出版社2009年版，第191页。
② 《马克思恩格斯文集》第4卷，人民出版社2009年版，第277—278页。

从哲学基本问题理论出发，结合恩格斯的其他思想，可以看出恩格斯对马克思主义哲学的基本定位：马克思主义哲学首先是唯物主义的；同时又承认思维和存在的同一性，因而是可知论的；而且，与历史上的唯物主义，尤其是与18世纪的形而上学的、机械的唯物主义相区别，马克思主义哲学是"现代唯物主义"。在《反杜林论》中，恩格斯论述过这种唯物主义的"现代性"：第一，在与其他具体科学的关系上，现代唯物主义不仅与旧唯物主义，而且与所有旧哲学不同。旧哲学试图做凌驾于各门具体科学之上的科学之科学；现代唯物主义不再是某种特殊的科学之科学，"而只是世界观"①，渗透于各门科学之中。第二，现代唯物主义与旧唯物主义在方法论上有根本的区别，现代唯物主义本质上是辩证的。

其次，恩格斯阐明了马克思主义哲学与它的主要来源——德国古典哲学的关系。恩格斯指出，黑格尔辩证哲学的革命性的方面在于它的辩证法；在辩证法面前，"不存在任何最终的东西、绝对的东西、神圣的东西；它指出所有一切事物的暂时性；在它面前，除了生成和灭亡的不断过程、无止境地由低级上升到高级的不断过程，什么都不存在"②。恩格斯还指出，黑格尔辩证哲学保守的方面则在于它的思辨唯心主义体系；马克思主义哲学从唯物主义出发，"重新唯物地把我们头脑中的概念看做现实事物的反映，而不是把现实事物看做绝对概念的某一阶段的反映。……从而黑格尔的辩证法就被倒转过来了，或者宁可说，不是用头立地而是重新用脚立地了"③，从而恢复了黑格尔哲学的革命性方面。

再次，恩格斯在《费尔巴哈论》中对唯物史观做了一个经典的概述。恩格斯指出，马克思主义把自然界看成一个历史发展的过程，同时认为社会历史领域也有其客观的运动规律。与自然界不同的是，在社会历史领域进行活动的，是有意识的、追求某种目的的

---

① 《马克思恩格斯文集》第9卷，人民出版社2009年版，第146页。
② 《马克思恩格斯文集》第4卷，人民出版社2009年版，第270页。
③ 《马克思恩格斯文集》第4卷，人民出版社2009年版，第298页。

人，因此要寻找客观规律，必须探寻人的动机背后的历史原因。而且，不能仅仅考虑个别人物，即使是非常杰出人物的动机；更要考虑使广大群众、整个一个民族以及一个民族中的整个一个阶级行动起来的动机，尤其是那些持久的、引起重大历史变迁的行动的动机。那么，历史表明，一切政治斗争都是阶级斗争，而阶级斗争都是围绕着经济解放进行的。经济关系决定国家和法，也决定哲学和宗教。国家和法表面上是独立的，实际上维护的是统治阶级的利益，哲学和宗教也是如此。恩格斯对唯物史观的这一概述强调了历史规律是通过人的活动实现的，是对马克思在1857年《〈政治经济学批判〉序言》中对唯物史观经典表述的完善和补充。

在1890年之后，恩格斯还在一系列书信和文章中阐发了历史辩证法的一系列问题，完善了唯物史观。

首先，针对资产阶级学者把历史唯物主义曲解为"经济唯物主义"的论调，恩格斯论述了历史发展过程中必然性与偶然性的辩证法。在1890年9月21日［—22日］致约瑟夫·布洛赫（Joseph Bloch，1871—1936）的信中，他指出，"根据唯物史观，历史过程中的决定性因素**归根到底**是现实生活的生产和再生产"[①]，但这并不是说经济因素是唯一的决定性因素；经济状况是基础，但是对历史过程发生影响的还有上层建筑的各种因素，阶级斗争的政治形式及其成果，各种法的形式以及所有这些实际斗争在参加者头脑中的反映，政治的、法律的和哲学的理论以及宗教观点；"这里表现出这一切因素间的相互作用，而在这种相互作用中归根到底是经济运动作为必然的东西通过无穷无尽的偶然事件（……）向前发展"[②]。

恩格斯还指出，历史中必然性和偶然性的辩证法不仅体现在影响历史发展的动因方面，而且体现在个人意志在历史中发挥作用的方面。在致约瑟夫·布洛赫的那封信中，他还写道："我们自己创

---

[①] 《马克思恩格斯文集》第10卷，人民出版社2009年版，第591页。
[②] 《马克思恩格斯文集》第10卷，人民出版社2009年版，第591—592页。

造着我们的历史,但是第一,我们是在十分确定的前提和条件下创造的"①,其中经济条件是决定性的,政治及其他条件的作用也不可忽视;"第二,历史是这样创造的:最终的结果总是从许多单个的意志的相互冲突中产生出来的,而其中每一个意志,又是由于许多特殊的生活条件,才成为它所成为的那样。这样就有无数互相交错的力量,有无数个力的平行四边形,由此就产生出一个合力,即历史结果,而这个结果又可以看做一个作为整体的、**不自觉地**和不自主地起着作用的力量的产物"②,这里通过各种偶然性而得到实现的必然性,归根到底仍然是经济的必然性。

恩格斯还认为,历史中伟大人物的作用也不违背必然性和偶然性的辩证法。他认为,伟大人物的出现的确是一种偶然现象,但是这种偶然性仍然是经济必然性的表现,因为如果我们把这个人去掉,就会需要另外一个人代替他,这个代替者无论好一些差一些,最终是会出现的。

其次,在晚年书信中,恩格斯还着重论述了上层建筑各个因素之间的相互作用和它们对经济基础的反作用。在1894年1月25日致瓦尔特·博尔吉乌斯(Walther Borgius,1870—1932)的信中,他指出:"政治、法、哲学、宗教、文学、艺术等等的发展是以经济发展为基础的。但是,它们又都互相作用并对经济基础发生作用。"③

第一,恩格斯阐述了国家权力和法对经济的反作用。在1890年10月27日致康拉德·施密特的信中,恩格斯指出,以国家权力为例,它是由经济基础决定的,但国家权力对于经济发展的反作用可以有三种:可以沿着同一方向走,促进经济的发展;可以沿着相反的方向走,这样经过一定的时期国家权力会走向崩溃;或者它可以阻止经济发展的既定方向,而给它另外的方向,这种情况可以归结为前两种情况中的一种。在这封信中,恩格斯还指出,法同样对

---

① 《马克思恩格斯文集》第10卷,人民出版社2009年版,第592页。
② 《马克思恩格斯文集》第10卷,人民出版社2009年版,第592页。
③ 《马克思恩格斯文集》第10卷,人民出版社2009年版,第668页。

经济基础具有反作用。法是经济的表现，但它同时又具有形式上不能自相矛盾的特性。在将经济关系直接翻译成法律原则的过程中，会产生一系列矛盾。而法律本身的特性又要求消除这些矛盾，建立和谐的法的体系。这样，经济关系的忠实反映便日益遭到破坏。结果是经济进一步发展的影响和强制力再次突破这个体系，使它陷入新的矛盾。此外，经济关系反映为法的原则，还会发生头足倒置的情况，即法学家以为他是凭着先验的原理来活动的，而实际上这不过是经济的反映而已。这种颠倒也会对经济基础发生反作用，并能在某种限度内改变经济基础。

第二，恩格斯论述了宗教、哲学等意识形态的相对独立性。在1890年10月27日致康拉德·施密特的那封信中，恩格斯指出，至于那些更高的"悬浮在空中的"意识形态的领域，如宗教、哲学等，"经济发展对这些领域也具有最终的至上权力，这在我看来是确定无疑的，但是这种至上权力是发生在各个领域本身所规定的那些条件的范围内"①。恩格斯还以哲学为例做了说明：每一个时代的哲学作为分工的一个特定领域，都具有由它的先驱传给它的特定的思想材料作为前提；经济对哲学发挥作用的方式是：它并不重新创造出任何东西，但是它决定着现有思想材料的改变和进一步发展的方式，而且多半也是间接决定的，因为直接对哲学发生影响的是政治、法律和道德；当哲学家成为社会分工之内的独立集团，他们的产物，包括他们的错误，就要反过来影响社会发展，甚至经济发展。

第三，恩格斯还阐明了关于社会意识形态相对独立性的认识对完善唯物史观的意义。在1893年7月14日致弗兰茨·梅林（Franz Mehring，1846—1919）的信中，恩格斯指出，马克思主义不承认各种社会意识形态有独立的历史发展，因为它们本质上是经济事实在思想中的反映；但是也并不否认他们对历史有任何影响；社会意

---

① 《马克思恩格斯文集》第10卷，人民出版社2009年版，第600页。

识形态的相对独立性"在马克思和我的著作中通常也强调得不够，在这方面我们大家都有同样的过错。这就是说，我们大家首先是把重点放在从基本经济事实中**引出**政治的、法的和其他意识形态的观念以及以这些观念为中介的行动，而且**必须这样做**。但是我们这样做的时候为了内容方面而忽略了形式方面，即这些观念等等是由什么样的方式和方法产生的"①。

此外，值得一提的是，恩格斯在1892年的《〈社会主义从空想到科学的发展〉英文版导言》中第一次明确提出了"历史唯物主义"这一概念并把它作为"唯物主义历史观"的同义词。

总之，1883年之后恩格斯在哲学领域的理论活动是他对19世纪70年代开始的马克思主义哲学系统化工作的延续，在马克思主义哲学史上具有重要意义。就其与社会主义观的联系而言，一方面，恩格斯通过对马克思主义哲学的发展进一步阐明了科学社会主义的世界观和方法论基础；另一方面，马克思主义哲学与科学社会主义有交叉性，恩格斯的很多哲学思想同时也是他晚年社会主义观的重要组成部分。

## 第四节　1883年之后恩格斯对社会主义革命理论的发展

除了上述政治经济学和哲学方面的理论工作，探讨社会主义运动的理论与实践同样是1883年之后恩格斯理论活动的重要内容。恩格斯在这一领域的理论活动主要包括以下几个方面：一是指导国际工人运动尤其是"第二国际"的理论与实践；二是继续进行从《反杜林论》和《社会主义从空想到科学的发展》开始的对科学社会主义理论的系统化、通俗化，这在恩格斯为马克思和他自己早期著作的再版所写的一系列序言和导言中体现得尤为突出；三是对社

---

① 《马克思恩格斯文集》第10卷，人民出版社2009年版，第657页。

会主义革命理论的系统总结和发展；四是在新的历史条件下对修正主义和机会主义的批判。

关于恩格斯在1883年之后对科学社会主义理论系统化工作的继续，许多内容在前文（第2节）探讨《反杜林论》和《社会主义从空想到科学的发展》中的思想时已经涉及，这里不再专门讨论。本节（第4节）主要探讨1883年之后恩格斯指导社会主义实践的一系列理论活动以及这些活动的中心议题——社会主义革命。鉴于恩格斯1895年《〈法兰西阶级斗争〉导言》的争议性和对于本研究的重要性，该文及其主题——社会主义革命的策略问题将在下一节（第5节）进行专门探讨。而恩格斯在新的历史条件下对修正主义和机会主义的批判既包括对一系列错误观点的批判，也包括对修正主义和机会主义本质的揭示。恩格斯常常在批判修正主义和机会主义具体观点的过程中阐发有关社会主义革命的理论，因此，这些批判在本节（第4节）也会被涉及。而恩格斯对修正主义和机会主义本质的揭示将在第6节进行专门探讨。

马克思逝世后，作为国际共产主义运动的导师和顾问，恩格斯保持了马克思在世时使用的方法，即用通信的方式指导国际工人运动。在恩格斯的支持和帮助下，各国工人党于1889年组织成立了第二国际。在第二国际成立后，特别是最初的五年中，恩格斯为第二国际制定了正确的活动方针。

面对第二国际成立后国际工人运动的蓬勃发展态势，恩格斯相信欧洲一些国家的工人阶级夺取政权和建立社会主义社会的时机即将来临。为了给即将到来的革命提供有力的思想武器，继马克思和恩格斯总结1848—1849年欧洲革命的经验和1871年巴黎公社的经验教训之后，恩格斯再一次集中研究了社会主义革命理论，几乎涉及了关于社会主义革命的所有基本问题。恩格斯的这些探讨是马克思主义社会主义革命理论的重要发展阶段，也是恩格斯晚年社会主义观的一个核心问题。

## 一 批判"和平长入社会主义"的论调,重申革命的必要性

1871年巴黎公社失败以后,欧洲各国工人阶级及其政党利用了进行合法活动的权利,开展宣传工作和议会活动,取得了很大的成绩,特别是德国社会民主党虽然面临"反社会党人非常法"[①]的迫害,但经十余年的斗争反而壮大起来,在1890年2月的选举中获得142.7万张选票、35个议席,并迫使政府废除了"反社会党人非常法",还把俾斯麦赶下了台。党的队伍发展到15万人,党影响下的工会有30万会员。英、法等国的工人阶级及其政党也取得了不小的胜利。在这种形势下,工人阶级党内的机会主义者却歪曲阶级斗争的新条件和合法斗争的意义,如以德国党内的"青年派"为代表的左倾的机会主义,否认进行合法斗争的必要性,妄图使党不顾客观条件,实行脱离群众的冒险和滥用暴力;另一种危险则是以德国党内的格奥尔格·亨利希·冯·福尔马尔(Georg Heinrich von Vollmar,1850—1922)等人为代表的右倾的机会主义——鼓吹"和平长入社会主义"。[②]

德国社会民主党内的"和平长入社会主义"理论是伯恩施坦修正主义的重要理论来源。恩格斯在1879年11月14日致奥古斯特·倍倍尔(August Bebel,1840—1913)的信中引述过1879年《德国社会民主党国会议员的报告》中的"和平长入社会主义"言论:"我们根本不想革命……**我们没有必要推翻俾斯麦制度。我们让它自己去垮台!**……本质上受不可抗拒的**进一步发展**所制约的国家和社会**正在自然地长入社会主义**。"[③] 1890年《反社会党人非常法》被废除后,福尔马尔等人进一步鼓吹这一论调,其基本要点

---

[①] 关于《反社会党人非常法》,参见《马克思恩格斯文集》第10卷,人民出版社2009年版,第786—787页。

[②] 参见中国人民大学马列主义发展史研究所编《马克思恩格斯思想史》,上海人民出版社1982年版,第577—579页。

[③] 转引自《马克思恩格斯全集》第34卷,人民出版社1972年版,第396页注释。

是：**在实现社会主义的道路问题上主张社会改良，否定革命；在政治斗争的形式上崇尚合法的议会斗争，否定暴力；对资产阶级国家抱有幻想，把资产阶级国家看作中性的政治工具**。这种社会改良理论在法国和英国的社会主义运动中也很有市场。1891 年德国社会民主党中央理事会起草的新纲领草案——《爱尔福特纲领草案》不仅容纳了"和平长入社会主义"等机会主义观点，而且不再提无产阶级专政，甚至连废除专制制度和建立民主共和国这样的民主要求也没有提出来。

为了反对机会主义、调和主义与改良主义，恩格斯不顾德国社会民主党领导人的反对，决定于 1891 年 1 月在《新时代》杂志上公开发表马克思的《哥达纲领批判》，并为它写了序言。1891 年 3 月，恩格斯借巴黎公社 20 周年之际，再版了马克思的《法兰西内战》（1871）并写作了一篇导言。1891 年 6 月，恩格斯又写了《1891 年德国社会民主党纲领草案批判》（即对《爱尔福特纲领》的批判）。1892 年，恩格斯写作了《答可尊敬的卓万尼·博维奥》一文。1895 年 2—3 月，即恩格斯临终前半年，他还写了《〈法兰西阶级斗争〉导言》。

恩格斯这些论著的一个中心思想就是坚决批判"和平长入社会主义"理论。他在 1891 年 6 月 29 日致卡尔·考茨基的信中强调要"痛击《前进报》那种和和平平的机会主义，痛击关于旧的污秽的东西的活泼、温顺、愉快而自由地'长入''社会主义社会'的论调"①。

在实现社会主义的道路问题上，即通过改良还是革命，恩格斯始终坚持他和马克思创立的社会主义革命理论，对社会改良主义持批判态度。马克思主义与社会改良主义的根本区别不在于无产阶级是以暴力还是和平的方式夺取政权，而在于无产阶级要不要夺取政权。关于恩格斯对以社会改良主义为主要特征的机会主义的批判，

---

① 《马克思恩格斯文集》第 10 卷，人民出版社 2009 年版，第 613 页。

## 第六章　恩格斯晚年的社会主义观研究

本章第 6 节将会做专门的探讨。

在无产阶级夺取政权的方式问题上,即和平夺取政权还是暴力夺取政权的问题上,马克思和恩格斯从来没有否定过无产阶级和平夺取政权的可能性,尤其是在美国、英国,甚至荷兰这样的国家;但是他们始终认为暴力革命是欧洲大陆上多数国家无产阶级夺取政权的一般规律(参见本章第 2 节第 4 目引述过的马克思在 1872 年《关于海牙代表大会》一文中的思想)。在《1891 年德国社会民主党纲领草案批判》中,恩格斯重申了这一认识:"可以设想,在人民代议机关把一切权力集中在自己手里、只要取得大多数人民的支持就能够按照宪法随意办事的国家里,旧社会有可能和平长入新社会,比如在法国和美国那样的民主共和国,在英国那样的君主国。"[①] 恩格斯的这一段论述是为了强调德国社会民主党应当把"一切政治权力集中于人民代议机关"这一政治要求写到自己的党纲中去。在恩格斯看来,当时的美国、英国和法国由于阶级矛盾相对缓和、社会主义运动的发展也不尽如人意等种种原因,至少就 19 世纪 90 年代的社会政治条件而言,这些国家的无产阶级和平夺取政权是不可能的。

同时,恩格斯认为,就 19 世纪 90 年代德国的社会政治条件而言,和平夺取政权更是不可能的,因此,在德国工人运动中宣扬"和平长入社会主义"是一种机会主义。在《1891 年德国社会民主党纲领草案批判》中,恩格斯指出,"在德国连一个公开要求共和国的党纲都不能提出的事实,证明了以为在这个国家可以用舒舒服服和平的方法建立共和国,不仅建立共和国,而且还可以建立共产主义社会,这是多么大的幻想"[②];"这样的政策长此以往只能把党引入迷途。"[③]

在如何看待资产阶级国家的问题上,恩格斯在 1891 年《〈法兰

---

[①] 《马克思恩格斯文集》第 4 卷,人民出版社 2009 年版,第 414 页。
[②] 《马克思恩格斯文集》第 4 卷,人民出版社 2009 年版,第 415 页。
[③] 《马克思恩格斯文集》第 4 卷,人民出版社 2009 年版,第 414 页。

西内战〉导言》等论著中也从马克思主义国家观出发,批判了"和平长入社会主义"理论对资产阶级国家中立性的幻想。恩格斯的这些思想,本节后面还会详细讨论。

总之,在探讨社会主义革命的一系列具体理论问题的过程中,恩格斯对于"和平长入社会主义"理论以及拉萨尔主义等机会主义理论所体现的社会改良主义倾向、对议会斗争的迷信和对资产阶级国家的迷信都进行了揭露和批判。

### 二 社会主义革命中主观因素的作用

一些西方的马克思主义研究者认为,主观因素的作用在马克思和恩格斯本人的社会主义革命理论的发展过程中存在着一个日益消失的趋向,即马克思和恩格斯越来越不注重革命中主观因素的作用,而后来列宁却使之绝对化了。[1] 这种观点并不符合实际,至少在1883年之后,恩格斯就强调了在革命的客观条件日益成熟时主观因素的作用。

首先,恩格斯在其晚年关于历史唯物主义的通信中阐述了社会存在和社会意识、经济基础和上层建筑以及历史中的主体和客体之间相互作用的辩证法,这就为阐明社会主义革命中主观因素的作用提供了理论前提。

其次,晚年恩格斯强调了人民群众政治觉悟的提高和积极参与是社会主义革命的主观条件。

恩格斯在1876—1878年的《反杜林论》中曾指出,共产主义社会的一个重要特征是社会发展从自发实现的过程到自觉实现过程的转变,人们将成为自己社会关系的主人。按照恩格斯的思路,社会主义革命作为向共产主义社会的转变必然要求人民群众更高的觉悟程度。

---

[1] 参见[民主德国]洛尔夫·德鲁贝克、雷纳特·麦科尔《马克思恩格斯论社会主义社会和共产主义社会》,籍维立、王宏道、孙魁、高爱贺译,河南人民出版社1990年版,第405页。

针对19世纪80年代末90年代初欧洲工人运动在议会选举中所取得的成就,恩格斯认为,这说明社会主义思想正在深入群众之中,这种情况是前所未有的。在1893年4月11日致乔治·威廉·兰普卢(George William Lamplugh,1895—1926)的信中,恩格斯指出,工人们已逐步学会"有意识地组织共同的活动:不仅意识到自己作为个体的行动,而且也意识到自己作为群众的行动,共同活动,一起去争取实现预定的共同目标"[①]。不过,为了实现工人群众对社会主义运动的自觉参与,恩格斯认为,做大量的说服教育工作仍然是必要的。

在1895年《〈法兰西阶级斗争〉导言》中,恩格斯进一步指出,以往的一切革命都是少数人的革命;多数人即使参加了,他们也只是自觉地或不自觉地为少数人效劳;正是由于多数人采取了消极的不反抗的态度,甚至造成了一种假象,好像这个少数是代表全体人民的。[②] 他还指出,社会主义革命与以往的革命不同,需要通过人民群众自觉的革命活动才能实现;"凡是要把社会组织完全加以改造的地方,群众自己就一定要参加进去,自己就一定要弄明白这为的是什么,他们为争取什么而去流血牺牲"[③]。

再次,恩格斯强调社会主义革命的胜利不仅要求群众具有高度觉悟,而且要求群众具有高度组织性,而这只有通过无产阶级政党的领导才能实现。

按照马克思和恩格斯一贯的认识,无产阶级的阶级斗争需要革命政党——共产党的领导。晚年恩格斯重申了这一观点,他在1889年12月18日致格尔松·格奥尔格·特里尔(Gerson Georg Trier,1851—1918)的信中指出:"无产阶级要在决定关头强大到足以取得胜利,就必须(马克思和我从1847年以来就坚持这种立场)组成一个不同于其他所有政党并与它们对立的特殊政党,一个自觉的

---

[①] 《马克思恩格斯全集》第39卷,人民出版社1974年版,第63页。
[②] 参见《马克思恩格斯文集》第4卷,人民出版社2009年版,第538—539页。
[③] 《马克思恩格斯文集》第4卷,人民出版社2009年版,第549页。

阶级政党。"①

1894年，保尔·拉法格向恩格斯汇报了法国的人民群众开始同情社会主义这一情况，恩格斯在6月2日的回信中指出："你们那里表现出的社会主义狂，可能导致剧烈的冲突，你们在这种冲突中将取得最初的胜利。……但是要保证胜利，要摧毁资本主义社会的基础，你们需要一个比你们现在所指挥的更加强大、人数更多、更加可靠和觉悟更高的社会主义政党的积极支持。"②

对于当时欧洲工人运动在无产阶级政党建设中所取得的成就，恩格斯给予了高度评价。在1895年《〈法兰西阶级斗争〉导言》中，恩格斯认为，当时已经形成了一支社会主义者的国际大军，它不可阻挡地前进，它的人数、组织性、纪律性、觉悟程度和胜利信心都与日俱增。③ 同时，恩格斯也对党的建设提出了更高的要求：不仅要进一步发动人民群众，而且要成为战斗的政党。在夺取革命胜利后，无产阶级政党还要肩负起领导国家和经济的职能。

### 三 社会主义革命中的国家问题

针对即将到来的社会主义革命，恩格斯在19世纪八九十年代重申了马克思主义的以下观点：在革命的客观条件日益成熟时，要取得革命的胜利，不仅要有一个组织良好的、有觉悟的和深深扎根于群众之中的工人阶级的革命政党，而且要建立一个强大的、革命的国家政权。在1883年4月18日致菲利浦·范—派顿（Philipp Van Patten）的信中，恩格斯指出，国家是"胜利了的无产阶级能用来行使自己刚刚夺取的政权、镇压自己的资本家敌人和实行社会经济革命的唯一机构，而不进行这种革命，整个胜利最后就一定归于失败，工人就会大批遭到屠杀，巴黎公社以后的

---

① 《马克思恩格斯文集》第10卷，人民出版社2009年版，第578页。
② 《马克思恩格斯全集》第39卷，人民出版社1974年版，第245页。
③ 参见《马克思恩格斯文集》第4卷，人民出版社2009年版，第541页。

情形就是这样"①。

首先,恩格斯在澄清各种错误认识的过程中,重申了建立社会主义国家的重要性和必要性。

恩格斯在其晚年历史唯物主义书信中强调了上层建筑的积极作用,尤其是国家权力对于社会发展的重要性。在1890年10月27日致康拉德·施密特的信中,恩格斯指出:"如果政治权力在经济上是无能为力的,那么我们何必要为无产阶级的政治专政而斗争呢?暴力(即国家权力)也是一种经济力量!"②

在1883年4月18日致菲利浦·范-派顿的信中,恩格斯阐明了马克思主义与无政府主义在国家观上的本质区别,他说:"马克思和我从1845年起就持有这样的观点:未来无产阶级革命的最终结果之一,将是称为**国家**的政治组织逐步解体直到最后消失。……同时我们始终认为,为了达到未来社会革命的这一目的以及其他更重要得多的目的,工人阶级应当首先掌握有组织的国家政权并依靠这个政权镇压资本家阶级的反抗和按新的方式组织社会。这一点在1847年写的《共产主义宣言》(即《共产党宣言》。——本书作者注)的第二章末尾已经阐明。"③

其次,恩格斯重申了社会主义国家的本质是无产阶级专政并进一步总结了巴黎公社的历史经验。

1891年1月,恩格斯发表了马克思的《哥达纲领批判》,该文献的核心思想就是共产主义两个阶段的理论和无产阶级专政对于从资本主义向社会主义过渡的必要性的思想。

1891年3月恩格斯为《法兰西内战》再版所写的导言是关于无产阶级革命史的重要研究。这篇导言的主要内容是回顾和总结了1870年法国革命(巴黎公社)的经验和教训,对马克思《法兰西内战》中的思想做了进一步发展。

---

① 《马克思恩格斯文集》第10卷,人民出版社2009年版,第507页。
② 《马克思恩格斯文集》第10卷,人民出版社2009年版,第600—601页。
③ 《马克思恩格斯文集》第10卷,人民出版社2009年版,第506页。

在这篇导言中,恩格斯指出,巴黎公社的重要历史经验是:工人阶级一旦取得统治权,就不能继续运用旧的国家机器来管理;工人阶级一方面应当铲除全部旧的国家机器,"另一方面还应当保证本身能够防范自己的代表和官吏,即宣布他们毫无例外地可以随时撤换"①。

针对如何防范自己的代表和官吏蜕化变质,恩格斯分析道,以往的国家,无论是资产阶级的民主共和国,还是世袭君主国,其共同特征是:"社会为了维护共同的利益,最初通过简单的分工建立了一些特殊的机关。但是,随着时间的推移,这些机关——为首的是国家政权——为了追求自己的特殊利益,从社会的公仆变成了社会的主人。"②恩格斯还分析了以资产阶级民主制著称的美国,认为在美国"政治家们"成为一个特殊的富有权势的群体,美国轮流执政的两党都是由这样的群体来操纵,他们把政治变成了一种生意从而投机牟利。恩格斯说:"我们在那里却看到两大帮政治投机家,他们轮流执掌政权,以最肮脏的手段来达到最肮脏的目的,而国民却无力对付这两大政客集团,这些人表面上是替国民服务,实际上却是对国民进行统治和掠夺。"③

恩格斯指出,巴黎公社为了防止国家和国家机关由社会公仆变成社会主人,采取了两个可靠的办法:"第一,它把行政、司法和国民教育方面的一切职位交给由普选选出的人担任,而且规定选举者可以随时撤换被选举者。第二,它对所有公职人员,不论职位高低,都只付给跟其他工人同样的工资。公社所曾付过的最高薪金是6000法郎。这样,即使公社没有另外给代表机构的代表签发限权委托书,也能可靠地防止人们去追求升官发财了。"④恩格斯的这些论述至今也具有现实意义,值得我们研究和思考。

---

① 《马克思恩格斯文集》第3卷,人民出版社2009年版,第110页。
② 《马克思恩格斯文集》第3卷,人民出版社2009年版,第110页。
③ 《马克思恩格斯文集》第3卷,人民出版社2009年版,第110页。
④ 《马克思恩格斯文集》第3卷,人民出版社2009年版,第111页。

同时，在1891年《〈法兰西内战〉导言》中，恩格斯也重申了打碎旧的国家政权而代之以新的真正民主的国家政权的必要性。恩格斯认为，强调这一点对19世纪90年代的德国尤其必要，因为在德国存在着一种来自黑格尔哲学的对于国家以及一切同国家有关事物的盲目崇拜；这种观念已影响到了德国工人运动，拉萨尔主义、"和平长入社会主义"的重要特征之一就是对普鲁士国家的中立性抱有幻想。恩格斯指出："实际上，国家无非是一个阶级镇压另一个阶级的机器，而且在这一点上民主共和国并不亚于君主国。国家再好也不过是在争取阶级统治的斗争中获胜的无产阶级所继承下来的一个祸害；胜利了的无产阶级也将同公社一样，不得不立即尽量除去这个祸害的最坏方面，直到在新的自由的社会条件下成长起来的一代有能力把这国家废物全部抛掉。"①

此外，在1891年《〈法兰西内战〉导言》中，恩格斯也重申了无产阶级专政思想。他说："近来，社会民主党的庸人又是一听到无产阶级专政这个词就吓出一身冷汗。好吧，先生们，你们想知道无产阶级专政是什么样子吗？请看巴黎公社。这就是无产阶级专政。"②

再次，恩格斯探讨了无产阶级专政的政治形式和组织形式。

在写于1891年6月的《1891年德国社会民主党纲领草案批判》中，恩格斯认为，《1891年德国社会民主党纲领草案》的理论说明部分提出了明确的经济纲领，即认为建立以公有制为基础的社会主义社会是工人阶级的斗争目标，这是值得肯定的。但是，《1891年德国社会民主党纲领草案》的政治要求存在着很大的问题，没有提出真正重要的政治要求。

恩格斯指出，应当提出的最重要的一个政治要求就是建立"民主共和国"，"我们的党和工人阶级只有在民主共和国这种形式下，

---

① 《马克思恩格斯文集》第3卷，人民出版社2009年版，第111页。
② 《马克思恩格斯文集》第3卷，人民出版社2009年版，第111—112页。

才能取得统治。民主共和国甚至是无产阶级专政的特殊形式,法国大革命已经证明了这一点"①。恩格斯这里所说的"民主共和国"是就国家的政治形式而言的,而不是就国家的本质而言的。恩格斯的看法是,一个国家无论本质上是资产阶级国家还是无产阶级专政,都可以采取民主共和国的形式;如果资产阶级国家采取民主共和国这种政治形式,在这样的国家无产阶级更容易夺取政权;无产阶级在夺取政权后实施的无产阶级专政也可以采取民主共和国这一形式。恩格斯还论述了民主共和制的一个最重要的原则:"**把一切政治权力集中于人民代议机关之手**"②,他对这一原则的肯定正是来自对巴黎公社政治实践的总结。

恩格斯还探讨了国家的组织形式——单一制还是联邦制的问题。恩格斯认为,当时的德国在国家的组织形式上存在着两方面的问题:一方面存在着小邦分立状态;另一方面以官僚制为主要特征的"道地的普鲁士主义"压在德国头上。为此,恩格斯提出,一方面,类似德国的小邦分立的状态必须消除,"无产阶级只能采取单一而不可分的共和国的形式"③。恩格斯论述道:"联邦制国家和单一制国家有两点区别,这就是:每个加盟的邦,每个州都有它自己的民事立法、刑事立法和法院组织;其次,与国民议院并存的还有联邦议院,在联邦议院中,每一个州不分大小,都以州为单位参加表决。"④ 恩格斯认为这两点就当时的德国而言都是不必要的。

另一方面,恩格斯认为,在统一的共和国的前提下,为了克服官僚制的影响,可以效仿美国和1792—1798年的法兰西第一共和国,每个省、每个县、每个市镇都享有完全的自治。为此,恩格斯认为,在当时的德国还要提出另一条政治原则和要求,即"省、县和市镇通过依据普选制选出的官员实行完全的自治。取消由国家任

---

① 《马克思恩格斯文集》第4卷,人民出版社2009年版,第415页。
② 《马克思恩格斯文集》第4卷,人民出版社2009年版,第415页。
③ 《马克思恩格斯文集》第4卷,人民出版社2009年版,第415页。
④ 《马克思恩格斯文集》第4卷,人民出版社2009年版,第416页。

命的一切地方的和省的政权机关"①。总之，在恩格斯的心目中，未来社会主义国家的组织形式是一种真正的"民主集中制"（当时恩格斯还没有提出这一概念），是每个省、县、市镇都享有完全自治基础上的单一制。

**四 社会主义革命中的经济改造问题以及农民、知识分子问题**

除了通过政党建设来争取人民的多数和夺取政权，对于社会主义革命中的经济改造问题恩格斯也给予了关注。恩格斯讨论了大生产的社会化与小生产社会化的不同途径，以及与此相关的社会主义革命中的农民问题和工人阶级如何从知识分子中争取所需要的专家等问题。

首先，恩格斯讨论了大生产的社会主义改造问题。他重申了马克思主义的一贯观点，即第一步要把大生产转变为社会所有，并且强调这一步具有决定性的意义。在1890年8月21日致奥托·冯·伯尼克（Otto Bron von Boenigk）的信中，恩格斯说，社会主义"同现存制度的具有决定意义的差别当然在于，在实行全部生产资料公有制（先是国家的）基础上组织生产。……总之，一旦我们掌握了政权，只要在群众中有足够的拥护者，大工业以及大庄园形式的大农业是可以很快地实现社会化的。其余的也将或快或慢地随之实现。而有了大生产，我们就能左右一切"②。

鉴于合作社思想在刚刚脱胎于小生产者的工人中还有威望，恩格斯认为可以把大地产和工厂先交给工人们去经营，但是他也强调社会和国家对生产资料所有权的控制，即生产资料所有权归国家，经营权给合作社。在1892年8月8日致奥古斯特·倍倍尔的信中，恩格斯说："至于在向完全的共产主义经济过渡时，我们必须大规模的采取合作生产作为中间环节，这一点马克思和我从来没有怀疑

---

① 《马克思恩格斯文集》第4卷，人民出版社2009年版，第417页。
② 《马克思恩格斯文集》第10卷，人民出版社2009年版，第588—589页。

过",“但事情必须这样来处理,使社会(即首先是国家)保持对生产资料的所有权,这样合作社的特殊利益就不可能压过全社会的整个利益。"①

其次,恩格斯也多次探讨了在工业大生产中如何吸收知识分子专家的问题。在1893年5月11日对法国《费加罗报》记者的谈话中,恩格斯说:"我们的思想既在工人当中,也在教师、医生、律师和其他人当中到处传播。如果明天我们必须掌握政权,我们就需要工程师、化学家、农艺师。"② 在1893年12月19日致国际社会主义者大学生代表大会的贺信中,恩格斯进一步指出:"过去的资产阶级革命向大学要求的仅仅是律师,作为培养政治家的最好的原料;而工人阶级的解放,除此之外还需要医生、工程师、化学家、农艺师及其他专门人才,因为问题在于不仅要掌管政治机器,而且要掌管全部社会生产,而在这里需要的决不是响亮的词句,而是扎实的知识。"③

恩格斯认为,一方面,为了占有和使用生产资料,需要大量的有技术素养的人才。另一方面,社会主义运动也对知识分子和专业人才越来越有吸引力。不过,恩格斯也强调社会主义运动的领导权要掌握在工人阶级手中,知识分子要在社会主义运动中经历锻炼和考验。在1890年8月21日致奥托·冯·伯尼克的信中,恩格斯说:"目前著作家和大学生大量涌进党内,如果不把这些先生们控制在一定范围内,还会带来种种的危害。"④

再次,恩格斯也专门论述了农业的社会主义改造问题。

随着19世纪90年代欧洲农业危机的加剧,第二国际中法德两党在制定农业纲领的过程中出现了以福尔马尔等人为代表的机会主义者的观点。他们主张为了获得农民的选票而向农民做出如下承

---

① 《马克思恩格斯全集》第36卷,人民出版社1974年版,第416—417页。
② 《马克思恩格斯文集》第4卷,人民出版社2009年版,第563页。
③ 《马克思恩格斯文集》第4卷,人民出版社2009年版,第446页。
④ 《马克思恩格斯文集》第10卷,人民出版社2009年版,第589页。

诺：依靠社会民主党的支持，通过现存的资产阶级国家的帮助，永远保持农民的小规模生产。1894年11月，恩格斯写作了《德法农民问题》，批判了法德两党农业纲领中的机会主义错误，系统阐明了马克思主义关于农民问题的基本理论，提出了农业社会主义改造的纲领和政策。

恩格斯首先肯定了农业和农民问题的重要性，他说："从爱尔兰到西西里，从安达卢西亚到俄罗斯和保加利亚，农民到处都是人口、生产和政治力量的非常重要的因素。"[1] 恩格斯还指出，根据马克思主义的观点，随着资本主义生产方式的发展，农业小生产的命脉已经被割断，这种小生产正在无法挽救地走向灭亡和衰落。不过，恩格斯认为，根据以往社会主义革命的经验，在革命的过程中，农业小生产发挥着重要的作用。他说："社会党夺取政权已成为可以预见的将来的事情。然而，为了夺取政权，这个政党应当首先从城市走向农村，应当成为农村中的一股力量。"[2]

恩格斯认为，为了获得农民的选票和政治支持，不顾农业小生产正在走向灭亡和衰落的历史规律，承诺永远保持农业小生产，这是一种机会主义的错误，也是不切实际的；相反，应当制定马克思主义的农业改造纲领。为此，恩格斯还对欧洲的农民进行了阶级分析，把他们区分为小农、中农和大农；与农民相对立的则是大土地占有者。鉴于小农的情况以法国最为典型，恩格斯在《德法农民问题》中分析了法国社会党在1892年马赛代表大会上通过的第一个土地纲领，指出这一纲领的主要问题是为了在农民中争取议会选票而提出了许多机会主义观点。恩格斯提出："我们永远也不能向小农许诺，给他们保全个人财产和个体经济去反对资本主义生产的优势力量。我们只能向他们许诺，我们不会违反他们的意志而强行干预他们的财产关系。"[3]

---

[1] 《马克思恩格斯文集》第4卷，人民出版社2009年版，第509页。
[2] 《马克思恩格斯文集》第4卷，人民出版社2009年版，第510页。
[3] 《马克思恩格斯文集》第4卷，人民出版社2009年版，第526页。

同时，恩格斯论述了农业的社会主义改造的基本原则：无产阶级夺取政权后，会剥夺大土地占有者，正如剥夺工厂主一样。这一剥夺可以通过赎买的方式来进行，不过是否采取赎买的方式，还要看夺取政权时的具体情况和大土地占有者自身的态度。与此不同的是，恩格斯认为，对于小农，第一，不会使用暴力的手段去剥夺；第二，改造的主要方式是建立农业合作社。恩格斯论述道："当我们掌握了国家政权的时候，我们决不会考虑用暴力去剥夺小农（不论有无赔偿，都是一样），像我们将不得不如此对待大土地占有者那样。我们对于小农的任务，首先是把他们的私人生产和私人占有变为合作社的生产和占有，不是采取暴力，而是通过示范和为此提供社会帮助。当然，到那时候，我们将有足够的手段，向小农许诺，他们将得到现在就必须让他们明了的好处。"[①] 恩格斯还指出，对于有雇工剥削行为的中农和大农，也不能实行暴力的剥夺，而要把各个农户联合为合作社，在合作社内逐步消除雇佣剥削行为，从而向新的生产方式过渡。

## 五 社会主义革命的国际性以及战争问题

无产阶级的解放斗争具有国际性，它的胜利依赖于最先进的各国在实践上和理论上的合作，这是马克思和恩格斯的一贯观点。同时，马克思和恩格斯也越来越注意到各个国家经济、政治、社会发展的不平衡性。19世纪80—90年代，恩格斯继续探讨社会主义革命的国际性问题。

恩格斯首先分析了几个发达资本主义国家的革命形势。他指出，当时两个最强大的资本主义国家——英国和美国，还没有形成革命的社会主义群众运动；而在法国和德国却出现了强大的社会主义政党，尤其是德国有可能成为欧洲无产阶级第一次伟大胜利的舞台。恩格斯认为，革命可能会在一个或者几个国家首先胜利，但是

---

① 《马克思恩格斯文集》第4卷，人民出版社2009年版，第524—525页。

革命的最终胜利仍然依赖于无产阶级的国际合作。在1893年6月27日致保尔·拉法格（Paul Lafargue，1842—1911）的信中，恩格斯说："法国工业的发展落后于英国，目前也落后于德国，德国从1860年以来进步迅速。法国的工人运动今天已不能同德国的工人运动相比。但是，无论是法国人、德国人，还是英国人，都不能单独赢得消灭资本主义的光荣。如果法国——**可能如此**——发出信号，那么，斗争的结局将决定于受社会主义影响最深、理论最深入群众的德国；虽然如此，只要英国还掌握在资产阶级手中，那么，不管是法国还是德国，都还不能保证最终赢得胜利。无产阶级的解放只能是国际的事业。"①

其次，恩格斯也关注了南欧、东欧等地区不发达国家的社会主义运动。他认为，这些国家的工人运动太年轻，社会经济条件也较为落后，而且这些国家往往争取民主的任务仍未完成，所以不能期望他们立即取得社会主义的胜利。不过，恩格斯也注意到，争取民主的斗争与争取社会主义的斗争之间的联系在国际范围内越来越密切。恩格斯提出，有可能革命恰恰由那些还有大量一般民主主义的任务需要完成的国家来发起，俄国革命可能成为全世界社会革命的开端（参见1888年1月4日恩格斯致罗马尼亚社会主义者若安·纳杰日杰（Ion Nădejde，1854—1928）的信）。②

再次，恩格斯也讨论了社会主义革命与殖民地解放斗争的辩证联系。一方面，马克思和恩格斯早在19世纪60年代就论述过殖民地解放斗争将成为工人阶级解放斗争的同盟军，恩格斯在80—90年代重申了这一观点。另一方面，恩格斯指出，社会主义革命不仅将导致资本主义殖民体系的崩溃，而且对不发达国家将起到社会主义的示范作用。在1882年9月12日致卡尔·考茨基的信中，恩格斯说："依我看，真正的殖民地，即欧洲移民占据的土地——加拿

---

① 《马克思恩格斯文集》第10卷，人民出版社2009年版，第655—656页。
② 参见《马克思恩格斯文集》第10卷，人民出版社2009年版，第568页。

大、好望角和澳大利亚，都会独立的；相反地，那些只是被征服的、由土著人居住的土地——印度、阿尔及利亚以及荷兰、西班牙、葡萄牙的属地，无产阶级不得不暂时接过来，并且尽快地引导他们走向独立。这一过程究竟怎样展开，还很难说。印度也许会，甚至很可能会闹革命……在其他地方，如阿尔及利亚和埃及，也可能发生同样情况，**这对我们来说当然是最好不过的事情**。"①

此外，由于19世纪80—90年代资本主义的军国主义化，第一次出现了世界大战的危险，恩格斯也对战争问题做了深刻的论述。恩格斯洞察到即将发生世界性战争的危险性，认为战争如果发生，会对欧洲造成极大的破坏。同时，恩格斯也把世界战争看成对社会主义革命的最大威胁。因此，在1893年的《欧洲能否裁军?》等文章中，恩格斯号召社会主义者尽最大努力阻止世界战争这一灾难的发生，并且提出了具体的裁军建议。

恩格斯认为，社会主义运动在本质上是和平的事业。在写于1891年的《德国的社会主义》一文中，恩格斯指出，德国无产阶级在取得政权以后，"如果它不纠正它的前任对其他民族所干的非正义的事情，那它就既不能运用这个政权，也不能巩固这个政权"②。在1894年3月18日《为纪念巴黎公社二十三周年致法国工人党全国委员》的通告中，恩格斯指出，无产阶级的胜利将伴随着"消灭阶级对抗和各民族之间的战争，并在各文明国家中实现和平和幸福"③。

---

① 《马克思恩格斯文集》第10卷，人民出版社2009年版，第480页。
② 《马克思恩格斯文集》第4卷，人民出版社2009年版，第432页。
③ 《马克思恩格斯全集》第22卷，人民出版社1965年版，第519页。

# 第七章　恩格斯1895年《〈法兰西阶级斗争〉导言》以及相关理论问题研究

如前所述，本章继续探讨恩格斯晚年的社会主义观，主要包含对恩格斯写于1895年的《〈法兰西阶级斗争〉导言》一文的解读以及1883年之后恩格斯对机会主义的批判、恩格斯晚年的社会主义观与民主社会主义的本质区别等理论问题的探讨，最后还就恩格斯晚年的社会主义观问题做了简短的总结。

## 第一节　社会主义革命的策略问题
——恩格斯的《〈法兰西阶级斗争〉导言》

恩格斯写于1895年的《〈法兰西阶级斗争〉导言》长期以来就是一篇有争议的文献。在分析其文本之前，介绍一下该文献的发表过程对于理解它的历史命运是非常必要的。

1895年1月30日，担任德国社会民主党《前进报》出版社经理的理查·费舍（Richard Fischer，1855—1926）写信给恩格斯，建议把马克思在1850年于《新莱茵报。政治经济学评论》上发表过的论述法国1848年革命的一组文章（共三篇）编成单行本出版，并请恩格斯写一篇导言。恩格斯同意了这个建议，同时增添一章，作为该书的第四章。他为各章拟定了标题并将书名定为《1848年至1850年的法兰西阶级斗争》。恩格斯于1895年2月14日至3月

6日为单行本撰写了导言。

1895年3月6日,理查·费舍受德国社会民主党执行委员会委托给恩格斯写信,以当时德意志帝国国会正在讨论所谓反颠覆法草案为由,请求恩格斯按照随信附上的修改方案进行修改,尤其是要删去有关暴力斗争的内容。恩格斯在3月8日的复信中表示,"我尽可能考虑到你们的严重担忧"①,但是导言原稿经过这样的删改已受到一些损害,自己在修改原稿方面绝不会再多走一步。恩格斯还指出:"我不能容忍你们立誓忠于绝对守法,任何情况下都守法,甚至在那些已被其制定者违犯的法律面前也要守法,简言之,即忠于右脸挨了耳光再把左脸送过去的政策","我认为,如果你们宣扬绝对放弃暴力行为,是决捞不到一点好处的。没有人会相信这一点,也没有一个国家的**任何一个**政党会走得这么远,竟然放弃拿起武器对抗不法行为这一权利。"②

在单行本出版前,1895年3月30日,《前进报》发表了一篇题为《目前革命应怎样进行》的社论,其中未经恩格斯同意就从导言中断章取义地摘录了几段话,使恩格斯的观点遭到严重歪曲,似乎他主张"无论如何都要守法"。恩格斯看到后非常气愤,在1895年4月1日给卡尔·考茨基的信中说:"今天我发现,《前进报》**事先不通知我就发表了**我的《导言》的摘录,在这篇经过修饰整理的摘录中,我是以一个**爱好和平的**、无论如何要守法的崇拜者出现的。我特别希望《导言》现在能全文发表在《新时代》上,以消除这个可耻印象。我将非常明确地把我关于此事的意见告诉李卜克内西,也告诉那些(不管是谁)事先一个字也未通知我而给他这种机会来歪曲我的观点的人。"③ 根据恩格斯的要求,1894—1895年《新时代》杂志第13年卷第2册第27期和第28期连载了这篇导言,但仍保留了作者在单行本导言中所做的删改。

---

① 《马克思恩格斯文集》第10卷,人民出版社2009年版,第686页。
② 《马克思恩格斯文集》第10卷,人民出版社2009年版,第686页。
③ 《马克思恩格斯全集》第39卷,人民出版社1974年版,第432页。

1925 年，苏联共产党中央马克思恩格斯研究院院长梁赞诺夫（Давид Борисович Рязанов，1870—1938）在《在马克思主义旗帜下》第 1 期发表《恩格斯的〈1848 年至 1850 年的法兰西阶级斗争〉一书导言》，根据收集到的恩格斯的原稿，介绍了这篇导言在 1895 年发表时被删改的情况。① 1930 年，删改前的恩格斯原稿第一次在苏联发表。② 值得一提的是，对于理解恩格斯这篇导言的思想有决定性意义的 1895 年 3 月 8 日恩格斯给理查·费舍回信的原件一直没有找到，直到 1965 年才由荷兰阿姆斯特丹国际社会史研究所（IISG）德国部主任维尔纳·布吕门贝格（Werner Blumenberg，1900—1965）发现。1967 年，该信由联邦德国学者汉斯·约瑟夫·施泰因贝格（Hans Josef Steinberg，1935—2003）首次发表在《国际社会史评论》第 12 年卷第 2 册的《革命和合法性》一文中。③ 这封信的发表对平息有关争议具有重要意义。

总之，恩格斯生前发表的《〈法兰西阶级斗争〉导言》是经过删改的，因而是容易引起误解的。今天我们看到的"导言"则是体现恩格斯原意的未经删改的第一稿，其内容不容易引起误解。

恩格斯写于 1895 年的《〈法兰西阶级斗争〉导言》分两部分，第一部分介绍了马克思《1848 年至 1850 年的法兰西阶级斗争》一书的方法和意义，即运用唯物史观来解释历史事件。恩格斯认为，马克思对当时历史事件的解释是卓越的，经受住了后来的历史进程的验证。这篇导言的第二部分则不仅总结了欧洲无产阶级从 1848 年到 1871 年的革命经验，而且分析了从 1871 年到 19 世纪 90 年代无产阶级解放斗争条件的变化，进而探讨了为实现无产阶级革命的胜利这一既定目标，应采取什么样的策略。

---

① 关于导言的发表和删改情况，参见《马克思恩格斯文集》第 4 卷，人民出版社 2009 年版，第 657—658 页注释。

② 参见［苏联］列·伊利切夫等《弗里德里希·恩格斯》，程代熙等译，人民出版社 1984 年版，第 638 页。

③ 参见季丰、韩文臣、闻文编《国际共运史上的一大论战——关于恩格斯的〈马克思"法兰西阶级斗争"导言〉的争论和评论》，社会科学文献出版社 1995 年版，第 3 页。

在这篇导言的第二部分中,恩格斯首先反思了自己和马克思当年对1848年法国革命所抱的幻想以及为什么当时的无产阶级革命没有取得最终的胜利。恩格斯说,1848年法国二月革命开始时,他自己和马克思都以为伟大的决战已经开始,这一决战将是长期的和彻底的,结局只能是无产阶级的最终胜利。恩格斯指出,事实证明他和马克思当初的看法只是一个幻想,因为当时革命的社会经济条件还没有成熟。他指出,1848—1850年之后的几十年来,经济革命(即工业革命)席卷了整个欧洲大陆,产生了真正的资产阶级和真正的大工业无产阶级;"那么这就彻底证明了,在1848年要以一次简单的突然袭击来实现社会改造,是多么不可能的事情"[1],因为当时欧洲大陆经济发展的状况还远没有成熟到可以铲除资本主义生产方式的程度。

恩格斯进一步指出:"历史走得更远:它不仅打破了我们当时的错误看法,并且还完全改变了无产阶级进行斗争的条件。1848年的斗争方法,今天在一切方面都已经过时了,这一点值得在这里比较仔细地加以探讨。"[2]

首先,恩格斯指出,普选权已经成为无产阶级阶级斗争的重要武器。他认为,1871年巴黎公社失败后,欧洲工人运动的重心从法国转移到了德国;由于德国工人运动善于运用1866年开始实行的普选权,德国社会民主党的选票从1871年的102000张增长为19世纪90年代的1787000张,超过了总票数的四分之一;同时取得了废除"反社会党人法"的胜利。恩格斯说,德国工人"给了世界各国的同志们一件新的武器——最锐利的武器中的一件武器,向他们表明了应该怎样使用普选权"[3]。

对于普选权,马克思和恩格斯在19世纪60年代曾认为,它在德国这样的国家,对工人来说是陷阱,是政府的欺骗工具。但到70

---

[1]《马克思恩格斯文集》第4卷,人民出版社2009年版,第541页。
[2]《马克思恩格斯文集》第4卷,人民出版社2009年版,第538页。
[3]《马克思恩格斯文集》第4卷,人民出版社2009年版,第544页。

年代初，在看到社会民主党利用普选权所取得的最初战绩以后，他们就指出"普选权赋予我们一种卓越的行动手段"①，并逐步阐明了它的重要作用。70年代末，他们又指出普选权使工人政党"有可能统计自己的力量，向世界显示它的组织得很好的和不断壮大的队伍"②。80年代中期，他们又提出普选制是测量工人阶级成熟性的标尺这一重要论断。

而在《〈法兰西阶级斗争〉导言》中，恩格斯进一步论述了普选权在无产阶级手中的积极作用。他认为，法国等罗曼语国家的工人往往把选举权看作陷阱，看作政府的欺骗工具，而在德国，情况就不同了，《共产党宣言》早就宣布争取普选权和争取民主是战斗的无产阶级首要的任务之一，拉萨尔又再次提出了这个要求。恩格斯认为，普选权的积极之处很多：它可以使工人运动定期计算一次自己的力量；它可以通过选票的增长加强工人的胜利信心，增加对手的恐惧，因而成为最好的宣传手段；由于提供了工人自身力量和各个敌对党派力量的精确情报，它还给予了工人运动衡量自己的行动是否适度的独一无二的尺子；同时，普选权也提供了一个合法的讲坛，社会民主党人可以更权威更自由地宣传自己的观点，抨击敌对的政党；而且竞选活动也要求社会民主党人到各地去接触群众，扩大影响；等等。恩格斯指出，普选权已成为"无产阶级的一种崭新的斗争方式"，"人们发现，在资产阶级用来组织其统治的国家机构中，也有一些东西是工人阶级能够用来对这些机构本身作斗争的"③。

其次，恩格斯指出，无产阶级解放斗争的条件发生了另一个根本性的变化："旧式的起义，在1848年以前到处都起过决定作用的街垒巷战，现在大大过时了。"④作为军事学和军事理论专家，恩格

---

① 《马克思恩格斯全集》第17卷，人民出版社1963年版，第304页。
② 《马克思恩格斯全集》第19卷，人民出版社1963年版，第137页。
③ 《马克思恩格斯文集》第4卷，人民出版社2009年版，第545页。
④ 《马克思恩格斯文集》第4卷，人民出版社2009年版，第545—546页。

斯首先分析了1848年以前"盛行巷战的时代"起义者多次获得成功的原因。他指出，街垒主要是一种动摇军心的手段，它在道义上比在物质上起的作用更大。恩格斯接着又分析了1849年之后起义者和军队在这两个方面客观条件的变化。他认为，很多条件都对军队有利，而在起义者方面，一切条件都变坏了。

那么，恩格斯是不是主张无产阶级放弃街垒巷战这种斗争方式呢？绝非如此。恩格斯明确指出："这是不是说，巷战在将来就不会再起什么作用了呢？决不是。这只是说，自1848年以来，各种条件对于民间战士已经变得不利得多，而对于军队则已经变得有利得多了。所以说，将来的巷战，只有当这种不利的情况有其他的因素来抵消的时候，才能达到胜利。因此，巷战今后在大规模革命初期将比在大规模革命的发展进程中要少，并且必须要用较多的兵力来进行。而这样多的兵力，正如在整个法国大革命期间以及1870年9月4日和10月31日在巴黎那样，到时候恐怕会宁愿采取公开进攻，而不是采取消极的街垒战术。"① 恩格斯的这段论述对于理解他关于街垒巷战的思想是非常重要的，即恩格斯主张在客观条件成熟时无产阶级仍会采取街垒巷战这种斗争方式。而在德国社会民主党《新时代》杂志刊载的《〈法兰西阶级斗争〉导言》文本和1895年出版的《1848年至1850年的法兰西阶级斗争》单行本中，上面这一整段话都被删去，这就容易造成一种误解——似乎恩格斯主张街垒巷战这种斗争方式已经完全过时了，恩格斯思想的原意很明显受到了损害。

德国社会民主党《新时代》杂志刊载的《〈法兰西阶级斗争〉导言》文本和1895年出版的《1848年至1850年的法兰西阶级斗争》单行本对恩格斯原文的删改约有7处，中国出版的《马克思恩格斯文集》2009年版和《马克思恩格斯选集》1995年版、2012年版对于这些删改都进行了标注。在这些删改中，有的是恩格斯的整

---

① 《马克思恩格斯文集》第4卷，人民出版社2009年版，第548—549页。

段话被删去，有的是一句话或者几句话被删除，还有的是对某句话的修改。与上述那段话的情况类似，在删改之后，恩格斯的原意被曲解或者模糊化。正如前文引述的恩格斯在1895年4月1日写给卡尔·考茨基的信中所说，他是以一个爱好和平的、无论如何要守法的崇拜者的面目出现的。

恩格斯在《〈法兰西阶级斗争〉导言》中对街垒巷战的分析以及对普选权积极作用的肯定和论述是当时的马克思主义理论中崭新的内容，是对新的历史条件下无产阶级解放斗争实践的新概括。1895年恩格斯逝世以来，利用普选权等资产阶级民主制度所赋予的权利进行议会斗争已成为无产阶级进行解放斗争的重要方式和手段。恩格斯在《〈法兰西阶级斗争〉导言》中关于普选权和议会斗争思想的基本原则在今天仍然是适用的。但是，恩格斯关于普选权和议会斗争的思想与伯恩施坦等修正主义者是截然不同的。恩格斯并没有放弃马克思主义的革命理论，对他而言普选权和议会斗争只是和平时期无产阶级斗争的一种策略。伯恩施坦等修正主义者则试图彻底否定马克思主义的革命理论，主张以议会斗争代替革命。这一点在恩格斯1895年4月3日致保尔·拉法格的信中体现得很明确。恩格斯在信中批评《前进报》篡改了他在《〈法兰西阶级斗争〉导言》中的思想，他说："我谈的这个策略仅仅是针对**今天的德国**，而且**还有重要的附带条件**。对法国、比利时、意大利、奥地利来说，这个策略就不能整个采用。就是对德国，明天它也可能就不适用了。"[①]

为了使自己的思想不遭到误解，恩格斯在《〈法兰西阶级斗争〉导言》中明确论述了利用普选权与无产阶级革命的关系。首先，恩格斯认为，无产阶级利用普选权并不是要放弃自己的革命权，"不言而喻，我们的外国同志们没有放弃自己的革命权。须知革命权是唯一的**真正**'历史权利'——是所有现代国家无一例外都

---

[①] 《马克思恩格斯文集》第10卷，人民出版社2009年版，第700页。

以它为基础建立起来的唯一权利"①；其次，恩格斯认为无产阶级利用普选权的真正目的是为革命积蓄力量。他说："我们的主要任务就是不停地促使这种力量增长到超出现行统治制度的控制能力，不让这支日益增强的突击队在前哨战中被消灭掉，而是要把它好好地保存到决战的那一天。"② 在德国社会民主党《新时代》杂志刊载的《〈法兰西阶级斗争〉导言》文本和1895年出版的《1848年至1850年的法兰西阶级斗争》单行本中，上面这段引文也遭到了删改，"不让这支日益增强的突击队在前哨战中被消灭掉，而是要把它好好地保存到决战的那一天"被删去，恩格斯关于普选权与革命关系的论述被模糊化。联系恩格斯这一时期的思想，他是"绝对守法主义"的反对者和"和平长入社会主义"的否定者，对于《1891年德国社会民主党纲领草案》中主张"和平长入社会主义"的内容也始终持批判态度。在1892年2月6日写的《答可尊敬的卓万尼·博维奥》一文中，恩格斯甚至提出，为了不放弃革命权，应当建立一支决定性的"突击队"，为"决定性的搏战"做好准备，一旦统治阶级将暴力加诸工人阶级，社会民主党就应毫不犹豫地"从议会斗争的舞台转到革命的舞台"③。

如前所述，恩格斯晚年社会主义观的核心内容就是发展社会主义革命理论，为了迎接即将到来的社会主义革命做理论上的准备。《〈法兰西阶级斗争〉导言》中的思想是恩格斯晚年社会主义革命理论的一个组成部分。《〈法兰西阶级斗争〉导言》中对普选权的肯定和论述是当时的马克思主义理论中的崭新内容，其实质不是否定原有的马克思主义革命理论，而是对无产阶级革命斗争策略的调整。

《〈法兰西阶级斗争〉导言》的争议性主要来源于其正式发表时遭到的删改和后来的修正主义者对其所做的机会主义式歪曲。右

---

① 《马克思恩格斯文集》第4卷，人民出版社2009年版，第550—551页。
② 《马克思恩格斯文集》第4卷，人民出版社2009年版，第551页。
③ 《马克思恩格斯文集》第4卷，人民出版社2009年版，第443页。

倾修正主义者试图把这一著作歪曲为自身的理论来源之一。以斯大林为代表的左倾教条主义者，由于对这一著作缺乏深刻的认识以及对恩格斯晚年的思想缺乏整体的把握，也以讹传讹，对这一著作持否定和怀疑的态度，甚至在苏联最初的马克思和恩格斯的著作全集不收录这一文献。我国1972年出版的《马克思恩格斯选集》四卷本也没有收入这一文献。[①] 经过梁赞诺夫等马克思主义文本研究者的不懈努力，这一文献的原文终于能够真实、完整地呈现在我们面前；同时，只要我们能够运用马克思主义的而不是非马克思主义的理论工具去研究它，就能够正本清源，平息争议，这正是我们今天进行马克思主义文本研究所要达到的目的之一。

## 第二节　1883年之后恩格斯对机会主义的批判

随着19世纪70年代马克思主义在工人运动中取得主导地位，各种资产阶级和小资产阶级社会主义思想就逐步转入工人运动内部并采取了机会主义的形式。到80—90年代，工人运动和工人政党内的机会主义进一步滋长起来。

在德国社会民主党内出现了以"青年派"为首的左倾机会主义和以福尔马尔为代表的右倾机会主义。在法国，19世纪80年代出现了作为无政府主义和改良主义大杂烩的"可能派"，90年代又出现了左倾的无政府工团主义；以茹尔·盖德（Jules Guesde，1845—1922）为首的法国工人党则屡屡出现机会主义的动摇。在英国，以亨利·迈尔斯·海德门（Henry Mayers Hyndman，1842—1921）为首的社会民主联盟在19世纪80年代堕落为无政府主义者手中的工具；革命马克思主义者创立的"新工联"和以它为基础建立的独立工党又逐渐被"费边社"的改良主义所左右。很多工人政党的领导

---

[①] 参见高放《恩格斯"政治遗嘱"百年八次争议》，《当代世界与社会主义》2010年第5期，第26页。

人，例如德国的威廉·李卜克内西和奥古斯特·倍倍尔，虽然能对左倾机会主义进行坚决的斗争，但是对日益成为主要危险的右倾机会主义往往采取姑息迁就和纵容的态度，不能阻止机会主义在党内的蔓延。

恩格斯对机会主义的危害有着清醒的认识。在《1845年和1885年的英国》（1885）、《〈论住宅问题〉一书第二版序言》（1887）、《卡·马克思〈法兰西内战〉一书导言》（1891）、《1891年德国社会民主党纲领草案批判》（1891）、《〈英国工人阶级状况〉1892年英国版序言》（1892）以及一系列书信中，恩格斯不仅批判了形形色色的机会主义，而且系统分析了机会主义产生的历史根源和实质。①

首先，恩格斯分析了机会主义产生的社会阶级基础。19世纪50年代，马克思和恩格斯就曾分析过英国出现工联主义的原因。在1858年10月7日致马克思的信中，恩格斯就认为英国无产阶级实际上日益资产阶级化了。② 在写于80年代的《1845年和1885年的英国》（1885）等论著中，恩格斯做出了进一步的分析。他认为，一方面，英国工人阶级分享了英国资产阶级对世界市场的统治和垄断地位所带来的利润，这是英国工人在政治上消极无为的基础；另一方面，这些利益在工人中间分配得极不均匀，取得巨大部分的是工人中享有特权的少数工人贵族，广大群众则仅仅有时能得到较少的部分。③

在1885年6月15日致约翰·菲利浦·贝克尔（Johann Philipp Becker，1809—1886）的信中，恩格斯也分析了德国社会民主党内机会主义的根源。他认为，在德国这样一个小市民的国家里，党内也必然有一个小市民的"有教养的"右翼；随着党的规模扩大，当

---

① 关于1883年之后恩格斯对机会主义的批判，参见中国人民大学马列主义发展史研究所编《马克思恩格斯思想史》，上海人民出版社1982年版，第603—613页。
② 参见《马克思恩格斯全集》第29卷，人民出版社1972年版，第345页。
③ 参见《马克思恩格斯全集》第21卷，人民出版社1965年版，第231页。

时加入的不是小城市或农业地区的工人，就是大学生、店员等，还有与破产斗争的小资产者、农村手工业者和真正的小农①；因此，恩格斯认为，工人阶级政党内没有改造好的形形色色的小资产阶级党员是党内修正主义存在的社会基础。

其次，恩格斯还从政治条件、思想条件、历史来源等方面分析了机会主义产生的根源。他指出，在政治条件上，一方面，统治阶级的镇压令意志薄弱者胆战心惊、屈膝求饶；另一方面，欧美各国统治者对工人运动采取的某种自由主义的政策又助长了改良主义的幻想。恩格斯认识到，主要由于工人阶级的长期斗争和努力，越来越多的资产阶级国家给予了工人和劳动群众各项政治权利，包括选举权，言论、出版、集会和结社的自由，建立工会、组织政党、举行罢工的自由，等等；而且满足了工人的某些经济和政治要求。恩格斯承认资产阶级民主的进展是有历史意义的进步，但是它也助长了对资产阶级民主的迷信。

恩格斯还指出，在思想领域，各种资产阶级思想纷纷打上了社会主义旗号，也对工人阶级造成了迷惑。在1884年8月13日致福尔马尔的信中，恩格斯说："在英国和美国，同在法国和德国一样，在无产阶级运动的压力下，资产阶级经济学家几乎一无例外地都涂上一层讲坛社会主义的博爱主义色彩，而且到处盛行着无批判的、善意的折衷主义。"②

恩格斯还认为，从历史渊源上看，机会主义是欧洲各国原有的资产阶级和小资产阶级社会主义的继承者：在英国，机会主义总是因袭工联主义鼠目寸光的宗派主义传统；在法国，机会主义不免带有蒲鲁东主义和布朗基主义的浓厚色彩；在德国，机会主义则是"真正的社会主义"和拉萨尔主义的继承者。

再次，恩格斯揭露了机会主义的实质。在1894年5月21日致

---

① 参见《马克思恩格斯全集》第36卷，人民出版社1974年版，第325页。
② 《马克思恩格斯文集》第36卷，人民出版社1974年版，第200页。

普列汉诺夫的信中,恩格斯指出,机会主义的"思想和观点根本上是资产阶级的"①,机会主义者是资产阶级的尾巴,他们构成了工人运动和工人党内的一个"资产阶级阵营"。

恩格斯进一步指出,机会主义是经过乔装打扮的资产阶级和小资产阶级思想,是"披着羊皮的豺狼"②。恩格斯认为,与赤裸裸地攻击马克思主义的资产阶级派别不同,机会主义者是在拥护马克思主义的旗号下,采用歪曲、篡改和钝化的方法,使马克思主义适合资产阶级的需要。机会主义是口头上的马克思主义,行动上的反马克思主义;名义上代表工人利益,实际上维护资产阶级利益。其中,左倾机会主义把马克思主义变成教条,使马克思主义丧失生命力;右倾机会主义抹杀和削弱马克思主义的革命内容,"鼓吹一种凌驾于工人的阶级利益和阶级斗争之上、企图把两个互相斗争的阶级的利益调和于更高的人道之中的社会主义"③,把马克思主义变成连资产阶级都可以接受的东西。

近年来,中国学术界有人引述恩格斯1886年2月15日的《"英国工人阶级状况"美国版附录》一文中所谓的"93字"论述,"共产主义不是一种单纯的工人阶级的党派性学说,而是一种目的在于把连同资本家阶级在内的整个社会从现存关系的狭小范围中解放出来的理论。这在抽象的意义上是正确的,然而在实践中却是绝对无益的,有时还要更坏"④,据此认为恩格斯宣布放弃了共产主义理论。⑤ 这纯属断章取义,联系上下文以及恩格斯那一时期的思想,他所要表达的恰恰是反对脱离工人阶级解放而抽象地谈论全人类的解放。

恩格斯还分析了机会主义在政治实践上的特征,指出它总是把

---

① 《马克思恩格斯全集》第39卷,人民出版社1974年版,第240页。
② 《马克思恩格斯全集》第21卷,人民出版社1965年版,第297页。
③ 《马克思恩格斯全集》第21卷,人民出版社1965年版,第297页。
④ 《马克思恩格斯全集》第21卷,人民出版社1965年版,第297页。
⑤ 参见吴雄丞《恩格斯晚年对科学社会主义的坚守》,《光明日报》2011年10月24日。

社会主义运动的现在和未来、当前利益和根本利益割裂开来。左倾机会主义忽视斗争的现实需要，不愿意做艰苦扎实的实际工作而崇尚革命空谈，使党脱离群众、冒险蛮干。右倾机会主义则相反，它使工人阶级只争取眼前利益，而放弃消灭剥削制度。在《1891年德国社会民主党纲领草案批判》中，恩格斯对机会主义的这些特征做出了明确的概括："为了眼前暂时的利益而忘记根本大计，只图一时的成就而不顾后果，为了运动的现在而牺牲运动的未来，这种做法可能也是出于'真诚的'动机。但这是机会主义，始终是机会主义，而且'真诚的'机会主义也许比其他一切机会主义更危险。"①

最后，恩格斯揭示了机会主义对工人社会主义运动的严重危害。他指出，机会主义是"运动的灾星"②（语出1884年1月18日恩格斯致奥古斯特·倍倍尔的信）。它把争取统治阶级的微小让步和改良当作工人运动的目标，麻痹工人的思想，涣散工人的斗志；破坏工人运动的团结统一，分散斗争的力量；它会使工人运动走入迷途、四分五裂、遭到失败。因此，同机会主义的斗争也是一场"生死的斗争"③（语出1873年6月20日恩格斯致奥古斯特·倍倍尔的信）。恩格斯的这些阐述，是对机会主义危害性的洞察，也是对第二国际最终结局的一种预见。从恩格斯这些深刻的分析来看，把恩格斯说成是"修正主义的来源"在逻辑上是很难成立的。

除了上述几个方面，恩格斯晚年的社会主义观中还有一个重要的内容就是恩格斯对科学社会主义方法论原则的深刻揭示，相关思想至今都值得我们回味和思考。

首先，恩格斯从彻底的辩证法出发，把社会主义看作一个不断变化和发展的过程。在1890年8月21日致奥托·冯·伯尼克的信中，恩格斯指出："我认为，所谓'社会主义社会'不是一种一成

---

① 《马克思恩格斯文集》第4卷，人民出版社2009年版，第414—415页。
② 《马克思恩格斯全集》第36卷，人民出版社1974年版，第89页。
③ 《马克思恩格斯文集》第10卷，人民出版社2009年版，第393页。

不变的东西,而应当和任何其他社会制度一样,把它看成是经常变化和改革的社会。"①

其次,恩格斯也不主张教条主义地预测未来,而是强调理论原则与实际情况的辩证结合。在1893年5月11日对法国《费加罗报》记者的谈话中,恩格斯说:"我们没有最终目标。我们**是不断发展论者**,我们不打算把什么最终规律强加给人类。关于未来社会组织方面的详细情况的预定看法吗?您在我们这里连它们的影子也找不到。"②

最后,恩格斯也重申了马克思主义理论基本原则中的最重要之点。1894年,意大利社会主义者朱泽培·卡内帕(Giuseppe Canepa,1865—1948)请求恩格斯为新出版的周刊《新纪元》找一段题词,表述未来时代的基本思想,以区别于但丁说过的"一些人统治,另一些人受苦难"的旧纪元。恩格斯在1894年1月9日的回信中答复说,他只能从马克思的著作中寻找这样的题词③,这就是《共产党宣言》中的著名论断:"代替那存在着阶级和阶级对立的资产阶级旧社会的,将是这样一个联合体,在那里,每个人的自由发展是一切人的自由发展的条件。"④

## 第三节 恩格斯晚年的社会主义观与民主社会主义的本质区别

综上所述,恩格斯晚年的社会主义观与修正主义和机会主义有着本质的区别。那么,为什么会有所谓的恩格斯是"修正主义之源"的说法呢?从客观上讲,恐怕主要有以下几个方面的原因。

首先,《〈法兰西阶级斗争〉导言》正式发表时经过了删改,

---

① 《马克思恩格斯文集》第10卷,人民出版社2009年版,第588页。
② 《马克思恩格斯文集》第4卷,人民出版社2009年版,第561—562页。
③ 参见《马克思恩格斯文集》第10卷,人民出版社2009年版,第666页。
④ 《马克思恩格斯文集》第2卷,人民出版社2009年版,第53页。

加上一些"机会主义"式的误导和歪曲,就容易使人产生误解。在 1930 年恩格斯原稿发表之前,这些误解和歧义产生了三十多年的历史影响。

其次,晚年恩格斯在坚持马克思主义基本原则的同时,从唯物辩证法的发展原则出发,对马克思主义做了许多修正和补充。对于这些修正和补充,本书在考察恩格斯具体思想的过程中已经做了详细的讨论,这里不再赘述。这些修正和补充与"修正主义"有着本质的区别,修正主义试图否定的是马克思主义的基本原则,而恩格斯所作的修正和补充恰恰是为了更好地坚持马克思主义的基本原理。一些资产阶级学者对这些修正和补充进行了夸大或歪曲,认为恩格斯的做法是一种修正主义。例如,一些西方学者认为恩格斯在晚年通信中对历史辩证法的阐发是对唯物史观基本原则的改变,是后来伯恩施坦否定唯物史观走向唯心史观的一个桥梁。[①] 这些西方学者在方法论上的根本问题就是不懂辩证法,不能划清修正与"修正主义"的界限,把理论创新和修正主义混为一谈。

再次,不是恩格斯对马克思主义做出了修正,而是实践和时代对马克思主义做出了"修正"。无论是马克思主义的修订发展还是修正主义的出现都有其实践和时代的根源。资本主义在不断发展变化,资产阶级在不断调整着统治的策略,无产阶级革命斗争的实践也在发展变化中。导致晚年恩格斯补充和发展马克思主义的各种动因和条件,本书在前面的考察中也已做了详细的讨论,这里也不赘述。面对实践条件的变化,存在着教条主义、在实践中发展马克思主义、修正主义这三种截然不同、不容混淆的态度和方法。因此,实践条件的变化决不意味着在发展马克思主义的过程中可以放弃马克思主义的基本原则。我们要反对故步自封、教条主义地对待马克思主义,更要警惕打着发展马克思主义旗号的修正主义。

---

[①] 关于所谓修正主义的"恩格斯起源"的种种说法,参见吴家华《理解恩格斯——恩格斯晚年历史观研究》,安徽大学出版社 2005 年版,第 219—238 页。

另外，从主观方面讲，正如恩格斯分析的，修正主义和机会主义者总是在拥护马克思主义的旗号下，采用歪曲、篡改和钝化的方法，使马克思主义适合资产阶级的需要。伯恩施坦修正马克思主义的时候采取的正是这种手法，把恩格斯说成修正主义的来源是伯恩施坦制造的理论谎言之一，其目的是增强修正主义的欺骗性。而在当代中国，某些人采取的同样是伯恩施坦的手法，其目的也无非是一方面混淆视听，欺骗人民群众；另一方面向国际垄断资产阶级和本国新兴资产阶级献媚。

恩格斯对机会主义的分析也启示我们，与伯恩施坦修正主义一脉相承的社会民主主义和民主社会主义与列宁主义的分道扬镳不是什么社会主义运动的"分叉"，而是工人运动和工人政党内资产阶级阵营的"叛离"。正如徐崇温先生所说，科学社会主义和民主社会主义既不"同祖"，不"同根"，也不是"同义语"。[①]

在这里，有必要对民主社会主义概念做出界定和辨析：本研究所说的民主社会主义，是指第二次世界大战后各国社会党和社会党国际的社会主义理论和实践。为了与第一次世界大战前的社会民主主义、第一次世界大战后到第二次世界大战前的社会民主主义相对应，本研究把第二次世界大战后迄今为止的民主社会主义称为当代民主社会主义。虽然在20世纪90年代苏联解体、东欧剧变后，为了降低苏联解体、东欧剧变所产生的所谓社会主义失败论的负面影响，一些国家的社会党的理论旗帜从民主社会主义又退回到二战前使用的社会民主主义，但是其理论和实践的基本原则并未改变。这一变化可以看作一种当代民主社会主义框架内理论和实践的发展变化。当代民主社会主义的理论与实践是社会主义运动分裂的产物，从社会民主主义到当代民主社会主义的演变标志着这一分裂过程的完成。

---

① 参见徐崇温《不"同祖"，不"同根"，不是"同义语"——谈谈科学社会主义和民主社会主义的关系》，《高校理论战线》2008年第5期。

当代民主社会主义的前史可以追溯到第二国际的分裂。第二国际前期，各国无产阶级政党一般都自称社会民主党。在恩格斯逝世后，各社会民主党内机会主义思潮迅速滋长，第一次世界大战前夕，第二国际内部出现了左、中、右三派，在如何选择走向社会主义的道路（即改良还是革命）等基本问题上，他们存在着原则性的分歧。其中右派思想的代表是伯恩施坦的修正主义，其基本观点是：否定社会主义的客观历史必然性，主张从伦理社会主义原则出发，把社会主义看作一种道德追求；否定马克思主义政治经济学的基本学说，认为卡特尔、托拉斯等垄断组织的出现可以缓和资本主义的基本矛盾，甚至消除资本主义经济危机，还认为随着中产阶级人数的增多，资本主义社会的阶级矛盾也趋于缓和；**在实现社会主义的道路问题上主张社会改良，否定革命；在政治斗争的形式上崇尚合法的议会斗争，否定暴力；把资产阶级国家看作中性的政治工具**，对资产阶级民主制度所赋予的政治自由、民主和普选制顶礼膜拜，否定无产阶级专政的必要性。与这些政治观点相伴随的是，伯恩施坦在哲学上否定唯物主义原则、辩证法和历史唯物主义学说，宣称信奉新康德主义。第二国际的左派仍然坚持马克思主义的基本原则，与伯恩施坦修正主义等机会主义思潮做了坚决的理论斗争。左派的代表人物有德国的罗莎·卢森堡（Rosa Luxemberg，1871—1919）、卡尔·李卜克内西（Karl Liebknecht，1871—1919），俄国的弗拉基米尔·伊里奇·列宁（Владимир Ильич Ленин，1870—1924）。第二国际中派思想的代表是考茨基的折中主义，其基本特征是在左派和右派的原则性争论面前采取调和、折中的态度。

第一次世界大战期间，占据各国社会民主党领导地位的右派社会民主党人公开背离了马克思主义，走向了社会沙文主义，公然支持本国资产阶级政府参加帝国主义战争，从而导致了第二国际的破产。左派社会民主党人则坚持了马克思主义，其中列宁领导下的俄国共产党（布尔什维克）通过革命建立了世界上第一个社会主义国家。

第一次世界大战后，右派社会民主党人于1919年2月在瑞士伯尔尼召开会议，宣布恢复"第二国际"，史称伯尔尼国际。中派社会民主党人则于1921年2月在奥地利维也纳建立了所谓的社会党国际工人联合会，史称"第二个半国际"、维也纳国际。1919年3月，在列宁领导下，已更名为共产党的原各国左派社会民主党建立了共产国际，即"第三国际"。1923年，伯尔尼国际与维也纳国际在德国汉堡宣布合并为社会主义工人国际，其宗旨是反对十月革命道路和无产阶级专政，主张社会改良。同时，其成员党的名称也发生了变化，有的仍然称社会民主党，有的则称工党、社会党（以下统称社会党）。第二次世界大战爆发后，社会主义工人国际陷于瘫痪状态。

二战后，在苏联美国冷战的气氛下，东欧各国的社会党纷纷宣布与本国的共产党合并，英国工党等西欧国家的社会党则筹划重建社会党国际。1951年6月3日，各国社会党在联邦德国法兰克福召开会议，宣告社会党国际成立，会议通过了《民主社会主义的目标和任务》（简称《法兰克福声明》），这一文件明确地把民主社会主义作为社会党国际及其成员党的奋斗目标和宗旨。

虽然可以把当代民主社会主义的来源追溯到19世纪40年代，但它却是第二国际分裂的直接产物。无论从思想上，还是从组织基础上，当代民主社会主义都是对伯恩斯坦修正主义等机会主义思潮的直接继承。甚至"民主社会主义"这一概念的真正源头也来自伯恩施坦，他说："如果社会民主党有勇气从实际上已经过时的一套惯用语中解放出来，并且愿意表现为它今天实际上的那个样子，即一个民主的社会主义的改良政党，那它的影响将比今天更加大得多。"[①] 伯恩施坦所要否定的"已经过时的一套惯用语"，即马克思主义关于阶级斗争、无产阶级革命、无产阶级专政的学说，"民主社会主义"概念在这里正是从与科学社会主义相对立的意义上使用的。

---

① ［德国］伯恩施坦：《社会主义的前提和社会民主党人的任务》，殷叙彝译，生活·读书·新知三联书店1966年版，第42页。

虽然在第二国际时期社会民主主义曾经是马克思主义的代名词，但是马克思、恩格斯曾多次指出这一概念的不确切性。恩格斯在《〈人民国家报〉国际问题论文集（1871—1875）序》中指出："在所有这些文章里，尤其是在后面这篇文章里，我根本不把自己称做社会民主主义者，而称做共产主义者。这是因为当时在各个国家里那些自称是社会民主主义者的人根本不把全部生产资料转归社会所有这一口号写在自己旗帜上。……因此对马克思和我来说，选择如此有伸缩性的名称来表示我们特有的观点，是绝对不行的。现在情况不同了，这个词也许可以过得去，但是对于经济纲领不单纯是一般社会主义的而直接是共产主义的党来说，对于政治上的最终目的是消除整个国家因而也消除民主的党来说，这个词还是不确切的。"[①] 第二国际破产后，1914年12月，列宁在《一个德国人关于战争的呼声》中明确提出："抛弃被他们（指第二国际的右派和中派——引者注）玷污和败坏了的'社会民主党人'这个称号而恢复共产党人这个原先的马克思主义称号。"[②] 恩格斯和列宁也使用科学社会主义这一概念，主要是在共产主义的理论基础这一意义上来使用，与共产主义运动相对应。就理论基础这一层面的意义而言，科学社会主义与共产主义是同义词。

自从第二国际破产后，原左派社会民主党人宣布自己的信仰是共产主义而不是社会民主主义，在一战后到二战前的这一时期，社会民主主义便成了原第二国际右派、中派所信奉的机会主义思潮的专用名词，这种社会民主主义与共产主义的主要分歧就在于选择一条什么样的道路来实现社会主义。共产主义者主张走革命的道路，右派社会民主党人主张走民主的道路，中派社会民主党人则主张两条道路都可以。而在实现社会主义的目标这一问题上，三派的观点是基本一致的。伯尔尼国际在1919年2月通过的一项决议中提出：

---

① 《马克思恩格斯文集》第4卷，人民出版社2009年版，第448—449页。
② 《列宁全集》第26卷，人民出版社1988年版，第97页。

代表会议对在俄国、德国和奥地利发生的巨大变革表示祝贺，并号召各国工人力求用民主的方法建立革命政体，而政治变革则应在此范围内进行。维也纳国际在1921年2月的一项决议中提出：国际不应该像第二国际那样，只允许无产阶级采用民主方法进行斗争，也不应该像第三国际那样，要求他们仿效俄国革命。由这两个国际合并而成的社会主义工人国际在1923年5月的决议中也要求把"共和民主"视为争取社会主义的和平斗争的基本手段。①

当代民主社会主义不仅是对一战后到二战前的这种社会民主主义的继承，而且是对它的"发展"。当代民主社会主义与共产主义的分歧不仅仅停留在如何走向社会主义的道路这一问题上，而是提出了一个根本不同于共产主义的目标。尽管当代民主社会主义仍然认为自己的目标是一种社会主义，但是这种社会主义的核心内容是民主：民主不仅是实现社会主义的手段，而且是目标本身。《法兰克福声明》提出："社会主义只有通过民主制才能完成。而民主制也只有通过社会主义才能完全得到实现。"② 这里所说的民主制指的是政治民主制度，而当代民主社会主义还主张把民主推广到一切社会领域。德国社会民主党理论家托玛斯·迈尔（Tomas Mayer，1943— ）曾阐释道："民主社会主义和共产主义的对立在于，民主社会主义认为民主具有它本身的内在价值，社会主义要使这一价值扩展到所有领域，而且使其永不失效。共产主义想用马克思所主张的社会主义的历史必然性来为无产阶级专政辩护，认为无产阶级专政应当代替民主制，直到建立无阶级社会为止。"③

二战前的社会民主主义向当代民主社会主义演变的实质在于：由于社会主义运动的分裂是一个过程，只有当代民主社会主义提出

---

① 参见徐崇温《民主社会主义评析》，重庆出版社2007年版，第20—21页。
② 社会党国际文件集编辑组编：《社会党国际文件集（1951—1987）》，黑龙江人民出版社1989年版，第4页。
③ ［德］托玛斯·迈尔：《社会民主主义导论》，殷叙彝译，中央编译出版社1996年版，第59页。

了与共产主义截然不同的奋斗目标,才标志着这一分裂的完成。当代民主社会主义不仅与马克思主义的奋斗目标不同,而且在政治实践中提出了一系列与马克思主义存在着本质区别的"基本纲领",包括经济民主化、政治民主化、意识形态多元化、国际民主化、党建民主化等方面。当代民主社会主义的理论基础也远离了马克思主义,从伦理社会主义原则出发诉诸所谓社会主义的基本价值——自由、公正、团结,三者显然脱胎于资产阶级启蒙运动所提出的自由、平等、博爱。总之,马克思主义与民主社会主义存在着本质区别,恩格斯晚年的社会主义观也不是什么通向民主社会主义的桥梁。

  总之,经过上述一系列历史和理论的考察,本研究得出的结论是:**恩格斯晚年的社会主义观是他1895年之后全部理论活动中一个有机的组成部分,是对科学社会主义的坚持和发展,是对马克思主义的坚持和发展。**而1895年《〈法兰西阶级斗争〉导言》是恩格斯晚年社会主义观的重要组成部分,它不是什么"修正主义的来源",而是发展马克思主义的典范。恩格斯晚年理论活动中所体现的社会主义观是一个博大精深的理论宝库,值得我们进一步学习、研究和思考。

# 第八章 马克思文本研究的方法论思考

自20世纪90年代末以来，关于《马克思恩格斯全集》历史考证版第二版（简称MEGA²）的文本研究在中国逐渐兴起并得到较为广泛的发展，中国学界也由对MEGA²的陌生开始走向熟悉。经过十多年的不懈努力，MEGA²语境下的马克思文本研究在中国已日渐普及与深入，由此一来，以中国学界研究成果为背景，探讨MEGA²语境下马克思文本研究的方法论特征也有了一定可能性。而且，这一点进而也表明，即便是MEGA²语境下的马克思文本研究也存在着一个中国化过程，这个过程甚至应被视为马克思主义中国化的组成部分。

在西方学者马塞罗·默斯托看来，MEGA²研究具有重要的现实意义，它不仅有助于澄清过去由政治目的和资料缺乏而导致的对马克思主义的教条主义阐释，同时也有助于厘清当今形形色色的所谓马克思主义思想家对真正的马克思主义的偏离。[1]但是，与西方马克思主义学者的研究目的有所差异的是，在MEGA²语境下的马克思文本研究中国化的过程中，除了要澄清过去由政治目的和资料缺乏而导致的对马克思主义的教条主义阐释，以及找出以往对于真正的马克思主义的偏离之外，中国马克思文本研究还有一个重大理

---

[1] [芬]维萨·奥特宁：《MEGA²与另一个马克思——马塞罗·默斯托访谈》，金建译，《国外理论动态》2011年第8期。

论意义,那就是在理解马克思及其文本的基础上实现马克思主义的与时俱进。中国的社会主义实践需要马克思主义的指导,因而,与西方不同,马克思及其文本在中国并不是简单地为了拿来研究的。社会主义实践的现实性、客观性与严苛性,使得 MEGA$^2$ 语境下马克思文本研究的中国化过程不仅充满挑战性,而且必须是严谨的,不能稍加怠慢的。在此,笔者力求从方法论上厘清 MEGA$^2$ 语境下马克思文本研究中国化特征,同时也希望借助马克思恩格斯著作(其中包括 MEGA$^2$)中的文本资料,从马克思文本研究方法论出发重新探讨马克思国家学说,以求在马克思国家学说问题上实现新的理解上的突破。

## 第一节 中国马克思文本研究四个前提性问题[①]

正确把握马克思文本的思想内容,是研究马克思主义哲学的重要前提之一。尽管马克思文本研究在中国尚属于正在发展中的研究领域,但它却是当代马克思主义哲学研究所极力推崇的重要研究方向之一,这项研究使人们看到了马克思主义哲学研究新的生长点。正视并理清中国马克思文本研究的前提性问题,可以帮助我们更好地从事马克思文本研究。

### 一 目前为什么需要大力开展马克思文本研究?

根据法国哲学家保罗·利科的理解,所谓文本(text)就是通过书写固定下来的任何话语。马克思的思想是通过马克思的文本来理解的,但究竟什么是马克思的文本?这实际上并不是一个确定无疑、无须反思的简单问题。一定文本的存在,对于读者是确定的,但文本所表达的内容具有什么样的思想性质,却并不是对于所有读

---

① 参见欧阳英《关于马克思文本研究中的几个问题》,《学术论坛》2003 年第 6 期。在此有改动。

者都是一样确定的。因此，马克思文本肯定是大有文章可做的。自20世纪90年代中期以来，中国学界出现的"回到马克思"热、"重读马克思"热、"重建马克思"或"新马克思"热、"马克思手稿文本研究"热、"马恩比较"热、"学术马克思"热、"马克思学"热，等等，从理论上说也是具有其存在合理性的。

作为解释学所积极提倡的一种研究方法，文本研究所极力强调的是解读文本，努力做到对文本的正确理解和避免误读。马克思文本研究是西方"结构主义的马克思主义"早在20世纪60年代已开展的一项研究工作，而对于中国来说这项研究应该说虽已起步但却有待成熟，同时从事这项研究的原因也是较为复杂与特殊的。

第一，在中国倡导读马克思原著并不是现在的首创，我们党在不同的历史时期都曾经大力号召大家读马克思原著。但是，由于当时的重点只是强调带着问题去读，在读中学，在读中用，在读中做到活学活用，因此，尽管这种"读"也是解读文本的一种形式，但它却是带有较大的局限性的，或者换句话说，它实际是谈不上对马克思文本加以正确理解的，其所产生的消极影响也是极其明显的。正是以往的这种"读"的局限性，使我们看到目前大力开展马克思文本研究的必要性。在今天，这项研究的必要性之一就在于，力求在开展马克思文本研究的过程中，纠正以往在解读马克思文本中出现的问题。我们在以往解读马克思文本中可能曾经有过这样或那样的问题，而对于这些问题，我们显然不能熟视无睹。但是，我们也不必纠缠着过去的问题不放，让过去的问题捆住我们的思想。对于过去的问题，我们可以在深入开展马克思文本研究中加以纠正。这个过程既是一个"张扬"正确理解的过程，也是一个"纠正"以往错误理解的过程。

第二，传统研究的缺点并不在于文本本身。如果把文本研究的重要性建立在对传统研究忽视文本的指控上，是有失公允的。实际上，从恩格斯到第二国际，再到苏联，经典作家文本的整理和出版一直都是马克思主义理论学习和研究的重大问题。一个最基本的事实是，为今天的文本学提供研究素材的各种版本的《马克思恩格斯全集》和"MEGA"绝非是今天才有的，更权威的《马克思恩格斯全集》和"MEGA²"的出版，也并非暗示着在此之前人们学习、研究和宣传马克思主义的文本依据就是成问题的，更不能由此断然推断出依据它们的研究就是不够格的。但是，严格地说，在马克思主义发展史上从未像今天这样出现了以文本为依据的"马克思热"，特别是随着"MEGA²"的陆续出版，这种"马克思热"有着持续升温的趋势。因此，在这种情况下，通过借势的方式将马克思研究、马克思文本研究和马克思主义研究推向新的高峰，是极为必要的。

第三，中国学界最初一些人提出应当"回到马克思""重读马克思"，主要因为他们认为马克思的著作才是真正的马克思主义哲学文本，他们开展重新研究马克思文本的工作就是为了得到本来意义的马克思主义哲学思想。于是，随之而来的是，根据马克思文本中的不同内容，一些人理解出马克思主义哲学是人道主义，或"超越"的实践哲学；而另一些人则理解出马克思主义哲学是实践唯物主义，或历史唯物主义；有些人甚至理解出马克思主义哲学是实践哲学人类学；等等。总的说来，目前对于马克思文本的理解是杂乱的，甚至有些结论是迥然相异或大相径庭的，但是它们的存在却促使我们看到了在今天深入开展马克思文本研究的必要性与紧迫性。

第四，对于中国来说马克思文本研究之所以必要，还在于这是由马克思思想的发展与传播特点所决定的。概括地说，马克思思想的发展与传播特点主要包括：第一点，马克思思想有一个逐渐形成、发展与完善（甚至改变）的过程，这个过程本身就值得我们从文本上不断地反复推敲；第二点，马克思思想的形成、发展与完善是与恩格斯在思想上的帮助分不开的，因此，我们需要在不断的区分中弄清事情的真相，分清思想上究竟存在着哪些重大区别；第三点，对于中国来说，马克思思想是经过"中转站"传播过来的，先是日本、欧洲，后是苏联，因此，长期以来我们实际上获得的马克思思想是"打了折扣"的,因此回到马克思文本原点的工作是极有必要的。应当说,正是因为马克思思想上述特点的存在,所以,在中国,马克思文本研究有着极其特殊的重要意义。我们只有通过文本研究,才能真正做到正本清源。

第五,从当前国际环境来看,马克思文本研究之所以必要,在于这是回应一些挑战的重要手段。在创立的150多年间,马克思主义受到了来自许多方面的挑战。过去这种声音主要来自西方世界,而自苏联解体、东欧剧变之后,这种声音主要出现在俄罗斯等国。应当说,目前在俄罗斯等国出现的对马克思挑战的声音是具有更大危险性的,因为这是从熟知马克思思想体系的人们内部发出的反面声音,这些人深知马克思思想体系中的问题所在。在俄罗斯,1992年出版了《马克思主义:反对与赞成》,1999年又出版了《马克思与现代哲学》,这些著作都是直接针对马克思思想体系的。原苏共中央干部齐普科曾撰写长篇文章《斯大林主义的根源》,把斯大林主义的根源归之于马克思的理论。在俄罗斯的各种马克思主义流派中,较有影响的是属于新马克思主义流派的"后苏联批判马克思主义流派",其代表人物是莫斯科大学经济学教授亚·弗·布兹加林。该流派自1991年起主办社会政治分析类季刊——《选择》杂志,并聚集了国内外一大批马克思主义学者为其撰稿。[①]严格说来,我们只有深入开展马克思文本研究,才能积极回应其中的一些挑战。

一段时间以来,在西方出现了以吕贝尔为代表的"马克思学"。吕贝尔的"马克思学"的主要特征是:在理解立场上,是一种能够对马克思保持中立的神话,它所援引的是关于价值中立的科学神话;在事实(文本)依据上,是一种对排除恩格斯解释的马克思文本崇拜的神话;在解读方法上,是一种对马克思进行单向度连续性

---

① 刘淑春、康晏如:《俄罗斯学者布罗夫谈俄罗斯马克思主义研究现状》,《学术动态》2010年第6期。

(同质性)解读的神话。① 作为其代表作,吕贝尔在《"马克思传奇",或恩格斯是马克思主义的奠基人》一文中提出了被其论战对手称为"反恩格斯提纲"的八个论点,它们也是其马克思学核心思想的集中体现。吕贝尔说道:"我把这些论点作为参与争论的导论,争论将围绕作为我们时代神话的马克思主义问题展开。恩格斯在创造这种普遍的神秘化过程中的责任问题当然是这种争论的一部分,然而其次,如果我们承认在唯物主义上马克思教导的有效性,它将告诉我们,各种意识形态——马克思主义的各种变体以及分支是一样的——并不是空穴来风。它们在根本上依赖于阶级利益,而阶级利益又是权力利益。如果我们承认恩格斯对马克思知识遗产主张的合法性,那么,以他的名义和荣誉,必然就不会有其他的理由来谴责所有形式的制度化的马克思、混乱的学派以及我们这个动乱的黑铁时代幻想。"② 在这里他鲜明地表明了自己反恩格斯的立场。在吕贝尔看来,"马克思主义并非马克思思想路线的原始产物,而是恩格斯在其脑袋里构想出来的东西"(第1条);"马克思和恩格斯之间的知识关系"是研究焦点(第2条);"如果要探明马克思和恩格斯的关系,不摆脱奠基神话,不承认在理性上不能定义的马克思主义观念是病态的出发点,我们将一无所获"(第3条);"马克思主义"是一个应该被抛弃的含混不清的术语,它是马克思不承认的党派争论产物,恩格斯在其中起了极大的作用,恩格斯这样做的时候利用了他和马克思的友谊、滥用了马克思知识遗产执行人的权利等等(第4—8条)。③

应当看到的是,吕贝尔提出以文本为依据来批评苏联的马克思主义,这一点并没有错,而且也不是其问题所在。真正的问题在

---

① 参见胡大平《从文本到理论——马克思、恩格斯文本研究的若干基础问题》,《学术月刊》2009年第2期。
② Joseph O'Malley & Keith Agozin (eds), *Rubel On Karl Marx*. Cambridge: Cambridge University press, 1981, pp. 24 – 25.
③ 参见胡大平《从文本到理论——马克思、恩格斯文本研究的若干基础问题》,《学术月刊》2009年第2期。

于，从中立知识的角度把马克思主义限死在马克思的文本中的假设，正是这个假设支持从马克思、恩格斯知识关系角度入手论证恩格斯背叛马克思这个同样是假设的"事实"。不过，由于吕贝尔的"马克思学"始终以强调马克思文本研究作为基础，所以，当我们要认清和回应其中的看法时，就又需要更加深入地研究马克思文本。尽管这里有"循环论"之嫌，但马克思文本研究以及马克思主义的发展却正是寓于其中。

第六，从目的角度来看，马克思文本研究之所以必要，就在于这是发展马克思主义以及马克思主义中国化的需要。"马克思主义是与时俱进的"这一提法使我们看到了马克思主义"与时代保持同步发展"这一硬道理。马克思主义只有不断地与时俱进才有可能在激烈的竞争中赢得优势、取得发展，"与时俱进"解决的是生存与死亡的问题，即适者生存的问题。但是，马克思主义如何才能与时俱进？马克思主义与时俱进的主要依据除了在时代中寻找之外，还应该在马克思文本中寻找。马克思主义必须是一脉相承的，这意味着马克思主义并不会在与时俱进中变得面目全非，这同时也表明我们必须注重在马克思的文本中去寻找其与时俱进的重要依据，而不是打着马克思主义应该与时俱进的旗号而将一些非马克思的东西（甚至是反马克思的东西）硬塞到马克思主义之中，从而使马克思主义丧失其本质，失去其本来面貌，丢掉其科学性。

经过近百年不平凡的历程，特别是中共中央编译局成立以来半个多世纪的努力，中国的马克思主义经典著作编译事业取得了举世瞩目的历史成就，翻译出版了《马克思恩格斯全集》中文第一版50卷；《列宁全集》中文第一版39卷、中文第二版60卷；《斯大林全集》13卷；《马列主义文库》中文版21种；《马克思恩格斯文集》10卷；《列宁专题文集》5卷；《马克思恩格斯选集》第一、二版各4卷；《列宁选集》第一、二、三版各4卷；等等。中国已经成为世界上翻译出版马克思主义经典著作最多、最全的国家。

从1938年毛泽东在党的六届六中全会上提出"马克思主义中

化"概念,到20世纪50年代不再使用该概念,再到80年之后重新提起该概念,"马克思主义中国化"就概念而言经历了一个历史发展过程,这个过程的存在反映出中国共产党人在长期的革命与建设实践中对于"马克思主义中国化"及其成果有一个日益自信的成长过程。目前,总结马克思主义中国化的历史进程,加强马克思主义中国化的理论发展,再次成为中国理论界与学界关注的焦点。随着马克思主义中国化研究以非同寻常的方式大规模地展开,有关马克思主义中国化问题的研究正在向纵深发展。人们不仅开始重新清理马克思主义中国化的内涵,分清马克思主义中国化、时代化、大众化之间的内在关系,同时还关注如何使马克思主义中国化、什么样的马克思主义研究可以纳入马克思主义中国化体系之中等一系列重要问题。其实,无论人们如何理解马克思主义中国化的具体内涵、如何研究马克思主义以及如何实现马克思主义中国化,正确理解马克思文本及其所体现出来的思想是马克思主义中国化的重要基础这一点是毫无疑问的。马克思主义中国化的理论着眼点是马克思及其他马克思主义经典作家的文本,马克思主义理论的中国化首先要求经典著作文本的中国化。[①] 认真研究马克思主义经典著作文本,对于马克思主义中国化的研究与发展,都是大有裨益的。

第七,从影响力的角度来看,马克思文本研究之所以是必要的,就在于马克思越来越被看作是大思想家,因而研究马克思及其文本成为近现代思想界无法绕开的重大课题。1982年英国著名马克思学家特雷尔·卡弗教授在《马克思的社会理论》一书的开头这样评论马克思的影响:"卡尔·马克思对我们学术生活的影响是极其深刻的。在人文学科及自然科学中,马克思的著作影响到从美学到意识形态的几乎所有学科,包括:人类学、地理学、历史学、法学、语言学、文学批评、哲学的几乎所有分支、政治科学以及心理学。物理学也未能免于马克思的影响:尽管马克思没有对物理学有

---

[①] 衣俊卿:《马克思主义中国化的源头活水》,《中国社会科学报》2011年7月6日。

实质性贡献，但他有关于科学在我们生活中作用的观点。在物理学家反思他们工作的社会意义时，马克思的观点就成为这些物理学家严肃争论的对象。"① 只要承认马克思是大思想家，那么他理所当然会被东西方的学者像对待柏拉图、亚里士多德、卢梭、康德、黑格尔、尼采、弗洛伊德等大思想家一样深入地研究，其思想宝库会被不断地整理发掘。尤其是在西方学术界，每个学科都非常重视对思想史和概念史的梳理，而马克思总是绕不过去的一个人物。

## 二 中国学者以中国式话语与语境能够正确解读马克思文本吗？

倡导开展马克思文本研究，无论是主观愿望还是实际意义，都是无可厚非的。这里的关键问题是，我们以中国式话语与语境能够正确解读马克思文本吗？进行马克思文本研究难道只是我们的一种良好愿望吗？

作为解释学的先驱，施莱尔马赫曾经对正确地理解文本提出了较为苛刻的条件。他认为，在语言方面必须做到：（1）结合作者所处的具体条件来理解文本的意义（历史性原则）；（2）在与周围其他语词构成的意义整体中，也就是在一定的语境中去理解每个语词的意义（整体性原则）。而在精神方面，他所提出的条件是：理解者必须走出自己的"内心世界"，进入作者（创作时）的精神境地，即"回到作者的思想源头"，才能重新体验或再现作者的原意。施莱尔马赫的解释学被称为客观主义解释学，他所强调的是解释的客观性。而以他所提出的条件，我们要想正确地解读马克思文本是有着相当大的难度的，并且这种难度是我们无法克服的，因为无论从话语形式还是从语境角度来看，中国学者都不具有正确理解马克思文本的优势。

在《科学时代的理性》中，作为现代解释学代表人物的伽达默尔指出："对既有本文的内部结构及其连贯性做一点描述，仅仅重

---

① Terrell Carver, Marx's Social Theory, Oxford University Press, 1982, p.1.

复一下作者说过的话等，还不能算是真正的理解。人们必须使作者的说法重新回到生活中去，而为此，他们又必须熟悉本文谈及的那些现象。当然，为了理解作者在其本文中究竟打算说些什么，人们必须掌握诸如语法规则、风格手法和作文艺术等构成本文的基础的东西，但是，在一切理解中，最主要的问题还是本文的叙述与我们对于有争议的现实的理解之间的意义关系。"①他又说："应用就不仅仅是对某种理解的'应用'，它恰恰是理解本身的真正核心。"②在《真理与方法》中，伽达默尔说道，"研讨某个流传物的解释者就是试图把这种流传物应用于自身。""为了理解这种东西，他一定不能无视他自己和他自己所处的具体的诠释学境况。如果他想根本理解的话，他必须把本文与这种境况联系起来。"③从上面这些论述可以看到，对于伽达默尔来说，文本的诠释不仅不应该排除读者自身的语境，相反它应该建立在对读者自身语境的合理反思的基础上。而且惟有如此，文本的诠释才可能促成作者视域和读者视域之间富于建设性的融合。

在对"效果历史意识"作具体说明时，伽达默尔说道："效果历史意识首先是对诠释学处境的意识。"④"处境这一概念的特征正在于：我们并不处于这处境的对面，因而也就无从对处境有任何客观性的认识。我们总是处于这种处境中，我们总是发现自己已经处于某个处境里，因而要想阐明这种处境，乃是一项绝不可能彻底完成的任务。这一点也适合于诠释学处境，也就是说，适合于我们发现自己总是与我们所要理解的流传物处于相关联的这样一种处境。

---

① ［德］伽达默尔：《科学时代的理性》，薛华等译，国际文化出版公司1988年版，第86—87页。
② ［德］伽达默尔：《科学时代的理性》，薛华等译，国际文化出版公司1988年版，第114页。
③ ［德］伽达默尔：《真理与方法》上卷，洪汉鼎译，上海译文出版社1999年版，第416—417页。
④ ［德］伽达默尔：《真理与方法》上卷，洪汉鼎译，上海译文出版社1999年版，第387页。

对这种处境的阐释，也就是说，进行效果历史的反思，并不是可以完成的，但这种不可完成性不是由于缺乏反思，而是在于我们自身作为历史存在的本质。"① 因此，正是从伽达默尔的有关论述中，我们不仅看到了他的现代解释学对施莱尔马赫的传统解释学的巨大理论修正，而且也看到了中国学者正确理解马克思文本的可能性与优势所在。

伽达默尔所提出的效果历史意识展示了一种开放性的逻辑结构，他极力强调的是，我们总是处于某种处境中去实现对文本的理解，而这种理解实际上就是在过去与现在之间架起一座沟通的桥梁。因此，尽管中国学者在马克思文本研究中不具有话语形式与语境方面的优势，但是，中国学者却拥有另一种优势，这种优势就是中国现在所在进行的这场蓬蓬勃勃的社会主义实践。对社会主义的科学预见是马克思文本的主要内容，中国的社会主义实践"是与我们所要理解的流传物（对于我们来说，即是马克思文本——注者注）相关联的这样一种处境"②。这个"处境"是时代赋予中国的一种价值连城的"馈赠"，是以十几亿中国人所开展的社会主义实践作为基础的，它使中国学者有了在理论与实践的对比中正确理解马克思文本的可能性。当前西方学者之所以十分关注来自中国的马克思主义的声音，就在于他们缺乏中国学者的这种处境优势，这种优势可以帮助中国学者弥补话语形式与语境方面的不足。当然，可能性是一回事，现实性则是另一回事。虽然从现代解释学的角度来看，中国学者已经拥有了正确解读马克思文本的优势，但是，要把这种优势变成现实存在，尚需中国学者的共同努力。

我们在对马克思文本的解读中"表达"我们自己对现时态生活的反思。也就是说，我们必须把自身的"读者语境"带到文本的诠

---

① ［德］伽达默尔：《真理与方法》上卷，洪汉鼎译，上海译文出版社1999年版，第387页。

② ［德］伽达默尔：《真理与方法》上卷，洪汉鼎译，上海译文出版社1999年版，第387页。

释中,"读者语境关联性原则"也由此成为文本诠释的重要原则之一。在"读者语境"的置入过程中,我们首先要做的是"问题的确定"。伽达默尔指出:"问题使被问的东西转入某种特定的背景中。"[①] 在此,问题被提到了极高的位置上。伽达默尔一再强调理解中的"问题意识",认为只有借助于合理的"问题",理解者才能够和文本的作者展开有效的"对话"。能否寻找到合适的"问题",是我们与马克思之间的"对话"能否成功的关键所在。需要指出的是,这里的"问题"不是有关文本语义的,甚至也不是有关文本的历史背景和作者的心理体验的,而是主要与我们诠释者的诠释学处境相关的。这就是说,我们在对马克思文本的诠释中,不能停留在文本自身的范围内,还必须将我们对当代生活的思考引入这一过程,就我们面临的时代问题与马克思展开"对话"。通过文本诠释这样一种特殊的"对话"形式,我们与马克思一起思考:不仅思考马克思曾经面临的历史问题,而且思考与解决我们正在面临的现实问题。总体上说,坚持文本诠释中的"读者语境关联性原则",有助于"接引"马克思"走向"我们的现时态生活,从而也能使我们反过来以中国式的话语与语境来正确解读马克思文本。

翻译是两种语言符码之间的转换,这里不仅需要"共同语言"(即字典)作为基础,同时还需要以对不同文化背景的理解作为支撑。马克思的大部分著作用德文写作,相当部分是用英文和法文,还有少量是用西班牙文、意大利文和拉丁文等写作而成。在将马克思文本进行中译的过程中,最困难的问题在于人们是否可以在"原本"与"译本"之间确定同一性的对应关系。所谓的语言的"对等性"具有语义上的等值、等效、对应含义。然而,两个自然语言系统,无论其渊源多么接近,都难以在广泛层面上建立起语义对应关系,更何况作为表意系统的汉语语言与作为表音系统的字母语言

---

[①] [德] 伽达默尔:《真理与方法》下卷,洪汉鼎译,上海译文出版社1999年版,第466页。

本身就存在着巨大的差异。因此，翻译中出现"意义剩余"或"意义不足"的情况几乎是不可避免的。对照马克思著述的中、俄、德三种文本，人们发现因一个词的翻译而导致理解上的差异的现象越来越多，诸如把"Recht"译为"法""法权"和"权力"，把"Eigentum"译为"所有""所有制""所有权"和"财产"，把"Verhaeltnis"译为"制度""状况"和"关系"，把"Idealismus"译为"理想主义"还是"唯心主义"，把"Ausgang"译为"终结"还是"出路（口）"，把"bürgerliche Recht"译为"资产阶级权力"还是"公民权利"，把"ideologen"译为"思想家们"还是"玄想家们"或"意识形态家"等，诸如此类的词意辨析，绝不是咬文嚼字的书生自娱，它涉及对马克思思想的不同解释，有些是内涵很不相同的理解。可以说，这方面研究的拓展和深入挖掘，必将为中国的马克思主义哲学研究开辟新的研究方向和领地。

　　翻译不仅是一个语言学问题，也是一个政治学问题。作为一种在具体的历史语境中产生的政治策略和文化选择，翻译的政治性体现了译者与文本在当下正在发生的历史语境中所展现出来的复杂关系：是谁，在何种历史语境中，以什么样的方式对文本进行翻译，预期的读者是哪些人，他想通过翻译实现什么样的现实目的，又想通过怎样的文化想象来激发他的读者，进而改变历史发展的进程？事实上，在马克思文本翻译的历史发展中，人们常常首先关注的并不是理论本身的学术价值，而是其在实践上的意义，本土化的政治议题和中国文化的历史走向，一直是中国知识分子翻译和理解马克思文本的基本视域。

　　在马克思文本的翻译之初，人们主要用中国传统思想中所说的"劳心者"与"劳力者"、"豪右"与"细民"等，来对应于马克思所说的资产阶级（bourgeois）与无产阶级（proletarians），并把马克思的社会主义思想同中国传统的大同思想、安民思想相提并论。这表明，在当时中国知识分子的理解中，还是把马克思主义作为一种由上而下实行的"安民"术，其最终目标在于达到中国传统的

"大同"理想。这种理解实质上是从"士"的角度希望借助某种"治术"来达到维护旧社会秩序的目的,是与马克思本人所强调的社会革命截然不同的。马克思所处的时代是资本主义迅猛发展而其内在矛盾也日益显露的时代,而中国在20世纪初对马克思文本进行翻译之时整个社会还处于封建制度的晚期,当时译介马克思的知识分子仍生活在传统社会的土壤之中。因此,他们对马克思文本的翻译也必然带有当时意识形态的痕迹。

《共产党宣言》最后一段目前的译法是:"共产党人不屑于隐瞒自己的观点和意图。他们公开宣布:他们的目的只有用暴力推翻全部现存的社会制度才能达到。让统治阶级在共产主义革命面前发抖吧。无产者在这个革命中失去的只是锁链。他们获得的将是整个世界。全世界无产者,联合起来!"① 但应当看到此段在中国历史上曾经出现过数种不同的译法,典型的有宋教仁与朱执信两人的翻译作品。宋教仁在《万国社会党大会史略》(1906)中将此段译为:"吾人之目的,一依颠覆现时一切之社会组织而达者,须使权力阶级战栗恐惧于共产的革命之前,盖平民所决者,惟铁锁耳,而所得者,则全世界也。万国劳动者其团结!"② 而朱执信在《德意志社会革命家列传》(1906)中则将其译为:"凡共产主义学者,知隐其目的与意思之事,为不衷而可耻。公言其去社会上一切不平组织而更新之之行为,则其目的,自不久达。于是压制吾辈、轻侮吾辈之众,将于吾侪之勇进焉龚伏。于是世界为平民的,而乐恺之声,乃将达于渊泉。噫来!世界之平民,其安可以不奋也。"③ 对比宋、朱二人的翻译并回归到当时的历史语境中,我们不难看到,作为一位激进的革命者,宋教仁旗帜鲜明地号召劳动者团结起来颠覆现实的统治阶级,实现自下而上的革命。其译文中不乏"颠覆""战

---

① 《马克思恩格斯选集》第1卷,人民出版社2012年版,第435页。
② 蔡国裕:《一九二零年代初期中国社会主义论战》,台湾:商务印书馆1988年版,第42页。
③ 《朱执信集》上册,中华书局1979年版,第12页。

栗""恐惧"之类令人触目惊心的词汇，反映出译者自身所具有的一往无前的革命英雄主义气概。相比之下，朱执信的译文风格较有儒雅之气，显得较为温和，宋文中的"颠覆"一词被"更新"所替代。事实上，朱执信仅是站在民生主义的立场上，号召知识分子团结，以更新社会上一切不平组织，这种改良主义的态度与宋教仁的激进风格形成了鲜明的对比。从上面的分析可以看出，针对同一段文字，宋教仁与朱执信采取了不同的翻译策略。这一点从一定的侧面提醒人们，马克思文本的翻译包含着十分复杂的政治因素。每个译者的视域都会受到社会环境、历史境遇、文化背景、传统观念以及物质条件等方面的制约，并且，每个译者都是带着自己的时代问题去阅读和理解马克思文本的，而这也便决定着他们对马克思文本的翻译必然要打上时代的烙印和文化的痕迹，同时还带有个人的独特风格。任何翻译都是译者的社会境遇与历史语境的产物，因此，人们有必要深入历史的脉络之中，阐明每一阅读与翻译的具体语境及其政治的、文化的、体制的，以及意识形态的限制，从而对其所译的文稿进行客观的分析与准确的把握。

尽管在翻译过程中存在政治性问题是难以避免的，但是，如何在不断地消解翻译政治性的过程中实现对马克思文本更为"中立的"理解与把握，却是必要的。20世纪与21世纪交替之际，我国理论界曾经就"消灭"还是"扬弃"私有制进行过学术及翻译上的严肃讨论。《共产党宣言》汉译中有一句非常有名、引用很广的话："从这个意义上说，共产党人可以把自己的理论概括为一句话：消灭私有制。"[1] 经济学家董辅礽认为，在这里"消灭私有制"的德文原文是"Aufhebung des Privateigentums"，其中"Aufhebung"应该译为"扬弃"而不是"消灭"。在董辅礽看来，原来，在汉译《共产党宣言》中讲的"消灭私有制"，准确地说应译作"扬弃私有制"。马克思、恩格斯用字是很严格的，在《共产党宣

---

[1] 《马克思恩格斯选集》第1卷，人民出版社2012年版，第414页。

言》中表述"消灭"意思的许多地方都不用"Aufheben",而用上述其他几个德文词,只有在谈到私有制一般(而非特殊的私有制,如"资本主义私有制")时,专门用"Aufhebung des Privateigentums",因为"私有制一般"不是被消灭,而是被扬弃。① 国际共运史学家高放也撰文指出,《共产党宣言》中的"消灭私有制"要改译为"扬弃私有制",即扬其精华,弃其糟粕。过去的误译为"左"的路线提供了理论上的依据,起过消极的作用。当今在资本主义发展新阶段,可以通过资本的积极扬弃和消极扬弃,逐步从资本主义较为和平地过渡到社会主义。② 马列著作编译专家顾锦屏却认为,此处翻译为"消灭"是正确的。理由是:Aufhebung 是个多义词,有废除、取消、撤销、结束、举起、保存和扬弃等多种含义。但在这里只能是"废除"的意思。为什么?首先请看《宣言》中这句话的上下文。上文说:"废除先前存在的所有制关系,并不是共产主义所独具的特征。……例如,法国革命废除了封建的所有制,代之以资产阶级的所有制。共产主义的特征并不是要废除一般的所有制,而是要废除资产阶级的所有制。"接着马克思恩格斯得出结论说:"从这个意义上说,共产党人可以把自己的理论概括为一句话:消灭私有制。"上文中的"废除",原文为 Abschaffung。显然 Aufhebung 与 Abschaffung 的含义是一致的,只是用词的不同而已。再看下文,下文中马克思恩格斯列举了资产阶级对共产党人的责难和攻击,说共产党人要"消灭个性""消灭家庭"等。这里"消灭"两字的原文均为 Aufhebung。如果按照批评者的意见都译成他所解释的"扬弃",那么资产阶级的这种责难就不成为责难了。③ 尽管上述讨论后来无疾而终,但它所反映的恰是

---

① 董辅礽:《消灭私有制还是扬弃私有制——评于光远同志对社会私有制与私有制的论述》,《经济导刊》2002 年第 2 期。
② 高放:《从〈共产党宣言〉的一处误译看资本主义如何过渡到社会主义——兼评〈两个"必然"及其实现道路〉一书》,《社会科学研究》2002 年第 5 期。
③ 顾锦屏:《〈共产党宣言〉中关于"消灭私有制"的译法是正确的》,《经济学动态》2003 年第 3 期。

中国改革开放中所面临与需要解决的重大现实问题。关于私有制"消灭"或"扬弃"问题的提出与探讨，表现出中国在理解马克思文本过程中的处境优势，而这个问题能否从理论上很好地加以解决，也直接关系到中国改革开放的伟大实践。

此外，我国学者还曾就《共产党宣言》中"两个决裂"论断的翻译和理解进行过专门讨论。《共产党宣言》第二章关于"两个决裂"现在的中译文是："共产主义革命就是同传统的所有制关系实行最彻底的决裂；毫不奇怪，它在自己的发展进程中要同传统的观念实行最彻底的决裂。"① 有学者认为，这段关于"两个决裂"的论述中的德文词 überliefert 译为"传统的""是不妥当的"，是"对马克思思想的曲解"，这种曲解"给社会和文化的发展造成了极为严重的后果"。应当看到，在这里马克思、恩格斯"并不是泛指'传统的观念'，而是专指那些流传下来的、非难共产主义的各种观念"。其理由是，英国著名的马克思主义者大卫·麦克莱伦主编的《卡尔·马克思选集》（1977 年第 1 版）把这段话中的 überliefert 译为 traditional（传统的），"透显出英国人在理解马克思思想时的独特的视角"，但它与中文的译法一样，是不妥当的。② 有学者则指出，把 überlieferte Ideen 译为"传统的观念"符合原意，没有错误。其理由是，只要仔细读一读《宣言》第二章就不难发现，马克思、恩格斯是在回击资产阶级对共产党人的种种责难中阐明自己观点的。资产阶级责备共产党人要消灭私有财产、消灭国家、取消祖国、取消民族，还要废除所谓的"永恒真理"即传统的宗教、哲学、道德等一切意识形态的观念等。在马克思、恩格斯看来，过去一切社会的历史，不管其形式如何，都是在私有制的基础上，一部分人剥削另一部分人的历史；因此，毫不奇怪，过去各个世纪占统治地位的思想"始终都不过是统治阶级的思想"，因此，随着私有

---

① 《马克思恩格斯选集》第 1 卷，人民出版社 1995 年版，第 293 页。
② 参见俞吾金《从〈共产党宣言〉的一段译文看马克思如何看待传统》，《光明日报》2000 年 10 月 24 日。

制和阶级对立的消失,这些社会意识也会消失。马克思、恩格斯正是为了回答资产阶级对共产党人的种种责难,特别是为了回答他们在意识形态问题上的责难,才明确提出"两个决裂"思想的。在后一个"决裂"中,马克思、恩格斯确实不是泛指一切"传统的观念",而是专指传统的、与私有制和剥削相适应的社会意识。①

很显然,这场争论主要涉及如何对待"传统的观念"问题。其实总体说来,无论是否将"überliefert"一词译为"传统的观念",对于马克思恩格斯来说,由于共产主义社会是一个消灭了私有制与消除了剥削的社会,因此,这个社会要存在下去,就一定会有一个对以往社会中的观念加以彻底清理的问题,而且这种清理的目的在于与其决裂。因此,我国学者关于"überliefert"一词的翻译与理解所形成的争论之所以是有益的,就在于正是在这种争论中我们对于共产主义社会中的观念形态有了更加清醒的认识。在共产主义社会中的观念形态一定是与消灭了私有制的社会形态相符合的,如果这种符合是不成立的话,那么,势必会对共产主义社会的存在产生巨大的消极影响。

### 三 怎样开展马克思文本研究?

现代解释学意义上的马克思文本研究在中国属于刚刚起步的事业,而在西方,这项研究已经存在了很长的时间。尽管我们可以借鉴西方马克思主义者(如阿尔都塞、哈贝马斯等)和当代后现代主义者(如德里达等)在这项研究中所取得的成果,但是,在中国我们更应该结合本国的实际情况展开研究。

第一,绝不能教条式地理解马克思文本。长期以来,教条式地理解马克思文本的现象在我国较为严重,与此相关的事例俯拾即是。例如,在哲学领域,我们有照搬斯大林的联共布党史四章二节

---

① 参见宋书声、杨金海、蒋仁祥《关于〈共产党宣言〉中"两个决裂"论断的翻译和理解——与俞吾金商榷》,《马克思主义与现实》2001年第5期。

的传统；在经济领域，我们曾经有照搬苏联计划经济模式的传统。作为马克思文本研究的开创性人物之一，阿尔都塞的"断裂说"和"症候阅读法"给近几十年世界范围内的马克思主义研究带来深刻影响，他曾经深有感触地说道，一方面斯大林体系的教条主义，另一方面苏共二十大以来的非斯大林化，两次冲击把我们推到了理论的死胡同，而为了从中脱离出来，我们就必须探索马克思的哲学思想，力图按照马克思的思想而思想。阿尔都塞还认为，马克思的哲学并没有随教条主义的结束而过时，相反它们仍然作为我们的问题而存在。在阿尔都塞看来，教条主义的结束使我们面对以下的现实：马克思通过创立他的历史理论，奠定了马克思主义哲学的基础，但还有大量的工作需要我们去做。因此，首先的任务是要为我们直接阅读经典著作做好阅读方法前提的批判。阿尔都塞提出，要真正历史地进入马克思自身的问题与思想深处，回到马克思当年思考与提出革命性理论的具体语境——经济学与社会主义、历史研究等中去，研究马克思如何从当年强大的德意志意识形态的唯心主义襁褓中挣脱出来，走向现实的科学的视野。阿尔都塞还主张，必须承认真实历史对意识形态本身的影响，而不能内在目的论式地研究马克思[1]。从这些论述中我们看到，一方面，"按马克思的思想而思想"，是我们摆脱教条主义的有效途径；另一方面，"教条主义的结束"为我们直接阅读经典著作做好了阅读方法前提的批判。简单地说，只要我们尽力杜绝教条式地理解马克思文本，努力按照"马克思的思想而思想"[2]，我们就既不会因为教条主义而被推入"理论的死胡同"，也不会因为教条主义没有结束而无法"真正历史地进入马克思自身的问题与思想深处"[3]。

---

[1] ［法］路易·阿尔都塞：《保卫马克思》，顾良译，杜章智校，商务印书馆1984年版，第1—63页。

[2] ［法］路易·阿尔都塞：《保卫马克思》，顾良译，杜章智校，商务印书馆1984年版，第1—63页。

[3] ［法］路易·阿尔都塞：《保卫马克思》，顾良译，杜章智校，商务印书馆1984年版，第1—63页。

第二，胡乱地、毫无根据地把自己的思想附加到马克思身上的文本研究，是绝对不可取的。从马克思主义理论研究进程来看，无论是过去还是现在都存在着较为严重的"附加现象"，也就是说，许多研究者常常把自己的思想附加到马克思身上，从而使马克思本人的思想受到极大的曲解乃至有时甚至可以说是歪曲。其实，人们现在之所以总在质疑斯大林的"辩证唯物主义与历史唯物主义体系"，就是因为其中存在着一定程度的"附加现象"。我们知道，伽达默尔曾经把海德格尔的"理解前结构"称为"先入之见"或"偏见"，认为它们是任何理解的出发点或前提。他明确指出："一切诠释学条件中最首要的条件总是前理解……正是这种前理解规定了什么可以作为统一的意义被实现，并从而规定了对完全性的先把握的应用。"① 正因为理解和解释的前结构或前理解对理解和解释的影响是在所难免的，所以，在马克思文本研究中出现"附加现象"也是难以避免的。不过，"附加现象"的难以避免并不意味着我们就可以胡乱地、毫无根据地将自己的思想附加于马克思文本研究，致使这种研究结果成为人类的"精神垃圾"和"精神负担"。这种"精神垃圾"和"精神负担"不仅不会对马克思主义研究进程产生帮助，反而会起到极坏的消极影响。

第三，历史地研究马克思文本，而不能断章取义。尽管施莱尔马赫的客观主义解释学在整体上受到了伽达默尔的质疑，但是，他的"历史性原则"并没有被否定。正因为结合作者所处的具体条件来理解文本的意义（历史性原则）是十分重要的，因此，在马克思文本研究中，我们一定要努力做到历史地研究马克思文本。客观地说，对于中国学者来说，要想真正做到按照历史性原则研究马克思文本，是有一定难度的，这主要是因为马克思文本所形成于其中的那段历史毕竟是西方世界的历史，为此，想要超越地域、文化与历

---

① ［德］伽达默尔：《真理与方法》上卷，洪汉鼎译，上海译文出版社1999年版，第378页。

史所带来的距离而把握马克思文本的本来意义,肯定是十分困难的。但是,这并不意味着我们就可以放弃按照历史来研究马克思文本这个原则。如果我们放弃这个原则,只意味着那种断章取义地研究马克思文本的做法可以大行其道。在历史性原则上的任何退让,都有可能给那种断章取义的做法大开方便之门。

第四,马克思文本研究应与研究马克思文本相结合。从广义上看,文本研究所包括的内容较为广泛,它不仅包括对文本本身的考证研究(传统意义上的文本学),而且包括对文本意义的理解与解释。就此而论,文本研究与研究文本之间构成的是包容关系,也就是说,研究文本构成文本研究的内容,人们谈论文本研究时是不能将研究文本排斥在外的,而且甚至可以说文本研究中最见功夫的是版本考证。不过,倘若从狭义上看,那么文本研究实际上与研究文本之间并不构成包容关系。从狭义上说,所谓研究文本的研究对象是文本本身,这种研究是带有文本考证性质的,版本考证是它的研究内容之一;而所谓文本研究则专指一种解释性与理解性的活动,这种研究的研究对象是文本的意义。当人们以"回到马克思""重读马克思"为主旨展开研究时,这种研究是狭义上的文本研究,因为它所真正关注的并不是文本本身,而是文本的意义,它所希望的是理解本来意义上的马克思。当然,应当看到,尽管文本研究与研究文本存在着区别,但是它们之间也存在着不可否认的联系,这种联系使它们之间形成了互补关系。很显然,马克思文本研究不可能是凭空进行的,它的根据仍然是文本。正因如此,研究马克思文本所获得的成果对于马克思文本研究是十分重要的。研究文本过程中所获得的成果,可以帮助人们更加深入而科学地把握文本的意义;倘若忽视了这些成果,可能会对文本研究的深度与广度产生一定的影响。目前国内学术界正在热炒《马克思恩格斯全集》历史考证版第二版。其实这种热炒所真正表明的是,人们已经较为清醒地认识到借鉴研究文本的成果,对于深化文本研究是极其重要的。

第五,与"问题视域"联系起来进行马克思文本研究。在对处境的进一步解释中，伽达默尔鲜明地指出："我们可以这样来规定处境概念，即它表现了一种限制视觉可能性的立足点。因此视域（Horizont）概念本质上就属于处境概念。视域就是看视的区域（Gesichtskreis），这个区域囊括和包容了从某个立足点出发所能看到的一切。"[①] "谁具有视域，谁就知道按照近和远、大和小去正确评价这个视域内的一切东西的意义。因此，诠释学处境的作用就意味着对于那些我们面对流传物而向自己提出的问题赢得一种正确的问题视域。"[②] 在这里，伽达默尔不仅明确地提出了"问题视域"概念，而且还强调了只有取得某种问题视域，才能理解文本的意义。

既然"问题视域"如此重要，那么，在马克思文本研究中，解释者就不应该忽视它的存在，而应该在争取赢得问题视域的基础上理解文本的意义。客观地说，解释者只有带着自己的问题视域进入所要理解的文本的问题视域中，才能在与马克思文本的问题对话中达到"视域融合"，在两个视域的遭遇、交融与沟通中发现并揭示马克思文本的新的意义。前面我们曾经谈到，过去我们读马克思原著所提倡的方法就是带着问题去读，但其读出来的结果却有将马克思思想歪曲化、庸俗化的倾向，而现在我们则又强调"问题视域"的重要性，这之间有区别吗？其实"问题"与"问题视域"是有区别的："问题"是实在性的，而"问题视域"则是看视的区域，它包括了从某个立足点出发所能看到的一切问题，是由文本的"问题视域"与解释者的"问题视域"两方面组成的。在具体性问题的引导下解读马克思文本，势必会使解读的结果过于具有针对性，而使理论丧失其一般性的意义；但是围绕"问题视域"所谈论的解读马克思文本，这种解读是以与文本的问题对话作为其存在形式的，其结果是达到"视域融合"，实现对文本意义的新的解答。马

---

[①] ［德］伽达默尔：《真理与方法》上卷，洪汉鼎译，上海译文出版社1999年版，第388页。

[②] ［德］伽达默尔：《真理与方法》上卷，洪汉鼎译，上海译文出版社1999年版，第388页。

克思创立其文本时所拥有的问题视域与我们目前所拥有的问题视域，显然是有所区别的，但是，通过在问题对话中实现"视域融合"，我们便有可能在揭示马克思文本意义的同时拓展马克思主义理论解决现实问题的能力。

**四 如何深入开展马克思哲学文本研究？**

马克思哲学文本是马克思文本的重要组成部分，但是很显然，深入开展马克思哲学文本研究从方法论上讲是带有其特殊性的。

目前，与经济学等领域有所不同的是，在开展马克思哲学文本研究的过程中，人们首先将会遇到那些长期以来已经形成的较为固定的思维模式，这些模式的存在使得人们在马克思哲学文本研究中每走一步都十分艰难。当然，也正因为这种困难的存在，所以，在中国学界出现了多种研究思路并存的局面，例如，"哲学体系重建"模式、"对话比较派"研究范式以及"语境回归派"等。客观地说，"哲学体系重建"模式是与传统的固定的思维模式直接对抗的结果，它的主要特点是强调在对抗中取代；"对话比较派"研究范式与"语境回归派"所选择的路径是在回避中生存。因此，这三种思路都具有可取之处，又都具有不尽如人意之处。

前面我们已经提到了"问题视域"在解读文本过程中的重要性，因此，要使马克思哲学文本研究真正深入下去，我们仍然需要的是重视"问题视域"的特殊意义，这也就是说，我们应该把围绕哲学所特有的问题视域而展开文本解读作为深入开展马克思哲学文本研究的重要方法之一。应该说，马克思对哲学所做出的解释，是由他所拥有的哲学问题视域所决定的，因此，我们绝不能脱离他所拥有的哲学问题视域来理解他的哲学的性质。当然，人们之所以对马克思哲学的性质有多种理解，也是与他的哲学问题视域分不开的。马克思生前未能留下完整的专门的哲学著作，因此，人们只有从他的哲学问题视域中去寻找他对哲学的理解以及对他的哲学的定性。《回到马克思》的作者带着自己的哲学问题视域而深入政治经济学领域这个马克思所拥有的特殊的哲学问题视域中,从而将马克思哲学解读为(广义的)历史唯物主义;《重读马克思》的作者带着自己的哲学问题视域深入关于实践问题的理解这个马克思所拥有的特殊的哲学问题视域中,从而将马克思哲学解读为实践唯物主义……这些多种多样的解读结论的出现,只能说明马克思的哲学问题视域并不是单一的,而是多元化的;正是这种多元化的哲学问题视域,造成了人们对马克思哲学解读的多样性。由此可见,对于马克思哲学解读结论的多样性,我们一定要统一到马克思的哲学问题视域的多样性上来;而且只有这样,我们才能理顺自己的思路。

每个问题视域所能看到的问题是有所不同的,也就是说,包括在每个问题视域中的问题都是有所不同的。正因为如此,所以,我们应该注意到以下两点:第一点是,处于某个特定的问题视域的人们不要过于热切地期盼处于其他问题视域的人们也能看到自己所看到的问题,甚至得出与自己相同的结论。第二点是,处于一定问题视域的人们有一个是否尊重持有其他的问题视域的人们的问题。当前,哲学界存在的体系之争,从某种意义上可以说就是因为许多人没有认识到上述事实的存在造成的。由于主张"辩证唯物主义与历史唯物主义"体系的人与主张"实践唯物主义"体系的人所处的问题视域是不同的,因此,他们所看到的问题是不同的,他们得出的结论也是不同的。倘若他们互相不承认对方特殊问题视域的存在意义,甚至对于对方没有看到自己所能看到的问题感到不可思议,那么,最终只会出现互不相让,甚至两败俱伤的局面。这种状态显然是不利于对马克思哲学文本进行深入解读的。

## 第二节　马克思文本研究三条重要路径[①]

尽管马克思文本研究存在着多条路径,但是,如果从方法论的

---

[①] 参见欧阳英《对研究马克思文本三条路径的梳理——兼评当时我国研究马克思文本中存在的问题》,《马克思主义与现实》2004年第3期。在此有改动。

角度来看，其中有三条路径是带有根本性的，它们是：立足于文本本身、立足于读者本身以及马克思文本的元研究。下面我们对上述三条路径做具体的介绍与说明。

**一 马克思文本研究重要路径之一：立足于文本本身**

立足于文本本身对马克思文本进行重新考证，是马克思文本研究的一条重要路径。这条路径的理论前提是，认为尽管马克思文本是一种通过书写而固定下来的话语形式，但是它与客观事物一样是一种客观存在，人们可以从客观意义上对它进行研究。这是一种"文本中心"的研究路径，这条路径一般说来包括两个方面：一方面是版本考证研究；另一方面是文本考古学研究。对于前者，我们不准备多说，在此主要是针对后者，作具体的分析与说明。

在马克思主义解释史上，对文本进行自觉分类的第一个人是葛兰西。他主张开展马克思主义"文献学工作"，把马克思的著作区分为不同类型并加以区别对待，以防止读者对马克思主义的误读和误解。之所以主张这些，是因为在他看来马克思也有一个成长为马克思主义者的过程，因而存在着"卡尔·马克思"和"作为马克思主义思想家的马克思"的区别。也就是说，在他看来，马克思著作中表达的思想理论也就存在着马克思主义和非马克思主义的差别。葛兰西认为，通过文本分类，识别出作为马克思主义思想家的马克思的思想发展进程中"哪些因素变成为稳定的和'永久的'东西"，换言之，"就是那些使思想家成其为思想家的思想家自己的思想"[①]。他把马克思的文本分为两类：一是"作者直接负责下发表的著作"，包括公开出版物和以任何形式发表或以任何形式使之流通的一切东西，如信件、通告等；二是"作者死后由他人负责发

---

① [意]葛兰西：《狱中札记》，曹雷雨等译，中国社会科学出版社 2000 年版，第 294—295 页。

表的著作"，对于这类著作，他主要关心的是文本的"原样"①。葛兰西特别提醒人们"不能把一部作品同为了编辑它而集合起来的原始材料等同起来"。即使对于书信，他也认为不能将其与自主公开出版的文本同等看待，"信件的文字生动活泼，虽然从艺术上来说往往比书本中字斟句酌的、深思熟虑的文字更有实效，但有时却可能削弱论证。在信件里，也像在讲演和谈话中一样，会比较经常地发生逻辑错误：思想的较大敏捷性的获得往往是以牺牲坚实性为代价的"②。不难理解，葛兰西区分两类文本是为了强调我们理解马克思主义不能以手稿而应该以马克思自主公开出版的著作为依据。

任何文本都有物质和意义两方面内容。声音、文字、标记等物质符号是文本的物质方面；物质符号所代表、表达的作者的精神，就是文本的意义。文本的意义是文本的本质方面。文本的物质符号是作者使用的，具有不依赖于理解者的客观性，这一点没有任何人能否认，所谓"白纸黑字"，说的就是文本的文字不能由读者加以更改。文本的符号是一种物质存在，而文本的意义却不是通常意义上所说的存在，它既不是物质存在，也不是精神存在，而只是物质符号所代表的作者的精神。由此，当人们说文本意义对于读者具有"客观性"时，并不是在通常意义上说它是一种物质存在或精神存在，而只是说，文本的意义是文本自身固有的，是由作者赋予、规定的，文本的物质符号代表着、表达着作者什么样的思想，不是由读者决定的。

尽管马克思文本的存在是确定的，但是，马克思文本以话语形式呈现出来的东西，只是一种现象性的东西，人们可以通过类似考古学的研究方式透过这些现象去深入地探索其内在本质。这就是说，人们可以通过马克思文本研究将文本背后的东西挖掘出来并填

---

① ［意］葛兰西：《狱中札记》，曹雷雨等译，中国社会科学出版社2000年版，第296页。
② ［意］葛兰西：《狱中札记》，曹雷雨等译，中国社会科学出版社2000年版，第297页。

补到现有的文本之中，使马克思的文本呈现出更加完整的面貌。后现代大师福柯说，他之所以别出心裁地提出一个"知识考古学"，是想关注一下史学家、思想史学家有意删除的"零落时间的印迹"①。在他看来，过去的思想史面对一种观念、一位思想家，总是试图去作一种"同心圆的描述"，这是假象。思想发展中最真的东西，恰恰是话语的断裂、话语布展的边界和理论逻辑中独特的异质性。因此，如果套用福柯的研究成果，我们可以将力图透过现象把握本质这类研究规定为马克思文本考古学研究。以阿尔都塞、普兰查斯为代表的"结构主义的马克思主义"是这类研究的主要成果，中国学者张一兵的《回到马克思》基本上也属于这类研究的成果。

从本质上说，马克思文本考古学研究是一种经验科学意义上的客观主义，它力图纯客观地把握马克思文本本身。阿尔都塞曾明确说道，"意识形态"思想家的特征是"他们所建构的并不是一种真实的历史的理论，而只是一种社会本质的理论……他们分析的本质并为之提供一种理论的和抽象的模式"；而"科学"思想家的特征在于"直接从事实出发，观察这些事实的变化并解构其所谓的规律"②。因此，在阿尔都塞的思路中，"意识形态"与"科学"的区别在于，前者是从价值出发，后者是从事实出发；前者致力于探求本质，而后者则致力于阐明事实之间的关系。正因为具有上述认识，所以，阿尔都塞自己表示，他对哲学发生兴趣乃是由于对唯物主义和批判职能发生兴趣。他赞成科学知识，反对意识形态知识的故弄玄虚，反对只是从道义上谴责神话和流言，赞成对这些意识形态进行严厉的理性批判。③ 对于阿尔都塞来说，政治科学或历史科学真正的"精神"就在于观察事实之间的关系，而不是建构"应

---

① [法]福柯：《知识考古学》，谢强、马月译，生活·读书·新知三联书店1998年版，第9页。

② Louis Althusser, *Politics and History: Montesquieu, Rousseau, Hegel and Marx*, NLB, London, 1972, p. 20.

③ 参见刘放桐《现代西方哲学》，人民出版社1981年版，第603页。

该如何"的所谓本质或价值性的理论,而且他在从事马克思文本研究过程中所力求坚持的也是这种"科学"的精神。

由于坚持文本本身存在着现象与本质的关系问题,马克思文本考古学研究执意将马克思的原著当作现象来理解,并力图将隐藏在文本背后的更深刻本质予以揭蔽,因此,这类研究的重点在于揭蔽,而不是解释。阿尔都塞说:"一般而言,问题结构并不是直接呈现出来的,而是躲藏在思想的深处,在思想的深处发挥作用。只有不顾思想的否认和抵抗,才能够从思想深处将问题结构挖掘出来。"① 在这里他明确地强调了从思想深处挖掘问题结构的必要性。阿尔都塞还曾说:"直接阅读马克思的著作并不能立即就明白马克思主义理论的特殊性;必须先进行一系列的批判以做准备,然后再确定成熟时期的马克思所特有的概念的位置。"② 这就是说,如同思想的非直接性一样,任何理解(阅读)都不可能是直接的,而是在一定的方法统摄下的阅读。③ 阿尔都塞在把结构主义方法运用于研究马克思的文本时,提出了对马克思著作的所谓"症候阅读法",而这个方法的主要特点就是从结构主义的方法论出发,只是把见之于文字的马克思著作当作表层结构,阅读时要从这些文字里面找出马克思主义的深层结构。阿尔都塞认为,这种深层结构是任何理论、意识形态都有的无意识的理论结构或框架。就像医生看病要依据于症状,读书也要"依据症候",这就是说,不仅要看到马克思书上写的白纸黑字的原文,还要看到白纸黑字没有明确说出,但隐藏在原文中的东西,这可以叫作空白、无和沉默,这个东西看不见,摸不着,但只有抓住它才能掌握马克思书中的理论框架,才能掌握问题的本质。

在马克思写下的大量经济学手稿和著作,尤其是他生前出版的

---

① Louis Althusser, *For Marx*, London: Allen Lane, 1969, p. 34.
② [法]阿尔都塞:《保卫马克思》,顾良译,杜章智校,商务印书馆1984年版,第13页。
③ 参见张一兵《方法的前置与自觉:马克思何以呈现》,《学术月刊》2002年第6期。

《资本论》第一卷中,马克思的许多见解都是通过阐述他与英国古典经济学家在理论上的根本差异的方式表述出来的,而这一根本差异正体现在价值理论上。在《阅读〈资本论〉》中,阿尔都塞告诉我们:"在古典经济学文本中,这个始源性的问题是这样被表述出来的:什么是劳动的价值?对这一问题的解答可以归结为如下的严格的表述:'劳动( )的价值就是维持和再生产劳动( )必需用的生活资料的价值。'在这一解答中存在着两个空白或两个空缺。马克思使我们看到了古典经济学解答中的这两个空白,但他只是使我们看到了古典文本在沉默中表达出来,而在说时又没有说出来的东西。"[1] 应当说,阿尔都塞提出这两个空白问题并对此加以填写都是带有根本性的,它使人们深入地看到了马克思剩余价值理论的重大贡献所在。在马克思看来,"劳动"是劳动力被使用的过程,英国古典经济学满足于谈论"劳动价值",是不可能真正揭示出资本主义雇佣劳动的秘密的。与"劳动"不同,"劳动力"是可以在市场上出售的商品,马克思正是通过对"劳动力价值"的探讨,发现了剩余价值的起源,从而揭示出资本主义雇佣劳动的秘密。所以,在阿尔都塞看来,正是马克思在前面提到的两个空白中填入了"力"(英语为 power,德语为 Kraft)这个词,从而把英国古典经济学文本中的话改写为:"劳动(力)的价值等于维持和再生产劳动(力)必需用的生活资料的价值。"并进一步把其问题"什么是劳动的价值"改写为"什么是劳动力的价值"[2]。

西方学者帕斯卡尔、米克[3]等人经过研究指出,苏格兰启蒙思想家(特别是斯密)就已经有社会发展的"四阶段理论",这对马克思创立历史唯物主义是有直接影响的。换句话说,苏格兰启蒙思想家的"四阶段理论"被看作是马克思唯物史观的直接思想来源。里格比在《马克思主义与历史》一书中赞同米克的说法,并指出任

---

[1] L. Althusser and E. Balibar, *Reading Capital*, New York: Pantheon Books, 1968, p. 22.
[2] L. Althusser and E. Balibar, *Reading Capital*, New York: Pantheon Books, 1968, p. 23.
[3] 帕斯卡尔和米克分别于20世纪30年代和70年代提出了这一观点。

何研究马克思历史唯物主义的学者都不能无视米克的研究成果。但是，诺曼·莱文（1987）却对米克的结论提出质疑。他在"德国法的历史学派与历史唯物主义的起源"一文中通过细致的版本考证，提出马克思历史唯物主义的思想（尤其是《德意志意识形态》中关于历史上三种所有制形式的论述）来源不是苏格兰启蒙思想家，而是德国法的历史学派的胡果、萨维尼，以及历史学家蒲菲斯特、尼布尔等人。[①] 莱文的考证具有文献学上的依据，因为从 MEGA$^2$ 第四部分新发表的材料来看，马克思确实是读了蒲菲斯特、尼布尔等人的著作。这里的问题是"历史上三种所有制形式"的提出并不标志着唯物史观的创立，历史唯物主义更具标志性的理论突破在于"生产力与生产关系矛盾运动规律"的确立。这就要进一步联系到马克思"生产力"概念的确立（通过斯密和李斯特）以及"交往形式"（及其与生产力关系）思想的形成（通过赫斯）。从米克到莱文的研究成果表明，透过文本研究实际上可以提出一个极为严肃的问题：唯物史观是马克思的一个伟大发现吗？

此外，针对目前谈论比较多的《德意志意识形态》版本研究，人们也可以看到一些值得注意的问题。过去，我们一般都以《马克思恩格斯全集》中文第 1 版第 3 卷为蓝本来讨论《德意志意识形态》，而在具体概括其思想时又仅仅以其中"正面阐述的自己的见解"的《费尔巴哈》章为依据。或许说这种阅读远没有达到《德意志意识形态》中马克思本人的思想高度，而是处于"前马克思"的思想水准。理由是，《马克思恩格斯全集》中文第 1 版第 3 卷是根据俄文第二版翻译的，而这一版本由苏联的维列尔准备、阿多拉茨基编辑的，它根据当时苏联流行的对马克思主义哲学的理解，把马克思原始手稿中的编码打乱后重新进行了编排，"建立"起《费尔巴哈》章的结构；不仅如此，他们还把一部"事先并没有经过十

---

① 参见鲁克俭《国外马克思学研究的热点问题》，中央编译出版社 2006 年版，第一章第二节。

分严密的通盘考虑和筹划，而是由多个事端引发，写作计划和框架结构几经变动、更改，由若干写法不同、篇幅长短不均的章节所组合而成的相当松散的，并且最终也没有全部完成并出版的著述"编辑成一部俨然是"完整"的著述。

《德意志意识形态》的思想结构并不能仅仅靠《费尔巴哈》一章来支撑，全书最难解读的是占了十分之七篇幅的《圣麦克斯》一章。如果不算这部著述的"先行稿"和第二卷中遗失的两章，那么它按照中文第1版《马克思恩格斯全集》的版式翻译成中文有620多页，而《圣麦克斯》一章要占424页！不仅篇幅巨大，即使就其思想容量和深度来说，《圣麦克斯》一章阐述的很多观点也是《费尔巴哈》一章所不可替代的。《圣麦克斯》一章是马克思与恩格斯对作为青年黑格尔派一名重要成员的圣麦克斯·施蒂纳当时引起轰动的一部书《唯一者及其所有物》极其详尽的考察和分析。他们基本上是按照施蒂纳原书的结构来进行论述的。这一部分的思考路向貌似逻辑实则散乱，叙述方式经常转换，条分缕析的解剖和酣畅淋漓的揭露杂糅在一起。迄今为止，包括苏联和西方马克思研究界，都没有详细解读和研究《德意志意识形态》中这一章的著述发表，由此可见其解读的难度。总括地看，《唯一者及其所有物》所阐述的见解与马克思、恩格斯对它的解读和批判，可以说是认识和把握世界两种方式的交锋和辩驳。现在可以这样说，如果我们承认世界不是一种存在、一种理解、一种诠释，那么就需要站在比论争双方更高的层次上来分析他们之间的辩驳逻辑与观点得失。可以说，这样一种不宜做出简单肯定或者否定判断的解读，也正是考验新一代文本研究者耐心、见识的地方。

尽管马克思文本考古学研究领域已经取得了一些成绩，但是，这个领域由于方法论上所固有的局限性，因而也遇到了一些难以解决的问题。例如，虽然这个领域的研究结论一般都是建立在事实基础上的，但是它们却只可能是依据演绎法进行推断的结果，因此，其准确性往往是打了折扣的。事实上，由于论据的不完全性，建立在事实基础上的推演结论随时随地都有可能随着新的文本资料或新的反面论据的发现等而遭到人们的异议。不过，从科学哲学的角度来看，客观结论需要的就是可证伪性，因此，对于结论的被异议，人们应该本着科学的心态去接受，客观结论都是在不断地被证伪中实现其科学性的发展的。在西方马克思主义中曾经出现过一股人道主义思潮，而正是在这样一种理论背景下，阿尔都塞根据结构主义原则，提出了独特见解，强调从研究社会总体结构着手阐述马克思主义理论，并得出了马克思主义是"理论上的反人道主义"的结论，从而使得他在西方思想界异军突起。但是，阿尔都塞的观点自产生之日起就引起了争议，特别是当马克思的"人类学笔记"被发现之后，连阿尔都塞本人也接受了一些人对他提出的关于理论和实践脱离的批评意见，承认他所提出的这一观点中存在着错误的"理论主义"倾向。

再比如，马克思文本考古学研究力求排除价值判断的成分，并且认为只有这样得出的结论才是具有客观性的，但是实际上绝对排除价值判断的文本研究是不可能的。这是因为文本的研究者同时也是文本的解读者、观赏者与评价者，因此，文本研究者势必会因身份的多样性而自觉或不自觉地将自己的价值观念带入文本研究，使文本研究包含价值判断的成分。阿尔都塞曾经力图绝对客观地揭示马克思文本的本质，但是，他的这种努力常常落空。他总是在自觉或不自觉中将自己的价值观纳入对马克思文本的理解中，从而使其结论带有极强的意识形态的色彩。他之所以强调一个"科学"的概念，其目的之一就在于让马克思主义走出那种体现资产阶级时代精神的"意识形态"。韦伯曾经在《社会科学方法论》中这样说道："只有在，例如，就卡尔·马克思《资本论》的知识内容而言，规范（就这一事例而言，指思想规范）纳入考虑的地方，解释才把某一评价作为唯一'科学的'评价。但是这里，关于对象（就这种事例而言，是指马克思思想形式逻辑的'正确性'）的客观有效的'评价'也不必然包含在一个'解释'的目的之中。对评价的这种要求，在不是关于'规范'而是关于'文化价值'的问题的场合，可能成为一个完全超越'解释'领域的任务。"① 尽管韦伯是一位坚定的社会科学的"价值中立性"的主张者，但是，从上述这段话中，我们却可以看到，由于无法绝对地排除评价，因此，韦伯最终是通过把主观性纳入客观性之中来解决社会科学的"价值中立性"问题的。

## 二 马克思文本研究重要路径之二：立足于读者自身

立足于读者自身对马克思文本进行重新阐释，是马克思文本研究的另一个重要路径。这个路径的理论前提是，认为尽管马克思文本的存在对读者是确定的，但文本所表达的内容具有什么样的思想性质，并不是对于所有读者都是一样确定的，不同的读者可能会解释出不同的马克思思想。这是一种"读者中心"的研究路径，它表明，研究者可以以读者的身份从事文本研究并向人们提供经过阐释后的文本即解释出来的马克思思想。准确地说，经过阐释后的文本可以称为"后文本"，"后文本"的字面意思是在文本之后亦即"文本的文本"。文本的开放性和不确定性，以及阐释者个体和环境的差异所造成的多元化理解，乃是造成"文本"向"后文本"进一步演化的真实原因。② 德里达的《马克思的幽灵》、哈贝马斯的《重建历史唯物主义》以及我国近年来出现的一些解读性论著都是这一路径的成果。

从本质上说，这是一种建立在认识主体性基础上的研究路径，它所强调的是认识主体在文本研究中的作用。德里达指出："有一个问题还没有提到。不过不是那个问题本身。更确切地说，这个问题被马克思本人的哲学的，我们将更准确地说明的本体论的应答掩盖了。它与我们在此命名的——布朗肖特并没有这么做——精神或

---

① [德] 韦伯：《社会科学方法论》，朱红文等译，中国人民大学出版社 1992 年版，第 134—135 页。

② 参见吴彤《复杂性：文本的结构与演化》，《自然辩证法研究》2002 年第 11 期。

幽灵是相对应的。我们所说的——在某种程度上和对某个时代而言——诚如是一个被掩盖的问题，但是，所有这些用语都是不可靠的：也许它再也不完全是一个问题的事了，我们的目标其实是在另一种'阐述'结构，这当然是从一种思考或写作的姿态，而不是某个时代的尺度上说的。"① 由此可见，德里达对马克思哲学的理解，其目标其实是另一种"阐述"结构，它表明的是一种思考或写作的姿态，而这种思考或写作的姿态就是德里达本人的。德里达还进一步阐明了这个研究路径是如何看待马克思文本本身的。在德里达看来，虽然"有诸多个马克思的精神，也必须有诸多个马克思的精神"是"我们的假设或更确切地说是我们的偏见"解读出来的，但是，这种解读的前提是因为有马克思，因此，"不能没有马克思，没有马克思，没有对马克思的记忆，没有马克思的遗产，也就没有将来"②。

在当前，这个研究路径较为流行的发展线索有两条：一条是德里达式的解构学发展线索；另一条是解释学发展线索。应该说，尽管这两条发展线索都是以强调认识主体在文本研究中的重要作用为主要特征的，但是，它们所使用的基本方法却是大相径庭。前者主要使用的是解构学方法，后者则主要使用的是解释学方法。1984年4月，在巴黎歌德研究院举行了"文本与解释"讨论会。会上，伽达默尔与德里达之间进行一场精彩的具有跨世纪学术意义的重要对话。对于伽达默尔来说，解释学强调对话：谈话方所寻求的就是被理解，因此，"理解"是解释学的中心概念。而在德里达看来，无论理解这种善良的意愿如何善良，或把它称为不可超越的，它只代表一种传统形而上学的思维方式（说话方式），即解构学批判的逻各斯中心主义，而不是唯一合理的理解模式。因

---

① [德]德里达：《马克思的幽灵》，何一译，中国人民大学出版社1999年版，第43页。
② 参见[德]德里达《马克思的幽灵》，何一译，中国人民大学出版社1999年版，第21页。

此，德里达没有顺着伽达默尔的思想与其争论，只是提醒对方，换一种"说话"方式或"理解"方式也是可能的，这就是解构学的方式。①

用"解构式阅读"评价马克思思想是德里达的解构主义研究最主要的特点，这种阅读的目的是摧毁文本的意义（在场），或称"涂改"（sous rature）。这种阅读并不顾及作者或说话者的"意向性"，因为文字是外在于说话和意识的，只有"擦掉"在场的意义，才能"显出"新文字的"痕迹"，所以德里达的"文字学"应放在"解构式阅读"之后才能理解。② 正因为在解构阅读中传统阅读所寻找的指称对象被"涂改"了，也就是说，纵深寻找意义的传统阅读模式让位给了一种似乎不可能的横向排列式阅读，一种失去思想深度的阅读，从而使阅读方向完全被转变了③，因此，在《马克思的幽灵》一书中，德里达让我们看到了一个被解构性的阅读重新写过的马克思思想。德里达力图向人们展示的是一种解构主义版本的马克思主义，一种不断唤起现时代的离心化主体的精神创伤的异质性声音，其在资本主义上空幽灵般的徘徊在本质上就是这一精神创伤本身。

应该说，哈贝马斯的《重建历史唯物主义》是对马克思文本进行解释学研究的代表性成果，它力图在对话中实现对马克思思想的重建。20世纪60年代，哈贝马斯从批判理论的基本立场出发，着重批判了海德格尔与伽达默尔所坚持的"此在的解释学"相对主义的意识形态保守性，因而他对解释学的理解更多是强调的在解释中的思想重建。哈贝马斯坚持认为，如果我们只有在传统中进行"视域融合"，从而才能让存在的真理在"效果历史"中呈现，那么，我们所能够看到的就只能是"此在"允许我们看到的东西，即"此在"本身，"此在的解释学"因此像海德格尔的存在哲学一样，

---

① 参见尚杰《德里达》，湖南教育出版社1999年版，第164—166页。
② 参见尚杰《德里达》，湖南教育出版社1999年版，第177页。
③ 参见尚杰《德里达》，湖南教育出版社1999年版，第179页。

与现实达成了非批判的共谋。哈贝马斯在意识到他与马克思的区别之后,并没有放弃马克思主义,而是对马克思的学说进行了修正,用他自己的话说,他是"重建"了历史唯物主义。在他看来,他所说的"重建",既不是"复原",也不是"复兴",因为复原意味着"回到那已被讹用的初始意义",他说他并没有这种"教条式的"或"历史—哲学式的"兴趣①;复兴则意味着使一个传统再生和"更新",似乎这一传统曾经被人们抛弃而被历史所淹没,马克思主义并不存在这种情况,所以不存在"复兴"的问题。哈贝马斯明确地说道:"我们所说的重建是把一种理论拆开,用新的形式重新加以组合,以便更好地达到这种理论所确定的目标。"② 因此,在他那里,重建历史唯物主义"是对待一种某些方面需要修正,但其鼓舞人心的力量仍旧(始终)没有枯竭的理论的一种正常态度"③。

尽管选择立足于读者自身对马克思文本进行重新阐释这条路径的人们已经取得了一些成绩,但是,这种路径自身的局限性也给选择这种路径的人们带来了一些理论上的难题。美国哲学家 K. 梅吉尔认为,"当代哲学的主要任务之一是对马克思做出所有人都能够接受的解释"④。然而,梅吉尔的这种提法实际上道出了立足于读者自身而对马克思文本进行重新阐释这条路径所面临的一个无法回避的困境,即解释的普适性问题。由于技术难度和具体解释过程中的"意识形态"与乌托邦的对立(曼海姆)以及认识旨趣问题(哈贝马斯)等因素的存在,在对马克思文本的重新阐释中解释的普适性是很难实现的,这也就是说,要想获得"对马克思做出所有人都能

---

① [德]哈贝马斯:《历史唯物主义与规范结构的发展》,哈贝马斯《交往与社会进化》,张博树译,重庆出版社1989年版,第98页。
② [德]哈贝马斯:《重建历史唯物主义》,郭官义译,社会科学文献出版社2000年版,第3页。
③ [德]哈贝马斯:《重建历史唯物主义》,郭官义译,社会科学文献出版社2000年版,第3页。
④ 转引自沈真编译《马克思恩格斯早期哲学思想研究》,中国社会科学出版社1982年版,第133页。

够接受的解释",本身就是一种学术"乌托邦"。事实上,解构学、解释学以及认知科学的进展已经较充分地证明:在不同的认知模式中,同一文本完全可以呈现出不同的解读结果。这就意味着任何人都可以声称自己理解了马克思思想的真谛,但是任何人又都绝不可能因此而垄断对马克思的解释权利,因此,具有普适性的解释结论只是在相对意义上存在着。① 不过,对马克思主义的理解都具有相对的性质,但相对是包含着绝对的相对,任何对马克思的理解都是相对性与绝对性的辩证统一。对马克思著作的任何一种理解,都不可能是对马克思著作原意完全正确的理解,但也都或多或少地把握了马克思著作的原意。无论是绝对主义的解释学观念还是相对主义的解释学观念,对于马克思主义研究都是有害的。绝对主义的错误在于把对马克思主义的某种理解绝对化,封闭了理解进一步发展的道路;相对主义的错误则是从根本上取消了"什么是马克思主义"的问题,或者取消了把握马克思主义的任务,消解了马克思。

### 三 马克思文本研究重要路径之三:马克思文本的元研究

随着马克思文本研究成果的不断取得,学者们已有可能将马克思文本研究本身作为研究对象加以研究,于是,马克思文本研究的第三个路径逐渐开通出来,即出现了马克思文本的元研究。目前我国一些青年学者业已开始进行这方面的尝试。例如,聂锦芳的《目前马克思哲学研究中的史论关系问题省思》②、胡大平的《也论马克思主义哲学的研究方法与学术规范》③、《从文本到理论——马克思、恩格斯文本研究的若干基础问题》④ 和张一兵等人的《马克思

---

① 参见胡大平《马克思文本的解释和学派立场》,《学术月刊》2002 年第 6 期。
② 聂锦芳:《目前马克思哲学研究中的史论关系问题省思》,《哲学动态》2002 年第 9 期。
③ 胡大平:《也论马克思主义哲学的研究方法与学术规范——与聂锦芳商榷》,《哲学动态》2003 年第 2 期。
④ 胡大平:《从文本到理论——马克思、恩格斯文本研究的若干基础问题》,《学术月刊》2009 年第 2 期。

## 第八章 马克思文本研究的方法论思考

主义哲学的方法论视域》① 等。

这是属于反思型的研究路径,因此,它带有反思型研究的普遍特点。黑格尔指出:"反思是以思想的本身为内容,力求思想自觉其为思想。"② 因此,马克思文本的元研究的最基本的特点就是,以马克思文本研究的原初形态的研究成果作为自己的思想对象进行思想,其目的是使马克思文本研究具有思想上的自觉。在元研究中,人们所看到的是镜中之花,而不是花本身,因此,这种形式的思想是与以花本身作为思想内容的思想区别开来的。准确地说,元研究的研究成果是对原初形态的研究成果的提升,它所具有的是新的结构意义。利科曾说:"在解释学的反省中,或反省的解释学中,自我的构成和意义的构成是同时的。"③ 他的这个结论对于马克思文本的元研究同样也是极其适用的。对马克思文本研究来说,马克思文本的元研究这个路径并不是无足轻重的,它既是新的结构自我构成的过程,也是新的意义自我构成的过程,因此,我们不仅不能只是把这个路径看成是对原初形态的研究成果的简单整理,更不能轻视这个路径的研究成果。

黑格尔指出:"经过反思,最初在感觉、直观、表象中的内容,必有所改变,因此只有通过以反思作为中介的改变,对象的真实本性才可呈现于意识前面。"④ 对于马克思文本的原初形态的研究来说,它极其需要元研究的介入,因为"只有通过以反思作为中介的改变",关于马克思文本的认识才有可能由表象阶段经过知性而最终进入理性阶段。当前马克思文本研究的重要性之所以日益凸显出来,其中一个很重要的原因就在于,大量的研究成果的取得,使得通过反思提升原有的认识这个路径显得格外重要。马克思文本自从

---

① 张一兵:《马克思主义哲学的方法论视域方法的前置与自觉:马克思何以呈现》,《学术月刊》2002年第6期。
② [德]黑格尔:《小逻辑》,贺麟译,商务印书馆1980年版,第39页。
③ [法]利科:《解释学与人文科学》,陶远华等译,河北人民出版社1987年版,第68页。
④ [德]黑格尔:《小逻辑》,贺麟译,商务印书馆1980年版,第76页。

被创造出来以后,已经经过了几代人的解释,形成了若干互有差异又各具特色的解释体系。我们今天对马克思文本的元研究,就是要对这些不同的解释体系进行深入的反思,力求在反思中进行思想重构,实现理性意义上对马克思文本比较全面、具体的认识。

元研究的一个重要意义在于,它可以帮助人们反思文本研究的界限问题。随着对马克思文本研究的日益深入,马克思文本研究"无解"问题逐渐凸显出来,而且这一点从前面提到的吕贝尔"马克思学"中可以清楚地看到。当吕贝尔希望用马克思文本研究来证明恩格斯对马克思思想的歪曲时,他实际上陷入了文本研究的"无解难题"之中。任何文本都是历史思想的痕迹,要想在两个"互为你我"的思想家所撰写的文本之间实现正本清源,只会是痴人说梦。因此,马克思文本研究存在着冲破界限的与重新划定界限两个重大问题。吕贝尔的"马克思学"研究是一种希望冲破传统马克思文本研究界限的做法,但是,与此同时他也面临着重新划定马克思文本研究界限的问题。吕贝尔曾经揪住马克思和恩格斯在通信中有关他们友谊的比喻、修辞,甚至说他们"依赖神话形象",并以此来说明他们的友谊亦构成了马克思主义神话的一个部分。然而,这种"严谨的考证"不仅会直接歪曲"证据"的原始语境,而且会恶意忽视马克思、恩格斯产生这些证据的一般原因。对于马克思文本,我们一方面要看到它可能是作为依据的证据,同时也应当看到它可能也是歪曲证据的依据。客观地说,对文本的强调,在直接的意义上确实有利于纠正传统研究的方法缺陷(例如,目的论的和线型的思想发展假设)、澄清观点上的失误(例如,辩证唯物主义与历史唯物主义之间的关系、经济决定论等)和弥补认识上的不足(例如,马克思、恩格斯早期思想转变的复杂过程),等等。而且这些都属于正常的学术发展。不过,文本研究或者中立意义上的马克思学逐步在一些学者那里被无形地抬高到科学水平的标志地位这一点,却会给马克思文本研究本身带来困惑,而且这种困惑业已在更广泛的思想史研究中引发了争论。吕贝尔甚至直接被尊为"那些以通过历史和批评文本来发现真正马克思"的第一人[①],已充分说明需要对马克思文本研究本身进行再思考,因为只有这样,我们才有可能在克服一个错误的同时不至于引发新的错误。

元研究的成熟是马克思文本的原初形态的研究走向自觉的关键所在,主要依赖于它所建立的话语系统。只有建立自己的话语系统,元研究才有可能进行真正属于自己的思想活动。马克思文本的元研究与马克思文本的原初形态的研究的本质区别就在于话语系统的变换,它在承认并利用原初形态的研究成果以充实自身内容的同时,把属于自己的话语系统引入文本的原初形态研究的话语系统之内,并使它们通行有效。从一些研究成果来看,目前马克思文本的元研究之所以尚不成熟,就在于它还没有形成自己的话语系统,还只是借助其他研究路径的话语系统来发展自己。由于元研究本身至今尚未发展成为一门成熟的学科,因此,尽管马克思文本的原初形态的研究已经有长达一百多年的历史,但它仍处于素朴阶段,人们所做的只是自觉或不自觉地将不同的方法运用到马克思文本的研究之中。西方马克思主义史上曾经出现过"弗洛伊德主义的马克思主义""存在主义的马克思主义""新实证主义的马克思主义""结构主义的马克思主义""后现代马克思主义""马克思学"等,它们都只是与不同的方法相结合的结果,而这种状态目前仍在持续着,并没有得到根本性的改变。

## 四 当前中国马克思文本研究的问题分析

就中国目前的研究状态来看,选择第一个研究路径的学者较少,而选择第二个研究路径的学者则较多,因此,在大量的有关马克思文本研究中,我们更多看到的是一些解读性的研究成果。张一兵的《回到马克思》之所以影响较大,就在于它主要是从第一个研

---

① Joseph O'Malley & Keith Agozin (eds), *Rubel On Karl Marx*, Cambridge: Cambridge University Press, 1981, p. VII.

究路径切入的，因此，其结论是有一定的客观性与说服力的。马克思文本的版本考证与考古学研究，是较基础的研究。它们力求客观而全面地把握文本本身，从而可为从事解构学与解释学的马克思文本研究提供最基本的思想素材。只是这些研究的难度较大，因此，人们往往会畏难而退，而这种状况反过来则极大地影响了我们在第二个路径上所从事的研究工作。对于中国来说，马克思文本的版本考证与考古学研究，现在更多地应该采取的是拿来主义，我们可以多借鉴西方的研究成果。这是一种走捷径的补课方式。

尽管在马克思文本研究中存在着上述三个重要路径，但是，我们的大多数学者却并不十分清楚，因此，出现了一些不必要的思想混乱、误解与争论。例如，本来张一兵的《回到马克思》主要选择的是考古学研究方式，只因不愿看到有学者认为其中隐藏着"阿尔都塞情结"[1]，于是出现了辩解者。[2] 其实，从马克思文本研究的角度来看，阿尔都塞的"结构主义的马克思主义"已经不仅仅是一种观点和一种学派了，它在更大程度上代表了一种客观主义的研究路径，因此，所谓的"阿尔都塞情结"只表明了对客观主义研究路径的选择。如果我们只因害怕别人说自己具有"阿尔都塞情结"，而将自己选择的研究路径也一起予以否定或不敢向众人明示自己的研究路径，对学术研究是无益的。

再比如，版本考证与文本考古学研究虽然同属于一个路径，但它们毕竟是有所区别的，因此，将二者的研究方法作简单的类比，是不可取的。同样是追求文本的全面性，版本考证追求的是文本资料的全面性，应该尽力去搜集、考察、辨析所有马克思的文本资料；而文本的考古学研究却并不是以追求文本资料的全面性作为目的，它需要透过文本，将隐藏在文本后面的东西揭示出来，应该追求的是那种现象与本质相结合的全面性的文本。《回到马克思》一

---

[1] 郝敬之：《〈回到马克思〉的阿尔都塞情结》，《哲学动态》2002年第9期。
[2] 唐正东：《〈回到马克思〉真的具有阿尔都塞情结吗？——与郝敬之商榷》，《哲学动态》2003年第2期。

书的副标题是"经济学语境中的哲学话语",这主要表明作者应该用足够的文本资料来证明这个结论的正确性。如果我们只是因为作者资料掌握的遗漏而对其研究结论的正确性大加置疑①,可能是有悖于科学精神的。遗漏的文本资料可以通过进一步的研究予以补上,当然倘若《回到马克思》的研究结论可以用新的文本资料予以否定的话,那则是另一个层面上的问题了。

应当说上述三个路径中第二个路径存在的问题最为复杂,这主要是因为解构学、解释学等对中国学者来说都是"舶来品",对其要达到较为全面地掌握与自如地运用尚需要一定的时间与过程。特别是解构学,目前能真正理解德里达思想及方法的人极少。当然,目前情况最为混乱的还是马克思文本解释学研究领域。根据伽达默尔的说明,解释学(Hermeneutik,又译为释义学、诠释学等)是一种"宣告、口译、阐明和解释的技术",它的"基本功绩在于把一种意义关系从另一个世界转换到自己的世界"②。尽管经过施莱尔马赫、狄尔泰、海德格尔、伽达默尔等人的努力,西方解释学已经发展成为一种较为普遍有效的方法论,但是,由于其内容的庞杂,致使马克思文本解释学研究呈现出多样化的发展局面。例如,从对对话问题的理解出发,学界出现了"比较对话派",它的基本兴趣点是,要直接沟通马克思文本与当代西方文化科学理论之间的对话,实现马克思哲学与当代哲学话语方式之间的"视域融合",以寻求马克思哲学的当代性;从对语境问题的理解出发,学界出现了"语境回归派",并且呈现出多种语境理解并存的局面,如"经济学语境中的哲学话语""人类学语境中的实践哲学"等。研究成果的多样化反映了人们对解释学的理解与运用正在日益走向深入,但是随之而来的却是一个较为棘手问题的逐渐暴露,即出现了"一个人一

---

① 参见聂锦芳《目前马克思哲学研究中的史论关系问题省思》,《哲学动态》2002年第9期。

② 参见[德]伽达默尔《真理与方法》下卷,洪汉鼎译,上海译文出版社1999年版,第714页。

种理解""一个人一种解释""一个人一种结论"的发展态势。可以肯定地说,倘若这种"自说自话"式的研究方式继续存续下去的话,马克思文本研究将会被一种虚假的繁荣所笼罩,人们会因此逐渐对这类研究的客观性与普适性丧失信心。

## 第三节 马克思文本研究三阶段刍议[①]

20世纪中叶伽达默尔开创了现代解释学,现代解释学将文本研究带入新的发展阶段,而且自此之后,文本研究及其成果也日益受到人们的广泛重视与运用。不过,随着围绕具体文本而开展的文本研究工作的日益深入,人们逐渐发现文本研究并非铁板一块。从研究者与文本互动的角度来看,文本研究实际上包括三个重要阶段,即文本阅读、文本分析与文本延展。表面看来,上述三个阶段体现出的是依次递进式关系;但从深层次上看,它们之间又是交互式关系。而且也正因为后者的存在,文本研究呈现出异彩纷呈的多样化局面。应该说,当前 MEGA$^2$ 研究成果的层出不穷是文本研究多样化发展的重要体现。在此,本书希望借助厘清文本研究三阶段的本质及其相互关系,对学界的 MEGA$^2$ 马克思文本研究现状做具体的方法论说明,以便为下一步更深入的研究理清思路、明确方向。

### 一 文本研究三阶段:文本阅读、文本分析与文本延展

文本研究的主体是研究者(亦即读者),文本是研究者的研究对象(亦即阅读对象)。如果以文本研究者的视角来分析文本研究的发展过程,则不难看出在此存在着一个由被动到主动、由外在到内在的过程。也就是说,研究者对于文本最初是被动的外在接受者,但是其后会成为文本的主动分析者,最后文本会在研究者的充

---

① 参见欧阳英《文本研究三阶段刍议——以 MEGA$^2$ 文本研究为例》,《哲学动态》2012年第2期。

分延展中转变成为研究者自身的内在组成部分，甚至脱离文本自身的原有发展轨迹。很显然，上述过程所客观反映出来的就是文本研究的三阶段，亦即文本阅读、文本分析与文本延展。

（1）文本阅读

在文本阅读阶段，研究者是被动者、受动者，因为此时他需要倾听文本自身的声音、与文本对话、了解文本自身发出的希望他接受的内容。文本是人的精神作品，在其中蕴含着作者的思路、思想、观点、方法，一旦作者创作过程完成，文本的此在就到此完成，就被固定下来，处于不变的状态之中。研究者的阅读文本过程是一个享受文本所带来的外在刺激的过程，文本对于研究者来说是外在刺激物。在这里，研究者与文本之间是"被"的关系，即研究者"被"文本所感动、说服乃至征服。

针对翻译与解释的关系，当代西方马克思研究学者特雷尔·弗给出了自己的答案。在他看来，尽管人们普遍认为"翻译是一种解释"，但其实也可以倒过来说"所有的解释也是一种翻译"，由此，"解读是一个主动的过程，是读者商讨字面文字各种可能涵义的过程。因此，涵义（而不仅仅是字面文字本身）是被'翻译'过来的"[①]。因此，对于马克思文本的阅读，我们也应当看到其中所蕴含的翻译内涵。也就是说，人们是通过不断地翻译马克思文本的字面意义，从而实现对文本理解的。

人们阅读，总是想弄清文本的真实意思，阅读马克思同样如此。这里所谓真实的文本意思，至少包括两个方面的内容：一是马克思本人的意思，二是文本所表达的意思。二者有重合的地方，但也有不重合的地方。之所以出现这种情况，原因是多方面的，有些是由于作者表达不到位，主观所要表达的意思是一个，客观上呈现出来的意思则是另一个，即所谓的"画虎不成反类犬"；有些则是

---

① ［英］特雷尔·卡费等：《马克思文本的翻译和解释》，江洋编译，《马克思主义与现实》2007年第1期。

由于在具体历史条件下,有些语言表达有其具体语境的支持,一旦离开这种语境,就会显现为完全不同的意思,这种完全不同的意思并不是不同阅读个体主观差异造成的,而是文本本身造成的,是文本本身字里行间所显现的含义的客观表达;还有些则是由于原文写作时有历史背景的支持,这种背景在当时是作为一个显然的论证条件而存在的,成为当时作者阐发自己观点的一个必要前提,但事过境迁之后,后来的读者却没有或无法把相应的背景呈现出来,或者即使呈现出来也不是原作者所感悟到的那种背景,而是读者自己所主观理解的背景,这种背景条件下的文本呈现,也必然造成文本意思与作者所表达意思的差异;当然还有其他许多方面的原因。由于马克思已经过世,所以,马克思本人是什么意思我们不可能亲自向他请教了。因此,真实的文本意思就只能靠后人的阅读来"准确"把握。

  对文本阅读的本质把握得极为到位的是阿尔都塞,他在《读〈资本论〉》一书中首先区分了文本阅读的两种类型:无辜的阅读与有罪的阅读。阿尔都塞认为,"既然不存在无辜的阅读,那么我们就来谈一谈我们属于哪一种有罪的阅读。"① 又说:"从哲学角度阅读《资本论》和无辜的阅读完全不同,这是一种有罪的阅读,不过它并不是想通过坦白来赦免自己的罪过。相反,它要求这种罪过,把它当作'有道理的罪过',并且还要证明它的必然性,以此来捍卫它。因此这是一种特殊的阅读,它向一切有罪的阅读就它的无罪提出了一个简单的问题,即'什么叫阅读?'正是这个问题撕掉了它无罪的面纱,而特殊的阅读却通过提出这个问题证明自身是合理的阅读。"② 由此看来,在他那里,所谓无辜的阅读就是不带主观前提的、被动接受型的阅读,所谓有罪的阅读就是带有主观前提

---

  ① [法]阿尔都塞、巴里巴尔:《读〈资本论〉》,李其庆、冯文光译,中央编译出版社2001年版,第2页。
  ② [法]阿尔都塞、巴里巴尔:《读〈资本论〉》,李其庆、冯文光译,中央编译出版社2001年版,第4页。

的、主动型的阅读,而且有罪的阅读是阅读的常态。在此需要说明的一点是,当阿尔都塞强调"不存在无辜的阅读"时,这种看法应该说是从绝对意义上说的。其实,从相对意义上看,无辜的阅读是随时存在的,因为凡是阅读都会存在不受读者左右的被动性。

目前中国有学者提出了"差异性阅读"概念,并认为"回到马克思"是差异性阅读。[①] 其实准确地说,差异性阅读本质上属于阿尔都塞所指的"有罪的阅读",因为在阅读中存在着的差异是由不同读者的主观性带来的,读者的主观性越强,阅读的差异性就越大。但是,为什么差异性阅读能够被人们所接受呢?如果以"回到马克思"为例,可以看到就是因为它本身就是对过去一元化理解的反对,它所鼓励的是实现多元化理解。首先,它是对苏联教科书体系化诠释的反对。苏联教科书把马克思思想解释成一个由许多基本概念、原理推演而成的逻辑体系,这一理论框架对人们理解马克思产生了深刻的影响,以至成为今天人们解释、理解马克思原著的基本前提,成为许多人构建马克思本人思想的基本框架。"回到马克思"就是要放下苏联的理论体系,深入马克思文本的原本意义和内在逻辑来理解马克思本人的思想发展。结果发现,马克思本人并非要建立一个完备的理论体系,而是始终从现实出发来研究对象的内在逻辑,从各个方面来探求解决现实问题的方法。其次,它是对过去那种过分政治化诠释的反对。政治化的诠释,其本质就是权力对知识的操纵,是对马克思的意识形态化理解。因此,"回到马克思"希望以回到马克思文本的方式来解除这种意识形态化,是有积极意义的。最后,它是对现实差异的一种必然反应。差异是现实的一种存在状态,自然、人类社会、思维都必然在差异环境中以一种差异的状态而存在。所以,现实的差异决定了理论发展的必然性,只要从现实出发来进行阅读和理解文本,就必然会产生一种差异的阅读

---

① 参见易小明《差异语境下的马克思文本阅读》,《湘潭大学学报(哲学社会科学版)》2007年第3期。

理解结果。

德勒兹曾经深入地区分了差异与认同。在他看来，柏格森和尼采与黑格尔在差异概念上的对立，实际上是两种思维方式的对立，即横向性思维方式与纵向性思维方式的对立。通过将认同与差异之间传统形而上学关系加以系统性的颠倒，德兹勒强调指出，所有的认同都是差异的结果，认同从逻辑或形而上学的角度来看不是早于差异的。他甚至认为，指出两个事物是"相同的"这一点，会使由两个事物的存在作为前提的差异首先变得模糊起来。为了真实地面对现实，德勒兹提出，我们必须准确地将存在掌握为它们所是的那样，同时，认同概念（形式、范畴、相似性、统觉、谓词，等等）不能在其自身获得差异。"如果哲学拥有同事物的肯定的、直接的关系的话，那么，它只是在哲学声称把握了事物本身的范围内，只是根据事物所是的那样，只是在事物与其他事物的差异中，在其他的词语中，在事物的内在差异中。"① 因此，应当说，从德勒兹的上述分析中，我们可以进一步看到差异的重要性。由于差异不仅是指空间上的相互外在性，而且还指时间中的前后相继性，所以，通过差异性阅读，人们不仅可以从外在性入手在空间上实现对马克思文本的超越，同时也可以在时间上将今天的内容补充到马克思文本之中，实现对马克思文本的超时空理解。

阿尔都塞指出："当我们阅读马克思著作的时候，在我们面前立刻出现一位读者，他在我们面前大声朗读。马克思是一位令人惊叹的读者，这是重要的事实，但对我们更为重要的是，马克思感到必须用大声朗读来丰富自己的著作。"② 在这里进一步看到的是，文本阅读又可被视为对文本作者阅读的阅读，因为文本作者首先是一个读者，然后才是一个作者。当然即使在马克思那里，阿尔都塞也

---

① Deleuze, "Bergson's Conception of Difference", in Desert Island and Other Texts 1953 – 1974. Semiotext (e) (2003), pp. 32 – 33.

② [法]阿尔都塞、巴里巴尔：《读〈资本论〉》，李其庆、冯文光译，中央编译出版社2001年版，第7页。

区分出两种不同的阅读方法：回顾式的理论的阅读与"症候阅读法"。对于回顾式的理论的阅读，阿尔都塞是这样阐明其特点的："在第一种阅读中，马克思是通过他自己的论述来阅读他的先驱者（例如斯密）的著作的。这种阅读就像是通过栅栏来阅读一样。在这种阅读的过程中，斯密的著作通过马克思的著作被看到并且以马克思著作为尺度。"① 对于"症候阅读法"，阿尔都塞则指出它"就是在同一运动中，把所读的文章本身中被掩盖的东西揭示出来并且使之与另一篇文章发生联系，而这另一篇文章作为必然的不出现存在于前一篇文章中"。他还说，症候阅读法"这种方法使马克思在斯密著作中读出读不出来的东西，因为马克思用没有相应问题的回答这一悖论所包含的看不见的总问题来衡量他开始就看见的总问题"②。应当说，正是在严格区分了上述两种阅读方法之后，阿尔都塞最终完成了对如何进行《资本论》阅读的新的方法论建构。对于阿尔都塞来说，深入理解与把握马克思本人在写作《资本论》过程中的"症候阅读法"是阅读者（也即研究者）进行《资本论》阅读的前提条件，也就是说，阅读者（也即研究者）只有了解了作者本人的阅读方法，并且依此进行阅读，才能真正做到有效阅读。

（2）文本分析

与文本阅读阶段不同，在文本分析阶段，研究者转变为主动者，因为在对文本有所了解之后，文本成为研究者分析与研究的对象。研究者可以在文本分析中给文本定价值、定地位、定意义、定性质，可以分析文本的内部结构及其与外在事物之间的关系，等等。譬如，鲁路的《〈马克思恩格斯全集〉历史考证版的合法性问题》③ 一文着眼于给 MEGA² 进行整体定性。又如，当具体了解 MEGA² 中一些文

---

① ［法］阿尔都塞、巴里巴尔：《读〈资本论〉》，李其庆、冯文光译，中央编译出版社 2001 年版，第 8 页。
② ［法］阿尔都塞、巴里巴尔：《读〈资本论〉》，李其庆、冯文光译，中央编译出版社 2001 年版，第 21 页。
③ 鲁路：《〈马克思恩格斯全集〉历史考证版的合法性问题》，《中共天津市委党校学报》2008 年第 3 期。

本的版本情况之后，就有了分析其内部结构及其与其他版本之间关系的可能性。中国学者鲁路的《新版〈德意志意识形态〉研究》[1]、姚顺良与夏凡的《〈关于费尔巴哈的提纲〉写作时间的判定及其思想史定位——兼论文献考证与马克思主义思想史研究的关系》[2]，日本学者大村泉等人的《MEGA$^2$〈德意志意识形态〉之编辑与广松涉版的根本问题》[3] 等，均体现出这种特点。

从学理上看，文本分析之所以能够成立，是因为文本自身存在着意义。那么，"什么是文本的意义呢？"不同的解释学家对此有着不同的理解，其中主要有四种，即"字面意义说""作者意图说""符号代表说""读者创造说"。所谓"字面意义说"，是说文本的意义是指文本文字的"能指"（signifier），通常叫作字面意义；"作者意图说"是说，文本的意义是指作者的意图，作者通过文本要传达、表达的思想；"符号代表说"是说，文本的意义是指文本语词的"所指"（signified）即物质符号所代表的作者的思想；"读者创造说"是说，文本的意义是由读者赋予、创造的，实际上就是把"文本的意义"看作是读者的理解。[4]

尽管上面四种理解存在着显著的差别，但有一点却是共同的，即它们都认为任何文本都存在着可供读者分析的意义空间，深入挖掘这些意义是极为必要的。当然，即使在存在着共同之处的地方，上述四种理解之间也仍存在着差异：在"字面意义说"那里，读者分析文本意义的空间最小，仅限于文本语词的"能指""；在"作者意图说"那里，读者能够分析的文本意义超出了仅限于文本语词的范围，而扩大到作者通过文本所力求传达和表达的思想；在"符号代表说"那里，其所表明的是读者能够分析到的文本意义是语词

---

[1] 鲁路：《新版〈德意志意识形态〉研究》，中国人民大学出版社2008年版。
[2] 姚顺良、夏凡：《〈关于费尔巴哈的提纲〉写作时间的判定及其思想史定位——兼论文献考证与马克思主义思想史研究的关系》，《马克思主义研究》2008年第8期。
[3] ［日］大村泉等：《MEGA$^2$〈德意志意识形态〉之编辑与广松涉版的根本问题》，《学术月刊》2007年第1期。
[4] 参见王金福《为"回到马克思"再辩护》，《学术评论》2012年第1期。

在文本中实际代表的"所指";最后是"读者创造说",其认为文本的意义就是读者的理解。由此可见,在上述四种理解中,关于读者分析文本意义的空间呈现出一个逐渐扩大的过程。"字面意义说"所表明的文本意义空间最小,仅限于文本证词所"能指"的范围,"读者创造说"所表明的文本意义空间最大,读者所能理解的文本意义空间,这种理解甚至不受文本"能指"与"所指"的范围限制。应当看到的是,正因为存在着上述四种不同的理解,所以,在文本分析的实际过程中,人们会本着自己的理解,而在所预设的不同的意义空间中解读出不同内涵与外延的文本意义。文本是沉默的,不会自动说出自己的意义,文本意义是什么只有依靠读者去解读。读者所预设出的文本意义空间有多大,他们所能解读出的文本意义就有多广。

(3) 文本延展

如果说在文本分析阶段研究者还是受制于文本的被动者的话,那么,在文本延展阶段,研究者已成为完全的主动者。在此,他可以沿着文本给出的逻辑、方向、展示、暗示、线索、思想等,将文本继续向前推进。其结果是研究者创造性地拓展文本,而且发展到一定阶段后文本就有可能完全是研究者自己的成果。例如对于目前有些学者关于 $MEGA^2$ 的研究成果,我们已经很难区分出它们究竟是马克思、恩格斯的,还是研究者本人的。这种情况的存在,其实就是文本延展阶段的成果。

在现实生活中,对他人文本进行重新解释,给予其以一种不同于原来意义的新意义,这本质上不是对文本的理解,而是一种独立的、新的创作,是文本的延展。在这种活动中的读者,本质上是作者而不是读者,这种所谓理解出来的意义并不是文本作者的思想,而是理解者自己的思想,这种意义不能归到原作者的名下,而应该由理解者自己署名。"我注六经"是一种理解,而"六经注我"实质上就不是对原文本的理解而是创作。古语新用的实质不是对古语本来意义的理解,而是赋予该语词以不同于原来意义的新用法,这是一种创作行为，准确地说"读者"是作为作者出现的。"实事求是"这一古代成语经过毛泽东的重新解释后上升为一个马克思主义的哲学命题，已经不同于其本来的意义。作为马克思主义哲学命题的"实事求是"的作者已不是古人，而是毛泽东。

现代解释学曾着力揭示"视域融合"问题。对此，中国学界在文本研究中也采用了这一说法。多数人形成了这样的观点，即认为文本不单是由作者完成的，文本的解读者也参与到写作情境之中，可以说是两者合作完成的作品；文本解读则是解读者与作者之间就相同问题进行的一种对话。张一兵在《方法的前置与自觉：马克思何以呈现》一文中曾经指出，马克思学说本身的意境必然随着不同的方法、每个研读者的不同成见而呈现为特定的解释话语。人们以为是马克思的东西，恰恰是由一定的先见所决定的，并且这种先见发生作用的途径是在"读"和"写"的过程中被双重性地重新建构的。[①]

中国学界也曾展开过关于文本研究与现实问题研究关系问题的争论。丰子义在《如何看待文本研究与现实问题研究》一文中指出，尽管经典文本不可能给我们提供当代社会发展现实的现成理论，但基本的立场、观点和方法还是深藏其中的。离开了文本，不可能真正理解和把握马克思主义哲学的真精神和基本的理论与方法。由此说来，文本研究无疑是重要的；但如何有效地进行这一研究，就不可避免地涉及现实问题的研究。同样的文本，在不同的时代往往会产生不同的研究旨趣、不同的研究特点和方式。研究主题的确定、研究问题的提出、研究视野和视角的形成、研究方式的确定都与现实有关。总之，只有把文本研究与现实问题研究有机地结合起来，才能既推进文本研究，又使现实问题研究得到坚实的理论支撑，两者积极互动，无疑会促进马克思主义哲

---

① 张一兵：《方法的前置与自觉：马克思何以呈现》，《学术月刊》2002年第6期。

学的繁荣与发展。①

其实,无论是"视域融合"问题,还是文本研究与现实问题研究的关系问题,都是与文本延展联系在一起的。从本质上说,"视域融合"的意义并不仅仅在于为了实现解读者与作者之间的对话,而在于在"视域融合"的过程中可以真正实现文本延展。倘若文本的研究者与文本的作者之间没有"视域融合",文本将只是"死"的文本,也就是说,只是"故纸堆",因此,为了避免"死"文本的出现,文本研究最后必须表现出文本延展的特点。而要实现这一点,在此不仅需要强调"视域融合"是文本延展的重要前提,同时也要正视文本研究与现实问题研究之间的内在关联。"视域融合"旨在说明在文本研究者与文本作者之间可以形成一种思想上的呼应关系,而这种呼应本身又进一步表明文本研究与现实问题研究之间势必存在着一种难以分割的内在联系,因为文本研究者自身的当下性及其所思问题的当下性,必然带来文本研究的当下性。

在《马克思的幽灵》中,德里达通过运用"异延"(différance)概念,而解构性地解读了马克思的《共产党宣言》。尽管德里达并没有对"异延"概念加以非常详尽的解释,但是通过该概念,人们对于文本研究(特别是马克思文本研究)有了全新的理解。"异延"一词是德里达根据拉丁词 differre 杜撰的,用以指称通过差异运动(differing)创造一切差异(difference)的力量。关于"异延",德里达给我们留下的是这样一些话:"异延既不是一个词也不是一个固定的概念","它不是一种存在——在场,无论你把它看得多么美妙,多么重要或者多么超验。它什么也不支配,什么也不统治,无论在哪儿都不以权威自居,也不用大写字母来炫耀自己","它既不存在也没有本质。它不属于存在、在场或缺场的范畴。"②尽管德里达把话说得玄而又玄,但是通过上述这些解释,我们看到

---

① 丰子义:《如何看待文本研究与现实问题研究》,《学术月刊》2003 年第 1 期。
② [德]德里达:《马克思的幽灵》,何一译,中国人民大学出版社 1999 年版。

"异延"概念的提出表明,即使从理论上说,在读者与文本之间存在着空间差异的前提下延续性地理解并发展文本(即文本延展)也是可以成立的。

在德里达那里,"异"是指空间上的不同,一个词的意义是从这个词与其他词的不同、差异中产生的;"延"则是指词的能指是在其所指的事物不在场的情况下才出现,这是一个被无尽地推衍的过程。因此,虽然马克思的文本对于与它处于不同时代的人来说是另一个空间中的存在,但是,它却是可以被理解的,因为词的意义在空间差异中产生,同时通过这一过程可以得到无限的推衍。对于德里达来说,人们可以通过不断的意义异延,来显现那些不可表征东西的踪迹(trace)。而且这一点,对于马克思的文本来说,同样也毫不例外。

## 二 文本研究三阶段关系探讨

尽管上述三阶段之间的内在关系并不是单一的,而是充满复杂性的,但仔细分析却不难发现,其主要包括以下几点。

首先,上述三阶段并不是泾渭分明的,而是相互包含的,甚至可以说上述每个阶段都不可能以纯粹的意义出现。在此总体状况是:当一个阶段为主的时候,其他阶段会以服从的方式在场。即文本阅读中会有文本分析,文本分析中会有文本延展;反过来也可以说,文本延展中会有文本分析,文本分析中会有文本阅读。按照解释学的说法,文本阅读的目的在于得到"意义"[①],但这种对文本阅读的解读实际上忽略了文本阅读本身的独立性。客观地说,解释学所说的文本阅读是广义上的,它是包含了文本分析的文本阅读,因为只有在文本分析的过程中文本才会得到研究者给予的价值、地位、性质以及意义。当然,我们也可以进一步说,解释学对文本阅读的解

---

① [德]伽达默尔:《真理与方法》上卷,洪汉鼎译,上海译文出版社1999年版,第380页。

读方式，充分体现了文本阅读与文本分析之间互为包含的关系。

其次，上述三阶段并不一定遵循非常完整的时间顺序。有时也许会由第一个阶段直接跳跃到第三个阶段，在此没有严格的逻辑关系。

最后，在每个阶段都有做得不到位的情况，由此会带来研究与认识的损失。如"阅读不认真、分析不到位、延展不彻底"情况的发生，会直接影响到研究与认识的水平。"望文生义，自命不凡"，是当代学界的一大通病。毛泽东说："尽信书，不如无书"，其所强调的是要以批判的眼光分析文本。也就是说，在第二个阶段、第三个阶段，需要结合实际来读书。

### 三 $MEGA^2$ 语境下马克思文本研究的方法论说明

倾听马克思、恩格斯透过自己的文本所作的发言，无疑是理解他们最为首要的一步。这一点不仅要求我们郑重地确立文本中心原则，同时也使我们更加关注以完整表达马克思恩格斯文本为目标的 $MEGA^2$。而如果以文本研究三阶段作为依据分析 $MEGA^2$ 语境下马克思文本研究的现状，我们则可以做出如下方法论说明。

（1）顺序法方法论模式解析

在 $MEGA^2$ 语境下马克思文本研究中，如果上述三阶段是依次、正向展开，其中所体现出来的就是顺序法方法论模式。也就是说，这个模式体现出的是由文本阅读到文本分析，再到文本延展。按照顺序法进行文本研究，其结果是研究展现出逐步深化的状态，表现为由外向内的发展过程。

以顺序法进行文本研究，是最常规的文本研究模式。这种方法论模式最经典的研究成果是读书笔记。任何带有读书笔记性质的 $MEGA^2$ 语境下马克思文本研究都可被视为这种方法论模式的成果。张一兵的《回到马克思》具有这种方法论模式的特点，但却并不能完全说是这种方法论模式的成果（我们将在后面做具体分析）。

### (2) 倒序法方法论模式解析

所谓倒序法，是指从上述三阶段的反向次序入手展开研究。在此存在着两种不同的情况：一种情况是，由文本分析到文本阅读；另一种情况是，由文本延展到文本分析，再到文本阅读。总体上看，按照倒序法进行文本研究，其结果是研究展现出逐步外化的状态，表现为由内向外的发展过程。

第一，从"文本分析入手进行文本阅读"的经典案例，是以结构主义方法研究 MEGA$^2$ 语境下马克思文本。应当说，阿尔都塞的《读〈资本论〉》虽然不是具体针对 MEGA$^2$ 的产物，但其所展现出的风格，却使人们对文本研究的结构主义方法有了非常直观的认识。这种方法的优点是，使人们的文本阅读在结构分析的牵引下很快进入一个更加深入的过程之中，从而摆脱了传统上简单地纠缠于文本本身的状态。如仅对文本中的某些字句、格式等进行反复、仔细推敲，而忘记了文本的大的结构框架，忘记了去深入理解文本在整体上到底希望传达给读者的重要思想内容。但其缺点在于，带有太多结构主义的痕迹，使文本自身很多细节性的内容被忽略。

对于从版本入手研究 MEGA$^2$ 语境下马克思文本的成果，以往我们更多地强调其外在性。也就是说，认为它们只是从外部隔靴搔痒式地研究 MEGA$^2$ 语境下马克思文本。其实，从本质上说，从版本入手研究文本是一种结构主义的研究方法，所反映出的是，通过研究版本结构以及不同版本结构之间的内在差异，从而给予特定的文本以特定的理论定位，发掘出其所具有的特殊的思想内涵与理论意义。例如，王东与王晓红的《〈1844 年经济学哲学手稿〉版本结构新探——能否作出不同于 MEGA$^2$ 的新编排》[①]、鲁路的《〈德意志意识形态〉手稿编排最新方案》[②]、聂锦芳的《文本的命运——

---

[①] 王东、王晓红：《〈1844 年经济学哲学手稿〉版本结构新探——能否作出不同于 MEGA$^2$ 的新编排》，《人文杂志》2006 年第 4 期。

[②] 鲁路：《〈德意志意识形态〉手稿编排最新方案》，《江苏行政学院学报》2008 年第 2 期。

〈德意志意识形态〉手稿保存、刊布与版本源流考》[1]、韩立新的《〈资本论〉编辑中的"马克思恩格斯问题"》[2]、日本学者大村泉等人的《MEGA$^2$〈德意志意识形态〉之编辑与广松涉版的根本问题》、韩国学者郑文吉的《MEGA$^2$〈德意志意识形态〉最新版（2004）概观——陶伯特"Ⅰ.费尔巴哈"章编辑思路批判》[3]等，都在对 MEGA$^2$ 的版本研究中分析出了过去没有注意到的新的思想内容。而且鲁克俭的《"马克思文本解读"研究不能无视版本研究的新成果——评张一兵"《文献学语境中的〈德意志意识形态〉》代译序"》[4] 以及《再论"马克思文本解读"研究不能无视版本研究的新成果——从〈巴黎手稿〉的文献学研究谈起》[5] 等文章，就是对文本研究过程中要尊重版本研究成果的着重强调。

具体拿王东等人的《〈1844年经济学哲学手稿〉版本结构新探——能否作出不同于 MEGA$^2$ 的新编排》一文来说，通过对《1844年经济学哲学手稿》（以下均简称为《1844年手稿》）的不同版本编排结构的分析，作者让人们看到了其中涉及"还原马克思哲学思想发展进程的本来面目的问题"。1982年，新的历史考证版《马克思恩格斯全集》（即 MEGA$^2$），在发表《1844年手稿》时采用了两种编排方式：第一种是按马克思《1844年手稿》的写作时间、阶段的顺序编排，这是原始顺序版；第二种是按《1844年手稿》的思想内容和逻辑结构编排，并由编者加了标题，这是逻辑改编版。王东等人通过版本结构研究发现，"在原始文本中，马克思

---

[1] 聂锦芳：《文本的命运——〈德意志意识形态〉手稿保存、刊布与版本源流考》（上、下），《河北学刊》2007年第4、5期。

[2] 韩立新：《〈资本论〉编辑中的"马克思恩格斯问题"》，《光明日报》2007年4月10日。

[3] ［韩］郑文吉：《MEGA$^2$〈德意志意识形态〉最新版（2004）概观——陶伯特"Ⅰ.1 费尔巴哈"章编辑思路批判》，《现代哲学》2009年第4期。

[4] 鲁克俭：《"马克思文本解读"研究不能无视版本研究的新成果——评张一兵"《文献学语境中的〈德意志意识形态〉》代译序"》，《马克思主义与现实》（双月刊）2006年第1期。

[5] 鲁克俭：《再论"马克思文本解读"研究不能无视版本研究的新成果——从〈巴黎手稿〉的文献学研究谈起》，《马克思主义与现实》2007年第3期。

对黑格尔哲学的批判并非同时完成,是分三次写成的。在逻辑改编本中,编者将这三部分合在一起编入全书的末尾,从而将马克思的哲学手稿淹没在经济学手稿中,掩盖了《1844年手稿》中马克思哲学思想的重要地位和作用,从而不能真实再现马克思思想变革的进程"。应该说,作者的结论是具有一定的理论价值的,反映出不同的版本结构实际上是具有思想导向作用的。从本质上说,倘若我们忽略了这一点,将会面临误入歧途而浑然不知的窘境。

《德意志意识形态》"较之马克思自己撰写的《1844年手稿》要更为复杂"[①],它是马克思、恩格斯共同完成的作品,经过了多次修改、删除及编辑,从原始手稿中人们甚至既能看到马克思的笔迹,也能看到恩格斯的笔迹,因此,其编辑难度之大更是可想而知。《德意志意识形态》具有非同寻常的编辑史[②],截至目前,国际上出版了多个《德意志意识形态》版本,如:梁赞诺夫版(1926)、MEGA¹(1932)、巴加图利亚版(1965)、MEGA²试编本(1972)、广松版(1974)、年鉴版(2004)等。广松版受到来自本国学者大村泉等人的质疑[③],鲜明地反映了对于《德意志意识形态》的编辑并非易事。在大村泉等人看来,由于广松涉未能理解MEGA²版中异文一览的核心部分,即"改稿过程一览"中的异文标注,没有将阿多拉茨基之后四十年对草稿的解读,特别是关于改稿过程的研究成果的核心部分吸收到河出书房版之中,致使研究史的水准倒退到四十年前。

究竟用何种方式编辑《德意志意识形态》这一点表面看来似乎

---

① [韩]郑文吉:《MEGA²〈德意志意识形态〉最新版(2004)概观——陶伯特"I.费尔巴哈"章编辑思路批判》,《现代哲学》2009年第4期。

② 参见英·陶伯特《〈德意志意识形态〉手稿的流传史和用原文的第一次发表》,载于《MEGA研究》1997年第2期,第32—48页。另参见罗·黑克尔《卓有成效的合作:法兰克福社会研究所和莫斯科马恩研究院。1924—1928年》,2000年汉堡版专卷第2卷,第68—74页。

③ [日]大村泉等:《MEGA²〈德意志意识形态〉之编辑与广松涉版的根本问题》,《学术月刊》2007年第1期。

并不是十分重要，但是，编辑方式的不同会使人们产生不同的认识结论，却可以充分说明编辑的准确性是不可小觑的。鲁路的《〈德意志意识形态〉手稿编排最新方案》一文的分析，使人们更加充分地理解了从手稿编排差异的角度去审视《德意志意识形态》思想内容的重要性。韩国学者郑文吉曾经在《MEGA$^2$〈德意志意识形态〉最新版（2004）概观——陶伯特"Ⅰ.费尔巴哈"章编辑思路批判》一文中试图通过大量的分析让人们看到，尽管年鉴版的《德意志意识形态》的"费尔巴哈"这一章新版编辑样稿的编辑思路也许在各个手稿的文献学分析上获得了成功，但在全书结构上却消除了马克思恩格斯哲学新世界观的内在有机联系。此版的编者们执迷于所谓的"去意识形态"的文献学解体，却最终会对整个《德意志意识形态》的学术研究产生重大的影响。[1]

好的版本是进行文本研究的重要前提，甚至有时是决定性的前提，这也是人们对 MEGA$^2$ 的编辑工作充满期许的主要原因所在。但是，文本毕竟不是版本，对版本的过度关注，势必会转移人们对 MEGA$^2$ 中具体文本自身学术价值的关注视线，从而反过来影响文本研究的学术质量。目前中国在 MEGA$^2$ 的具体文本研究中的整体学术水平不高，就是这种情况的反映。邹诗鹏在《关于新 MEGA 及其研究的几个评论》[2] 一文中也提到了该问题。他甚至认为，MEGA$^2$ 注重再现文本形成过程，也构成了对相对成熟文本以及马克思主义传统的解构。

第二，从"文本延展入手，进行文本分析乃至文本阅读"的经典案例，是以解构法研究 MEGA$^2$ 的文本。前面曾提到德里达及其著名论著《马克思的幽灵》尽管不是针对 MEGA$^2$ 的，却是以解构法研究马克思文本的典范之作，它使人们对于马克思的《共产党宣

---

[1] ［韩］郑文吉：《MEGA$^2$〈德意志意识形态〉最新版（2004）概观——陶伯特"Ⅰ.费尔巴哈"章编辑思路批判》，《现代哲学》2009 年第 4 期。

[2] 邹诗鹏：《关于新 MEGA 及其研究的几个评论》，《马克思主义与现实》（双月刊）2010 年第 6 期。

言》有了全新的理解。这种方法的特点是文本成为分析的背景，而不再是分析的主题。它的优点是，可以打破结构主义的束缚，抓住甚至放大文本中的某些细节、片断。但其缺点在于，细节、片断成为研究的主题，研究主题扁平化，没有高峰，没有崇高感。

（3）同时态方法论模式解析

福柯在《知识考古学》中指出，考古学的任务不只是"达到历史的多元性，杂然并存相互独立"，而且是"去确定在不同序列的事物之间，可以适当地描述出什么样的关系形式"①。因此，从根本上说，正是在考古学方法的引导下，我们对文本研究三阶段的思考可以被进一步带入确定共时性关系的轨道上。通过对文本阅读、文本分析和文本延展三者关系的重新梳理，我们不仅可以完成对文本研究的方法论解构工作，进一步明确文本阅读、文本分析和文本延展三个不同阶段之间的"历时性"的非连续性，而且也可以完成对文本研究的方法论重构工作，即确立由文本阅读、文本分析和文本延展组成的文本研究的"共时性"层级架构，建立由文本阅读、文本分析和文本延展所组成的文本研究的方法论谱系。

福柯说道："当代历史中长时段的出现并不意味着向历史哲学、世界的洪荒时代或者向由各种文明的命运所规定的那些阶段的返归，它的出现是在方法论上慎重制订序列的结果。不过，在观念史、思想史和科学史中，同样的变化却引起了相反的结果：这种变化分解了由意识的进步，或者理性的目的论，或者人类思想的渐进所构成的漫长的序列，它对聚合和完成的主题提出了疑问，并对整体化的可能性提出了质疑。这种变化还导致了对不同的序列的个体化，这些序列或并列，或前后相连，或交替，或相互交错，而不可能把它们简化为线型模式。"② 由此可见，由文本阅读、文本分析和文本延展所组成的文本研究"共时性"层级架构以及谱系建立的更

---

① 参见王治河《福柯》，湖南教育出版社 1999 年版，第 43 页。
② ［法］福柯：《知识考古学》，谢强、马月译，生活·读书·新知三联书店 2003 年版，第 7 页。

第八章　马克思文本研究的方法论思考

深层次的意义就在于，可以帮助我们打破在文本研究上追求整体性、还原性的思维惯性，而将文本阅读、文本分析和文本延展三阶段一并予以承认。

所谓同时态方法论模式所强调的是让文本阅读、文本分析和文本延展以一个剖面的形式同时态地呈现出来。这种文本研究方法的特点是让人们看不到文本研究三阶段先后秩序的存在，也就是说，对于一个研究成果，人们既可以说它是文本阅读的产物，也可以说是文本分析与文本延展的产物。这种方法的优点是使文本研究显得异常生动、灵活。但其缺点是，在保证文本研究广度的同时，却难以确保其深度。应当说，德国学者罗尔夫·黑克尔的《关于若干与 MEGA 有关的最新研究成果》① 一文体现出了同时态方法论模式的特质。尽管文章的篇幅不长，但作者却通过有分析地利用 $MEGA^2$ 的研究成果，不仅使人们对于 $MEGA^2$ 中一些具体的马克思文本（如《资本论》《剩余价值理论》《1857—1858 年经济学手稿》《雾月十八日》等）的独特性有了更加清醒的认识，也使人们对马克思及其与恩格斯的关系有了新的认识。马克思思想的综合性、他的百科全书式的研究以及他的政治和学术活动，在作者的分析中都变得越来越清晰。

就整体来看，在对 $MEGA^2$ 语境下马克思文本进行同时态研究方面，目前中国学者的学术成就还是屈指可数的。不过从广义上说，张一兵的《回到马克思》的撰写方式体现出了这种方法论的风格。他在该书的序中写道："除去本书非常关注并视作基础文献的《马克思恩格斯全集》历史考证第二版（简称 $MEGA^2$）新发表的文本，首先就是一个解读方法的问题。也就是说，以不同的话语、不同的阅读方式面对相同的文本，其解读结果可能是根本异质的。""当然，本书最重要的理论发现，是第八、九章我对马克思

---

① ［德］罗尔夫·黑克尔：《关于若干与 MEGA 有关的最新研究成果》，金建译，《国外理论动态》2011 年第 3 期。

《1857—1858年经济学手稿》几乎殚精竭虑的哲学解读,即马克思在科学理论基础上建构出来的批判的历史现象学。我注意到,在1845—1847年的哲学革命中,马克思在抛弃人本主义异化批判逻辑时,实际上已经在实证科学的意味上一度否定了现象学认知的合法性。……他(指马克思——引者注)也第一次发现这种现实资本主义经济关系的颠倒和物化的复杂性,所以,在超越古典经济学意识形态边界的同时,马克思重新创立了在狭义历史唯物主义和历史认识论基础上的历史现象学。"① 从这些话语中清楚可见的是,在《回到马克思》一书中文本阅读、文本分析以及文本延展被统一在一个剖面之中。特别是作者所强调的其最重要的理论发现,即认为马克思在科学理论基础上建构出来的"批判的历史现象学",是带有文本延展性质的。它所集中体现出来的是作者对于马克思文本加以阅读与分析之后的心得体会以及对于马克思思想的重新理论建构。

有学者批评《回到马克思》的方法论前提中隐藏着一种危险:似乎在马克思生前未公开发表的、未翻译成中文的经济学研究笔记中,隐藏着一个与现在"已知的马克思"截然不同的另一个"未知的马克思"。传统哲学解释框架的谬误就在于,没有看到和利用这些MEGA新材料。一旦找出这个神秘的"未知的马克思",便能一举颠覆传统哲学解释框架了。而这个神秘的马克思不在别的地方,就在未知的MEGA新材料里面!于是,马克思主义哲学研究就是"回到马克思",而"回到马克思"就是"回到MEGA","回到MEGA"就是到MEGA新材料里把传说中的那个"未知的马克思"找出来。② 其实,这种批评值得商榷之处恰好在于,它忽视了《回到马克思》的一个重要的方法论特点,即该书在对马克思的文本进行阅读与分析之后,具有文本延展的成分。文本延展是完整的文本

---

① 张一兵:《回到马克思》,江苏人民出版社1999年版,序第7页。
② 夏凡:《MEGA研究的反思和展望》,《中共天津市委党校学报》2008年第6期。

研究应该包括的内容,否则将会出现的就是常言所说的"走不出故纸堆"。每个人都有一个他心中的马克思,这是不争的事实。因此,严格地说,在《回到马克思》作者那里,"未知的马克思"可能就是他自己心中的马克思,是经过他的理论建构后的马克思。这个"未知的马克思"需要到 MEGA$^2$ 新材料中去寻找,或许正是建构作者本人理解的马克思所给出的一个理由。在当今马克思主义中国化日益受重视的时代,文本延展的重要性正日益凸显出来,但是,如何保证它的科学性与严谨性,则是我们更应关注的问题。

# 后　记

2011年11月我们以六部研究成果结项该课题的研究，2012我们将其中的四部提交出版，其中两部还有待补充和完善。当时完全没有想到，这一等就是八年，主要是在等其中的一部，由于各种原因，这一部的修改还在进行中，我们现将其中已经完成的一部书稿提交申请出版，让研究者们的辛苦付出与收获，得以与读者见面。

在本书的编辑整理过程中，我们请徐素华老师对全书进行了文字的再审稿和注释版本的统一与校对，在此我们向她表示真诚的谢意，感谢她放下手头的工作，为确保该书的质量奉献自己宝贵的时间。

本书第一章由魏小萍研究员撰写，第二章由毕芙蓉研究员撰写，第三章由欧阳英研究员撰写，第四章由贺翠香副研究员撰写，第五章由魏小萍研究员撰写，第六章、第七章由李涛副研究员撰写，第八章由欧阳英研究员撰写。全书由魏小萍研究员统稿。

魏小萍

2020年2月12日